国家社科基金
GUOJIA SHEKE JIJIN HOUQI ZIZHU XIANGMU
后期资助项目

"互联网+"的社会化协同效应与经济高质量发展

The Socialized Synergistic Effect of "Internet Plus" and High-quality Economic Development

郑小碧 著

中国财经出版传媒集团
经济科学出版社
Economic Science Press

国家社科基金后期资助项目
出版说明

后期资助项目是国家社科基金设立的一类重要项目，旨在鼓励广大社科研究者潜心治学，支持基础研究多出优秀成果。它是经过严格评审，从接近完成的科研成果中遴选立项的。为扩大后期资助项目的影响，更好地推动学术发展，促进成果转化，全国哲学社会科学工作办公室按照"统一设计、统一标识、统一版式、形成系列"的总体要求，组织出版国家社科基金后期资助项目成果。

全国哲学社会科学工作办公室

自　序

在农业和工业文明时代，第一产业和第二产业是推动经济增长的主导产业，分工结构不断演进，企业规模经济是驱动经济发展的核心机制，科层制的企业组织形态和单边市场治理机制是资源配置的主要方式。然而，随着互联网信息技术和数字技术、人工智能技术的不断发展和应用，人类社会逐步由传统经济时代跨入数字经济乃至人工智能时代，新的数字商业文明成为经济社会的主导性商业文明形态。在这一过程中，交通、医疗、教育、餐饮、金融、酒店、媒体甚至工业生产等不同行业或领域正在发生生产方式和交易模式的根本变革，"互联网＋"正在深刻改变塑造经济社会的生产力组织方式，新零售、网络化协同制造、协同创新、网络预约车、共享经济、网络众包经济、全媒体经济、众创空间、长尾市场等新产业、新业态和新经济组织模式层出不穷，网络化、数字化和智能化不断成为推动经济社会高质量发展的新动能。更为重要的是，随着互联网技术和数字化技术变革带来的产业新模式升级，社会分工网络和水平也在发生变化，越来越多的闲置资源进入新商业系统，社会分工结构更趋于多元和细化，企业组织形态也由一般的科层制升级为平台型和生态型企业，驱动经济发展的动力逐步由规模经济向建立在社会化大协同之上的网络效应乃至协同效应转变，这为经济高质量发展提供了可能。

面对传统经济时代向数字经济时代和人工智能时代转变所展现出的巨大变化，学术界需要作出理论回应。毋庸置疑，学界对互联网时代经济社会发展现象的研究无疑是及时的，也形成了大量的研究成果。然而，从目前的已有研究来看，学界的理论关注和研究不够全面和精准，缺乏合适的视角来揭示互联网时代的结构化演变规律及其经济发展效应。如前所述，我们认为传统经济时代向数字经济时代转变的核心议题应该是经济社会分工结构的变化，技术升级仅仅是引致变化的一种因素，引发企业组织资源方式、经济社会发展驱动机制变化的因素可能更为复杂和本体，因此需要透过经济社会发展现象深入研究引致互联网时代生产生活方式变化的根本力量和成因，并由此揭示其对经济高质量发展的具体影响渠道和机制。

正是基于上述实践和理论发展背景，我们开始尝试运用合适的分析理论和方法来系统研究互联网时代、数字经济时代乃至人工智能时代的分工网络演进问题，并揭示这一结构变迁对经济发展的影响效应。这种理论尝试是一种积极的理论回应和探索。不过，幸运的是，在研究经济系统分工结构演进这一关键问题上，以杨小凯为主要代表的新兴古典经济学超边际研究方法早已形成了比较成熟的分析框架和方法。而近十年来，笔者一直在关注和运用新兴古典经济学的理论进展，并运用这一理论方法研究了包括国际贸易模式、城镇化模式等经济组织模式变迁问题，相关研究成果相继在国内重要刊物发表。因此对"互联网＋"时代分工结构的变迁及其经济发展效应的研究，笔者很自然地开始尝试运用新兴古典经济学理论和方法进行理论建模和研究，试图构建"互联网＋"时代的社会化大协同结构变迁的理论分析框架，由此形成了"互联网＋"的社会化协同效应与经济高质量发展研究议题，以此作为对数字经济时代分工网络演进的理论回应。

本书的核心研究目标在于揭示"互联网＋"时代的社会化大协同结构变迁的内涵、表现形态及其经济高质量发展效应，运用新兴古典经济学超边际分析方法对传统经济时代向数字经济时代的分工结构演进进行建模，揭示不同分工网络或结构变迁的临界条件及对经济高质量发展的差异化效应。从整体上来看，本书主要分为文献分析和方法研究、形态和结构维度研究、社会化协同效应理论建模以及政策案例启示四大模块。

第一个研究模块，主要是提出本书研究背景、分析的研究框架、研究内容和具体的逻辑思路；与此同时，对现有相关研究成果从社会化协同、互联网与经济社会发展关系、互联网协同效应等三个角度进行文献分析，提出本研究的创新价值和意义。最后，在这一模块，系统地介绍了本书的理论基础和方法支撑——新兴古典经济学超边际分析方法，全面分析了这一理论方法的发展历程、特点和应用，揭示了运用这一方法来研究"互联网＋"的社会化协同效应的适用性及其基本逻辑思路，由此完成第一研究模块的内容建构。

第二个研究模块，主要是从理论和定性角度研究"互联网＋"的社会协同效应的内涵及其表现形态和结构维度，为后续的理论模型研究奠定基础。首先，从历史和现实的视角给出了"互联网＋"的历史演进过程及其结果，分析了"互联网＋"的社会化协同效应的基本内涵及其表现形态；其次，从"互联网＋"的社会化协同效应四大表现形态和结构维度系统分析了"互联网＋"对分工结构、驱动机制、企业组织方式和经济社会福利的影响机制和效应，从而建构形成"互联网＋"的社会化协同效应理论分析框架和前置变量集。

第三个研究模块，在前文理论分析的基础上，主要目的在于通过选取四个具体的"互联网＋"新业态、新模式进行一般的理论建模和分析，并运用特定的商业案例进行案例实证，从而系统研究和揭示"互联网＋"社会化协同效应的演进条件、内在逻辑机制和经济高质量发展效应。为此，我们先一般性地对"＋互联网"向"互联网＋"演进过程中出现的网络效应向协同效应进行理论分析进而建模，揭示这一过程演进的门槛条件，并分析其中的经济高质量发现促进效应。然后，本书选取共享经济、众包经济、新零售和网络化协同制造四种新业态新模式，从理论建模、案例研究以及数值模拟的角度对这四种新产业模式形成的内生机制及其演进机理进行分析，一般性地构建形成了"互联网＋"的社会化协同分工网络演进及其经济高质量发展促进效应的理论模型和分析框架。

第四个研究模块，是在前述文献分析、理论分析、模型构建和案例研究的基础上，提出本书的研究结论、案例启示和政策建议。为此，本书从理论模型分析中概括出"互联网＋"社会化协同演进中的理论性结论，从而为学界有关"互联网＋"的理论研究提供新的理解视角和分析框架；与此同时，我们通过案例分析，凝练出本书的案例研究启示，从而为产业界的互联网变革及新产业新模式创新和发展提供有益的实践启示。更为重要的是，我们提出了本书研究的政策主张和建议，从而为政府进一步优化"互联网＋"时代的政策体系和释放"互联网＋"社会化协同效应提供可资借鉴的理论依据和操作方案。

本书是一次对"互联网＋"时代经济社会发展现象的理论研究和模型化探索，本书具有较强的学术创新价值和社会应用价值。首先，本书创新性地从分工结构切入，提出"互联网＋"的社会化协同效应这一理论构建，并揭示其对经济高质量发展的结构化效应，这为"互联网＋"理论研究提供了新的视角；其次，本书将"互联网＋"的社会化协同效应进行模型化，这为新兴古典经济学的现代经济议题研究提供了范例，同时也为网络经济学研究开拓了新兴古典经济学的研究视野；最后，本书立足于互联网经济健康持久发展的内在需求，从社会化协同的视角分析"互联网＋"

的经济社会效应，探讨"互联网＋"社会化协同机制及结构转变条件，为政府和产业界制定科学合理的互联网经济监管策略和政策支持方案提供了有效的理论支撑。

本书既是一项经济学理论研究，也是一种对互联网时代的企业实践的观察和学理性思考，更是对政府政策的理性分析。因此，本书既适用高等院校经济学理论研究者，相信也对政府部门的互联网产业政策制定者和企业互联网新业态新模式创新者具有一定启示价值。当然，由于笔者在认知能力、模型分析能力和实践观察思考能力等方面存在局限性，本书难免存在疏漏之处，恳请国内外专家批评指正。

郑小碧

2021 年 11 月 18 日

目　　录

第一章 绪 论

21世纪以来，互联网技术的发展和深入应用是最为重要的时代现象之一，经历"＋互联网"到"互联网＋"的信息化和网络化发展过程，包括中国在内的世界各国都在生产方式、消费模式和生活方法等方面发生了广泛而深刻的变化，尤其是近年来发展越来越成熟的"互联网＋"正在对社会分工结构演进、产业形态重构、社会发展的驱动机制转换、企业组织形态变革和经济福利提升等产生了重的大社会化协同性影响。本书就是在这种现实发展背景下，将研究的视角投射到"互联网＋"社会化协同效应上，揭示此种效应产生的技术、制度条件，分析"互联网＋"社会化协同效应的具体表现及其与经济高质量发展之间的内在关系，无疑这在理论和实践应用上都具有一定的创新价值。

第一节 研究问题与研究意义

一、研究背景与问题

人类社会的发展是一个复杂系统演变的过程，在这一过程中所展现出的时代变迁、技术变革、分工形态演变、驱动效应变化以及经济组织变迁，都在推动着包括中国在内的人类历史的巨大而深刻变化，最终体现为人类社会经济发展水平和社会治理能力的进步和提升。

人类从石器时代走来，经历青铜器时代、农业时代和工业时代，人类社会已经步入信息时代，乃至是人工智能时代。这种时代变迁，当然不是一蹴而就的，而是都在特定的时间内生产技术不断革新的产物。例如，青铜器锻造技术的出现和发展推动了人类历史由史前文明向青铜器时代演进，而后的农业生产技术变革又推动人类历史进入农业社会。肇始于18

世纪的第一次技术革命则再次将人类历史向工业文明形态推进，第一次工业革命、第二次工业革命的发生使人类历史从低生产力水平向具有更高生产力水平的机械化时代和电气化时代变迁。当前，包括中国在内的人类正在进入以互联网技术变革为先导的信息化和智能化时代，第三次乃至是第四次工业革命正在如火如荼地进行着，由此经济社会的发展形态正在经历着前所未有的深刻变革。

在当前技术变革和经济社会变迁的历史大潮中，互联网技术以及与此引发的社会化大协同正以惊人的力量改变着人类的生产、生活和交易方式，人类社会的分工结构、驱动机制和经济组织形态由此呈现出很多种发展的可能性，经济社会发展的程度、深度和广度也因而更为不可预测。以中国为例，作为互联网技术变革的重要引领者，中国互联网络信息中心（CNNIC）发布的第47次《中国互联网络发展状况统计报告》显示，截至2020年12月，中国网民规模达9.89亿，互联网普及率为70.4%，较2018年底新增网民1.6亿，手机网民规模达9.86亿，网民通过手机接入互联网的比例高达98.6%，依托互联网技术的数字经济占GDP比重已超过33%。互联网对中国零售模式、协同制造、高效物流、电子商务、人工智能、分享经济、众包经济等不同领域都带来了深刻的影响。实际上，与中国互联网经济迅猛发展的客观事实相对应，中国互联网发展阶段不仅仅是对互联网思维、互联网精神和互联网理念应用和发展的初期阶段，中国互联网发展正在由"＋互联网"向更高级形态的"互联网＋"发展阶段升级和演进（马化腾等，2015）。2015年以来，中央及各级政府先后颁发了一系列促进"互联网＋"的政策措施。因此，相对于人类社会发展阶段来看，中国互联网发展水平整体上已经步入更为高级的阶段，"互联网＋"对中国社会劳动分工结构、产业形态、企业组织模式、就业模式、闲置资源利用方式等的影响将是革命性的，中国社会新分工主体、新业态、新技术、新模式和新的组织结构层出不穷，中国社会正在"互联网＋"的深刻影响下由规模经济时代的工业社会向网络社会乃至协同化社会转型和变迁，"互联网＋"的社会化协同效应正在取代规模经济效应和"＋互联网"初级阶段的网络效应而成为信息社会的决定性力量。

相对于传统工业时代封闭的供应链管理体制追求规模经济效应，互联网发展阶段首先基于网络外部性创造商业价值，当进入"互联网＋"阶段时，简单的网络效应也已经不能再带动社会继续巨大的价值创新，取而代之是建立在网络基础上的社会化协同效应（曾鸣，2018）。在此过程中，互联网社群中的每一个互联网角色都通过社交平台、互联网联盟等渠道进行多角色、多主体、多层次、多领域的时间空间交换，从而实现一种大规模的社会化协同，创造"互联网＋"的社会化协同效应。在现实中，通过"互联网＋"闲置资源，闲置资源的所有者、使用者和互联网连接者共同勾连在一个互联网分享社群中，从而出现了"分享经济"等闲置资源利用模式，网络预约车、共享单车、共享电单车、住房短租等新业态应运而生，社会闲置资源利用效率显著提升。另外，"互联网＋"传统零售业，使得实体零售业正在经历着规模巨大的产业形态变革，新零售的商业操作系统通过连接线下线上所有可能的经济个体，并经由庞大的智慧物流、支付体系、信用网络等之间的快速协同，商品或服务能够在多方协同之下以最低成本、最高时效抵达需求者，从而创造出传统零售所不具备的协同价值。此外，在一个网络外包成为流行趋势的现实背景下，"互联网＋"的变革力量催生出千万骑手等参与其中的蜂鸟配送、点我达等众包现象，各类主体卷入社会化大协同，促进供求快速匹配，提高了经济效率。

总而言之，在"互联网＋"的新商业系统中，社会化协同已然成为一种新的动力机制，其对社会分工结构、产业新业态、企业组织模式等的变革能力与日俱增。当然，面对这种巨大的经济社会技术变革过程，学界研究者对此进行了多角度的研究。例如，很多研究者关注到并深入分析了互联网技术与经济社会发展的总体影响机制和关系，大多数研究结论认为互联网技术通过平台连接机制促进了经济社会资源的高效率配置和利用，促进了社会福利的提升，因此对一国或地区的经济社会发展是一种有效的正向推动力量（佟力强，2015；邬贺铨，2015；陈文玲等，2016；张灿，2017；张明明，2018；卢福财、徐远彬，2019；程名望等，2020）。与此同时，很多研究者从互联网变革促发形成的新业态发展视角分析了互联网发展对不同行业和商业模式的影响效应（郭馨梅等，2014；林念修，2015；李晓华，2016；赵树梅、徐晓红，2017；郑和明，2018；汪莉霞，2018）。例如，国内外研究者较早地关注到互联网对共享经济模式的影响作用（Benkler，2004；Hagiu and Wright，2011），多少研究成果肯定了互联网技术和平台对促进闲置社会资源从闲置状态向高效率充分利用的激励作用，认为互联网分享平台改变了资源的利用模式，促进了社会资源利用效率和生产率的提升（Cohen and Kietzmann，2014；吴晓隽、沈嘉斌，2015；郑志来，2016；Joo，2017；Garcia et al.，2017；郑小碧，2018；徐燕、戴菲，2019；孟韬等，2020）。此外，学界专门研究了互联网技术的发展对外包模式（Doan et al.，2011；Estelles and Gonzalez，2012；林素芬、林峰，2015；卢新元等，2016；孙茜等，2016；黎继子等，2018；孙玥璠、马国芳，2019；黎继子等，2020）、零售模式（Pozzi，2003；Biyal-ogorsky and Naik，2003；Bernstein et al.，2008；夏清华、冯颐，2016；王国顺、陈怡然，2013；李晓磊，2015；张琳，2015；谢莉娟，2015；盛亚等，2015；王宝义，2017；王楠等，2018；王磊，2021）、制造模式（Tchoffa et al.，2016；蒋明炜，2016；钟荣丙，2018；郑伟连，2018）和广告模式（郭泽德，2015；马澈，2017；曾琼、刘振，2019；郑新刚，2019；段淳林、任静，2020）等新模式的影响作用。毋庸置疑，已有的研究成果已经关注到了互联网发展的重大影响作用，但总体上来看，已有研究成果尚未深入地关注和研究"＋互联网"与"互联网＋"的内在区别，从而没有揭示"互联网＋"影响经济社会发展的内在影响机制及其效应，其与经济高质量发展之间到底存在何种关系也存在理论研究的空白。

在上述实践和理论研究背景下，以下一些问题激发了我们的理论猜想和研究兴趣：第一，与传统封闭的供应链管理体制下的规模经济效应和"＋互联网"阶段的网络效应相比，"互联网＋"是否真正形成了一种社会化协同效应？第二，如果存在"互联网＋"的社会化协同效应，其形成的内在经济逻辑和机制如何，"互联网＋"社会化协同效应的生成机制和条件是什么？第三，"互联网＋"社会化协同效应的表现形态如何，它对网络社会的分工结构演进具有什么样的聚裂变效应？也即我们要揭示"互联网＋"到底怎么样影响一个社会的分工网络演进，它与分工网络之间存在何种关系？第四，具体到不同的社会行业和业态，"互联网＋"的社会化协同效应与共享经济、新零售、众包经济、协同创新、城乡协同发展和"众创空间"等协同经济新业态之间到底存在什么样的内在关系？第五，"互联网＋"对企业组织模式将产生何种影响，由此最后将对一个社会的经济发展和社会福利产生何种影响？第六，面对"互联网＋"的社会化协同效应及其可能存在的问题，并进而真正有效促进"互联网＋"社会化协同效应的充分发挥和经济高质量发展，政府的网络经济规则策略和政策要如何适应"互联网＋"社会化协同效应对网络社会的综合影响，平台型互联网企业、传统企业、行业协会、金融机构、监管者等又该如何构建科学有效的网络社会协作体系？这六大问题构成了本书的核心研究问题和指向，从理论和实证上对这些基础理论问题开展研究，无疑具有重要的学术创新价值和实践启示意义。

二、研究意义

本书将在新兴古典经济学理论和方法框架下，通过理论机制分析、超边际模型构建、一般均衡分析、案例实证等多种方法揭示"互联网+"社会化协同的内涵、形成机制、经济发展效应等，对"互联网+"的结构化影响效应进行理论框架构建，为"互联网+"行动提供理论基础和政策支持依据。因此，本书的研究意义主要体现在以下几个方面：

第一，以社会化协同模型为基本框架，提出"互联网+"社会化协同效应，揭示其对分工结构、产业业态、经济组织方式、经济高质量发展等的聚裂变效应，构建"互联网+"理论分析的结构化视角，为丰富"互联网+"的理论研究做出贡献。近年来，互联网技术和平台的发展已经成为经济社会发展中最为耀眼的现象，不同的互联网发展阶段具有的经济社会影响效应也日益成为学术界关注和分析的重要问题。但我们的文献研究发现，已有研究主要从"互联网+"对经济社会的直接影响切入，探讨"互联网+"主要对社会就业模式、资源闲置配置方式、社会交往方式等的影响效应，而对"互联网+"到底如何影响社会分工结构、企业组织结构的内在经济逻辑有所忽视，更没有分析包括分享经济、众包经济、新零售等在内的新业态与"互联网+"之间的深层结构化关系，也即已有研究多从"互联网+"的内涵、功能等方面进行表层分析，而没有从社会分工结构及分工主体之间协同结构入手揭示"互联网+"的影响效应。本书从分工结构演进的视角，将"互联网+"的发展过程看作是一个社会分工结构变迁的过程，揭示"互联网+"的分工结构聚裂变效应和社会化协同机制，并探讨其对经济发展和社会福利的综合影响效应。因此，本书的研究无论是在理论视角上，还是研究内容上，都将有效地补充现有有关"互联网+"的理论研究体系。

第二，以新兴古典经济学的超边际分析方法构建模型，揭示"互联网+"解决分工结构多元化与交易费用上升两难处境的经济机制，探讨"互联网+"社会化协同对经济社会福利的一般均衡效应，一方面拓展了新兴古典经济学对现代新兴经济模式的研究和解释力，另一方面为网络经济学的新兴古典分析框架构建作出初步的理论贡献。劳动分工的理论分析框架是以斯密为代表的古典经济学的理论灵魂，后来的新古典经济学完全将经济发展看作是资源配置的结果，因而完全忽视了制度结构、分工结构的影响，因此开启了没有分工灵魂的经济学研究。尽管新制度经济学派的经济学家也对制度和组织的生成过程进行了研究，但其理论基础仍然是新古典经济学的框架。20世纪后期以来，超边际方法不断被杨小凯等经济学家应用到对经济组织变迁的分析中，斯密的分工灵魂才在现代躯壳中得以复活，从而逐步开启了经济组织变迁的专业化分工理论研究视角。本书就是将"互联网＋"的发展过程视为劳动分工结构变迁的过程及其结果，"互联网＋"的社会化分工协作效应对分工主体增加与交易费用上升的内在矛盾可能提供了一种有效的问题解决机制，所以，我们将系统地采用超边际原理和研究方法阐释经济组织方式等受到"互联网＋"影响的效应，这不仅是对新兴古典经济学在网络经济条件下的有益理论探索，也是对网络经济学研究视角的有效拓展，从而为构建网络经济学的新兴古典理论分析和研究方法体系做出贡献。

第三，立足于互联网经济健康持久发展的内在需求，本书从社会化协同的视角分析"互联网＋"的经济社会效应，探讨"互联网＋"社会化协同机制及结构转变条件，为政府和产业界制定科学合理的互联网经济监管策略和政策支持方案提供理论依据。由于对"互联网＋"演变过程缺乏结构化视角，以及将"互联网＋"更多地视为技术变迁过程，所以已有的很多研究提出的政策建议往往技术色彩浓厚，因此缺乏结构化演化视角。经济组织的变迁是分工结构演进的过程，而变迁的结果（理想结果）能否实现则取决于经济社会是否具备一定的结构转换条件。本书通过构建超边际模型，在一个分工结构演进的框架中揭示"互联网＋"促进分享经济、众包经济、新零售、城乡协同发展、众创空间等新业态形成和发展的内外部条件，从而分析"互联网＋"社会化协同效应的形成、发挥是否是在一个真空状态中自然而然就可以实现的，这种结果的实现需要哪些方面具备相关的结构转换条件，为此政府、企业、技术研究者等需要通过何种政策设计、制度变革和组织模式适应才能真正促进"互联网＋"的正向协同效应的发挥。因此，本书的理论研究将为政府和产业界制定推动互联网经济可持续发展和正向社会协同效应发挥的监管政策和支持方案提供动态结构化理论基础。

第二节 研究框架与内容

进入21世纪以来，中国逐渐在信息化发展方面取得领导者的地位，经过多年的发展，并且已经从信息化初级发展的"＋互联网"阶段向"互联网＋"的高级发展阶段演进和升级，经济社会的分工结构、产业形态、技术架构和资源配置方式等也正在经历前所未有的重大变革，中国社会来自互联网的人均收入增量不断提高，经济发展和社会进步驶入了由"互联网＋"所推动的发展轨道。前已述及，"互联网＋"的巨大变革性力量不仅在于通过互联网技术的效率提升效应促进了经济发展，更为重要的是"互联网＋"促进了社会化大分工大协同，"互联网＋"的社会化协同机制正在改变和重组社会生产、生活和交易模式，"互联网＋"社会化协同效应正在取代规模经济效应和网络效应而成为万物互联时代的鲜明趋势。本书正是基于对此种社会发展背景的观察和分析，采用超边际原理和方法，深入揭示"互联网＋"社会化协同效应的深刻内容、表现形态和结构化效应，探讨"互联网＋"社会化协同机制对中国社会新出现的分享经济、众包经济、协同制造、新零售等的作用机理，并通过案例和问卷调查数据对本书的理论模型进行实证分析，从而构建"互联网＋"社会化协同效应的超边际理论分析框架。一方面，为互联网经济学理论研究做出贡献；另一方面，为政府推动"互联网＋"的监管政策创新提供理论依据。具体而言，本书包括了四大研究模块即十大章节内容（见图1－1）。

内容模块1：选题提炼、文献基础和理论方法研究。本模块包括了第一章至第三章，通过文献研究、实地访谈和数据整合分析为本书研究奠定坚实的方法、文献和数据来源基础，提炼选题来源及其理论和现实意义；通过对国内外相关研究文献的综述分析，进一步论证本书研究的创新性和学术价值。对新兴古典经济学及超边际分析方法进行学理性介绍，充分论证利用新兴古典超边际分析方法研究"互联网＋"社会化协同效应的合理性和科学性，为后续超边际模型构建、一般均衡分析和实证研究创造基础性条件。具体而言：

第一章，绪论。首先，本章从人类社会和中国经济社会形态发展变化的视角，分析中国当前信息化发展所处的阶段及其特征，探讨中国互联网经济发展所呈现出的时代特征，由此提炼出本书的研究问题。在此基础上，论证了本书研究选题的理论和现实意义；其次，本章从篇章安排的结构视角分析了本书研究的基本框架及其主要内容，提炼出本书研究的内容线索；再次，本章给出了开展本书研究的主要研究方法和实现各项研究任务的技术路线与思路，从而提炼出研究的方法体系和思路；最后，本章从理论、方法和思想等方面分析了本书可能的创新点，提炼出本书的学术创新价值。

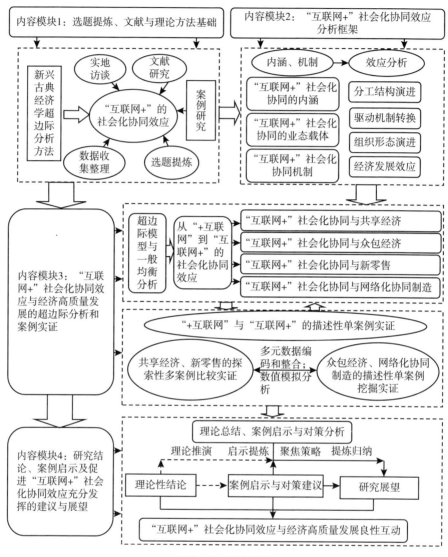

图 1 － 1　研究框架

第二章，研究的文献基础。已有研究成果为本书理论和实证研究提供了丰富的文献基础，因此，本章重点就与本书研究选题相关的一些现有文献进行综述性分析，为本书提供理论基础。首先，我们对国内外有关社会协同方面的文献进行梳理，分析已有研究有关社会化协同的理论和实证研究成果，为本书社会化协同效应理论分析提供思想基础；其次，本章从互联网与经济社会发展关系的角度对国内外相关文献进行梳理和分析，重点综述了互联网与经济社会发展、"＋互联网"与经济社会发展以及"互联网＋"与经济社会发展等三个方面的文献，为本书有关"互联网＋"对社会分工结构、产业发展业态等的影响分析提供理论基础；再次，本章专门从互联网协同效应的视角切入综述了国内外有关研究成果，对已有研究有关互联网的经济效应、网络效应及协同效应等方面的研究内容、方法和结论进行全面梳理；最后，本章对已有研究成果进行多角度的述评，并由此提炼出本书理论和实证研究的创新价值。

第三章，理论与方法基础：超边际分析的适用性。本书区别于已有成果的内容，在于采用超边际原理和方法揭示"互联网＋"这种经济组织模式变迁形成的结构化效应，因此在研究理论和方法运用上具有重要的探索价值。为此，本章重点对新兴古典经济学及超边际分析方法进行学理性介绍，以充分论证利用新兴古典经济学及其超边际分析方法研究"互联网＋"社会化协同效应的合理性、可行性和科学性。

内容模块2："互联网＋"社会化协同效应的表现形态与结构维度。本模块包括第四章，主要通过对新兴古典经济学理论和方法的分析为本书提供理论和方法基础，并且通过对"互联网＋"社会化协同效应与经济发展的关系理论分析以及从"＋互联网"向"互联网＋"演进的视角构建本书的基本理论分析框架，为后面的篇章分析提供理论基础和分析框架。具体而言：

第四章，"互联网＋"的社会化协同效应：表现形态与结构维度。从理论上廓清"互联网＋"社会化协同效应的基本内涵及结构，并揭示这一协同效应对经济社会发展的作用机制，是本书研究的重要任务，因此，在超边际模型构建之前，本章将从理论机制角度全面阐释"互联网＋"社会化协同对社会分工结构、组织形态及经济发展的影响效应，初步构建理论分析框架，为后文超边际模型构建奠定理论基础。首先，本章揭示了"互联网＋"对社会分工结构的影响效应，探讨分工结构演进的一般规律；其次，本章从经济社会演进的历史角度，揭示驱动社会发展的动力机制，给出"互联网＋"社会化协同效应形成的历史逻辑及其阶段性特征；再次，本章从经济组织变迁的角度分析"互联网＋"对企业组织结构和模式的影响效应，揭示企业组织、产业链组织和平台经济组织对互联网发展的适应和变革机制；最后，本章揭示"互联网＋"社会化协同效应与经济发展之间的关系，构建"互联网＋"促进经济发展的历史演化框架和理论分析结构。

内容模块3：超边际建模与案例实证。本模块包括了第五章至第九章，主要揭示互联网平台及其社群发展带来的"互联网＋"的社会化协同机制到底如何促进了共享经济、众包经济、新零售、网络化协同制造等新业态的发展，这些新业态与前述经济效应之间存在什么样的逻辑关系，此种逻辑关系到底如何影响一个社会的福利水平，从而系统构建"互联网＋"社会化协同效应的超边际分析模型。与此同时，本模块在每一章还进行广泛而深入的案例研究，通过描述性单案例挖掘和探索性跨案例比较分析实证理论命题，对本书前面的理论命题进行案例实证，以完整构建本书的理论和实证研究体系。具体而言：

第五章，从"＋互联网"的网络效应到"互联网＋"的社会化协同效应。本章研究的基本立论在于社会化协同效应主要产生于信息化发展的"互联网＋"阶段，而"＋互联网"的发展阶段可能主要对应于互联网的网络外部效应，由此需要从信息化发展阶段角度揭示社会化协同效应在互联网不同发展水平和阶段中的不同表现形态、作用机制及其社会福利效应。因此，本章首先从理论上分析了不同互联网发展阶段的区别及其特征，揭示了不同发展阶段的社会驱动机制；其次，本章构建了互联网演进的超边际模型，揭示了前者向后者升级的效率基础和条件，初步回答了"互联网＋"社会化协同的整体效应；再次，本章建立在超边际模型基础上，揭示"＋互联网"向"互联网＋"演进的经济福利效应，比较两者促进经济发展的条件差异；最后，本章通过单案例和多案例比较分析的方法实证检验本章提出的理论框架和模型，并对促进"互联网＋"及其社会化协同效应发挥的政策建议进行进一步探讨。

第六章，"互联网＋"社会化协同与共享经济。共享经济是"互联网＋"发展背景下对闲置资源或自有资产进行所有权和使用权分离的经济组织方式，大量的资源所有者、使用者和互联网平台卷入分工系统，实现多主体的合作协同，促进了共享单车、共享电单车、知识技能共享、住房短租、网络预约车等多种形式的共享经济的生成和发展。本章主要在于揭示"互联网＋"社会化协同机制对共享经济发展的作用路径和历史变迁机制，分析社会化大协同的共享经济对社会福利的影响效应。第一，本章从理论上揭示了"互联网＋"社会化协同与共享经济的关系，给出了共享经济促进分工结构演进的驱动机制；第二，本章分析了社会化大协同背景下共享经济的发展模式及其特征；第三，本章揭示了共享经济发展的四个历史阶段特征，并给出了对应于不同发展阶段的共享经济分工结构；第四，本章以新兴古典经济学理论和方法为参照，构建了"互联网＋"社会化协同机制影响共享经济发展的超边际分析模型，并对基于互联网的虚拟型共享经济的生成条件进行分析；第五，本章系统揭示了"互联网＋"社会化协同促进共享经济发展的社会福利效应；第六，基于前述理论和超边际模型分析，本章对促进共享经济发展的内部外条件进行讨论；第七，我们通过探索性跨案例比较分析实证理论命题。为此，将从"互联网＋"社会化协同与共享经济的关系入手，按照多案例分析标准，进行跨案例探索性分析，对理论命题的合理性和逻辑性进行验证，以全面验证全书的理论命题。

第七章，"互联网＋"社会化协同与众包经济。一体化还是外包是企业配置资源的两种方式，已有研究对此已做了一定的探讨，不过这些多数都是在前互联网发展阶段的资源组织方式。互联网发展起来后，尤其是进入"互联网＋"的发展阶段后，发包者、互联网平台及其社群、接包者的关系从简单的双向互动向社会化大协同发展，从而出现了网络外包乃至网络众包现象。因此，本章在"互联网＋"社会化协同效应的分析框架中，揭示网络众包经济的形成机制及社会福利效应。第一，本章从理论上对已有研究进行充分的综述，梳理已有研究的研究脉络和不足；第二，本章对网络众包与外包的核心区别、实践模式及分工结构进行比较分析，以此系统揭示"互联网＋"社会化协同与众包经济发展之间的理论关系；第三，本章通过超边际模型构建，揭示网络众包从外包组织中分离出来的效率条件和影响因素；第四，本章根据超边际模型的理论框架，分析网络众包经济的社会福利效应，揭示网络众包与经济发展之间的影响关系；第五，本章对现实中的网络众包现象进行进一步讨论和单案例挖掘分析，揭示变量之间的因果性，以给出一般分析框架与特殊案例之间的差异。

第八章，"互联网＋"社会化协同与新零售。当前，"互联网＋"正在全面改造升级传统零售，零售业正在从人货场重组的路径实现向新零售转型升级，"互联网＋"推动了线下线上零售主体的多层次多向度连接，促进商业生态系统的演变。本章主要通过超边际模型构建，揭示"互联网＋"社会化协同与新零售的内在影响关系，分析其对经济发展的影响效应。因此，第一，本章对当前国内外互联网与零售业的关系的已有研究进行综述分析，给出本章理论分析的文献基础；第二，本章重点阐述了"互联网＋"社会化协同机制对零售业变革的影响效应，揭示这一变革过程的分工结构演进特征；第三，本章对"互联网＋"社会化协同影响新零售的经济逻辑、结构转换条件进行超边际建模和比较静态分析，得出相关结论；第四，本章对新零售的经济福利效应进行分析，揭示"互联网＋"零售与经济发展之间的内在关系；第五，本章将严格按照探索性跨案例比较分析的原则选择多个代表性的新零售典型案例，并分析选择的可行性和适用性，进行跨案例研究方案设计，说明数据来源，按照一般的分析方法，对"互联网＋"社会化协同效应与新零售的理论命题进行案例实证。

第九章，"互联网＋"社会化协同与网络化协同制造。当前，"互联网＋"正在全面改造升级传统消费领域，与此同时，"互联网＋"也正在对制造业生产领域产生重大而深远的社会化协同效应，制造业正在从线下供应链协同制造向网络化协同制造的转型升级，"互联网＋"推动了线下线上制造业主体的多层次多向度连接，促进工业互联网系统的演变。本章主要通过超边际模型构建，揭示"互联网＋"社会化协同与网络化协同制造的内在影响关系，分析其对经济高质量发展的影响效应。第一，本章对当前国内外互联网与制造业的关系的已有研究进行综述分析，给出本章理论分析的文献基础；第二，本章重点阐述了"互联网＋"社会化协同机制对制造业变革的影响效应，揭示这一变革过程的分工结构演进特征；第三，本章对"互联网＋"社会化协同影响网络化协同制造的经济逻辑、结构转换条件进行超边际建模和比较静态分析，得出相关结论；第四，本章对网络化协同制造进行数值模拟分析并揭示其经济福利效应，揭示"互联网＋"网络化协同制造与经济高质量发展之间的内在关系；第五，本章通过对中国工业互联网网络化协同制造典型案例进行单案例实证，验证前述的研究命题，得出结论。

内容模块4：研究结论、案例启示、建议与展望。本模块包括第十章，主要就本书的相关发现进行总结分析，给出相关研究结论，给出案例分析的重要管理启示，并对政策变革提出相关建议，展望"互联网＋"社会化大协同的发展趋势。首先，本章对全书的研究发现进行梳理和总结，得出核心的研究结论和案例分析启示；其次，本章结合本书的研究发现和理论预测，提出进一步充分发挥"互联网＋"社会化协同效应的若干政策建议；最后，从理论发展和实践创新等角度对互联网的社会化协同与经济发展的互动关系进行展望，提出未来理论研究方向和实践导向。

第三节　研究方法与思路

一、研究方法

为了完成上述研究任务，本书主要运用超边际模型构建与一般均衡分析法、案例研究、实地访谈与多元数据编码、数值模拟分析等方法对相关内容开展针对性的研究。

（一）新兴古典经济学超边际一般均衡分析方法

本书的核心目标在于揭示"互联网＋"的社会化协同效应，分析"互联网＋"社会化协同机制对社会分工结构、产业结构、经济组织模式等方面的结构化影响，因此，新兴古典经济学的超边际一般均衡分析方法是非常适用的研究方法。为此，本书在揭示"＋互联网"向"互联网＋"演进机制、"互联网＋"社会化协同对共享经济、众包经济、新零售以及网络化协同制造的影响效应等方面，主要首先运用新兴古典经济学基本模型对这些结构化变迁现象进行超边际建模，其次按照求角点解、角点均衡、一般均衡的方法对"互联网＋"社会协同效应进行超边际分析。然后进行一般均衡分析，由此揭示"互联网＋"促进社会分工结构、产业组织、企业组织等变迁的条件，同时利用模型均衡解分析"互联网＋"社会化协同对经济社会福利提升的综合影响，由此构造"互联网＋"的社会化协同效应的新兴古典经济学超边际分析理论和方法框架。

（二）描述性单案例和探索性跨案例比较研究

本书的主要理论和方法工具是新新古典经济超边际分析方法，但这主要是完成对"互联网＋"的社会化协同效应的理论模型构建和理论机制分析，然而现实中的实际是否与本书的理论命题相吻合，这还需要通过实证分析的方法对本书的相关理论命题进行检验。为此，本书采用案例分析方法进行实证，这主要包括单案例描述性分析和多案例探索性分析两种案例实证方法。首先，本书将运用单案例描述性分析对"互联网＋"的社会化协同效应进行单案例深度挖掘分析，按照单案例选择标准在众包经济、网络化协同制造等领域选取合适的案例，然后遵循一般的单案例描述性分析研究程序和要点对"互联网＋"形成的社会化协同案例进行深度分析，验证本书的理论命题；其次，艾森哈特（Eisenhardt，1989）指出，如果条件允许，与单案例研究相比，通过多案例研究设计可更好提炼和检验理论命题，并形成更好的理论建构。因此，本书将选择共享经济、新零售两大方面的多个案例进行探索性多案例比较研究，以实证本书研究框架。

（三）实地访谈与多元数据编码、数值模拟分析

本书的科学问题来源自笔者对现实的感性认识，但更为重要的是需要通过对现实进行更为深入的了解，才能一方面形成本书的研究选题，另一方面更好地检验本书的相关理论建构。因此，包括为了开展上述的单案例和多案例比较研究，我们将对选择的案例从行业、企业及其相关主体切入，选择代表性的受访者进行结构化或半结构化的实地访谈，采用内容整合分析法（content analysis）对数据进行分类编码，以进一步聚焦本书研究的问题和优化研究方案。与此同时，本书还通过文献检索、档案记录、直接观察等方式收集样本数据对"互联网＋"社会化协同效应进行案例实证分析。最后，对相关超边际模型进行数值模拟分析，以充分验证理论命题。

二、研究思路

如图 1－1 所示，本书将研究任务和内容分解为四大研究模块，按照研究模块的先后逻辑开展相关研究。首先，本书通过文献研究、实地访谈和数据分析为本书研究奠定坚实的理论、研究方法和数据基础，并为后续的超边际模型构建、一般均衡分析和实证研究创造基础性条件；其次，本书从理论机制和理论模型构建两个角度提出"互联网＋"社会化协同效应与经济发展关系的理论框架，揭示"互联网＋"社会化协同效应的表现形态、结构维度、协同机制及特点，重点分析"互联网＋"社会化协同对社会分工结构、驱动机制转换、企业组织形态、经济发展等方面的影响，提出"互联网＋"社会化协同效应与经济发展关系的超边际理论框架；再次，应用内容模块 2 的理论基础和框架，结合当前中国互联网经济发展的现实，建构超边际理论模型，从"＋互联网"向"互联网＋"演进、共享经济、众包经济、新零售、网络化协同制造五大方面对"互联网＋"社会化协同效应进行超边际一般均衡比较静态分析，揭示"互联网＋"社会化协同效应的形成机制、结构化影响效应及其对经济发展的作用机制，并在理论模型构建和理论命题提出的基础上，利用实地访谈等渠道收集的数据资料进行案例分析等，以系统检验本书的理论命题，最终构建形成"互联网＋"社会化协同效应的理论研究框架；最后，本书在内容模块 1、内容模块 2 和内容模块 3 的基础上，提炼出本书的核心研究结论和案例分析启示，并在此基础上，提出促进可持续充分发挥"互联网＋"社会化协同正向效应，进而促进经济社会发展的政策建议，同时对"互联网＋"相关领域的议题进行研究展望，提出未来进一步的研究方向。

第四节　研究的创新点

本书旨在通过对信息化高级发展阶段的"互联网＋"实践的理论观察和分析，运用新兴古典理论和方法框架，对"互联网＋"对社会分工结构、驱动机制、企业组织结构以及经济发展等社会化协同效应进行分析，这对丰富互联网经济学理论具有重要意义，同时为包括中国在内的各国进一步推进"互联网＋"与经济社会发展的良性联动发展提供理论依据和政策工具。本书的研究创新点包括：

（1）创新性地以分工结构演进为逻辑基础，提出"互联网＋"促进经济高质量发展的社会化协同效应这一概念并揭示其对社会分工结构、产业组织结构、企业组织结构、经济结构的影响效应，这为"互联网＋"理论研究提供了新的视角。"互联网＋"对经济社会的影响引起了学界、产业界的广泛关注，很多研究者从不同角度对此进行了多种多样的研究，但分析已有研究成果，大多数研究都将重点放在了"互联网＋"的内涵、功能，而有关功能方面的研究，也主要是分析"互联网＋"对就业、收入水平等方面的影响，因此现有研究多数没有观察和分析"互联网＋"对社会的结构化影响，更没有将"互联网＋"的生成与发展视为社会分工结构演进的过程及其结果。本书突破已有研究局限，从分工结构演进的逻辑视角出发，将"互联网＋"看作是一个由社会化协同效应伴生的社会专业化分工水平不断变化的过程，并揭示这一过程的具体演进过程及其临界条件，探讨这一过程对经济发展的结构性影响效应。所以，区别于现有研究，本书提供并深度挖掘分析"互联网＋"的社会化结构变迁效应，这为学界提供了新的理论视角。

（2）创新性地以新兴古典经济学超边际分析为基本框架，将"互联网＋"的社会化协同效应模型化和正式化，揭示"互联网＋"对经济发展的结构化推动作用，一方面为新兴古典框架关注和解释现实问题提供更多的研究对象，另一方面为网络经济学研究开拓新兴古典经济学的研究视野。"互联网＋"已经成为学术界和产业界的重点研究问题，学界对此的研究成果丰硕，但从研究方法来看，已有研究多采用新古典经济学、管理学或社会学的研究方法开展相关研究，很少有研究者以新兴古典框架开展相关研究。然而，正如前面已经述及，新兴古典经济学及其超边际分析方法是对斯密劳动分工研究在现代数理经济学躯壳中的复归，超边际角点均衡和一般均衡分析方法是研究社会经济结构变迁的有效方法，其解释力已经被杨小凯等新兴古典经济学家验证。因此，作为引起社会分工结构巨变及社会化大协同过程的"互联网＋"，理应需要运用诸如新兴古典经济学及其超边际分析方法等来对此开展深入研究，在此意义上，本书运用超边际分析方法对"互联网＋"开展研究，这无疑是一种有益的理论探索和研究方法创新。

（3）创新性的将共享经济、众包经济等新业态放在"互联网＋"的社会化协同效应研究框架中，构建"互联网＋"的社会化协同机制与新业态之间的内在作用关系分析框架，揭示前者促进后者发展的条件。近年来，包括共享经济、众包经济、新零售及网络化协同制造等新业态风起云涌，它们对社会经济的影响与日俱增。然而，关于这些新业态的形成机制、发展条件等核心问题，已有研究明显触及不多，相反多数研究主要关注新业态的负面影响、政策支持需求等。在这种研究背景下，一个客观事实多数研究都是认同的，即新业态与"互联网＋"之间存在显著的关系，但已有研究并未深入到两者关系的深层次问题开展研究，多数研究成果只是将"互联网＋"视为新业态的发展背景，因而没有深入揭示"互联网＋"到底如何影响新业态的形成与发展。本书将对此有所突破，试图将共享经济、众包经济、新零售及网络化协同制造模式等统一放在"互联网＋"社会化协同效应的框架中进行研究，揭示"互联网＋"社会协同对新业态的结构化影响效应，探讨在什么条件下，"互联网＋"社会协同机制会促进新经济业态的形成和阶段转换，这对当前有关新业态的理论研究开拓新的研究空间具有重要价值。

（4）创新性的以社会化协同效应为中间传导变量，在经济发展与"互联网＋"之间探寻实现两者良性互动的中间机制，一方面这有利于认清互联网对经济发展的作用逻辑，另一方面可以为政府等促进经济发展找到新的着力点。正是因为看到或预见到了"互联网＋"对经济社会具有强大的推动力，政府、企业等在政策、资金等方面的投入支持力度不断加大，并且也可以看到基于"互联网＋"的经济发展正在显示出超人的力量。但是，已有的很多研究主要利用一些统计数据，运用简单的计量回归方法就得出相关研究结论，这些结论的主要特点主要是在"互联网＋"与经济发展之间建立直接的因果关系或相关关系，但却忽视了两者之间可能具有的中间传导机制或变量。为此，本书在经济发展与"互联网＋"之间嵌入社会结构化协同效应这一中间机制，力图揭示这一机制如何对经济发展产生影响，其条件是什么？在此意义上，本书将有关经济发展与"互联网＋"的关系研究由两端向纵深推进了一步，这在理论和实践上都是一次创新性地探索。

第五节　本章小结

本章从研究背景、问题分析、研究框架设定、研究方法和思路设计以及创新点挖掘等方面对本书研究的缘起及重要学术贡献进行了分析和介绍，这对概括性地了解本书的研究内容和研究价值提供了窗口。首先，本章从人类社会历史变迁的角度，分析当前"互联网＋"出现的历史必然性、合理性，提出"互联网＋"对包括中国社会在内的各国经济社会发展的深刻影响性，探讨"互联网＋"对社会经济结构产生的社会化协同效应，从中提炼出本书的研究问题和重要的理论及现实意义；其次，在问题提炼和意义分析的基础上，本章全面和简要地介绍分析了本书的主要框架及其内容，从而可以全貌地了解本书的研究概要；再次，本章介绍了本书的若干研究方法，从理论建模、超边际分析方法、案例研究和问卷调查等方面分析了相关研究方法的合理性和可行性，同时给出了本书的研究技术路线与思路，从而提供了本书的研究逻辑主线；最后，本章从理论、方法等方面论述了本书可能存在的创新点，从而进一步梳理了本书的学术创新价值和现实意义。

第二章 研究的文献基础

有关互联网的理论和实证研究成果比较丰富，然而本书重点关注和揭示"互联网＋"对经济社会发展的社会化协同效应，因此本书主要从社会化协同理论研究、互联网与经济社会发展的关系理论研究以及互联网协同效应等角度对与本书研究主题密切相关的研究成果进行梳理和分析，从而为本书的理论和实证研究提供丰富的理论基础与研究方法基础。

第一节 有关社会化协同的理论研究

社会化协同历来都是经济学、社会学研究的主要内容，相关研究主要从协同的创新动力机制、知识社会化协同及社会化协同交互等三个方面进行了多角度分析。

一、协同创新动力理论

关于协同创新动力理论，学者在这一方面的研究多集中于动力因素与动力机制的分析、理论研究与实证研究的结合。谭界忠（2007）主要以高职院校产学研合作主体为研究对象，分析了影响产学研协同合作的影响因素，并提出了一些政策建议。田家林等（2012）重点揭示了中小企业参与协同创新的动力机制问题，并给出了优化中小企业社会化协同网络的建议。邵景峰等（2013）对协同创新的动力机制进行了理论建模，并运用统计数据进行实证分析，提出了很多有价值的结论。贺灵（2013）从区域角度分析了协同创新的动力机制问题，并运用计量模型和方法验证了区域协同创新网络的影响机制及其效应。俞立平等（2016）以高技术行业为案例，分析了行业协同创新动力不足的原因，通过实证分析验证了协同创新动力形成的影响机制。范莉莉等（2017）分析了协同创新对共享经济、互联网等新兴组织模式的影响效应和机制，并提出了促进社会化协同的具体路径和建议。这一研究与本书的研究主题非常接近。马辉等（2018）在京津冀地区进行问卷调查，实证分析了产业联盟协同创新的内在机理，并揭示了其中的影响因素。

关于协同创新动力问题，上述研究主要是计量实证分析，但也有很多研究主要是进行了模型构建。例如，周春彦（2006）构建了用来分析协同创新动力的三螺旋模型，其中的相关变量存在相关影响和作用的关系；苏竣和姚志峰（2007）提出了孵化器模型，并由此来揭示了孵化器与产业协同创新的内在关系及其影响渠道；刘晨辰（2010）给出了一个分析协同创新的陀螺模型，分析了协同创新实践路径；任惠超等（2017）则运用三螺旋模型，分析了协同创新的内结构特征，并提出了促进产业协同创新的建议；兰筱琳等（2018）以战略性新兴产业为案例，对传统的协同创新三螺旋模型进行改造，提出了基于科技成果转化的新三螺旋协同创新模型。

二、知识社会化协同理论

创新是行业发展的根本动力，也是社会进步的根本动能。知识创新的社会化协同对影响创新效率至关重要。首先，国内学术界主要探讨了知识协同的理论概念。安科莱母（Anklam，2002）认为知识协同是知识管理的最高级阶段，它的实施有助于企业知识创新水平的提升。贝克尔（Bakker，2006）的分析认为，知识协同与组织管理具有相互影响关系，组织管理的优化能够促进知识的内部化协同。查特尼尔（Chatenier，2009）指出知识协同对企业来说，是一个网络化学习从过程，对于促进企业网络竞争力提升具有重要影响。

此外，国内学者也对知识社会化协同现象进行了多方面研究。例如，柯青（2008）认为知识协同是企业知识管理的重要工具，通过知识协同管理和创新能够有效地促进企业创新资源的优化配置。佟泽华（2011）认为参与主体在共享知识的过程中不断交流和创新，可以实现一种有效的知识协同。雷宏振（2013）则提出，知识协同不仅是一种整合、共享和创新知识的过程，也是一种显隐性知识重组的过程。

唐朝永等（2016）在运用多元回归和中介效应检验等方法分析中得出协同创新、人才集聚和创新绩效三者之间有明显的正向关系的结论。余维新等（2017）在关于产学研的知识分工理论研究中，提出了知识分工与产学研协同创新的三种效应的关系。余维新等（2018）在关系产权、知识溢出和产学研协同创新的基础上，提出了如何为未来产学研协同创新构建新的产业链。梁伟静等（2019）则从知识创新的角度，研究了物流生态协同系统的演化机制、实现路径和主要特征、关键因素。

三、社会交互的理论研究

关于社会交互的文献可以分为两部分：邻里效应和同群效应的研究。玛瑞鲁斯和萨克多特（Marmaros and Sacerdote，2002）发现在工作搜寻当中也会出现同群效应。库班斯基和苏布拉马尼安（Kubzansky and Subramanian，2005）在研究老年人抑郁症疾病时发现了邻里效应。克林等（Kling et al.，2005）对青少年群体进行了具体的样本研究，发现青少年的行为存在明显的邻里效应。而克林等（Kling et al.，2007）开始关注和分析了成年人的邻里效应，发现成年人的经济社会地位存在相互影响的机制和作用渠道。陈林等（Chen et al.，2008）通过对中国城乡迁移现象的大样本分析发现，城乡移民在异质性社会交互中产生了邻里效应。路德维希等（Ludwig et al.，2012）通过对低收入人群的跟踪研究，发现低收入人群之间的经济状况存在显著的影响效应，而这种互动影响效应比种族影响更大。

此外，很多研究关注和分析了社会交互过程中的同群效应现象。卡特勒和格莱赛（Cutler and Glaeser，2007）认为社会交互存在直接型、社会信念型和社会化溢出型三种类型，吸烟可以看作是社会化溢出型的交互行为。娜卡机马（Nakajima，2007）研究发现，青少年群体的吸烟行为就是一种明显的同群效应行为，吸烟标志着被同类群体的认可条件。舒尔（Shue，2013）通过对同一所大学毕业的管理者的研究发现，这些样本管理者存在相似的行为特征，也即存在同群效应。另外，国内学者门垚和何勤英（2013）以大学毕业生劳动力市场为研究对象，分析发现大学毕业后的行为也存在明显的同群现象。陆蓉等（2017）从上市公司入手，分析了相同资本结构对企业行为的影响效应，相同资本结构的企业更容易形成交互行为。李志生等（2018）对负债企业的行为也进行了多层次研究，发现负债企业的市场行为存在交互的更大可能性，从而更有利于形成负债同盟。

除了上述对具体社会交互行为的现象观察和分析之外，国内学界对社会交互行为进行理论建模和实证研究，取得了很多研究成果。在社会交互的模型构建方面，阿克洛夫（Akerlof，1997）较早提出了社会距离模型，分析了个体间社会距离与交互强度之间的作用关系和机制，发现，如果个人之间的社会信息距离越大，那么相互之间的交互强度往往越弱，反之相反。卡布拉莱斯等（Cabrales et al.，2011）提出了社会交互模型，对社会距离进行参数界定分析，并揭示了社会交互的影响因素。在此基础上，很多研究者对理论模型进行参数估计和实证分析，以此来进一步验证理论模型的科学性。例如，格莱赛和沙因克曼（Glaeser and Scheinkman，2001）建立了一个包括全局和局部交互的社会交互理论模型，并运用统计分析软件对这一模型进行参数估计，分析发现该模型具有稳健性。卡拉斯（Krauth，2006）建立了二元化的结构性社会交互模型，并对该模型进行了模拟，发现社会交互的成功概率取决于双方需求的一致性与否。布拉姆莱等（Bramoullé et al.，2009）专门通过社会交互模型的构建，分析了上述同群效应的形成机制和影响效应。更进一步，马骏等（2016）对社会交互能力进行算法分析，研究发现，社会交互能力受到文化背景、性格特点和利益相关性等因素的关键影响。杜鹏程等（2017）从非正式社会化角度分析了知识共享的形成机制，并对这一理论机制进行样本实证，分析发现，非正式社会化对社会交互存在显著的正向影响效应。此后，杜鹏程等（2018）专门将社会交互模型用来研究企业内部员工的创新行为特征，研究发现，强的社会交互对企业内部员工的知识共享和扩散具有正向作用，而这无疑促进了企业的技术创新。

第二节 有关互联网与经济社会发展关系研究

一、互联网与经济社会发展

（一）互联网与经济社会发展的总体研究

随着移动互联网的兴起，越来越多的实体、个人、设备都连接在了一起，互联网已不再仅仅是虚拟经济，而是经济社会不可分割的一部分，每一个经济社会的细胞都需要与互联网相连（马化腾，2015）。麦肯锡全球研究院（2011）研究发现，由于对互联网的应用，中小企业的劳动生产率提高了10%，75%的互联网新增价值发生在传统产业。据统计，截至2020年12月，我国网民规模为9.89亿，互联网普及率达到70.4%。不管是在全球范围内，还是在我国，互联网已经并将继续对经济社会产生深刻的影响。

互联网是经济增长的支柱（邬贺铨，2015）。互联网已经成为国民经济和社会发展的创新引擎、效率引擎（佟力强，2015）。卢卫（2016）认为互联网的发展速度非常快，对推动人类社会结构转型具有重要价值。陈文玲等（2016）研究发现，互联网革命通过数据化、智能化等全面促进了社会转型变迁。从国际视角出发，马云（2014）认为互联网将会改变全球贸易的走势和格局，绝大部分的跨境贸易、内贸的形势与方式、参与的人都会发生变化，全球经济一体化会因为互联网而加速，会因为互联网而完善。林念修（2015）则认为，互联网是新的生产动能，正在通过组合创新的方式促进社会变革与进步。陈文玲等（2016）认为，互联网革命正在引领社会交互模式、经济发展方式的革命，包括中国在内的世界各国都在重塑社会交互模式。此外，国内外学者对此类议题开展了丰富的实证分析。例如，有研究者发现互联网的发展显著地促进了南非经济发展（Salahuddin and Gow，2016）。而另外经济学家以全球国家数据为样本，揭示发现互联网革命推动了全球经济增长（Choia and Yin，2009）。张灿（2017）发现互联网发展显著地促进了经济增长。要通过进一步完善互联网基础设施，创建安全、高效的网络消费环境，推进互联网与实体产业融合发展等措施促进经济增长。

互联网为传统产业注入新活力。互联网是工业革命后重大的技术革命（卢福财、徐远彬，2019；程名望等，2020）。随着互联网技术的发展，传统行业和传统观念面临巨大挑战。互联网时代的技术和商业模式是共同演进的，只有理解互联网思维，才能使用好互联网这个工具（马云等，2015）。张明明（2018）发现互联网技术为传统行业升级提供了核心驱动要素。李晓华（2016）从产业竞争力视角研究认为，互联网技术与传统产业技术的融合决定了中国制造业发展质量。童有好（2015）研究发现互联网的应用对中国很多传统行业的生产流程、营销模式、创新模式等带来了革命性改变与影响，促进了生产率的提升。黄楚新和王丹（2015）则认为，在与互联网模式进行融合发展的过程中，中国传统制造业的经济技术结构、资源配置结构、要素利用方式、产业链关系结构等出现了结构性变化。佟力强（2015）认为，"互联网＋"促进了许多新兴产业和新兴业态的培育，形成了一系列新的经济增长点。

（二）互联网发展与新业态的关系研究

1. 互联网发展与新业态的总体研究

互联网的应用和发展促进了很多新业态的形成与涌现。目前，学术界关于互联网与新业态的研究主要集中在概念分析及其应用发展的初级阶段。例如，汪莉霞（2018）认为，共享经济是互联网发展背景下的新型资源利用模式，这种新型互联网资源分享模式促进了社会整体资源利用效率的极大改进。房晋源（2018）认为，众包是在互联网发展背景下，社会化协同参与机制引发了生产、物流、配送等一系列商业模式的变革，这无疑促进了物流成本的降低。赵树梅和徐晓红（2017）认为，"新零售"是应用互联网新技术、新思维，在线上线下联动和物流融合的同时融入云计算、大数据等创新技术，对传统零售方式加以改良和创新，将产品或服务出售给最终消费者的所有活动。郭馨梅等（2014）认为，零售业在经历了现代百货、连锁经营、自助超市等三次革命之后，迎来了第四次革命——零售互联网化。苏文（2017）的案例分析发现，互联网平台和技术的渗透，极为有效地促进了商业零售模式的升级，改变了中国商业零售格局，这对零售行业的资源配置和利用效率提升具有重要价值。黄楚新和王丹（2015）认为，在电商时代，互联网的发展为在线购物提供了有效的信息集聚平台，这有利于促进生产者与消费者的供求对接，从而降低了商业化成本，提高了整个社会的互联网商业发展程度。苏东风（2017）在互联网与新零售协同发展视角下，分析了零售模式出现根本变化的内在原因及其机制，分析发现互联网的发展为消费者创造了购物价值升级，同时促进了商业圈的协同效应生成，并且促进了互联网交易技术的更新。在此基础上，"互联网＋"零售的模式为消费者剩余的增长提供了可能。郭馨梅等（2014）从管理角度分析了互联网零售发展的建议和措施，认为网络零售精细化管理有利于促进网络零售模式的形成和发展。

当前学术界基于互联网发展与新业态的关系的基础性理论研究比较少。多数研究重点分析了互联网对新业态发展的推动作用。例如，李晓华（2016）认为，互联网技术高度发展和普及之前，实现共享的成本很高，所以共享经济一直没有获得充分发展。直到互联网特别是移动互联网高度发展后，共享经济才成为一种普遍的商业模式。刘根荣（2017）研究发现，以互联网为代表的现代信息技术兴起，极大地减少了信息沟通的成本，以更高效率实现供需双方的匹配，促使共享行为的交易成本降低。曹森孙（2018）认为，共享经济借助互联网技术的力量颠覆了传统经济的商业模式，减少了市场交易信息的不对称问题，降低了经济运行成本。郑和明（2018）认为，网络信息技术通过增强供求信息匹配度，促进了闲置资源从闲置到被利用的身份和角色改变，这对促进较大范围内的资源共享具有重要促进价值。郑志来（2016）认为，共享经济通过转让闲置资源的使用权，借助于互联网平台实现了闲置资源供给与需求的有效对接，从而促进了资源价值的提升。雷静（2017）认为，依托"互联网"和"大数据"的众包物流模式有利于有效地整合社会上的闲置资源，构建高效的配送网络，缩短配送时间。林念修（2015）认为，互联网信息技术和平台的应用，使得越来越多的经济主体进入互联网创业创新系统，降低了人们创业壁垒，这导致了从事互联网创业的主力军数量不断增长，从而使得众包、共享经济等新业态不断出现。

2. 互联网发展与共享经济关系研究

值得一提的是，近年来有些研究开始关注到互联网与共享经济之间的内在关系。当然，关于共享经济的正式研究最早可以追溯至1978年由繁森和斯派斯（Felson and Spaeth，1978）所提出的"协同消费"理论。在此之后，国内外学术界逐步完成了有关共享经济的协同消费理论、交易成本理论和多边平台理论等三大基础理论分析框架的构建。首先，协同消费被认为是共享经济的理论根源（Hamari et al.，2016），不过继繁森和斯派斯（Felson and Spaeth，1978）首次将协同消费定义为多人在共同参与中消费商品或服务之后，直到21世纪学者才开始重新将协同消费理论用于分析共享行为。罗弗洛克和古门森（Lovelock and Gummensson，2004）认为协同消费无须所有权转移，人与人、人与物的关系将因共享经济被重新定义（Chen，2009），协同消费因超越所有权使人能够共享得到产品或服务的使用权（Botsman and Rogers，2010）。贝克（Belk，2014）认为建立在协同消费上的共享经济消弭了人与人之间的等级关系。其次，在协同消费理论为共享行为提供基础框架的同时，交易成本理论则为共享经济提供了最直观的解释框架。本克勒（Benkler，2004）从交易成本角度论证了冗余产品通过共享要优于在二手市场上进行交易。针对成本节约的形成机制，德沃耶达等（Dervojeda et al.，2013）和罗杰斯（Rogers，2015）认为共享经济的价值在于为闲置产品提供了一个信息对称程度更高的供求匹配体系，由此促进了闲置资源的共享激励。最后，随着基于互联网平台的共享经济的发展，研究者开始从多边平台理论视角分析共享经济的多边平台运行机制。哈久和怀特（Hagiu and Wright，2011）认为共享经济平台的多边机制使闲置资源得到更有效利用，同时为用户提供了多样化选择，并且随着广告商、支付商的加入，共享经济逐渐成为多边市场平台（刘奕、夏长杰，2016）。

在上述基础理论框架下，近年来学界有关共享经济的最新研究重点讨论了共享经济的驱动因素、内涵与特征、影响评估、模式比较以及治理等五大方面的问题。关于共享经济的驱动因素，现有研究既从宏观层面揭示了互联网技术发展、经济环境变化等对共享经济的驱动性影响（Cohen and Kietzmann，2014；郑志来，2016；徐燕、戴菲，2019；孟韬等，2020）。乔（Joo，2017）从分析人们卷入共享经济网络的微观动机；关于什么是共享经济，很多研究者认为共享经济是一种新兴商业模式，它通过互联网技术平台实现了闲置资源使用权与所有权的分离，由此产生了交易价值（高超民，2015；Matzler et al.，2015；Munger，2016），甚至有学者认为共享经济是一种绿色发展体系（吴晓隽、沈嘉斌，2015）。有些研究者认为共享经济的本质不是闲置资源的共享（谢志刚，2015），而是共享型知识的社会化扩散（何方，2016）。另外，加西亚等（Garcia et al.，2017）认为这种共享产品是通过双边网络或多边网络模式进行定价。

针对共享经济的影响评估，泽瓦斯等（Zervas et al.，2014）发现共享经济的重要机制在于降低时间等交易性成本。海因里希斯（Heinrichs，2013）、科恩和基茨曼（Cohen and Kietzmann，2014）认为共享经济不仅仅具有成本降低效应，更重要的是促进了城市内部的拥堵、环境污染等问题的解决。此外，学者们从资源配置效率提升（杨帅，2016）、人际信任优化（Anne and Gregor，2017）、促进企业运营与商业模式变革（Kathan et al.，2016）、新型劳动关系塑造（Leighton，2016；乔洪武、张江城，2016）和健康消费伦理培育（杨云霞，2016）等角度研究了共享经济的影响价值。在案例研究上，娄菊斯（Rogers，2015）以优步（Uber）为案例，分析了网络预约车对传统出租车业务的冲击，认为共享经济对传统交通模式的市场格局具有重要影响，但前者不可能完全取代后者。然而，学界关注到共享经济影响的多样性源于共享模式的多样性。斯托克斯等（Stokes et al.，2014）、吴晓隽和沈嘉斌（2015）认为，协作消费、协作生产、协作学习和协作金融是当前共享经济的四类模式。贝克（Belk，2014）将共享经济平台分为盈利性模式和非营利性模式，并认为盈利性共享行为更能促进资源利用效率提高。而从具体共享对象来看，共享经济存在商品、技能、劳务、固定资产和知识再共享模式（高明、文成伟，

2016）。当然，与任何其他新生事物一样，近年来共享经济确实也对就业、数据私有化、监管、交易秩序等提出了新的更大挑战（陆胤、李盛楠，2016；吴晓隽、方越，2016），因而十分需要政府部门、平台企业、服务商等的协同共治，以促进共享经济可持续发展（唐清利，2015；Miller，2016）。

3. 互联网发展与外包、众包关系研究

国内外学术界运用多学科理论和方法对外包进行了多角度的理论和实证研究。

（1）对于外包的研究，一直以来学界更多的是将其放在与一体化的关系框架中来揭示外包的内涵、外包出现的原因、外包绩效的影响因素、外包的影响效应等核心问题。德姆博格尔（Domberger，1998）最早对外包进行了定义，并认为外包是与一体化相对应的企业资源配置方式。吉恩斯特等（Jenster et al.，2005）认为通过外包可以促进企业业务流程的提升与优化。国内学者李雷鸣和陈俊芳（2004）、江需和王述英（2005）的研究发现，企业对外包总成本与内部生产总成本的衡量决定了企业对一体化模式与外包模式的选择。张为付和翟冬平（2010）、何玉梅和孙艳青（2011）从不完全契约角度分析认为监督代理成本对企业外包的闲置效应。刘秉镰和林坦（2010）则从专业化经济形成的交易成本视角揭示了物流业外包兴起的内在原因。

当然，关于外包为何从一体化分工结构中出现的微观机理及其经济增长效应，庞春（2010）所构建的新兴古典超边际分析框架则是最富有开创性的。而关于什么因素会影响外包生产率或绩效，学界的研究也是丰富多彩的。霍景东和黄群慧（2012）研究认为，服务外包生产率受到企业所有制结构、企业规模、发展的外向度、劳动生产率以及税收、金融制度等各类因素的调节。申朴等（2015）通过将规模报酬进入分析框架揭示了产业集聚水平对外包生产率具有正向影响，这一研究对外包的经济空间性征进行了初步理论框架构建。张培等（2018）则从经济社会学的信任概念入手，分析了软件外包企业生产率的决定因素。此外，很多研究者也专门关注和分析了外包的经济效应，揭示了外包对就业扩张（陈仲常、马红旗，2010；吕延方、王冬，2011；刘瑶，2011；蔡宏波、陈昊，2012；史青、张莉，2017）、区域协调发展（陈启斐、巫强，2018）、技术外溢（马晶梅、贾红宇，2016）、劳动生产效率提高（徐毅、张二震，2008；原毅军、刘浩，2009；刘秉镰、林坦，2010；蔡宏波，2011）及全球价值链升级

（张月友、刘丹鹭，2013；许和连等，2018）等方面的促进效应，得出了有益的研究结论。

（2）针对网络众包现象，学界的研究也是比较多元的，但结论不尽一致。多恩等（Doan et al.，2011）、艾斯特尔和冈萨雷斯（Estelles and Gonzalez，2012）、林素芬和林峰（2015）认为众包是个人或机构利用网络技术促成虚拟大众完成具体任务的商业模式。而对于人们为什么选择众包方式，国内外研究者的发现也是多种多样。例如，布拉汉姆（Brabham，2008）认为用户参与众包的主要动机在于学习新的知识与技能并有利于促进共同的深入合作。仲秋雁（2011）等发现大众感知会决定人们是否参与众包。孟韬等（2014）、涂艳等（2015）研究发现，预期收益、努力期望、信任和促进条件等四种因素会对大众参与众包的行为产生影响。卢新元等（2016）、孙茜等（2016）发现众包的网络平台环境正向影响用户对众包的参与意愿。然而，有研究者发现众包参与的意愿与用户细分群体的特征密切相关（Zheng et al.，2011）。最近的研究发现网站环境及平台体验显著影响人们参与众包的意愿（梁晓蓓、江江，2018）。对于众包的影响效应，佩妮（Penin，2011）、杰拉西和德库曼（Djelassi and Decoopman，2013）提出众包的核心效应在于通过改变组织结构促进了资源优化配置和效率提升。其他研究则主要围绕众包在协同创新方面的作用开展分析。肖岚和高长春（2010）认为众包拓展了创新途径，降低了创新成本。在有的研究者看来，众包通过知识链的连接促进了生产与创新环节的流程优化（张永云等，2017；黎继子等，2018），更为重要的是促进了企业协同创新模式的变革（Piezunka and Dahlander，2015；王金杰等，2018；曹勇等，2018；孙玥璠、马国芳，2019；黎继子等，2020）。

4. 互联网发展与零售业模式升级的关系研究

关于零售模式转型升级这一研究主题的已有文献主要包括了实体零售模式的网络化转型研究、网络零售模式研究和新零售模式研究等三个方面。

（1）实体零售模式的网络化转型。直接交易基础上的实体型零售是人类商业流通领域的常规销售模式，零售商家与用户之间通过交换彼此关心的商品、服务或货币而实现价值。然而，随着21世纪初以来互联网技术的兴起和快速发展应用，实体零售模式受到了网络化购物模式的冲击和重大影响。为此，针对这种现实背景的重大变化，学界首先是关注和分析了面对技术变革而发生的实体零售如何实现网络化转型的现实和理论问题，相关研究主要在互联网对实体零售的影响效应、实体零售网络化转型的影响因素及转型升级方向或路径等方面取得了较多进展。首先，国外研究者就互联网对实体零售的影响分析相对早于中国学者，他们的研究结论不尽一致。例如，波齐（Pozzi，2003）研究发现网络化经营能够改善实体零售商的销售业绩。亨斯勒等（Gensler et al.，2012）也认为实体零售商可以通过网络方式增加消费者福利，从而可以强化消费者的购买行为，进而促进自身销售业绩的提升。不过也有国外学者得到不尽一致的结论，例如，威特莱登（Weltevreden，2007）认为实体零售的网络化经营在长期内并不会提升销售绩效，甚至有研究者发现网络销售与实体零售额之间存在负相关关系（Biyalogorsky and Naik，2003；Bernstein et al.，2008）。近年来，国内学者对互联网影响实体零售的研究比较丰富，多数从逻辑推理或实证角度揭示其中的影响效应。例如，郭燕等（2015）研究发现实体零售商"触网"对销售绩效的影响是条件依赖的，只有严格控制线下零售业务的成本且形成较大的销售规模，网络化经营才能有效提升其利润水平。李子祥（2019）认为电子商务网络化经营策略对传统零售企业的资产报酬率具有正向影响。其次，关于实体零售网络化转型的影响因素研究，国内研究者认为实体零售互联网转型存在诸多困难。夏清华和冯颐（2016）认为实体零售商简单地"触网"并不是提升业绩的充分条件，系统地整合线下线上进行商业模式创新才能促进销售利润的整体提升。任利海（2019）发现实体零售企业社会责任感知和消费者认可、员工责任感知对其网络化经营绩效具有强相关关系。最后，关于如何进一步促进实体零售企业实现网络化转型，相关研究主要从大数据应用（杜丹青，2015）、商业模式创新（王国顺、陈怡然，2013；彭虎锋、黄漫宇，2014；盛亚等，2015；王楠等，2018）、渠道协同（Adelaar et al.，2004；Rigby，2011；刘向东，2014；张琳，2015；焦志伦、刘秉镰，2018）、定价模式创新（骆品亮、傅联英，2014）等视角提出了实施策略和实现路径。

（2）网络零售模式的特征、影响与促进策略。互联网技术的发展和应用催生了零售的网络化经营，并最终形成了与实体零售相对应的网络零售模式，国内外研究者主要从网络零售的组织特征、影响因素、影响效应和促进策略等方面展开系列研究。首先，在关于网络零售的组织特征方面，现有研究主要从空间和时间角度进行了相关研究。汪明峰和卢姗（2011）、吕玉明和吕庆华（2013）研究了网络零售的空间组织特征，发现网络零售也具有非常明显的地域分布特征。王宝义（2019）从时间演进角度刻画了网络零售的组织特征，研究发现网络零售呈现出不断进化、扩展、丰富的组织演进过程，这一过程总体上经历了萌芽、兴起、爆发、整合及升华五个阶段。其次，到底是哪些因素对网络零售的效果产生影响呢？这也是学者们重点关注的问题。一些研究专门从消费者角度分析了相关因素，例如，沃尔芬巴格（Wolfinbarger，2003）研究发现消费者情绪对网络购物具有重要影响，而钱德拉什卡兰（Chandrashekaran，2012）认为消费者的性别因素对网络零售的产品类型分布具有相关性影响。国内学者潘煜等（2010）研究发现消费者信任度及其感知风险的能力对网络零售有正向影响效应；秦进和陈琦（2012）则认为网络零售场景中的公平感知会对消费者的网络购物忠诚度产生影响，从而对网络零售绩效具有调节效应。其他一些研究主要从互联网技术优势（Fahy，2005；万琴，2014）、互联网渗透率（李怀政，2018）、线下线上协同质量（肇丹丹，2018）、网络零售企业营销水平（刘铁等，2014）等方面揭示了影响网络零售发展的宏中观因素。再次，在一定条件的推进下，网络零售模式的兴起和广泛应用又将对经济社会产生深远影响。国内外学者认为网络零售存在重组物流供应链（肖作鹏、王缉宪，2015）、一体化消费品市场（赵凤萍，2018）、提升技术效率（Mokaya，2010；雷蕾，2018）、空间溢出（王亮，2018）、缩小区域差距（赵霞、荆林波，2017）、扩张外贸（茹玉骢、李燕，2014）、促进消费（Georgiou，2009；方福前、邢炜，2015）、促进人口流动（王领、胡晓涛，2016）等效应，网络零售总体上产生了正向的社会福利净效应。最后，关于如何进一步促进网络零售可持续发展，研究者主要从优化定价模型（Yao and Liu，2005；张赞、凌超，2011；郭恺强，2014）、改善网络功能（Grewal et al.，2004）、提高线下线上资源共享率（王国顺等，2013）以及供应链逆向整合（谢莉娟，2015）等方面提出了促进策略。

（3）新零售模式的发展动因、影响效应与提升路径。"新零售"这一概念实际上由马云在2016年10月云栖大会上第一次提出，马云将其表述为"线上线下和物流必须结合在一起，才能诞生真正的新零售"。自此，产业界、学界对新零售模式进行了广泛关注和研究，相关成果主要从新零售的内涵、发展动因、与传统零售的关系以及发展趋势、影响效应、存在的问题、提升路径等方面展开不同角度的研究。关于什么是新零售，这是学界首要关心的问题。对此，多数国内学者认为新零售是一种运用大数据、移动互联网、人工智能等前沿技术对传统零售的生产、流通和销售进行"人、货、场"重构形成新的零售生态圈，从而实现线下线上及新物流深度融合发展的零售新模式（鄢章华、刘蕾，2017；王宝义，2017；焦志伦、刘秉镰，2018；闫星宇，2018）。那么，为什么会产生新零售，这也是多数研究重点探寻的内容。王宝义（2017）、鄢章华和刘蕾（2017）得出的结论比较接近，他们都认为信息技术发展、消费需求升级和竞争态势演变是驱动新零售产生的根本动因；而王诗桪（2019）则将新零售发展的动因归结为消费模式变化引起的零售企业战略选择行为。因此，在多数研究者看来，新零售的出现和发展是经济社会条件变化的产物。但为什么会从传统零售的发展空间中出现新零售？两者之间存在什么关系？这无疑构成了很多研究的主题。例如，陈静（2018）认为新零售在价值主张、运营过程和技术需求等三个方面和传统零售存在显著区别，而其他研究则认为新零售本质上是实体零售与网络零售协同发展的全渠道零售生成过程（王国顺、陈怡然，2013；李晓磊，2015；张琳，2015）。当然，"新零售"概念虽然被提出仅有几年时间，然而客观现实中的"新零售"现象可能早已萌芽并取得了不断发展，所以研究者普遍关心的是新零售到底对中国经济社会发展带来了哪些深刻影响，在此过程中，新零售的发展又面临着哪些挑战或问题？例如，张建军和赵启兰（2018）深度关注和分析了新零售对流通供应链商业模式的影响，发现新零售通过重塑人货场的关系促进了流通供应链的模式升级；而杨坚争等（2018）也认为新零售通过深度融合线下线上渠道促进了企业和消费者各方的收益最大化。然而，新零售的发展并非一帆风顺，与消费者互动场景不足（赵树梅、徐晓红，2017）、忽视与制造业的结合（王宝义，2017）、物流"肠梗阻"（焦志伦、刘秉镰，2018）等对新零售的发展构成了明显制约。为此，如何进一步促进新零售模式的发展和应用，一些研究主要从优化发展环境（王宝义，2017）、创新商业模式（王刚，2018）、建设新零售社群（丁俊发，2017；符合军，2020）等角度提出了促进新零售未来发展的措施和路径。

5. 互联网发展与网络化协同制造的关系研究

实际上，协同制造并非是近几年才出现的新现象，国内外研究者较早就对基于互联网技术的协同制造系统进行了研究，不过多数已有成果主要就协同制造的技术实现方式、技术架构、网络组织、存在的问题、影响因素、具体行业应用等方面进行了相关研究。首先，国外相关研究从一开始就走在中国研究者的前面。例如，阿隆索（Alonso，1996）最早提出了基于计算机技术的协同制造系统，并分析了其技术实现方式；弗洛雷斯

（Flores et al.，2000）从分布式协同系统角度构建了协同制造技术平台。与技术方式研究不同，齐姆和阿努巴（Chim and Anumba，2004）则研究发现环境动态变化对协同效率具有重要影响。而卡马里尼亚等（Camarinha et al.，2009）则专门讨论了协同制造的网络组织问题，重点揭示了协同网络化组织的概念和分类，这一研究虽然与本书有关协同制造的分工结构效应比较接近，但该研究总体上没有深入到分析分工的网络结构。随着近几年互联网技术的进一步发展，国外的研究重点仍然主要是围绕协同制造的软件模型（Mourtzis，2011）、动态实时调度系统（Varela and Santos，2014）和数字化网络组织建设（Tchoffa et al.，2016）等技术问题展开研究。其次，国内有关网络化协同制造的理论研究总体上比国外要晚，相关研究也主要是围绕协同制造的技术方案、组织模式、资源优化配置方式、路径、创新生态建设、影响因素以及具有行业应用等方面展开。张智勇等（2003）在国内较早研究了网络化协同制造的技术开发问题。吉锋和何卫平（2005）、张祺和蔡伟（2015）认为网络化协同制造驱动了企业组织体系的变革，构建了协同制造平台的体系结构。此外，很多研究从资源配置方式优化（贺文锐，2007；姜洋等，2009）、协同产品配置（汤华茂等，2012）、协同平台开发（黄建明等，2015）、技术创新（卢秉恒，2016）、生态体系构建（蒋明炜，2016；钟荣丙，2018）、生产任务优化（陈友玲等，2018；王静等，2018）、业务关系协作（曾利奎，2017）等角度研究了网络化协同制造的路径或方法。与此同时，什么因素影响了协同制造的效率？这也是国内研究者重点关注的问题。例如，董红召和陈鹰（2004）、徐磊（2008）、唐亮等（2018）从时间约束的角度揭示了协同制造的响应速度问题，发现网络化协同制造平台的子任务时间配置对协同效果具有强影响。张晓燕（2012）发现多主体的知识获取成本对协同概率具有非线性影响。王海龙等（2017）从多层协同角度研究发现设计、制造、服务的联动协同度是影响网络协同制造的关键因素。任磊和任明仑（2018）通过构造基于学习效应的主体动态能力分析模型发现，企业的学习能力对协同制造的结果具有正向影响。由于网络化协同制造离不开特定行业，因此一些研究则专门从行业角度分析了网络化协同制造的技术开发路径和存在的问题（王磊等，2004；董蓉，2006；周珂等，2009；段伟拯，2017；郑伟连，2018），这无疑有利于认识不同行业的协同制造特点。

6. 互联网发展与广告模式转型的关系研究

有关"互联网"对广告的影响研究，学界主要是探讨了广告模式的网络化、数字化转型及其有关转型广告的基本类型（计算广告和智能化广告）的研究。

（1）传统广告的网络化转型。广告是拥有数千年历史并伴随人类社会发展而发展的信息传播活动。广告的发展在最初的时候受到了生产力水平的制约，随着社会发展和科学技术进步，广告逐渐进化为最适合信息传播的形态。从远古时期的叫卖广告、实物广告、标记广告，到以报纸、杂志、广播、电视为代表的大众传播媒介广告，再到随着互联网兴起而产生的网络广告。广告的形式越来越多元化，本书也将这段时期称之为传统广告时期。那么，学界是怎样定义广告的？不同时期，学者们对广告的定义是不同的。陈培爱（2018）将广告的发展分为四个时期，原始广告时期、印刷传媒时期、电子媒介时期、数字媒介时期。在原始广告时期，广告是引导人们注意某事的告示；在印刷媒介时期，广告被认为是推销商品的新闻；在电子媒介时期，引入了广告主和货币，广告被认为是广告主通过付费所得到的商品信息传播；在互联网媒介时期，广告被认为是将商品、劳务或观念向大众传播，以诱导消费者购买的传播活动。广告如何变迁是学者们很关心的问题，研究主要是从广告生存形态（钱广贵、毕衍鑫，2018）、女性广告形象（聂艳梅，2018）、公益广告社会价值（张雯雯，2017）、广告营销功能观（余晓莉，2009）、广告观念（丁俊杰、王昕，2009）、公益广告话语（李亦宁、孟书敏，2015）等方面展开。总有声音讨论质疑传统广告存在的意义，学界也对此有所讨论。宁美丽（2013）从二维码出发，认为二维码会对传统广告的发展产生积极影响；而郑丽勇和陈徐彬（2016）则认为2015年对传统广告的发展来说是一个分水岭，由于政策扶持、经济转型的支持以及技术支撑、平台发力和资本推动，传统广告的发展全面衰退。由此，才有了郭泽德（2015）"传统广告将死，社交广告崛起"的言论，他认为传统广告是工业社会的产物，身上带有不可消除的"原罪"，具有价格昂贵、传播效果模糊、对媒体时空要求苛刻等缺点；但并不是所有学者都同意这个论断。黄升民（2014）认为虽然传播手段和技术会变，但基本的传播原理不会变，传统广告已死这个说法是不严谨的。广告本来就是经济社会的产物，随着社会的发展，广告自身也会不断发展演化。

（2）互联网发展与计算广告。随着互联网技术以及传播手段的迅速发展，传统网络广告突破了早期的技术壁垒，进入了计算广告时代。计算广告的目标是通过构建一个生态系统，将广告信息、媒体平台、受众用户匹配起来，以便提高广告匹配效率以及降低广告成本，最终实现交易成本、用户体验、商业价值的平衡兼顾。自 2008 年 1 月雅虎前副总裁布洛德（Andrei Broder）在第 19 届 ACM-SIAM 离散算法学术讨论会上第一次提出计算广告的概念以来，国内外研究者主要是从计算广告的影响因素、影响效应两个方面展开研究。首先，在计算广告的影响因素方面，现有研究主要从技术、数据两个角度进行。学者们特别强调了数据的重要性。徐子沛（2014）通过研究数据文化的形成、发展和未来，认为在新的技术浪潮面前，数据已经成为这个世界最重要的土壤和基础；段淳林等（2018）则站在计算广告的视角，认为数据是计算广告的基础；马澈（2017）也认为大数据资源促进了计算广告的形成，大数据已经成为衡量媒体价值以及广告交易成本的重要因素。数据获取以后并不能马上转换为信息，还需要通过一些技术手段，才能达到想要的广告效果目标和市场效益目标。刘庆振（2016）通过研究广告技术体系内部，认为技术是广告产业持续变迁的关键驱动力，广告技术创新会促进广告产业的新发展，计算广告新业态的产生是技术创新的必然结果。而刘鹏等（2015）则从商业逻辑、技术框架、关键算法的角度探讨了广告技术对计算广告乃至整个互联网行业的影响。其次，在一定条件的推进作用下，计算广告的兴起又会对经济社会产生深远的影响。国内外学者主要从结构重组、用户体验两个方面来探讨计算广告的影响效应。从宏观层面来看，马二伟（2016）指出广告也是反映国民经济的"晴雨表"，在大数据时代，中国的广告产业在高速发展的同时也会造成如主体失衡、市场失衡、区域失衡等产业结构失衡问题；鞠宏磊等（2015）、曾琼和刘振（2019）认为大数据将改变未来广告产业的产业格局、组织架构、产业链条、产业生态以及产业运作模式。从微观层面看，赵立敏（2015）、姚曦和李斐飞（2017）、段淳林和李梦（2015）都认为在大数据传播时代，广告的业务内容、业务流程、创作形式、媒介投放形式、广告监测和广告效果评估形式都发生了前所未有的变化。还有一些学者专门从受众的角度分析了影响效应，认为随着互联网技术的发展，计算广告逐渐趋于突破传播边界，带给用户沉浸式的用户体验（李沁，2017；李沁、熊澄宇，2013）；但由于市场机制的不健全以及技术和算法的非绝对中性，计算广告仍存在市场欺诈、精准陷阱以及信任危机等问题，劳伦斯（Lawrence，1999）也指出如果放任不管，网络空间将成为完美的控制工具；因此，马澈（2017）、杨秀（2015）和蒋玉石等（2015）强调了计算广告对个人信息、消费者隐私保护的问题。

（3）互联网发展与智能广告。人工智能技术水平的发展为计算广告的转型升级提供了更加广阔的发展空间，广告行业开始进入智能广告时代。2017年阿里巴巴智能实验室研发的"鲁班"系统标志着人工智能技术开始真正运用于广告行业，并实现了商业化运作。自此，引起了社会对智能广告的广泛关注，学界对智能广告的研究主要从智能广告的内涵、运作机理、影响效应、存在问题、促进策略等方面展开。在研究智能广告的效应之前，我们先来关注一下什么是智能广告。早期的学者多从 Web 3.0 的角度来理解智能广告（易龙，2008）；而随着交互技术的日渐成熟，学者们对智能广告的定义也与时俱进，不再认为智能广告是单一因素决定的，而认为大数据、智能技术、互联网迭进、广告形态演化都是智能广告形成的重要因素，只是用户及其所处环境的针对性更高了，在各个环节也都实现了计算化、自动化、精准化和智能化（郑新刚，2019；吕尚彬、郑新刚，2019；段淳林、任静，2020）。那么，智能广告是怎样运行的？运行机理又是什么样的？郑新刚（2019）认为智能广告的运作机制体现为外在显性要素与内在隐性要素的交融，即以用户、媒介环境、广告本体构成的前端是显性的，以数据、算法广告平台、广告素材组成的后台是内在的，前端和后台互为补充，隐形要素与显性要素相互交融。姜智彬和马欣（2019）则认为智能广告相较于传统广告最大的颠覆在于形成了消费者智能洞察、广告智能创作、广告智能投放和消费者智能应对的新型运作方式。在此基础上，秦雪冰（2020）基于 NKP 模型探讨了消费者智能洞察在智能广告的应用；段淳林和任静（2020）应用 RECM 模式研究了智能广告的程序化创意。智能广告虽然真正商用仅两三年，然而在客观现实中的智能广告可能早已萌芽并取得了不断发展，所以学者们普遍关心的是智能广告到底会产生什么影响？例如，郑新刚（2019）从宏观入手，分析了智能广告的行业影响，得出智能广告对广告创意、运作流程、产业生态系统、平台化生存发展融合等都会产生影响；而秦雪冰（2019）则只研究分析了智能广告的发展对广告行业人力资本的影响，认为智能广告降低了技能型人才的价值，而相对促进了创新型人才的价值增长。虽然人工智能正处于风口浪尖，但智能广告的发展并不是一帆风顺的，也存在许多问题。例如，数据来源缺乏多元、数据获取缺乏监管、敏感数据保护匮乏（姜智彬、马欣，2019）；商业属性不透明、伦理责任主体混沌、广告自动创意缺乏人文沟通能力（李名亮，2020）；对消费者造成"时空侵犯"（蔡立媛、龚智伟，2020）；市场集中度低、智能广告公司缺少差异化竞争战略、产业人才匮乏、内容价值链浅薄（廖秉宜，2017）。为此，如何完善智能广告生态链，更好地体现智能广告的用户价值、商业价值，一些研究主要从数据多元、数据精细管理、数据监管和数据脱敏（姜智彬、马欣，2019；段淳林、任静，2020）、消费者的自我保护和广告主自我伦理节制（蔡立媛、龚智伟，2020），以及产业组织、规制、结构、生态优化（廖秉宜，2017）等角度提出了促进智能广告未来发展的措施和途径。

二、"+互联网"与经济社会发展

当前，学术界对于"+互联网"的研究主要集中在概念解释以及与"互联网+"概念的比较分析方面。例如，刘金婷（2015）认为，"+互联网"是指传统行业主体主动应用互联网思维、互联网模式、互联网技术等对本行业进行开拓发展。俞永福（2015）认为，"+互联网"是物理叠加、改善存量，"互联网+"是创造增量。"+互联网"能有效降低由于时间、空间或信息不对此导致的交易成本。因此，互联网平台的关键作用在于促进了各类信息在此平台上的集聚，内容生产者和消费者能够通过互联网平台实现需求与供给的高效匹配和对接，从而降低了交易成本。萧然（2015）认为，"+互联网"是工业化至工业 3.0 阶段的产物，传统产业或企业是"+互联网"阶段的经济主体，此时互联网只是工具，处于被动地位。

三、"互联网+"与经济社会发展

"互联网+"最早由于扬在 2012 年 11 月的易观第五届移动互联网博览会上提出。而在政府层面，这一概念最早是在 2015 年政府工作报告中提及，这极大地推进了中国"互联网+"时代的到来。之后，国家有关部门从行业意见的角度出台了一系列政策措施，这些政策的贯彻和实施标志着中国的发展进入了"互联网+"的新常态（郭继文，2017）。

基于"互联网+"时代背景的变化，学界对此问题从不同角度开展了研究。例如，有些研究者认为正是由于互联网经济下的价值网络创新诱致了互联网的连接和价值创造属性（程立茹，2013）。而其他学者认为互联网思维是"互联网+"的文化精神基因（李海舰等，2014）。罗珉和李亮宇（2015）通过对互联网现实案例的分析发现，互联网平台逻辑带来了连接一切的内生机制，从而由此促进了互联网红利的形成和不断扩散。此外，有些研究将"互联网+"视为推动各行业优化、增长、创新、新生的商业生态（马化腾等，2015）。阿里巴巴研究院（2015）的研究结论认为，"互联网＋"是网络信息技术与经济、数据等不断融合而形成跨界创新的过程。吴晓波（2016）认为"互联网＋"是一个社群，其本质功能在于跨界融合与创新。赵振（2015）认为"互联网＋"的本质性规定在于不同界面之间的融合，由此促进了"场景与产品"的跨界组合；"互联网＋"通过互联网、传感器和软件将资源、人、物流等一切要素相连，"互联网＋"具有连接一切的特点（杰里米·里夫金，2014）；"互联网＋"促进了商品流通的"点对点、端对端、直通直达"，"互联网＋"因而具有显著的去中介化功能（Nambisam and Baron，2007）。此外，李文莲（2013）认为"互联网＋"有利于互联网用户在分享中的自生成内容。最后，大多数研究者通过案例研究发现，"互联网＋"不仅仅是技术系统，更是商业生态，其不同于"＋互联网"的简单技术接入（周鸿铎，2015）。"＋互联网"强调客户，而"互联网＋"更为重视用户体验（缪荣，2015）。

"互联网＋"是我国推动城市经济社会转型升级、创新发展的重大机遇，要通过"互联网＋"积极发现培育新增长点，加快转变传统产业发展方式，拓展和优化经济发展空间格局。"互联网＋"有助于解决传统服务的诸多痛点，我国信息化发展取得了长足的进步，但经济社会高速发展对其发展提出了更高更强烈更迫切需求（宁家骏，2015）。关于"互联网＋"的概念研究，有研究认为，"互联网＋"是一种借助互联网平台实现信息技术和行业多边界融合的新型商业组合模式，这种模式确实有利于促进产业协同创新和升级（辜胜阻，2016）。而有研究者指出，"互联网＋"是对各种技术要素的重新组合，这种重新组合促进了传统产业的创新边界拓展，有利于促进传统行业的技术升级和市场范围扩大（黄楚新、王丹，2015）。此外，其他研究者认为在新一代信息技术和人工智能技术的激发下，传统电子商务模式是互联网的发展初期形态，随着人工智能技术、大数据技术等的进一步发展，互联网经济逐步由简单的技术嫁接向基于信息基础设施改进的互联网生态经济转变和升级，互联网经济模式正在成为改造提升传统产业和商业经济资源利用模式，从而提升了经济社会的资源配置效率（李晓华，2016）。欧阳日辉（2015）则认为信息互联互通和信息能源的开发利用是"互联网＋"的本质性基础和特征，"互联网＋"经济的形成不是简单的技术应用，而是在商业生态和模式发生根本变革基础上的流程和组织方式再造。

关于"互联网＋"与传统产业、实体经济转型发展的关系研究，阿里研究院（2015）认为，"互联网＋"的发展将极大地促进中国信息基础设施的完善，从而促进建立在完善信息基础设施之上的实体产业的转型升级，尤其是商业模式的更新换代。当然有研究者认为，"互联网＋"与实体经济，并不是两者之间的简单嫁接，而是要通过流程、边界的融合实现深度融合，这促进了经济社会效率提升，更为重要的是有利于商业经济模式的变迁（欧阳日辉，2015）。李晓华（2016）从"互联网＋"对经济模式的影响出发，认为"互联网＋"的发展不在于简单地提升经济增长速度，而是带来了社会结构的变化和经济发展质量的提升。也有的研究者认为"互联网＋"确实是引发了社会发展方式的变革，这极为有力地促进了生产资源和消费资源利用模式的融合（林念修，2015）。姜奇平（2015）认为"互联网＋"的本质性影响在于结构优化，这种结构优化过程是促进经济发展质量提升的内在过程。在此过程中，数字化服务业比重和影响力不断提升，而传统制造业的发展水平和能级也将升级。王茹（2016）从"互联网＋"新的经济增长点、"互联网＋"新的产业竞争力、"互联网＋"新的政府治理模式等三个方面分析了"十三五"时期应如何推动"互联网＋"促进经济转型升级。余竹（2015）认为，"互联网＋"形成的新兴行业以及与传统行业的融合升级，有利于扩大消费和带动就业，"互联网＋"成为促进经济社会动能转换的助推器。

此外，"互联网＋"如何引起生产生活方式和社会交互模式变革也是研究者关注的重要议题。例如，胡春阳和刘晓艳（2017）的研究结论指出，"互联网＋"对各行各业和各类生活领域的影响在于改变了生活方式，原先传统的生活模式在"互联网＋"的影响下成为低效率模式，而基于创造和分享动机的人类生活将取得基于消费特征的生活模式，生活方式的创造性和分享性增强。辜胜阻等（2016）认为，"互联网＋"能够促进商品生产、流通与消费各环节的变革，推进商业模式的革新，带动个人思维模式变革与社会变革。李晓华（2016）认为，"互联网＋"已经成为影响生活方式和质量的关键要素，人们的网络生活是日常生活的核心要义，网络生活的开展是精神生活的内在模式。怀进鹏（2015）认为，"互联网＋"在市场规范、政策制定和维护消费者安全等方面带来一定的影响。佟力强（2015）认为，"互联网＋"作为一场全新的技术革命，使得传统的层级结构模式变为扁平化社会结构，"互联网＋"将成为破解城市治理难题的有效手段。胡泳（2015）认为，"互联网＋"促进了经济社会管理体制、政府管理方式等的巨大变革，由此必将产业、权力等进行重新配置。

第三节 有关互联网协同效应的理论研究

互联网以及与之相关的信息通信技术的不断发展，给经济社会带来了深刻影响。当前学术界关于互联网协同效应的理论研究主要经历了经济发展效应研究、网络效应研究和协同效应研究三个阶段。

首先，关于互联网的经济发展效应方面的研究，很多学者从宏观角度出发对互联网与经济增长、技术进步和全要素生产率的关系进行研究。例如，刘湖和张家平（2015）基于中国2008～2013年省际面板数据，对中国信息和通信技术（ICT）发展和经济增长的关系进行研究。实证表明：ICT发展对中国经济增长具有显著促进作用，固定宽带等基础设施也表现出规模经济。张家平等（2018）进一步基于门槛回归模型，采用2008～2014年中国省际面板数据，实证发现ICT对中国经济增长具有非线性影响关系。叶初升和仁兆柯（2018）采用2002～2014年地级市层面的面板数据进行研究发现，互联网不仅显著促进了经济增长，而且具有明显的结构效应——更有助于服务业部门的增长，促进产业结构向服务业调整。胡冰（2018）利用中国2001～2015年的省际面板数据研究互联网发展通过技术创新溢出效应对经济长期增长的影响，发现互联网在技术进步中的作用越来越明显，不仅提高了全要素生产率，也提高了技术效率。邬贺铨（2015）认为，互联网已经渗透到零售、批发、物流、金融业等领域，信息流、资金流与物流的结合显著减少了中间环节，提升了交易效率。医疗、教育、交通、旅游等与消费者生活工作贴近的行业也正在朝着互联网化演进。阿里研究院（2015）研究发现，互联网的发展有助于加速社会资本的积累和软性基础设施的建立，大大提高了社会交往和经济交易的频率。施炳展（2016）通过实证研究发现，互联网作为信息平台可以降低交易成本、扩大交易规模、优化资源配置水平。贺娅萍和徐康宁（2019）的研究表明，互联网基础设施的发展促进了中国城乡资源优化配置，提升了经济个体之间的信息匹配成功率和降低了信息交互成本。不过，城乡互联网发展差异也导致了城乡收入差距的进一步扩大。

其次，有关互联网的网络效应方面的研究，主要从互联网平台的网络外部性等角度进行分析。官建文和李黎丹（2015）认为，互联网的发展使信息、技术以至社会生活的能见度空前提高，打破了信息的不对称，降低了交易成本和环节，进一步带来价值创造的链条化、网络化。柳洲（2015）的研究发现，产业集群对互联网平台的应用促进了其集群技术创新结构的优化，从而有利于产业集群分工网络效应的发挥。赵振（2015）从创造性破坏视角出发研究"互联网＋"跨界融合，发现"端对端"共享式的信息集成极大地强化了网络效应，互联网使得企业能够独立地依据消费者需求信息而与其他企业进行合作，实时地与所有相关者进行整体性协调。罗珉和李亮宇（2015）则主张，互联网使企业－顾客间形成松散网状关系结构，使企业－消费者关系变为双向的价值协同。曾鸣（2018）认为，一个开放的协同网络的最大价值是网络协同所带来的网络效应："点"可以在一个巨大的"面"上获取比传统模式下大得多的商机，从而实现规模经济，提供高性价比的产品和服务，同时，"线"可以按照需求随时调用"点"的服务，增加了灵活性及弹性，从而可以提供更好的服务，吸引更多的消费者，这进一步带动了生态圈的繁荣和发展，降低了所有参与方的成本。郭家堂和骆品亮（2016）采用 2002～2014 年中国省际面板数据进行实证分析，发现互联网对技术进步具有显著的促进作用，对技术效率具有抑制作用，对全要素生产率的促进作用存在持久性的网络效应，其中网络效应的临界规模为 41.43% 的网民人口比例。汪东芳和曹建华（2019）采用 2000～2015 年中国省际面板数据也得出类似结论，互联网的发展和应用促进了中国要素使用效率的提升，这种效率提升的重要源泉在于网络效应。

最后，随着互联网的进一步发展，学者们开始关注到互联网的协同效应问题。其中具有代表性的观点认为，整个社会的组织形式会随着互联网的发展从工业时代那种线性的、机械的、控制的走向信息时代网络的、生态的、富能的这样一种新的运作模式，其本质上是一个网络化的社会协同（曾鸣，2014）。维纳伯尔斯（Venables，2001）认为，互联网可以降低企业生产成本、组织管理成本，协同提高企业与上下游供应商之间、企业与消费者之间的搜寻匹配，从而降低交流成本和物流运输成本等。麦奎尔等（McGuire et al.，2012）则强调，互联网和大数据使企业可以实现精确预测及前瞻性研发，从而获得新的竞争优势。曾鸣（2014）认为，进入信息经济时代，最终任何人、任何物、任何时间和任何地点都会被连接在线，信息会同步共享，最终走向一个社会化协同的生产方式，而不再是一个传统的供应链方式。曾鸣（2018）从点线面一体战略思维出发，认为互联网平台通过广泛连接不同的角色，使之合作协同，同时建立各种机制，通过匹配效率的大幅提升创造价值，促使全局利益优化。阿里研究院（2015）认为，人与人之间协作的有效性由于沟通交易成本的限制，在过去很难实现大人群的网络效应，类似流水线规模生产的被动协同成为协同的主要模式，而体现人群网络创造力促进作用的主动协同在互联网的帮助下才显示出巨大的潜力。郑小碧（2019）基于超边际一般均衡分析发现，"互联网＋"具有显著的社群协同能力，"互联网＋"促进了工匠精神与内容者、用户和互联网平台的社群型连接，"＋互联网"向"互联网＋"的转换促进了劳动力在分工结构内和跨结构间的优化配置、市场容量的扩张以及经济剩余和人均收入水平的提升。有研究者也发现，互联网发展不仅促进了中国城镇居民消费扩张，而且也有利于促进中国城镇居民消费结构的升级（刘湖、张家平，2016）。此外，研究者的研究结论表明，互联网经济改变了市场交易双方力量的对比，使得消费者之间团体化、生产者之间组织化，实现了交易双方的地位平等，解决了市场势力不对称、不均衡和不平等问题，交易双方都实现了规模经济和范围经济，创造了市场交易的新格局：由供给创造需求到需求引导供给，由生产主导消费到消费主导生产（李海舰等，2014）。余竹（2015）研究发现，互联网使信息的传递成本降至极低，消费者获取了大量信息后与生产者的信息不对称程度大幅下降，消费的协同范围大大扩展，居民使用社交移动网络进行协同交流，从分散孤立到相互连接，并开始参与到生产消费的各个商业环节，真正成为生产消费的主导力量，消费领域的"公平性"大大加强，整个社会福利水平大大得到提高。

第四节　对现有研究的简要评述

综观当前国内外相关研究成果，这些研究无疑对互联网的内涵、特征、功能等方面的认识逐步深化，这也为本书研究提供了丰富的理论基础。然而已有研究存在的不足也是明显的：

（1）已有研究的议题比较局限于从产生的时代背景（程立茹，2013；李海舰等，2014；李亮宇，2015）、基本内涵、特征（Nambisam and Baron，2007；马化腾等，2015；赵振，2015；吴晓波，2016）以及异同点（李文莲，2013；周鸿铎，2015；缪荣，2015）对"互联网＋"展开研究，这些研究缺乏从结构化视角对"互联网＋"的形成机制、发展效应进行研究。本书认为，"互联网＋"的商业生态从前互联网发展阶段和"＋互联网"经济模式中脱胎出来，这绝不是简单的技术升级，也不是不同经济部门对互联网技术的简单的应用，而是一个结构变迁和经济组织变化过程。在此过程中，"互联网＋"的技术力量促进了各类经济组织的形成和变迁，不同经济组织或主体的交易或交互关系发生显著变化，由此促进了社会分工结构和分工水平的巨大改变。在此意义上，"互联网＋"与经济社会的关系主要呈现为结构变化关系，带来的影响主要是分工结构的改变。而已有研究对此缺乏足够的关注和分析。为此，本书将运用超边际结构分析方法，对"互联网＋"社会化分工结构影响效应进行纵向横向多层面建模分析，揭示这一过程的转变机制和经济发展质量促进效应，这显然是在理论上的一种有益探索，必将有利于丰富互联网经济学的理论体系和研究框架。

（2）已有研究成果多集中于对"互联网＋"的网络外部效应的分析（黄楚新、王丹，2015；余竹，2015；李晓华；2016；陈文玲等，2016；胡春阳、刘晓艳，2017；张明明，2018；卢福财、徐远彬，2019；程名望等，2020），而对"互联网＋"的社会协同效应缺乏研究，更缺乏从经济组织变迁的结构演进视角揭示"互联网＋"的社会协同效应。本书认为生态化机制的连接效应驱动"互联网＋"的无边界融合化社群不断取代"＋互联网"的有限经济体系。在此过程中，"＋互联网"商业模式中的内容生产者是一个对市场信息需要自我搜寻和匹配的自我提供者，而"互联网＋"跨界社群中的内容生产者变为了生态型协调者，互联网平台的功能也从价值的分配转变为更多地开始价值创造。显然，这一过程及其影响效应是严格区别于双边网络效应的，这种效应是一种建立在"互联网＋"形成的多边生态结构基础上的社会化协同效应。通过本书的文献分析发现，已有研究成果主要关注了互联网对就业、资源利用效率、收入水平的直接经济效应和降低边际成本的网络效应，然而对互联网如何改变社会分工结构、产业组织机构、企业组织结构等社会协同效应关注和研究不足。为此，本书就要采用适合结构分析的方法——超边际分析原理和方法，来揭示"互联网＋"对社会发展形成的协同效应。

（3）现有研究主要分析了"互联网"与新业态的影响关系（吴晓隽、沈嘉斌，2015；郑志来，2016；孟韬等，2020；林素芬、林峰，2015；卢新元等，2016；孙茜等，2016；黎继子等，2018；孙玥璠、马国芳，

2019；黎继子等，2020，2015；谢莉娟，2015；盛亚等，2015；王宝义，2017；王楠等，2018；符合军，2020；钟荣丙，2018；郑伟连，2018；曾琼、刘振，2019；郑新刚，2019；段淳林、任静，2020），但很少深入揭示"互联网＋"与新业态新模式的内在经济逻辑，更没有将新业态、新模式的出现和演进放在"互联网＋"社会化协同效应的统一分析框架中进行研究。已有研究主要运用管理学、新古典经济学或社会学等理论和方法对共享经济、众包经济等新业态进行单独研究，缺乏从"互联网＋"社会化协同效应的统一视角来分析"互联网＋"与新业态之间的内在逻辑关系。为此，本书将重点关注和分析此种新兴业态的变化规律，将"共享经济、众包、新零售和网络化协同制造"等新经济模式放在一个统一的框架中，运用超边际原理和分析思路，构建超边际模型和框架，揭示"互联网＋"与社会新经济模式之间的影响关系和机制，构建和丰富互联网经济学分析框架和体系，同时为新兴古典经济学的时代性应用提供新的理论分析视角和样本。

（4）已有研究往往重点关注和研究了"互联网＋"与经济发展之间的直接效应（刘湖、张家平，2015；施炳展，2016；张家平等，2018；叶初升、仁兆柯，2018；贺娅萍、徐康宁，2019），而很少关注和揭示"互联网＋"发展与经济发展之间的中间传导机制及实现条件，从而也没有揭示两者之间的结构化关系演进过程。当前国内外相关研究确实对"互联网＋"促进经济发展的效应进行了多样化研究，并得出了很多非常具有启示意义的结论和政策建议。然而，多数研究成果往往利用已有的一些统计数据或问卷调查数据，运用计量回归分析方法，揭示"互联网＋"与经济发展之间的直接影响结果，由此没有过多地关注互联网发展与经济社会发展的中间传导机制和结构变迁过程。本书认为，"互联网＋"并不必然带来经济社会的发展，两者之间需要借助于一定的中间传导机制或变量才能顺利实现转换，也即"互联网＋"促进经济发展需要一定的中间转换过程和具备相应的实现条件。因此，本书关注和分析"互联网＋"社会化协同效应对经济发展的直接作用机制，从而在"互联网＋"与经济发展之间嵌入结构化的中间传导机制，以弥补已有研究的不足。

第五节　本　章　小　结

在前人研究的基础上，本书关注和分析"互联网＋"的结构化社会协同效应，这是一项探索性的理论研究。如上所述，社会化协同的理论研究、有关互联网与经济社会发展关系的理论、互联网发展与新业态的关系研究理论、互联网的经济效应研究、互联网的网络效应研究、互联网的协同效应理论等与本书研究相关，但已有研究仍存在结构化分析视角缺乏、主要关注网络效应而忽视社会化协同效应等不足，这是本书的创新机会。为此，本章在对已有研究成果进行系统梳理和分析的基础上，提出了本书区别于已有研究的重要创新点，这为本书后续开创性工作奠定了扎实基础。

第三章　理论与方法基础：超边际分析的适用性

如前面章节所述，本书主要是对"互联网＋"引起经济社会分工结构、驱动机制、企业组织结构以及经济发展等方面的结构性变化进行理论建模和实证研究，主要揭示"互联网＋"的社会协同效应及其对经济结构变迁的影响，因此，本书的理论和研究方法主要是结构化视角的。以杨小凯为代表的新兴古典经济学及其超边际分析流派被认为是对斯密劳动分工结构演进的古典灵魂在现代经济学分析躯壳中的复活和超越，其对专业化分工和经济组织变迁的理论模型和分析是研究经济组织或系统结构化效应的重要合适理论和分析方法。所以，本书将主要运用新兴古典经济学及其超边际分析方法研究和揭示"互联网＋"的社会化协同机制及其经济福利效应，以此初步构建"互联网＋"理论研究的超边际分析框架。这里，本书将重点对新兴古典经济学及超边际分析方法的主要内容、特点以及方法的适用性等进行介绍和分析，以为本书的后面章节奠定理论和方法基础。

第一节　新兴古典经济学：兴起、议题与方法

从亚当·斯密开创性地建立古典经济学开始，经济学历经了两百多年的发展历程，其间的研究主题、研究方法和范式也不断更迭，形成了经济学研究的不同理论学派和思潮。从古典经济学到新兴古典经济学，其发展的时间跨度经历了将近两百年，这一发展过程是如何实现的，新兴古典经济学具有什么样的独特研究议题和研究方法，这些问题构成了新兴古典经济学的核心问题。本书将对此进行历史性地梳理，从而为本书研究提供理论和方法基础。

一、古典、新古典框架与新兴古典经济学

经济学发展到今天，一个基本的共识是，经济学是研究人类选择行为的科学，主流经济学更是将经济学的研究对象确定为资源利用和配置。然而，经济学研究的对象与方法从来都不是固定的，在不同的特殊时期形成了不同的研究主题和方法，从而形成了不同历史时期的经济学理论派别。与本书密切关注的新兴古典经济学相关，从古典经济学到新古典经济学进而新兴古典经济学的发展，则构成了新兴古典经济学由何而来及为何而成的历史发展脉络。

1776 年，《国民财富的性质及原因的研究》（简称《国富论》）的出版，标志着古典经济学的诞生，其创立者亚当·斯密则成为古典经济学之父。古典经济学与前一阶段的经济学相比，其关注的议题和研究方法出现了历史性变化。例如，重商主义原先更为重视和重点研究商品流通对国家财富的重要意义，认为交换对经济发展具有更重要的价值。而斯密从流通拓展到生产领域，认为老劳动分工及专业化水平是一国劳动生产率提升的根本原因，从而促进了一国财富的增长。由此，古典经济学确立了专业化分工在国家经济发展中的根本性地位，分工是古典经济学的灵魂。此后的数十年，包括李嘉图、萨伊等古典经济学家主要研究生产中的价值生成规律，确定了工资、利润、租金等在经济发展中的形成机制和特点，古典经济学认为劳动分工的生产结构对经济发展具有重要影响。

进入了 19 世纪七八十年代，经济学的研究范式和方法，以及关注的重点问题出现了根本的转变，古典经济学向新古典经济学发展。在这一发展过程中，以门格尔、杰文斯、瓦尔拉斯等主要代表的经济学家，首先将经济学的研究方法由总量分析拓展到边际分析，从而开始关注边际变量对经济的影响效应，由此开启了边际革命。到 19 世纪后期，马歇尔完成了对经济学的综合，从而成为新古典经济学的集大成者。在新古典经济学家看来，经济分析在方法论上不能只看总量指标，而应在边际层面观察经济变量的变化及其影响效应，由此将经济学研究从宏观视角推进到更为微观的视角。此外，与古典经济学显著不同的是，新古典经济学不再将分工结构放到内生分析框架中，而是将重点放在既定分工结构中的资源配置效率问题。在他们看来，经济学应该重点研究资源选择问题，而不是专业化和分工结构的生成问题，由此重点揭示市场机制的功能和效应，从而对市场效率高低进行分析。在此意义上，新古典经济学将古典经济学的灵魂——

专业化分工进行了彻底地抛弃，在新古典经济学框架中不再有分工结构问题，而主要是研究面临一定的约束来求解资源在不同的消费用途、生产用途之间的配置问题。

新古典经济学的研究范式影响了19世纪末和20世纪的很长一段时间的经济学研究，虽然后来的宏观经济学的创立和发展以及新古典综合学派的形成与发展对新古典经济学带来了一定的批判性冲击，但新古典经济学的研究范式到今天仍然对主流经济学存在很大的影响。这种不关注结构，只见资源配置功能的经济学研究范式当然也不是完全没有受到批判，尤其是演化经济学、制度经济学等研究范式的形成对新古典经济学的研究方法产生了重要影响。但从研究主题、研究方法等来看，真正对新古典框架带来革命性冲击的当属由杨小凯为主要代表创立的新兴古典经济学，新兴古典经济学开启了经济学研究主题的复归和研究方法的新超越。

为什么是"新兴古典经济学"，新兴古典经济学与古典经济学有什么承继关系，与新古典经济学又存在何种区别，新兴古典经济学如何从经济学发展历程中脱颖而出，这些问题构成了"新兴古典经济学"的发展脉络和核心研究议题。

如前所述，古典经济学的研究主要在于揭示专业化分工水平对经济发展的影响效应，劳动分工是古典经济学的灵魂。然而，在新古典框架中，劳动分工这一灵魂不再存在，代之以重点关注资源配置问题。那么新兴古典经济学从中得到的新启示和超越是什么呢？《经济学》是杨小凯的重要著作，他在这本书中表达了"新兴古典经济学"名称的由来，他指出，《经济学》这本书主要是研究劳动分工这一灵魂的复归，而这显然是古典经济学的灵魂，但是此书又是运用最新的非线性规划等方法来研究劳动分工这一灵魂，因此，这一研究又比古典经济学更新，甚至比19世纪后期的新兴古典经济学在研究议题和方法上都是一种重要的超越，于是杨小凯等所创立的经济学被称之为"新兴古典经济学"。因此，我们不难发现，新兴古典经济学最为核心的发展在于运用了现代数学工具对古典经济学的专业化分工这一核心灵魂进行了回归，是对分工的古典灵魂在现代数学躯壳中进行了再现。因此，这种理论和研究议题的创新是对以斯密为代表的古典经济学在现当代的重塑和回归，因而命名为新兴古典经济学。

正是在以杨小凯为主要代表的新兴古典经济学家努力之下，从20世纪八九十年代以来，新兴古典经济学以复兴斯密的分工思想为根本己任，形成了一系列研究成果，概念、理论体系和方法论不断成型和发展，日益成为 21 世纪经济学发展的重要学科领域。在这一过程中，杨小凯及其合作者黄有光等不断深化了其超边际分析方法，逐步形成了新兴古典经济学理论体系，其先后出版和发表了诸如《经济增长的微观经济机制》《分工和产品多样化》《垄断竞争和最优产品多样性》《专业化、信息和增长》《专业化与经济组织》《经济学：新兴古典与新古典框架》等一系列开创性论著，为新兴古典经济学的研究和发展创造了非常坚实的理论方法基础。

2003 年以后，随着 2004 年杨小凯的不幸离世，新兴古典经济学的超边际分析受到一定程度的影响，但总体来看，在国内外一大批学者的努力下，杨小凯的思想遗产及超边际分析方法没有沉寂，而是正在被推广和拓展其影响领域。当然还应注意到国内的研究者运用超边际原理和研究方法研究经济社会中所出现的一系列经济组织变迁问题。例如，向国成和韩绍凤（2005）深入分析了超边际研究的比较优势理论，初步构建了超边际分析的比较优势理论分析框架，并将这种分析方法运用到小农经济发展模式的研究中（向国成，2005）。刘赪等（2006）运用超边际分析方法研究了城市专业化组织结构的形成机制，分析了城市化专业水平的影响因素。向国成和韩绍凤（2007）从分工视角分析了农业组织化演进的理论机制。庞春教授运用超边际分析方法广泛而深入地研究了中间商何以存在（庞春，2009）、外包模式如何从一体化模式中演化出来（庞春，2010）、服务经济的演进机制（庞春，2010）及厚实市场如何生成（庞春，2019）等重要问题。此外，还有很多学者将超边际分析方法运用到中国农村土地制度改革的分析中，认为分工模式的演进是农村土地制度改革的重要结果，这促进了农村生产力的增进（李子明、周群力，2010；盛济川，2011）。此后，研究者更广泛地将超边际分析方法运用到各种宏微观经济问题的分析中。赵亚明（2012）运用超边际分析方法探讨了地区经济差距变化的内在影响机制和因素。向国成等（2017）在一个超边际分析框架中论证了分工结构演进与共同富裕的内在关系。郑小碧（2017）也运用新兴古典框架揭示了职业中间商与城市化的内在影响关系。徐艳艳（2017）运用超边际分析研究了流通效率对国际贸易的影响。黄群慧等（2019）通过构建新兴古典经济学的超边际分析模型，分析了互联网发展对中国制造业生产率的内在影响机制。张松林等（2019）构建了大城市劳动力分工的新兴古典超边际模型，研究了大城市限制低技能劳动力影响城市人力资本的机制和效应。江鑫和黄乾（2019）通过构建一个城乡公路网络演进的超边际分析模型，揭示了城乡公路体系网络化对共同富裕的影响效应。因此，可以预见，新兴古典经济学必将继续在国内外经济学研究中占有重要位置，也必将对中国经济学研究产生持续性的影响。新兴古典经济学将迎来更为光明的理论研究和应用前景。

二、新兴古典经济学的研究议题

如前所述，与新古典框架不同，新兴古典框架重新关注和研究分工问题，主要围绕劳动分工结构演进、经济组织变迁、交易效率改进、制度和技术转型以及经济发展效应等方面构建研究议题。具体而言，新兴古典经济学的研究主题主要设定为以下几个方面：

第一，研究劳动分工结构变化引起的经济组织变迁问题。在新兴古典经济学家看来，任何经济组织或资源组织模式的变迁都是分工结构或网络演进的过程及其结果，劳动分工结构的改变使得不同的分工主体在分工网络中的角色及其功能发生变化，由此带来了资源组织的模式和经济组织方式的变迁。按照新兴古典经济学的研究起点，经济学家应该首先关注的是经济结构中的分工结构，分析哪些经济个体"要不要做"或"做不做"的问题，也即哪些经济个体从事哪些经济活动或行为，而不是像新古典经济学一样，关注的是既定分工结构下的资源配置问题。因此，分工结构的形成和变迁是新兴古典经济学的关键研究议题，在此基础上来分析不同的经济模式或组织方式的演进机制。例如，关于贸易中间商的生成和演进问题，新兴古典经济学通过构造一定的超边际模型，揭示了贸易中间商从直接交易到迂回交易模式演进过程中的形成机理，研究发现贸易中间商是分工结构演进的必然结果。而国内贸易向国际贸易的演进，贸易中间商也扮演了十分重要的角色，贸易中间商的存在有效降低了贸易成本，促进了中介型贸易的发展（庞春，2009；郑小碧 2016）。又如，在数字经济时代，包括网络外包、网络众包、共享经济、新零售、计算广告等新经济组织模式，新兴古典经济学领域的研究者也开始用超边际分析方法进行研究，发现了很多值得关注的研究结论。因此，本书关注和研究的"互联网＋"市场结构及其组织方式的变迁与新兴古典经济学的研究主题密切吻合。总而言之，分工结构及其经济组织方式的变迁是新兴古典经济学首先关注和研究的重要议题，这是对古典经济学研究主题的复归，也是对新古典框架的重大突破。

第二，研究交易效率改进对分工结构演进的核心影响效应。前述有关分工结构及其经济组织模式的变迁，仅仅是新兴古典经济学关注到的研究现象，深入这一现象背后，到底是什么因素引起了专业化分工水平、劳动分工结构和经济组织模式的变迁，这构成了新兴古典经济学更为本质的研究主题。在新兴古典经济学家看来，随着专业化分工结构的变化，越来越多的分工角色卷入分工网络，分工环节的增加必然带来更多交易环节，从而增加了交易费用。因此，经济组织变迁是在交易费用增加与专业化经济效率提高两者之间的相互权衡中实现的，只有当专业化生产效率的提高超过交易费用的增加，分工结构演进才可能。或言之，只有当单位交易费用的增加小于分工专业化水平提高带来的收益递增，分工结构演进也才可能。而交易效率的充分改进恰恰有利于降低单位交易费用，这使得分工结构加速演进。因此，新兴古典经济的核心研究主题就是通过超边际模型的构建与分析，重点揭示一个社会的交易效率如何对分工结构和经济资源的配置模式产生影响，交易效率的阶段性改进如何催生了不同的分工水平和经济组织模式。相关的研究结论表明，交易效率的充分改进才是经济组织模式演进的核心因素。例如，正是市场综合效率效应的改进促进了外包这种资源组织模式从一体化组织模式中分离出来，成为企业组织资源配置的重要有效方式（庞春，2010），也正由于交易效率的改进，传统的外包模式得以不断向网络外包甚至是网络众包模式转型和升级（郑小碧等，2020）。

第三，研究专业化分工演进对经济发展的影响效应。新兴古典经济学一方面重点分析了专业化分工水平演进机制，揭示了其对经济组织模式变迁的影响效应，但相关研究也没有停留于对分工结构及其组织模式的变迁研究，而是拓展性地分析这种结构和经济组织模式变迁到底对经济社会的经济发展或福利产生了何种影响，尤其是哪些结构变迁会带来经济发展质量的提升。为此，在对分工结构超边际分析模型和一般均衡比较静态分析的基础上，新兴古典框架一般都将揭示这种分工演进对劳动生产率、劳动力资源配置效率、市场规模、商品化程度、服务经济发展水平、贸易程度和人均真实收入的影响效应，比较分析不同分工模式的经济福利水平。通过运用新兴古典经济学模型，可以有效地揭示中国当前很多经济组织模式的演进与经济高质量发展之间的内在关系，这无疑是一种非常有效的分析框架和方法。这也是本书采取新兴古典经济学超边际分析方法揭示"互联网＋"社会化协同机制及其促进经济发展质量提升的重要原因。

第四，研究交易效率改进的外生因素。如前所述，无论是分工结构和经济组织模式的变迁，还是最终导致的经济发展，隐藏在背后的因素是交易效率的不断改进。在初始的新兴古典框架中，超边际模型中关于交易效率的界定一般都是外生性处理，即通常假定市场交易效率系数为常数。这种外生处理，当然有利于简化模型分析，同时也有利于重点揭示交易效率的影响。但是，毋庸置疑，交易效率的变化和改进是其他因素变化的结果。于是，有必要在新兴古典模型中引入交易效率系数函数。因此，在最近几年有关新兴古典经济学模型中，有很多研究者开始关注和研究交易效率变化的因素，从制度、技术、贸易伙伴数量、社会距离等角度揭示影响交易效率变化的外生因素。在此意义上，新兴古典经济学的分析结论启示学界、产业界，要想推动产业结构、分工结构的变迁，提高交流效率是核心，而要想提升交易效率，必须要以推进制度和技术变革为重要条件。只有通过制度、技术等多重创新，市场交易效率才会改进，由此才可能带来经济结构的优化和经济高质量发展。在当前中国推进的以供给侧结构性改革为主线的经济质量提升过程中，唯有不断推进制度性交易效率提升，提高政府行政效能，才能真正确保中国经济发展驶入高质量发展轨道。

三、新兴古典经济学的方法论

正是基于对不同研究主题的关注，新兴古典经济学主要运用构造动态分工结构、超边际基础模型构造、超边际角点均衡分析和一般均衡比较静态分析等前后相继的几大研究方法开展研究，从而形成了与新古典经济学不尽相同的研究方法体系。显然，相对新古典方法，新兴古典经济学超边际分析方法更加注重历史演进、动态分析和结构演化特征。

第一，构造动态分工结构。如前所述，分工结构和网络的形成和演进是经济社会发展的核心表现，经济组织或模式的变迁伴随着劳动分工结构的演进。因此，专业化分工与经济组织变迁是经济社会发展的一体两面，要想深入地分析企业、工业化、城市化、职业中间商、共享经济、众包经济等不同类型的经济组织或资源配置模式的形成和演进规律，就需要对不同经济组织演进过程中的劳动分工结构进行构造和刻画，由此来揭示专业化分工水平变化与经济组织变迁之间的内在关系。为此，新兴古典经济学家一般都会采用一定的分工流程图来刻画不同经济组织模式中的分工主体有哪些，并通过买卖关系流程图来刻画分工主体之间的生产和交易关系。如图3-1所示，有甲、乙、丙和丁四个分工主体卷入分工结构，他们围绕产品或服务 X、Y、I 和 R 进行生产和交易，从而构成与特定经济组织模

式相对应的分工网络。例如，在研究职业中间商这一经济主体如何形成和
发挥作用之时，新兴古典经济学一般通过构造自给自足、直接交易、迂回
交易的分工结构来揭示职业中间商在自给自足、局部分工、完全分工等不
同分工结构中的超边际决策行为规律，从而阐释职业中间商为什么从生产
结构中分离出来，其对经济交易具有何种影响效应。又如，在互联网意义
上的共享经济模式中，闲置资源所有者通过互联网共享平台将闲置资源共
享给潜在用户，用户通过互联网共享平台与闲置资源所有者构建供求匹配
和交易关系，大量的分工主体卷入分工经济网络。为此，新兴古典经济学
家就需要首先刻画共享经济的分工结构，揭示不同分工主体之间的角色及
其功能，由此才能进行超边际决策分析。

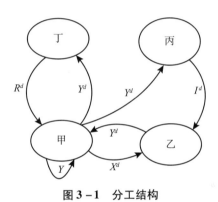

图 3 - 1　分工结构

资料来源：笔者绘制。

　　第二，超边际基础模型构造。在卷入一定分工结构中，不同的生产者 -
消费者都是最大化自身效用的超边际决策者。在不同的分工结构和专业化
水平中，首先需要分析有哪些分工主体卷入了分工结构，哪些分工主体会
进行生产和交易，这就是新兴古典经济学意义上的"做还是不做"的分工
问题，而不是新古典框架在假定分工结构既定，来决定经济主体生产多少
和交易多少的资源配置问题。因此，新古典框架注重的是边际意义上的最
优化分析，寻求的是一种内点解，而新兴古典经济学则探索性地分析角点
解，这就是超边际分析方法。为此，需要给出用于最大化效用水平的超边
际决策效用函数，并在生产函数、资源禀赋函数和预算函数的约束下来进
行超边际决策分析，从而构建分工主体的最大化超边际决策基础模型。超
边际决策基础模型的构成是超边际分析的基础，这为不同经济组织模式下
不同分工主体的超边际决策提供了基础。例如，如式（3 - 1）所示，在分

工结构 C 中，任一生产者 – 消费者都将最大化其效用函数 U_C，而这一效用水平取决于分工主体对最终产品 Y 的消费数量 $(y + ky^d)$，其中 k 为市场交易效率系数。而式中的其他子式分别代表了分工主体来自产品 X、Y、劳动力时间资源 L 以及预算等的约束函数，其中 x、x^s 代表分工主体对产品 X 的自我消费量和销售量，y、y^s 代表了分工主体对产品 Y 的自我消费量和销售量。L_X、L_Y 分别代表了分工主体用于生产产品 X 和 Y 的劳动时间份额，两者之后为 1。a 和 b 分别代表了分工主体在生产产品 X 和 Y 中的学习成本。P_X、P_Y 分别代表了产品 X 和 Y 的市场交易价格，而 x^d、y^d 分别是产品 X 和 Y 的市场名义出售量。

$$
\begin{aligned}
\max \quad & U_C = y + ky^d \\
\text{s. t.} \quad & x^p = x + x^s = L_X - a \\
& y^p = y + y^s = L_Y - b \\
& L_X + L_Y = 1 \\
& P_X(x^s - x^d) + P_Y(y^s - y^d) = 0
\end{aligned}
\tag{3-1}
$$

第三，超边际角点均衡分析。如前所述，分工结构的动态演化表明，特点的经济组织模式中，首先要解决的是"做与不做"问题，考察分析到底有多少分工主体卷入到分工结构中进行生产和交易，在此基础上来通过最大化其效用函数来求解不同的分工主体将多少资源投入到相关的产品或服务的生产和交易中，由此可以求出不同分工模式中不同分工主体的角点解。这是超边际角点均衡分析的基础。在求得不同分工结构中不同分工主体在生产和交易中的决策变量之后（角点解），就需要按照一定的原则来求得不同的分工模式本身的均衡解，即不同分工结构的角点均衡。为此，新兴古典经济学家认为，在不同的分工结构中，分工主体总是通过生成和交换实现一个均衡的效用水平，并且能够实现任何交易产品或服务的市场出清。因此，按照任一分工主体的效用均等原则和市场出清原则，便可求得特定分工结构的均衡效用、均衡交易相对价格和均衡的分工人数比值，从而最终求得不同分工结构的角点均衡，为下一步超边际一般均衡分析奠定基础。

第四，不同分工结构的角点均衡比较静态分析。新兴古典经济学的灵魂在于揭示分工结构的演进，分析不同分工模式的演进机制及其条件。例如，在当前互联网经济时代，网络零售是如何从传统线下零售发展而来，线下和线上融合发展的新零售（智慧零售）又是如何产生的，这些不同的经济组织模式如何实现阶段性转换，为此需要通过超边际一般均衡比较静态分析来揭示不同分工结构或经济组织模式实现转换的门槛条件。为此，需要在上述求得不同分工结构或经济组织模式角点均衡的基础上，通过比较静态分析来揭示在何种条件下，哪一种分工结构成为一般均衡模式。具体而言，假如存在三种分工结构 A、B 和 C，这三种分工结构的角点均衡效用分别为 U_A、U_B 和 U_C，那么到底哪一种分工结构是一般均衡结构，则主要取决于三种分工结构角点效用的相对大小。例如，如果存在 $U_A > U_B$ 且 $U_A > U_C$，那么分工结构 A 的均衡效用比其他两种分工模式的均衡效用都要大，显然分工结构 A 将在一定的交易效率条件下成为稳定的均衡模式。在对不同分工结构的角点均衡进行比较静态分析的基础上，还可以对不同分工模式中的劳动生产率、市场规模、劳动力资源以及人均真实收入作角点均衡之间的比较静态分析，从而可以揭示有关分工结构演进的经济发展动态效应。

总而言之，新兴古典经济学通过创造性地对分工结构进行超边际建模、角点均衡分析、一般均衡比较静态分析等步骤实现了对专业化分工与经济组织变迁间关系的理论范式构建，从而更为历史、动态地认识经济社会经济组织变迁现象提供了十分有效的方法论基础，也为政府、企业等更有效地推动经济结构优化和经济发展质量提升提供了可行的政策启示。

第二节　超边际分析的特点与应用过程

在前面一节，本书已对新兴古典经济学的内容进行了介绍，作为对古典经济学在现代数理经济学躯壳中实现复活和超越，新兴古典微观经济学的研究主题主要是经济组织的结构变迁过程，而最为重要的研究方法是超边际分析，这种与传统边际分析方法迥异的分析方法开拓了经济学研究的新方向，对新兴古典经济学的发展和应用发挥了核心的推动作用。因此，本节将在上一节有关超边际分析方法介绍的基础上，对超边际分析方法的具体内涵、特点、应用过程进行重点分析。

一、超边际分析方法的主要特点

超边际分析方法是对新古典经济学分析方法的重要超越，对以杨小凯为主要代表的新兴古典经济学的发展具有根本的推动作用，超边际分析方法具有自己独特的方法内涵、特点及其应用规律。

　　经济学的发展历史可谓经历了较长的发展过程，在不同的发展时期，经济学都会形成主导的研究方法。例如，在古典经济学发展时期，斯密重点从劳动分工演进的角度论证国民财富增长的原因，其主要的分析方法是定性的总量分析，突出用逻辑推理的方式论证不同变量之间的定性关系。当然，正如前文述及，古典经济学关注的主要是劳动分工结构问题，重点定性阐述了分工对经济发展的宏观影响机制。然而，这种重视宏观总量分析的方法也存在一些弊端，例如，无法深刻揭示微观经济主体额外行动的经济意义，古典经济学强调个体加总对社会的经济价值。到19世纪七八十年代，以门格尔、杰文斯、马歇尔等为代表的新古典经济学推动了经济学分析方法的革命，边际革命应运而生。在此过程中，经济学不仅将斯密的劳动分工研究议题转向纯粹的资源配置问题，而且研究方法开始重点关注微观个体额外经济行为的经济影响，边际分析方法成为新古典经济学的主流分析方法，从而边际效用、边际成本、边际收益等概念成为新古典微观经济学的核心概念。然而，正如前文所述，新古典经济学的核心缺陷在于假定了分工结构固化，从既定的劳动分工结构出发，运用边际分析方法来介绍消费者、生产者或生产要素所有者如何将有限的资源实现最优化的配置，因此这里严重忽视了消费者、生产者或生产要素所有者是否参与到产品或服务的分工体系的问题，即经济学可能需要先研究经济主体要不要从事某种产品或服务的生产活动，然后才是考虑配置多少资源或要素进行生产或消费的边际分析问题。正是由于新古典经济学存在这样的内在缺陷，或者说新古典经济学在研究对象和研究方法上都严重偏离了古典经济学框架，因此，以杨小凯为代表的新兴古典经济学派突破了新古典经济学框架，利用一种回答经济主体如何通过互动形成不同的分工结构的分析方法，即超边际分析方法来揭示经济组织的变迁问题。所以，与边际分析方法不同，超边际分析方法重点揭示的是经济个体的分工问题，回答他们"做还是不做的"角点解取舍问题，而并不是事先假定经济个体一定卷入分工，并得出配置多少资源获得最大利益的问题。正是因为在研究问题和路径上的巨大差异，新兴古典经济学所主张的分析方法被称为"超边际分析"。概括地说，超边际分析方法或框架具有如下三个方面的特点：

　　（1）角点选择性。尽管很多经济学都得出结论认为，经济学本质上是一门关于选择的学科，然而，这种分析论调无疑主要是新古典意义的，也即这里的选择主要是有关在既定分工结构下，不同分工主体或生产者、消费者、生产要素所有者对有限资源在不同的消费品组合、生产要素组合等上的选择配置问题，以此获得最大的效用或利润。如前所述，新兴古典经济学的超边际分析方法，从对资源配置问题的研究视野中脱离出来，从劳动分工结构的角度探讨到底是哪些主体会进入分工体系，再考虑这些进入分工体系的主体应该选择多少资源来生产或消费不同的产品或服务，所以，超边际分析方法实际上主要是回答无差异与预算线构成的消费者效用最大化模型中某种商品或生产要素是否为零，其他生产商品选择或要素利用等于多少的"角点解"问题，而并不是横纵坐标图中假定所选商品、要素数量都不为零的"内点解"问题。在此意义上，超边际分析是一个不同分工结构的角点选择问题，因此它具有明显的角点选择特点。

（2）过程生成性。传统主流经济学强调用均衡、最大化的概念或方法来研究市场机制的资源配置功能问题，因此它们需要假定资源配置必须要在特定的劳动分工结构中才能实现，所以传统主流经济学的分析方法或框架往往是一种共时的静态分析方法或框架。在新兴古典框架中，劳动的分工结构及水平是内生的，技术或制度环境的变化一定会带来专业化分工结构和水平的历史性变化，因此，分工结构是不能假定为不变的。也正是在一个劳动分工结构不断变化的框架下，超边际分析方法强调不同分工结构的形成机制分析，并由此来进行不同的分工结构如何实现转换的过程性比较分析，所以，超边际分析一定不是对既定分工结构中不同资源配置方式的静态分析，而是以揭示分工结构演进的过程机制为根本目标，强调分工形态或结构的生成性。

（3）结构转换的内生性。经济主体都是在一定的经济结构中开展一系列经济活动，不同的经济结构会带来经济主体行为的各种差异性。传统的新古典主流经济学不仅忽视经济结构问题，而且在很多情况下严重忽视经济结构的内生性问题，因为它们干脆不研究经济结构的决定问题，而主张在一定的经济结构下来讨论经济个体的生产和消费行为。然而，新兴古典经济学认为，包括劳动分工结构在内的经济组织或结构模式都是被决定的，交易制度、技术效率是影响经济结构变迁的重要力量，当交易效率等外部条件变化之后，不同的经济个体首先要回答要不要卷入某种产品或服务的生产，以及如何对交易环节增加带来交易成本上升与专业化水平提高的两难选择进行克服。所以，在超边际分析框架中，不是既定的分工结构影响经济发展，而是不同的经济结构本身是由经济发展的环境所影响，甚至是所决定，然后才是不同的经济组织或结构模式对劳动力资源配置、劳动生产率、市场容量、商业化程度和人均收入水平产生差异化影响。因此，超边际分析的核心研究导向在于揭示经济结构转换的内生条件是什么这个关键问题。

二、超边际分析方法的应用过程

超边际分析方法是新兴古典经济学在研究方法上的重大创新，是斯密古典分工理论灵魂在现代躯体中实现复活和超越的重要工具，超边际分析方法不仅在杨小凯等所构建的系列分析模型被广泛地应用，而且近年来也被国内外学者应用到对职业中间商生成、国际贸易方式演进、共同富裕、城市化、共享经济等多个领域，取得了很多富有创设性的研究成果。根据杨小凯和黄有光（1993）、杨小凯（2003）、杨小凯和张永生（2003）以及相关研究者的基础性研究成果，超边际分析大体上遵循了三大步骤（见图 3 -2）。

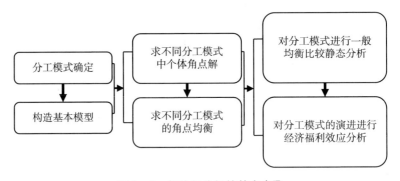

图 3 - 2   超边际分析的基本步骤

资料来源：笔者绘制。

第一步，基础分工模式和超边际模型的确定。如前所述，超边际分析的核心创新在于对分工模式的事先讨论与明确，即需要先明确到底哪些主体会参与到分工体系之中，不同的分工主体会采取什么样的产品或服务的供给模式，是自给自足、局部生产还是完全专业化，这些都是超边际分析首先需要回答的问题。例如，对于国际贸易领域中，生产企业到底是通过贸易中间商实现出口，还是经由自身的营销体系实现直接出口，这本质上是一个贸易中间商如何生成以及生产企业要不要花费大量时间来搜寻潜在客户的分工问题。如果需要借助于贸易中间商实现间接出口，那么自然生产企业就无须花费时间、货币等资源于搜寻潜在的客户，这类活动由贸易中间商的专业化中介服务就能够实现，由此生产企业就能够完全专业化于出口产品的生产，从而也就能提高劳动生产率。因此，这就是分工模式的确定问题，而新兴古典经济学主要根据文定理（Wen，1997）来排除那些不可能卷入分工体系的经济个体，从而明确不同的分工模式及其构成，进而为超边际分析奠定分工模式基础。在明确了分工模式和结构基础上，如式（3-1）所示，就可以结合分工结构特点及其研究主题，构建超边际分析的基础模型。在这个基础模型中，重点要对生产者-消费者的效用函数、生产约束方程、要素禀赋方程以及预算约束方程等进行模型化和正式化，从而提出不同经济个体所面临最大化问题的基础形态，为后续的角点分析和一般均衡分析奠定模型基础。

第二步，对不同的分工模式或结构进行角点分析。按照上述原则进行不同分工模式模型构建之后，这里就需要对不同分工模式中经济个体的最大化问题进行求解（角点解），并在此基础上对不同模式进行角点均衡分析，以最终给出不同分工模式的相对价格、专家人数以及人均收入均衡值。首先，不同分工模式中经济个体都是在追求最大效用（利润）的目标下来考虑生产什么、生产多少以及向市场购买多少或销售多少。因此，这里就需要对不同分工模式中的不同生产者-消费者的生产或市场行为决策进行角点解推导，从而明确某个经济个体的劳动时间资源投入（专业化水平）、生产量、出售量和购买量。例如，对于商品经济的发展中农户的生产或市场决策行为从自给自足、剩余产品外销、专业化生产和市场销售的分工模式演进过程，不同的分工结构中，农户生产多少农产品、农产品是否向市场销售以及拿出多少销售，农户又向市场购进多少中间产品与最终产品等，这些问题都需要在不同分工模式中，按照求解角点解的方式给出基本的结论。其次，在明确了不同分工模式中不同经济个体的角点生产和市场交易行为之后，则需要找出不同分工模式的均衡状况，即角点均衡值。新兴古典经济学家认为，在不同的分工模式中，不同的经济个体也是按照一定的原则会促进整体模式实现相对均衡，这主要表现在不同产品或服务交易后的市场出清和所有经济个体的效用水平相等两个方面。因此，此时就需要按照市场出清原则和效用均等原则来推导计算出不同分工模式的均衡相对价格、参与者人数之比及人均收入水平，从而为后续的一般均衡分析奠定基础。

第三步，分工模式的一般均衡比较静态分析与经济福利效应分析。如图3-2所示，当把不同分工模式的角点均衡推导出来之后，就需要讨论这些不同的分工模式在什么样的条件下会实现成功转换，以及此种分工结构转换到底如何提升经济发展质量，也即分工模式之间的一般均衡比较静态分析及其经济发展效应分析。首先，根据效用最大化原则，不同分工模式必然会随着内外部条件的变化而出现结构转换。为此，就需要对不同的分工模式进行比较静态分析，从而推导出符合一定条件的一般均衡模式。按照新兴古典经济学的基本做法，这里就需要考察一种分工模式下的角点均衡效用与其他分工模式的角点均衡效用的相对大小，从这里面就可以得出不同模式转换的内在条件。例如，对于前述的生产企业直接出口模式向由贸易中介主导的间接出口模式转变问题，到底是在什么样的条件下，出口模式会从直接型向间接型转换。因此，这里就可以根据两种模式的均衡利润的相对大小比较得出实现模式转换的交易效率、产品要素密集类型等方面的条件，从而完成一般均衡比较静态分析。其次，经济组织、分工模式的演进除了需要具备一定的条件外，这种模式转换本身具有非常重要的经济发展效应，为此，需要在前述角点解求解、角点均衡分析以及一般均衡比较静态分析的基础上，对不同分工模式的结构转换到底如何促进经济发展进行综合推导和分析。例如，直接型出口模式向间接型出口模式的转变，可能交易效率的充分改进是实现两者转换的关键条件，那么这种转换到底如何对贸易领域的劳动力资源配置、商业化程度、劳动生产率、出口市场容量、贸易一体化以及贸易利得等产生影响，不同的出口模式在这些方面是否具有不同的促进效果，其条件是什么？对这些进行分析，无疑也是超边际分析的重要内容，甚至是研究的最终落脚点。

上述三个步骤是超边际分析的基本过程，当然由于研究者在研究主题、研究重点和研究需要等方面存在较大差异，因此，不同的研究者可能需要对以上三个步骤进行必要的调整，然而，这三个步骤是大多数超边际分析所应遵循的一般分析路径。

第三节　超边际分析方法对本书研究的适用性及逻辑思路

一、超边际分析方法的适用性

在本书的分析框架中，"互联网＋"的社会化协同效应主要体现在社会分工结构演进、社会驱动机制转换、企业组织形态变革以及经济发展阶段演变等四个方面。因此，作为一种经济组织或结构转换的过程，如果从新兴古典经济学超边际分析视野来考察，"互联网"社会化协同效应的超边际结构特点也是异常明显的，所以超边际分析方法对本书研究具有很强的适用性。

首先，对于社会分工结构演进效应，有关超边际分析的结构化特征表现得最为突出。从人类历史的演变来看，劳动分工始终是社会变迁的核心机制，不同行业、不同工种、不同职业形态都是劳动分工结构的演进过程和结果。从产业分工的大视角来看，农业与畜牧业、手工业与农业、大工业与手工业以及第一产业与第二、第三产业的产业间分工构成了人类经济发展史上分工结构演进的宏观断面，在这些分工结构演进过程中，不同的分工行业从无到有，从小到大，也是一个首先需要解决哪些行业进入经济社会分工体系，哪些行业暂时还没有出现的分工问题，而不是资源在不同行业或同一行业内部如何配置的资源配置问题。因此，从这个角度来看，社会总体行业分工过程本质上也是一个与超边际分析密切相关的分工问题。此外，从微观的劳动分工结构演进来看，任何一种产品或服务都先后会经历从自给自足、局部（部分）分工到完全（充分）分工的分工结构演进过程。在此过程中，产品或服务的生产者－消费者也都需要首先考虑要不要卷入某种分工体系的问题，例如，农户是选择自给自足还是选择向市场购买蔬菜，这本身是一个分工结构的选择问题。因此，在本书的研究议题和分析框架下，"互联网＋"的社会化协同效应带来的社会分工结构的变化也是一个需要不同的互联网社群主体选择是否参与提供相关互联网产品或服务的分工问题。例如，为什么会有大量的私家车车主利用闲暇时间将自身所拥有的私家车通过网络预约车平台提供给潜在的乘客使用，他们为什么以及如何卷入了网络预约车分工体系中的，其条件是什么，这种分工结构的演进对互联网经济、就业等产生了何种影响。这些无疑都是与新兴古典经济学的超边际分析框架是吻合的，因此运用超边际分析方法对"互联网＋"社会化协同机制影响社会分工结构演进的过程进行理论模型和实证研究具有较强的适用性。

其次，从社会发展的驱动机制来看，"互联网＋"的社会化协同所推动的驱动机制转变也具有超边际分析的结构化特征。本书的研究框架表明，从前互联网到"＋互联网"乃至"互联网＋"的社会形态演变过程，必将伴随着经济社会发展的驱动机制从生产规模经济效应转变为网络效应和协同效应。显然，在强调生产规模经济的前互联网发展阶段，生产企业的产业分工、环节分工非常有限，很多大企业都承担了原材料采购、设计研发、生产加工、市场营销等全产业链经济活动，由此分工经济非常弱小，因为此时生产企业主要依靠规模经济性驱动发展。然而，随着互联网技术的发展和对互联网平台的广泛性应用，尤其是伴随着移动互联网、物联网、工业互联网和大数据等新一代信息、智能化技术的发展，企业将以更细化的形态参与到产业和价值链分工之中，分工网络不断形成和扩展，并最终形成"互联网＋"跨界社群的协同效应。因此，从规模经济效应驱动，到基于互联网的网络效应乃至协同效应驱动，本质上是社会分工体系不断完善的过程，产业间分工向价值链分工、战略环节分工乃至是社群分工演进。以网络化协同制造为例，最初的企业主要依靠企业内部的生产规模经济效应实现利润增长。随着供应链模式的兴起和推广，供应链合作制造模式应运而生，从而网络效应成为制造业发展的重要驱动机制。随着互联网平台及其社群的发展，网络化协同制造大量出现，越来越多的生产企业卷入网络化协同分工体系，提高制造业资源的供求匹配效率。在这一转变过程中，制造业的分工模式从自给自足向供应链网络分工和互联网社群分工演进，从而这也是一个经济个体分工模式和层级不断变化的分工选择问题，而分工问题是新兴古典经济学超边际分析方法重点探讨和研究的核心问题。因此，显而易见，驱动机制转变过程的研究本质上是重点研究和揭示不同行业、不同产业主体或微观主体是如何从企业内部封闭循环向企业间、产业内、产业间乃至互联网社群内部的分工模式演进的，无疑这一演进过程与超边际分析的研究思路高度吻合，因此超边际分析的研究方法对"互联网＋"社会化协同影响经济社会发展驱动机制的转变过程也是较为适用的。

再次，从微观企业组织形态变迁来看，"互联网＋"社会化协同引发企业组织形态从搜寻型向平台型和社群型企业转变与升级，这一过程本身也蕴含着企业在社会分工体系中角色和功能的嬗变。对于前互联网阶段，企业需要依靠自身的信息网络投入数量众多的资源来搜寻潜在的市场客户，因此包括市场搜寻或营销服务基本上是依靠自身，企业本身是一个市场营销服务的自我搜寻者，所以大部分企业都建立了与市场的自我搜寻者相适应的企业组织模式，很多企业从原材料采购、生产到市场服务都实现高度的内部化和一体化，企业的规模往往不断扩大。由此可见，此时的企业分工水平往往较低。随着互联网技术的发展和普遍应用，企业成为依托于某类互联网平台的平台型企业，原先的很多市场服务不再需要企业进行自我提供，市场上出现了为企业提供市场连接服务的互联网营销平台及其网络，所以社会分工水平得以提高。另外，由于移动互联网、大数据等的发展和广泛应用，互联网平台发展成为互联网社群，社群的社会化协同能力显著增强，因此，企业由平台型企业转变为社群型企业，在互联网社群内企业的分工水平进一步提高，专业化提供支付、配送等服务商大量出现，企业完全专业化于内容生产。由此可见，"互联网＋"社会化协同效应促进了企业组织形态及其分工水平的提升，所以超边际分析的研究进路可以有效揭示"互联网＋"的社会化协同对企业组织形态的影响效应。以网络众包为例，千千万万个网络众包配送骑手很多都是从原先在农村剩余劳动力发展而来，这些经济个体从分工体系之外卷入网络众包分工结构，这不仅提高了网络产品的配送效率，也有利于提高普通劳动者的人均收入水平。显而易见，网络众包的演进过程及其福利效应与前文所述超边际分析的基本步骤实现了现实与理论框架的有效融合，因此超边际分析方法能够有效揭示"互联网＋"社会化协同条件下传统外包模式向网络外包进而网络众包转换的逻辑机制、效率条件及其经济福利效应，从而可以构建形成企业组织结构从一体化形式到外包形式进而平台型外包形式乃至社群型众包形式的超边际分析框架。

最后，"互联网＋"社会化协同所最终推动实现的经济发展阶段转换和升级也是新兴古典经济学意义上的超边际演进过程，劳动力资源配置的优化、劳动生产效率的持续性提高、市场规模的有效扩张、互联网连接红利的提高以及人均收入水平的普遍上升都是"互联网＋"社会化协同效应带来的福利性结果。例如，对于劳动力资源在不同部门内部或者跨产业部门之间的转移和配置，这显然是经济社会分工体系不断调整的产物，正是由于连接者、社群型企业的大量出现，原先边际生产力较低的劳动力不断向高效率的网络连接型部门转移和实现优化配置。同时，在连接服务部门内部，也出现了不同分工模式之间的跨越和升级，原先配置在"＋互联网"阶段的连接者不断向"互联网＋"社会化协同体系中的价值创造型连接者升级，所以经济社会的分工层次不断提升。显然，在这一过程中，劳动力需要就转移配置到哪一个产业部门或者提供多少的专业化劳动等分工水平或模式问题进行超边际决策，那么超边际分析方法将对此提供十分有效的研究工具。再如，经济发展中出现的市场容量扩张效应在很大程度上也是专业化分工的结果，这显然符合斯密有关分工与市场范围的关系原理，所以，随着前互联网社会向建立在"互联网＋"基础上的信息化智能商业社会的升级，社会化协同效应不断取代生产规模效应和网络效应成为社会的主导型驱动机制，分工模式和水平不断提升，消费品、连接服务、用户规模、中间产品等市场容量必然趋于上升，因此，要揭示分工演进与市场容量扩张之间的逻辑机理，无疑需要借助于超边际模型及其分析方法。

综上所述，"互联网＋"社会化协同所呈现的社会分工结构演进、驱动机转换、企业组织形态变革以及经济发展阶段演变等微观、中观或宏观效应，都是在一个新兴古典经济学超边际框架下推进和实现的。因此，本书运用新兴古典经济学超边际分析方法对"互联网＋"的社会化协同效应进行理论和实证分析，无论是在研究思路、研究内容的设定上，还是研究过程、研究结论的具体展开上，抑或研究逻辑的最终建构上，都具有较强的适用性与合理性。

二、本书运用超边际分析方法的逻辑思路

上面分析了新兴古典经济学超边际分析方法对本书研究的适用性及其可行性，在此基础上，将进一步说明超边际分析方法在本书研究框架的逻辑思路。

首先，超边际分析方法贯穿了本书研究的全过程，也即本书的每一部分都运用了超边际分析的基本理念和方法。在本书的第一章中，我们首先从研究问题切入，提出了"互联网＋"对经济社会发展所具有的结构性变革作用，由此论证了"互联网＋"对分工结构变迁的内在影响机制。而超边际分析方法的运用主要是建立在社会分工结构演进的基础上，因此，本书有关"互联网＋"社会化协同结构的分析是对超边际分析方法运用的基础性铺垫。在第三章，对现有文献进行全面综述的基础上，我们系统地介绍了新兴古典经济的演进历程，尤其是重点给出了有关超边际分析方法的基本内涵、原则、应用程序及其适用性分析，这为本书其余各部分的分析奠定了方法论基础。在第四章，我们对"互联网＋"社会化协同效应的每一种表现形态和结构化维度进行分析，目的在于给出"互联网＋"影响社会分工结构的具体侧面，从而为超边际分析的应用明确具体的分析框架。从第五章到第九章，我们将每一章有关"互联网＋"社会化协同效应及其对不同业态的结构化影响进行新兴古典经济学建模和超边际分析，从而将运用超边际分析系统地揭示"互联网＋"对社会化分工结构的影响机制和效应，进而从整个框架上完成超边际分析的理论体系建构。

其次，在超边际分析方法的具体应用上，前文已经进行了一个原则性

的应用过程分析。也就是，在上述有关整体研究对超边际分析方法进行贯彻应用的基础上，本书主要在第五章、第六章、第七章、第八章和第九章分别应用超边际分析方法研究了"互联网＋"社会化协同效应及其对共享经济、众包经济、新零售经济和网络化协同制造经济等新兴业态的影响机制，从而分别构建了各章相互联系而相对独立的超边际分析模型。具体而言，例如，在第七章中，我们在分析"互联网＋"影响外包进行数字化转型的内在理论逻辑的基础上，对"互联网＋"作用下的外包数字化进行超边际模型构建，围绕不同分工结构的超边际角点解、角点均衡及一般均衡比较静态进行全面的分析和求解，得出相应的研究命题。在此基础上，对这种结构转变过程的经济发展效应进行超边际推导，得出相应的研究命题，从而完成对"互联网＋"影响外包模式的社会化协同效应的超边际分析。

第四节　本章小结

新兴古典经济学及其超边际分析方法是经济学发展历史上的重要学术创新，这一重大发展对新古典经济学之后忽视分工问题的学术倾向进行了根本的扭转，为劳动分工与经济组织演进分析提供了传统与现代相结合的分析工具。本书对"互联网＋"社会化协同效应的理论和实证研究，也是对超边际分析方法的一次理论性探索和方法试验。为此，本章主要对本书的理论和方法基础进行了概貌性的介绍，提出了本书研究的理论基础及研究方法的逻辑出发点。由此，首先，本章第一节主要对超边际分析方法的理论渊源——新兴古典经济学的发展历程、研究方法、研究主题、研究的基本模型设定方法等进行了梳理和分析，从而为本书确定了理论基础；其次，本章第二节主要对超边际分析方法的内涵及主要特点进行分析，尤其是给出了超边际分析的基本步骤，从而为本书明确了超边际分析的基本进路。最后，本章从"互联网＋"社会化协同效应与社会分工结构演进、驱动机制转换、企业组织形态变革以及经济发展阶段演变之间的关系角度，论证了本书运用超边际分析方法开展理论和实证研究的适用性及其在本书展开的逻辑思路，从而为将超边际分析方法应用到对新经济现象的研究奠定了逻辑基础。

第四章 "互联网＋"的社会化协同
效应：表现形态与结构维度

在前述对本书理论和方法基础进行构造的基础上，本章将从理论上构建"互联网＋"的社会化协同效应的总体分析框架。正如前面已经述及，人类社会的信息化水平不断提升，初级的"＋互联网"网络效应阶段正在向由"互联网＋"引发的社群生态化阶段升级，"互联网＋"正在对中国社会各行各业产生深刻而广泛性的影响，新产业技术、新商业业态、新经济模式和新消费方式层出不穷，由"互联网＋"所引发的社会化大协作大协同正对经济社会产生革命性的影响，因此，本章将从总体效应、分类效应等方面构建"互联网＋"社会化协同效应的理论分析框架。

第一节 "互联网＋"的社会化协同效应

经济社会发展从来都是一个系统演进的过程，"互联网＋"促进经济社会的发展也是一个互联网技术或平台与各行各业实现无缝连接而产生新业态新模式，并通过大规模多层级的社会化协同机制促进社会分工结构、驱动机制、组织形态和经济发展阶段不断演进的过程，如图 4－1所示。

一、"互联网＋"社会化协同的业态载体

当前，互联网技术及平台已经逐渐成为一种新的基础设施或生产要素，成为行业和企业开展生产经营的重要条件，"互联网＋"通过技术连接实现了与不同行业的对接，由此成为改造传统产业或催生新产业、新业态和新模式的重要技术力量。从中国目前发展形态来看，"互联网＋"正在对中国共享经济、众包经济、新零售和网络化协同制造等新业态、新模

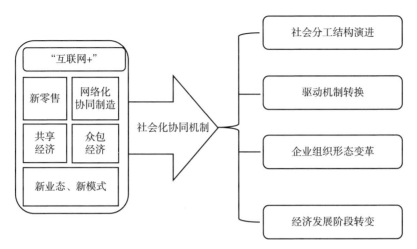

图4-1 "互联网+"社会化协同效应

资料来源：笔者绘制。

式带来重大影响，这些新业态、新模式是当前"互联网+"社会化协同的典型载体和表现。

首先，闲置资源或自有资产的共享经济模式是"互联网+"社会化协同十分典型的新业态载体。在人们的生产和生活中，总是会存在一部分资源和产能在特定的时间内不需要被所有者使用，这就为一部分闲置资源或自有资产的共享利用提供了可能，从而使得闲置资源的所有权与使用权分离成为人类社会的重要实践。实际上，在人类社会的发展历史上，闲置资源的共享早已有之，例如，人们将闲置的资金存在实体型的钱庄或银行则是对闲置资金的共享利用。只不过随着互联网技术的发展，人类的经济资源共享模式发生了巨大的进步与升级，从而出现了共享汽车、共享单车、网约车、生产技能、知识等的共享模式，包括中国在内世界各国的共享经济取得了快速发展，共享经济已经成为各国提供资源利用效率的重要新经济业态。根据《中国共享经济发展报告（2020）》显示，2019年中国共享经济市场交易规模达32828亿元，同比增长11.6%，生活服务、生产能力、交通出行三个领域的共享经济交易规模分别为17300亿元、9205亿元和2700亿元。与此同时，2019年有8亿人参与了共享经济模式，参与提供服务者人数约7800万人，各类共享平台的员工总数为623万人，同比增长4.2%。同时，《中国共享经济发展报告（2021）》指出，虽然受到新冠肺炎疫情冲击，中国共享经济交易规模达33773亿元，同比增长2.9%，

2020 年共享经济参与者约为 8.3 亿人，其中服务提供者约为 8400 万人，同比增长约 7.7%，平台企业员工数约 631 万人，知识技能、医疗共享的市场规模同比分别增长 30.9% 和 27.8%。由此可见，越来越多的人参与到共享经济的社会化大协作体系中，社会化共享程度不断提升。显然，在共享经济发展的过程中，成千上万拥有闲置资源或时间的内容者、用户通过各类共享平台实现开放型社会化大协作，内容者、连接者与用户及其背后的生态商业网络互动协作，促进各类闲置资源共享，提高资源利用效率。以网络预约车为例，正是依托滴滴出行等网约车平台，大量的线下私家车等各类闲置车辆车主实现与成千上万用户的互动、连接与协同，从而实现系统性的社会化大协同。又如，以知乎等知识共享经济模式为例，为数众多的知识技能拥有者通过知乎等知识技能共享平台实现与潜在用户之间的知识技能协作共享，分布分散的知识拥有者通过共享平台实现社会协作与资源共享，促进知识价值增长。由此可见，在包括中国在内的共享经济迅猛发展的世界各国，正是依托与具有强大社会化协同功能的"互联网＋"共享平台，共享经济已成为并将继续成为经济社会发展的重要驱动力，也是承载和利用"互联网＋"社会化协同效应最为典型的新兴业态。

其次，众包的资源组织模式也是"互联网＋"社会化协同效应发挥作用的最为明显的新兴业态。从传统意义上来看，产品或服务是在企业内部生产提供，还是委托给外部经济主体来生产提供，这本质上是一个有关一体化和外包的选择问题。只不过，伴随着互联网技术的发展，尤其是移动互联网技术的快速发展，除了一体化与外包的传统关系问题，现在还出现了传统外包、网络外包与网络众包的关系问题。网络外包一定程度上是对传统外包在形式上的发展，其本质上仍然是经济资源组织方式的外包化。然而，网络众包却不仅是对传统外包的一种重要发展，也是对网络外包的重要升级。在网络众包中，发包方通过在网络众包平台发布其需求，网络众包平台通过其供求信息匹配功能和高效的社会化协同机制引导潜在的众包方接单匹配，实现发包方与众包方的社会化互动与协作。在此过程中，不仅接包者与发包者之间实现社会化协作，而且包括网络众包平台以及其他专业化众包服务提供商也经由发达的众包服务网络实现多层次多向度的社会化协同，接包者的营销、配送和支付等服务由社会化协同系统供给。正是在这种社会化大协同的支撑下，近年来众包经济迅猛发展，这不仅提高了社会资源的协同效率，而且有效地缓解了很多社会存在的就业、环境污染等社会问题。以中国的外卖配送众包为例，据《2019 众包骑手生存真相报告》显示，作为中国重要的众包平台，截至 2019 年底，蜂鸟配送注册骑手超过 500 万人，其中 77% 的蜂鸟骑手来自农村，越来越多的骑手成为网络配送众包模式的重要参与者。蜂鸟骑手的月收入水平大致为 4000～8000 元，这一月收入水平超过了历年全国城镇私营企业员工的月薪。由此可见，这种由发包者、网络众包平台、众包服务商及接包者多角色互动连接的社会化大协同催生了众包经济的快速发展，并由此推进经济社会结构的巨大变迁。

再次，从"互联网＋"与零售业的关系来看，"互联网＋"的社会化协同机制同样广泛而深层次地促进传统零售向新零售的转变和升级。在互联网发展的初期，电子商务已经对传统零售带来了巨大的影响，传统线下实体零售业"现场现货现金"的交易模式受到了电子商务的冲击，零售业经历着前所未有的发展压力。在进入"互联网＋"的发展阶段，特别是随着移动电子商务的发展，网商、商品与场景不断经历着跨界重组，电子商务需要与实体零售、现代物流、新型网商群体、云计算、智能商业、大数据等实现多主体重构，一种被称之为"新零售"的网络新物种应运而生。按照阿里巴巴研究院（2017）的定义，新零售是对"互联网＋"背景下的人、货、场的重新组合，网商、商品和场景将实现更大规模、更大范围的社会化协同，商业价值的来源将从网络效应向社会化商业协同效应转变。在这一过程中，开展新零售的商业经济体将打通线上与线下、物流与电子商务、移动互联网与第一代互联网等之间的屏障，实现社会化大协同和价值创造界面的彼此融合，构造形成大型的商业操作系统。以阿里新零售系的盒马鲜生等为例，阿里巴巴商业操作系统不断地协同上游供应链、下游的菜鸟物流配送，以及提供信用、物流、支付服务的各种各样的社会化服务商，从而构建形成了多元角色复杂互动的新零售网络，实现零售资源的高效配置。因此，新零售商业系统的形成和发展无疑也是一个"互联网＋"社会化大协同的过程，后者对零售供应链、电子商务平台、用户、服务商的互动产生了重要的协同作用。

最后，从网络化协同制造模式及效率来看，原先由企业独立制造、线下供应链合作制造到网络化协同制造进而线下线上连接、大中小企业联动和社会广泛参与的新型协同制造模式，也是"互联网＋"社会化协同影响制造业的直接体现。合作制造模式经历了多个发展阶段的演化。最初的制造模式首先是在企业内部实现，这种制造模式一般是独立和线性的，企业基本上依靠自身的力量实现生产制造。随着供应链网络或体系的发展，单打独斗的企业开始向外部拓展，它们积极与其他制造业企业、金融机构等开展合作，从而实现了线下供应链合作制造。随着互联网技术、云平台技术、物联网技术和人工智能平台的引入与发展，建立在互联网社群意义上的协同型制造业基础设施开始出现，由此线上制造业资源与线下制造业资源多重融合，产品市场、营销服务资源与创新服务也通过互联网基础设施实现系统性连接，大中小企业协同互动，从而形成了一种"互联网＋"条件下的网络化协同制造模式。在新型网络化协同制造模式的演进过程中，"互联网＋"通过改变企业制造资源的配置组合方式、促进企业制造业组织治理模式的扁平化、降低企业生产成本，尤其是增强企业吸收和利用外部资源的协同能力来促进企业创新绩效的改进（王金杰等，2018）。以制造业企业技术研发资金的网络众筹为例，通过"互联网＋"对技术研发资金的众筹，网络众筹平台实现了对企业、创新资源所有者、使用者等的社会化大协同，不仅降低了企业创新的风险，而且提高了社会创新资源的利用效率，从而有效提高了企业网络化协同技术研发的效率，进而促进了网络化协同制造。正是凭借开放型的互联网制造基础设施的网络连接，大量的社会化主体进行合作协同，降低合作制造的成本，提高了系统性协同制造的成功概率。

二、"互联网＋"社会化协同机制及特点

"互联网＋"与"＋互联网"相比，重要的区别在于前者形成了强大的社会化大协同体系，这个体系通过信息智能并联、开放性"连接一切"、社群型内外融合等机制实现对各类社会分工主体的大协同和大协作，从而促进经济社会生产和交易效率的极大提高。

（一）"互联网＋"的社会化协同机制

如图4-2所示，"互联网＋"在实际的作用发挥过程中，主要通过改变信息连接方式、网络连接范围和融合方式等生成了信息智能并联机制、开放性"连接一切"机制和社群型跨界融合机制等三大机制，最终对经济社会发展形成显著的社会化协同效应。

（1）信息智能并联机制。信息是现代企业发展的重要生产要素，如何以更低成本获取有价值的信息对企业生产经营绩效意义重大，因此信息获取和传递方式也将在很大程度上决定企业等经济主体的成败。在传统供应链信息管理条件下，企业获取信息的渠道往往是由供应链单向生成和实现

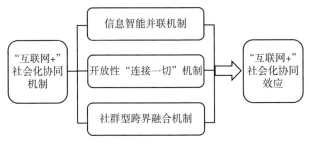

图4－2 "互联网＋"社会化协同机制

资料来源：笔者分析绘制。

传递的，信息的流动往往是由端到端的单向串联式过程，信息主体之间的关系因而也是线性的简单关系，信息发送者和接收者规则分布在信息链条中，由此决定了传统的串联式信息传递往往范围比较有限，信息附加值递增效应也较低。然而在互联网技术广泛而深入地应用到经济社会的各个领域之后，尤其是以移动互联网为代表的"互联网＋"发展阶段更是推动了信息传播方式的巨大变革。在"互联网＋"的信息生成和传递场域中，企业等经济个体不是单独地发送和接收信息，而是通过大数据、云计算等能够实时地并联并发式收集、处理和分析海量信息，这些海量的信息能够通过信息生态系统实现多层次多界面的传递和重复利用，数量众多的群体、个体之间通过信息的并联并发和组合式集成利用实现社会化协同，从而促进互惠型信任关系的发展和交易效率的不断提升。

（2）开放性"连接一切"机制。经济系统有封闭与开放之分，开放性的生态型商业系统往往有利于内外信息、要素的交换，从而提升经济系统的创造力和活力，而封闭的内循环体系往往容易陷入增长陷阱，经济主体的创新力和活力较低。互联网是一个万物互联的平台体系，其中的所有生产者、内容者、服务者、用户等通过彼此开放各自的经济场域以实现价值增长。所以，"互联网＋"作为互联网技术与经济社会融合发展的高级阶段，其所塑造而成的商业系统也是一个开放型的生态体系，开放性为系统内外的社会化协同提供了基础条件。此外，在这个开放性体系内，"互联网＋"所构成的社会化过程往往伴随着"连接一切"的过程及其结果。在此过程中，"互联网＋"社会化协作系统中的内容提供者与内容提供者之间、内容提供者与网络平台之间、网络平台与互联网用户之间、用户与用户之间、内容提供者与用户之间乃至商业生态系统与商业生态系统之间等各种主体都能够实现连接，"互联网＋"的连接一切机制使得各类主体能够基于共同的经济目标实现低成本地协同与交互，反过来进一步促进"互联网＋"连接体系的扩张和发展。以网络预约车为例，正是依托于滴滴出行等网络预约平台，数量众多的潜在乘客与平台背后成千上万的司机实现在线或线下连接，由此将闲置车辆资源按照供需匹配原则实现社会化协同利用，从而提高了闲置车辆资源的利用效率，促进人均收入水平的提升。

（3）社群型跨界融合机制。跨界融合是"互联网＋"的核心特征，"＋"本身就蕴含了跨界叠加的意义，互联网平台的行业特征与其他行业属性、企业需求实现多种多样的跨界融合构成了"互联网＋"社群的核心机制。具有相同或类似互联网产品或服务需求特征的一类主体在互联网平台及其系统中集聚形成互联网社群，这种社群内部的结构本身也是多样化的元素构成，多数主体并非来自相同的行业，不同属性的内容者、用户由于相同的社会交互或协同需求聚集在互联网社群中，并通过不断地交互和内外跨界融合创造平台价值和收入增长空间。例如，以知乎等知识共享平台为例，聚集在知乎网络平台上的内容生产者千差万别，有些人来自企业管理层，有些人则是医生或教师，但是不同的职业属性并不影响他们在知乎网络平台上交换有价值的信息，并寻求共同的价值增长，从而实习跨界融合与交互协同。因此，正是由于互联网社群的这种多元结构，使得"互联网＋"的商业生态系统在内部和外部都需要而且能够实现跨界融合，在跨界融合处实现社会化协同，促进各自网络连接红利的提升。

（二）"互联网＋"社会化协同的特点

社会化协同是很多系统或经济组织的功能，例如，政府的管理服务功能很多都具有社会化协同的效应。但是对于"互联网＋"各行各业形成的社会化协同系统具有与传统社会化协同系统不一样的特征，这主要包括了与互联网技术或互联网平台密切相关的多角色、大规模、实时性及开放性等四个方面的特点。

（1）多角色。在传统的经济社会系统中，消费者、生产者、服务者等的职业角色相对固定，而且在特定的时间或空间内，某一种角色具有唯一性，即在上班期间，生产汽车的生产者就是生产者，他不太可能成为生产其他产品或服务的生产者。然而，在"互联网＋"的社会协同系统中，经济个体的角色并不是唯一的，很多角色可以在较短的时间甚至是相同的空间内相互转换，从而完成多角色的社会化大协同。例如，当某个共享单车的骑行者作为共享产品或服务的用户在骑车的时空中，也许此时他正在知乎平台上为某个需求者提供某个问题的解决方案，由此他就成为技术方案的生产者，互联网角色实现在同一时空内的互换而不影响其他角色发挥各自独特的作用。所以，在"互联网＋"的社会化协同系统中，不同的经济个体既是内容者，也是用户，既是平台服务者，同时也可能是内容者，这是一个多角色协同的社会化系统。

（2）大规模。在传统的社会交互系统中，相互协同的经济社会主体数量虽然也是较多的，但毕竟也是有一定的限度的，这与传统社会交互技术水平有关。随着"互联网＋"成为经济社会发展的重要驱动系统，由此形成的社会化协同也不再是局限在特定群体内或有限群体间的社会交互过程，而是交互的主体数量、关系数量、层级数量都是非常巨量的大规模社会化协同过程。之所以会形成大规模的社会化协同特征，这主要是由于"互联网＋"的平台体系本身具有无限连接一切的功能，各种潜在的要素、内容者、用户都被社群囊括其中，所以，一有某个交互关系出现，那么其他主体之间、多层次主体之间的大规模海量协同将同时出现。与此同时，随着云计算、大数据技术的发展，这种建立在海量信息基础上的大规模协同更是成为可能，其所产生的社会化协同效应也将是海量效应。

（3）实时性。与传统的具有多阶段性或时间滞后性的社会协同机制相比，"互联网＋"所形成的社会化大协同往往具有共时性或实时性特征，在相对较短的时间内，整个系统会形成类似的社会化协同结果。之所以具有实时性的特征，这与"互联网＋"平台的实时连接及跨界融合密不可分。无论是共享经济平台，还是网络预约车平台，抑或其他互联网平台，这些平台体系都不间断地向各经济社会主体进行实时开放，没有一个用户会由于迟滞几分钟而不能预约到所需的网约车，也不会因为深夜而没有人为你提供解决方案，如此都表明"互联网＋"社会化协同是一个不会打烊的实时协同过程。同时，正如前文已述及，跨界融合也是"互联网＋"社会化协同的重要机制，而正是由于跨界融合机制的存在，用户需求总会由于来自不同领域的内容者供给实现满足，从而实现共时性地供求匹配与协同。

（4）开放性。从时间演变来看，"互联网＋"的社会化协同系统具有实时性特征。与此同时，从空间领域来看，"互联网＋"的社会化协同也是一个开放的系统。正如前面已经论及，"互联网＋"连接一切的机制本身也是在开放性的社群中实现的，因此，由此所推进的社会化大协同也是开放的，它不会因为时间或空间限制而出现封闭式的协同，封闭式的协同本身也是不可持续的。例如，在网约车平台系统中，当某个乘客预约了网约车后，如果某网约车由于某些原因无法及时向客户提供相关服务，那么这种协同过程本身会中止，但不是社会化协同过程的终止。也即，网络约车平台可以重新在短时间内启动社会化协同机制，快速实现供求重新组合与匹配，从而帮助用户获得约车服务。所以，"互联网＋"社群系统本身的开放性，决定了"互联网＋"社会化协同也是开放的，它不会因为技术等原因使得社会化协同从整体上终结。

三、"互联网＋"社会化协同效应的基本内涵及结构维度

（一）"互联网＋"社会化协同的基本内涵

无论是商业模式的变革，还是技术创新，都将对经济社会的生产、生活，乃至是社会观念等方面产生深刻的结构性影响，这种社会化结构效应最终将成为推动经济社会发展的重要力量。因此，综合上述几部分对"互联网＋"社会化协同机制及其特点的分析，本书认为，"互联网＋"的社会化协同效应是指"互联网＋"通过商业生态的社会化大协作机制及其技术革新对网络社会乃至经济社会带来革命性的发展促进效应，其表现形态和结构维度主要在于"互联网＋"的社会化协同对社会专业化分工结构演进、驱动机制转换、企业组织方式变革以及经济发展阶段升级等方面产生了系统性、生态性的聚裂变影响效应，如图4－1所示。对这四大社会化协同效应，本部分将概括性地加以介绍分析，本章的其余小节将专门重点分析，以构建形成本书有关"互联网＋"社会化协同效应的理论框架。

（二）"互联网＋"社会化协同的表现形态及结构维度

如前所述，"互联网＋"社会化协同机制对网络经济社会的生产、生活、消费、交易、交流等方式产生了根本性影响，特别是对当前的共享经济、众包经济、新零售模式以及网络化协同制造模式等新业态、新模式带来了系统性的协同连接效应，从而对社会分工结构、驱动机制、企业组织模式和经济发展方式等产生革命性影响。因此，在本书的分析框架中，我们认为，"互联网＋"主要对社会分工结构、驱动机制、企业组织模式和经济发展模式等四个方面产生了结构性影响。

（1）"互联网＋"社会化协同的社会分工结构演进效应。当前经济社会结构变化的核心特征之一在于分工结构的演变比以往更为快速和广泛，"互联网＋"通过其社会化协同机制对社会、行业和企业分工结构的演进带来深刻影响。首先，"互联网＋"促进了新分工主体的出现，从而推动了不同分工主体之间形成新的连接，并最终会转化为新产业、新职业类型的出现，从而从新兴行业的角度实现社会分工结构演进；其次，"互联网＋"通过在传统行业内部引入新的平台主体，促进传统经济主体之间连接关系的改造与升级，从而促进传统行业职业类型的更新换代和分工结构变化；最后，"互联网＋"通过在经济社会系统中促进互联网社社群的生成和建设，由此不断实现某类社群和社群之间的跨界连接，进而促进跨界分工结构的形成和演进。

（2）"互联网＋"社会化协同的驱动机制转换效应。从驱动机制来看，不同的社会发展阶段与不同的驱动机制相对应，一个社会主导型的驱动机制受到社会经济和技术条件的影响。在前互联网的经济社会发展初期，经济增长的主要依靠资源要素投入的提高，企业竞争力的主要来源于规模经济效应，大中小企业往往更有竞争优势。随着经济社会进入到信息化的"＋互联网"发展阶段，各类经济主体都通过一定的方式实现与互联网平台的对接，企业竞争力主要来自与外界网络主体互动形成的网络效应，在此意义上，网络效应是信息化社会的主要驱动力。然而，当信息化社会步入"互联网＋"的发展阶段，"互联网＋"具有显著的社会化协同机制，由此可以构建形成强大的生态型协同系统，从而形成显著的社会化协同效应，协同效应逐渐取代网络效应成为信息化社会的主要驱动力。

（3）"互联网＋"社会化协同的企业组织方式变革效应。企业是经济社会发展的根本推动力量，企业组织和配置资源的方式和效率一方面是经济社会技术条件的产物，另一方面也对经济社会发展具有重要影响。随着信息化水平的提高，企业组织资源的方式也会产生重要变化。例如，在前信息化发展阶段，无论是工业社会、还是传统农业社会，社会组织资源的主体主要是一定产业链中的企业，因此产业链型企业是主导型的资源组织方式；随着信息技术和网络技术的发展和应用，企业要么通过自建，要么通过外向连接的方式都与某个或某类网络平台建立经济社会关系，产业链企业成为平台化企业，由此形成了建立在平台基础之上的平台型企业经济组织模式。当"互联网＋"成为社会化协同的重要力量之后，依托由

"互联网＋"连接一切、跨界融合等社会化协同机制形成的社群，企业必定处于特定的生态型社群组织体系中，企业需要具备社群生存和发展能力，才能在市场环境中取得竞争成功，由此资源的组织方式从平台型企业经济演变为生态型社群企业经济，生态型社群企业成为经济社会发展的重要力量。

（4）"互联网＋"社会化协同的经济高质量发展促进效应。一个社会的终极发展目标在于实现人的全面自由发展，而条件是实现经济的高质量发展和社会福利水平的不断提升。技术变革、制度创新、开放改革等都将殊途同归于促进经济社会发展水平的提高和经济发展逐渐转变到依靠效率改进的轨道上来。在互联网社会建立和发展过程中，尤其是这一过程中"互联网＋"所具有的社会化协同效应也将最终体现为对一国或地区经济社会发展的推动作用。通过对当前包括中国社会在内的世界各国"互联网＋"发展和应用过程的考察，不难发现，"互联网＋"的经济社会发展促进效应主要体现在对资源利用效率、市场容量、内生比较优势、商业化程度、贸易一体化程度、劳动生产率、人均连接红利、人均收入水平等方面的重大提升上，由此实现"互联网＋"社会化协同力向经济福利提升效应的转化，促进人类社会从传统农业或工业社会向信息化社会乃至是智能化社会发展，推动经济实现动力变革、效率变革和质量变革。

第二节　"互联网＋"社会化协同的分工结构演进效应

无论是斯密的古典理论发现，还是杨小凯新兴古典理论的复兴，劳动分工结构的演进都被视为经济社会发展的自然过程，也是推动经济社会发展阶段转换的根本动力。如前所述，"互联网＋"这一核心技术制度系统的引入，首先引起了社会、行业或企业分工结构的重大变迁，新主体、新产业、新职业层出不穷，传统行业内部的分工体系正在不断发生改变，新兴社群型职业分工不断出现，由此推进劳动分工结构的整体变迁和升级。当然，劳动分工结构变迁既是一个经济社会发展的自然过程，这一过程的顺利展开和实现本身也需要具备除"互联网＋"这一技术条件之外的制度、基础设施、消费习惯改变等其他条件，如图4－3所示。

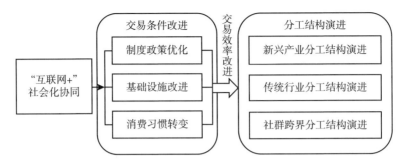

图 4 - 3 "互联网＋"社会化协同的分工结构演进效应

资料来源：笔者分析绘制。

一、"互联网＋"社会化协同促进分工结构演进的逻辑

与人的身体运行系统类似，经济社会也在不断地新陈代谢，旧的生产结构不断消失，而新的经济模式或结构逐步形成，与此同时，不同类型的经济子系统开展跨界交流与合作，从而实现跨境结构连接和演进。如图 4 - 3 所示，"互联网＋"在一定的交易条件变化的基础上，主要经由三条逻辑主线促进社会分工结构的演进，由此实现社会分工结构的聚裂变效应。

（一）"互联网＋"社会化协同与新兴产业分工结构演进

在前互联网发展阶段，经济社会的分工结构也在是不断变化的，从最早的产业间分工到产业内分工，从农业与畜牧业分工，制造业与手工业分工，都无不表明，新行业、新职业工种也是会经历一段时间之后取代旧行业和旧工种。然而，自从人类社会步入到互联网社会之后，无论是"＋互联网"还是"互联网＋"发展阶段，由于网络经济的聚爆式增长，世界各国都在不同的领域爆发式地出现了新的分工主体，互联网平台连接者、新的产品或服务生产者、网络服务商等不断涌现，这些不同的分工主体实现新的连接和分工关系，从而形成了很多以前所没有的新产业，新职业工种、新分工环节不断成为互联网新经济分工结构的关键要素。以中国共享经济为例，正是由于网络共享平台的迅猛发展，近几年中国市场出现了网约车、共享住宿、共享医疗、知识分享等新业态，围绕这些新业态出现了诸如网约车司机、闲置住宿资源提供者、网络共享医疗服务商、技术方案在线服务商等新的职业工种，更不用说大量出现的网络共享平台及其参与者，"独角兽"企业成为共享经济领域的新的企业领导者和推动者，共享经济的行业分工结构不断优化甚至是快速洗牌。据《2020 年中国新经济独角兽＆准独角兽 TOP200 榜单解读及标杆企业研究报告》统计，在全国 83 家"独角兽"企业中，有 34 家企业属于共享经济性质企业，11 家共享企业首次进入"独角兽"行列。再以中国网络众包经济为例，正是基于"互联网＋"社会化协同机制，越来越多的外卖小哥被"互联网＋"卷入网络外卖众包配送的分工体系中，他们成为"互联网＋"经济系统的重要分工角色。而据《2019 众包骑手生存真相报告》显示，2019 年蜂鸟配送系统中的注册骑手已超过 500 万人，其中 80% 多的蜂鸟骑手来自农村，大量原先闲置的农村剩余劳动力卷入到互联网分工体系中。从 2013 年到 2019 年，广东省东莞市蜂鸟骑手数量就增长了 30 多倍，越来越多的人涌入到骑手这个新职业中，外卖众包分工体系规模不断扩大。因此，毋庸置疑，"互联网＋"通过最大程度地动员各种资源，以更低成本实现资源在网络空间中的优化配置，通过催生新平台、新主体、新连接关系和新职业工种促进新兴产业分工结构的多层次演进，从而提高社会整体的专业化和分工水平。

（二）"互联网＋"社会化协同与传统产业分工结构演进

"互联网＋"通过新技术、新模式的引入带来新业态、新职业工种，从而促进新兴产业分工体系的演进，这无疑是"互联网＋"社会化协同对分工结构的增量效应。除此之外，对于已有的传统行业，"互联网＋"的分工结构聚裂变效应也非常显著，在一定程度上乃至可以重塑行业分工结构。在传统产业内，通过引入新的互联网平台体系，由此可以促进原先的产业链连接关系向平台型连接关系乃至社群型协同连接关系升级，从而使得原先的生产者、内容者等实现互联网化，成为具有新角色功能的生产者或内容者。与此同时，原先的用户也不再是简单地与产品或服务的提供者建立简单的交易关系，而是通过互联网平台及其社群成为社群型用户，不同用户之间也彼此实现新的社群关系连接，很多原先的职业工种也进行更新换代，分工结构由此不断改变。以中国为例，"互联网＋"与传统产业融合发展形成的产业网络式协同创新最能充分地说明"互联网＋"社会化协同对传统产业分工结构的重大影响。在此过程中，很多传统产业内部的企业由于缺乏必要的高端生产设备而无法实现技术创新，从而也就不能卷入协同创新网络。但是，随着工业设备网络共享平台的形成和发展，越来越多的工业企业可以通过设备共享平台使用相关的创新设备，从而可以有效降低它们的创新成本。在此过程中，通过建立和应用基于互联网的协同创新模式，不仅在创新网络中出现了设备共享平台服务上等新的分工主体，而且有更多的潜在创新者开始进入到产业创新网络分工结构中，提高了闲置创新设备的利用效率，更重要的是促进了创新主体、创新服务者和平台之间的分工结构演进。根据中投顾问发布的《2020年中国工业互联网行业发展研究报告》测算，截至2020年底，中国已经有300多个工业互联网平台类产品，其中具备一定产业影响力的工业互联网平台数量已经超过80个，连接工业设备达到4000万台/套，平台服务工业企业共50多万家，数量不断增加的工业互联网平台把设备拥有者、设备本身、生产线、供应商、产品和客户等紧密地连接起来，构成合作密切的工业互联网创新分工网络，从而促进了创新资源的高效利用。

（三）"互联网+"社会化协同与社群跨界分工结构演进

"互联网+"除了对已有产业、新兴产业具有分工结构重塑作用之外，其对不同商业社群的跨界分工网络的形成和演进也是影响重大。如前所述，"互联网+"通过社会化协同促进了不同商业社群的形成和发展，社群内部的内容者、平台和用户基于开放性原则不断与其他社群实现新的跨界连接，在此基础上，不同的社群围绕共同的社群体系目标进行合作协同，从而生发形成跨界的社群分工结构。当然，在社群实现跨界连接与分工的过程中，不同社群内部的不同社群居民也都是按照一定的方式实现紧密型或松散型的分工协作，在此分工协作基础上，借助于本社群与其他社群的关系连接实现跨越社群的分工协作。以新零售为例，"互联网+"对传统零售业在"人""货""场"等方面的重新组合就是在不同的社群界面实现新的分工结构建构，最终促进社群跨界分工协同。在这样的社群跨界分工体系中，产品或服务的提供商社群、线下零售组合社群、骑手配送社群等生态型社群各司其职，多业态、多领域、多社群实现聚合分工协作，从而构建形成新零售场景的分工协作体系。例如，在物美集团的新零售分工结构体系中，物美集团以移动互联网平台、物联网平台、云计算、实体店数字化网络为核心，构建形成了一个包括线上线下商品供货社群、交易社群、营销社群、营运社群和售后服务社群一体的跨渠道、无缝化的跨界社群分工网络，极大地推动"互联网+"对人货场的重新组合和生产力释放。

二、"互联网+"社会化协同促进分工结构演进的条件

分工结构的演进从来都不是在真空条件下进行和实现的，它一定是交易条件不断改进的产物（杨小凯，2003），更直接地说，一个社会交易效率充分改进才能最终带来分工结构的升级和跃迁。因此，如图4－3所示，"互联网＋"的社会化协同要真正发挥其促进和实现分工结构演进的作用，就需要在"互联网＋"本身技术进步的条件之外，在制度政策创新、网络基础社会发展和消费观念习惯改变等主要方面积聚内外部条件，从而改进交易效率，进而才能实现分工结构的演进。

（1）制度政策优化。"互联网＋"的社会化协同对分工结构的演进也并非是线性进行的，在不同的历史时期，社会化协同效应存在显著差异。例如，很多互联网产品或服务的创新都发生在制度或政策没有真正建立之时，只有到了一定的发展时期或发展后期，政府的制度或政策监管才慢慢开始介入。在此意义上，当政府的政策开始监管"互联网＋"的不同领域时，那么"互联网＋"社会化协同的实现进而促进社会分工的作用可能都会受到一定的阶段性冲击，此时就迫切需要根据"互联网＋"社会化协同的发展阶段和分工水平，推动政府制度和政策优化，此次促进交易的顺利、安全实现，提升交易效率，促进"互联网＋"与分工结构的互动演化。以中国网络预约车行业为例，在发展初期，正是由于政策的灵活，网约车的发展取得了快速发展，新兴产业分工结构很快形成。但是到了2016年中期，尤其是后期陆续发生的顺风车安全事件，直接导致政府对网络预约车的制度监管力度加大，这无形中对网约车市场形成了强大的制度压力，"互联网＋"与交通出行的交易效率出现明显下降，从而无疑会阻碍新兴产业分工结构的演进。因此，制度政策的不断优化，或者从整体趋势上要不断完善制度政策，这构成了"互联网＋"社会协同促进分工结构演进的重要条件。

（2）智能化基础设施改进。在传统的发展模式下，包括交通、公共科技条件在内的传统基础设施对经济发展具有重大影响，基础设施的重大作用不容忽视。因此，当包括中国在内的世界各国正逐步迈入互联网社会的过程中，"互联网＋"社会化协同对不同的人群、个体正在发挥着前所未有的影响，从而可能会不断改变社会分工结构。在此过程中，"互联网＋"的社会化协同向分工结构演变的转化，必须具备坚实的网络基础设施条件，如此才能降低网络社会的交易效率，从而促进分工结构演进。所以，在传统电子计算机、宽带等基础上，移动互联网设施、智能终端等智能型基础设施必须乃至是首先得到发展，唯其如此，"互联网＋"才能有的放矢，"互联网＋"社会化协同也才能在技术上有所依托，从而促进交易环境改善和交易效率提升，进而实现分工结构演进。

（3）消费习惯理念转变。互联网思维是互联网技术发展的产物，反过来也将极大地推动互联网经济的发展（李海舰等，2014）。在"互联网＋"和万物互联的连接新时代，从前互联网阶段的工业化思维向信息化阶段的互联网思维转变也是确保"互联网＋"社会化协同及其分工结构演进的重要条件。在现实中，技术革新往往能够稳定实现，制度政策和基础设施也相对能够在较短时间内实现优化，然而互联网思维的形成或"互联网＋"背景下的消费习惯理念的转变往往需要投入较大的成本才能实现，而且也更为重要。在此意义上，也就不难理解，为什么现实中包括滴滴出行等互联网巨头公司愿意以连年亏损来投入巨量资源用于改变用户消费习惯，为什么很多"互联网＋"形成的新兴产品从一开始就重点培养用户的特定消费习惯？因为，在"互联网＋"社会化大协作系统中，内容者、生产者、平台服务者和用户等只有全面实现消费习惯和行为的互联网化，才能真正动员和实现互联网社群居民的多层级多角色快速连接，因而也才能有效发挥"互联网＋"社会化协同促进分工结构演进的重要作用。因此，在一个多元化的网络社会，"互联网＋"社会化协同首先需要协同的是互联网思维，与一定的"互联网＋"社会化协同生态相对应的消费习惯和理念是"互联网＋"社会化协同促进分工结构演进的观念性条件。

第三节 "互联网＋"社会化协同的驱动机制转换效应

经济增长的驱动因素一直是经济学理论研究的重要内容，也是政府关注的核心内容。从驱动模式来看，一般而言，经济增长会先后经历要素驱动、投资驱动、创新驱动和财富驱动等四个阶段（波特，1991），世界多数国家都会在不同的历史时期受到一定的驱动力而实现增长。与此种对驱动模式研究视角不同，本书从信息化发展阶段来研究经济社会驱动机制的转换过程，并揭示与不同驱动机制相对应的产业组织结构及其临界条件。

一、"互联网＋"社会化协同的驱动机制转换过程

经济社会的发展呈现出阶段性演变的过程性特征，不同的经济发展阶段具有不同的经济增长驱动力，由此决定了不同的产业组织结构。从信息化（"＋互联网"和"互联网＋"）与经济社会融合发展的水平来看，本书认为，经济社会发展总体上先后经历了规模经济效应、网络经济效应和

协同经济效应三个发展阶段，如表4-1所示。

表4-1 "互联网＋"社会化协同的驱动机制转换过程

信息化发展阶段	驱动机制	产业组织结构	现实案例
前信息化阶段	规模经济效应	大企业占主导，产业集中度很高	福特等大规模标准化生产
"＋互联网"	网络经济效应	平台连接，产业集中度较高	淘宝、京东
"互联网＋"	协同经济效应	社群粘连，小而美，产业集中度较低	阿里巴巴商业操作系统；腾讯社交生态

资料来源：笔者分析整理。

在农业文明和工业文明时代，生产企业是社会财富的主要创造者。生产企业在生产创造财富的过程中，主要通过投入劳动力、自然资源、资本等传统生产要素生产出标准化产品。在此生产过程中，企业需要尽可能降低生产成本以提高利润，而降低生产成本的重要路径在于通过扩张生产规模来获得规模经济效应，因此在这一阶段企业所实施的是大规模、标准化、流水线生产的低成本战略，由此可以帮助企业在市场竞争中取得价格竞争优势。在此意义上，经济社会的发展也主要是由规模经济效应驱动的，规模化的大企业往往是经济增长的核心主体。也就是在现实的产业组织结构中，具有较大生产规模的大企业往往控制整个市场份额，产业的市场集中度往往很高，技术创新也主要由大企业实施和实现。在历史上，工业文明时代规模化、标准化生产的典型案例就比如福特汽车当时在大规模生产时代所推崇的汽车流水线、规模化和标准化生产方式，这种生产模式确实是促进了规模经济时代美国经济社会的快速发展，并在一定程度上保证了消费者消费得起成本低廉的工业制成品。

信息化的发展和快速应用，极大地改变了经济社会发展的驱动力，尤其是进入20世纪末，随着互联网技术和信息技术的迅猛发展和普及，人类社会的发展驱动力从规模经济效应不断向网络经济效应转换，由此开创了网络新经济时代。在信息化发展的初期，各行各业主动或被动地对接工业或消费型互联网平台，由此实现了经济增长的网络驱动效应。在此过程中，经济主体的网络连接程度决定了它们的网络连接红利，平台连接方式决定了企业网络外部性的强弱和方向，在这样的网络平台连接过程中，经济个体从网络连接中获得的价值与网络的使用人数存在正比关系，一般而言，通过平台实现连接的人越多，平台连接的网络价值越大，网络外部性越强，经济个体则能以更低的成本生产或销售产品或服务，从而获得正的网络经济效应。在"＋互联网"的信息化发展初期，正是由于建立在对互联网平台的对接发展上，很多企业并不需要凭借自己的雄厚实力去建立自身庞大的销售体系，而完全可以通过互联网平台的集散机制实现产品的营销与扩散，从而中小企业能够获得比较好的网络生存和发展环境，产业市场集中度会有所降低，大多数企业都能共享一定的市场份额。在现实案例中，淘宝、京东等电子商务平台就突出显示了网络经济效应对商业资源配置和经济社会发展的重大推动作用。以淘宝为了，这一电子商务平台为中小企业建立了网络销售平台，网络销售收益与网络参与者密切相关，越来越多的用户会由于网络外部性集聚淘宝，从而会引导更多的中小企业参与电子商务平台连接，网络外部性进一步强化，中小企业成为特定市场的主导者，市场集中度降低。

当"互联网＋"从信息化发展初期的"＋互联网"发展而来，经济社会的网络基础设施、网络连接体系等得以更为迅猛的发展，"互联网＋"对不同行业生产要素、投资主体、资本运作、参与者的系统性改造和影响前所未有，经济社会完全地实现互联网化，互联网成为社群，网名成为社群化居民，社群居民之间能够进行更为频繁和深度的相互协同，乃至是多层次多向度的接触和协同。在此意义上，"互联网＋"的社会化协同机制促进了信息化发展初期的网络经济效应向此时的生态型社群化协同经济效应升级，整个经济社会用一种多种角色、巨量规模、实时化协同的方式为经济个体创造基于生态协同新的价值，从而整个社会成为一个基于生态型社群的"互联网＋"社会化协同体系，经济社会快速发展的驱动力从简单的网络外部性转变为生态型协同效应。在"互联网＋"社会化大协同体系中，每一个企业都是在一定的互联网社群中发挥各自的作用，每一个社群提供特点的互联网产品和服务，企业以社群居民的方式通过互联网社群网络与其他经济主体建立粘连关系，互联网社群对内容者、用户具有显著的粘连功能，产业组织系统因为社群粘连而显得更为扁平化。与此同时，在整个社群市场中，并非是大企业主导产品的生产和销售，小企业也可以通过互联网社群发挥分工协作功能，小而美的产业体系成为可能，产业市场集中度往往较低。在现实中，阿里巴巴商业操作系统就是在淘宝等平台的基础上，通过构架不同类型的社群，建立大规模、多层次协同体系，发挥整体上的社群协同效应，提升商业资源配置效率。例如，在整个阿里巴巴商业操作系统中，既有提供商品销售的淘宝、天猫社群，又有为商品销售提供服务的蚂蚁金服、菜鸟物流、支付宝服务体系，同时又构建形成了国际化视角下的速卖通、天猫国际等外向型社群，最后又将自身的线上网络销售社群向线下发展，构建新零售等跨界社群，从而形成了一个多社群大协同发展的"互联网＋"社会化协同生态。

二、"互联网＋"社会化协同促进驱动机制转换的条件

从生产规模扩张驱动经济发展到网络外部性乃至协同效应驱动经济发展，"互联网＋"对各种行业的社会化大协同是该历史过程中的核心机制，然而驱动机制实现历史性的转换也并非是无条件的，"互联网＋"所建构形成的社会化协同体系促进经济社会驱动机制转换需要具备相关条件，只有这些条件满足了，"互联网＋"社会化协同才能真正成为驱动机制转换的直接推动力量。

（1）互联网社群的交互能力。社会关系是人区别于其他动物的核心特征，社会空间中的人都需要通过生产或生活等方式与其他个人进行基于利益、情感等方面的交互，社会交互是人的社会存在特点。社会交互发生在不同的个体、族群之间，这些个体或族群基于不同的目标展开方式各异的交互行为，而且频繁的交互有利于促进彼此之间的相互信任，从而可以生发更多的协同行为。然而，在此过程中，并不是任何的个体和族群都能实现交互，各方需要具备一定的交互能力才能最终实现协同。例如，交换双方需要在语言、文化信仰、价值观等方面具有交互的基础条件，否则社会交互很难进行和持续。信息化的发展和应用改变了人们的交互方式和能力，原先在传统农业社会和工业社会无法实现的交互行为，在信息化社会得以轻易实现。与此同时，互联网的进步促进了网络基础上的社会化社群形态的应运而生，社交社群、电子商务社群、配送社群、物流社群、直播社群不一而足，这些网络社群构成了"互联网＋"社会化大协同体系的基本单元，它们之间的交互与协同促进了经济社会发展驱动力的阶段性转换。然而，在这种驱动力转换的过程中，"互联网＋"社会化协同水平对驱动力转换的速度、结果等具有重要影响，而"互联网＋"社会化协同水平显然在很大程度上取决于不同互联网社群之间的交互能力，不同社群之间的交互能力越高往往决定了"互联网＋"社会化协同水平越高，互联网社群之间的交互越顺利、成本越低，那么"互联网＋"社会化协同障碍越低，从而生态型的社群化协同效应越明显。

（2）数据传送能力。在传统生产条件下，劳动力、资本等传统生产要素对企业生产经营和经济增长具有重要作用，经济增长扩张的过程往往也伴随着生产要素投入规模的扩张。在信息化发展环境下，数据成为决定企业形成快速竞争力的关键要素，企业在多大程度上、以多快速度和多大成本获得相关数据的能力也是企业核心竞争力的重要组成部分。当然，在现实中，由于数据孤岛的存在或者各种政策原因，很多重要数据都不能及时和低成本的获得，这使得很多企业无法参与正常的市场竞争。"互联网＋"社会化协同要真正促进经济社会驱动力转变为协同效应，这中间就迫切需要构建形成高效的数据传输渠道，提高不同内容者、用户、连接者以及互联网社群之间的数据传送能力，如此才能实现"互联网＋"社会化大协同效应。当前，包括中国在内的很多国家，互联网基础设施在不断完善，大数据技术、云计算技术能力也在不断提高，互联网平台的连接能力显著提高，这些都在一定程度上提高了数据的收集、传送能力，从而使得"互联网＋"的社会化协同成为可能，进而才能真正保证建立在社会化协同基础上的协同效应发挥应有的作用。当然，在实际发展中，由于商业竞争、政府监管等因素，数据的传递可能会存在一些商业风险，传送的成本也可能较高，这些都对"互联网＋"社会化协同促进经济增长驱动力转换的效应产生了一定的阻碍。因此，通过打通数据孤岛，扩张大数据的收集和利用范围，促进数据传送能力提升，使更多的互联网内容者、连接者、用户和服务商以更低成本和更高效率取得相关数据，这无疑对"互联网＋"生态型协同效应的发挥具有重要价值。

（3）良好的外部激励约束环境。综观各国互联网经济发展的历史过程，虽然市场化是基本的发展导向，互联网平台企业及其生态系统都是在充分竞争的市场环境中成长和发展起来的，也是依靠了公平竞争的市场环境，各国"互联网＋"行动也才能取得一定的发展成果。因此，开明的市场监管激励政策对"互联网＋"的社会化大协同进而实现生态型协同效应非常关键。以中国为例，之所以近些年来，中国互联网经济取得了飞速发展，并逐步开始引领世界互联网技术与产业发展，其重要原因之一是中国政府在"互联网＋"的不同领域和不同时期制定和实施了很多比较有效的激励和约束政策，为"互联网＋"社会化网络效应和协同效应的发挥创造了良好的外部环境与条件。例如，自2015年出台《关于积极推进"互联网＋"行动的指导意见》《关于加快构建大众创业万众创新支撑平台的指导意见》，国务院相继出台了《关于推动实体零售创新转型的意见》（2016年11月）、《关于促进分享经济发展的指导性意见》（2017年7

月)、《关于深化"互联网 + 先进制造业"发展工业互联网的指导意见》（2017 年 11 月)、《关于促进"互联网 + 医疗健康"发展的意见》（2018 年 4 月)、《进一步深化"互联网 + 政务服务"推进政务服务"一网、一门、一次"改革实施方案》（2018 年 6 月）等政策支持文件。正是这些政策支持和创新，中国"互联网 +"社会化大协同效应得以有效发挥，并逐渐成为推动中国互联网经济乃至是中国宏观经济转型发展的重要驱动力。

第四节 "互联网 +"社会化协同的企业组织方式变革效应

第一次工业革命之后，以企业为主要形式的资源组织方式成为人类社会最为重要的经济组织方式，适应于技术变革，企业组织方式、管理模式以及就业方式在不同的历史时期会发生变化。因此，随着技术条件的变化，尤其是当信息技术和互联网技术取得快速的发展优势之后，传统的企业组织模式也已经并将继续发生变化。本节在前述对"互联网 +"分工结构聚类变效应、驱动机制转换效应的基础上，将对"互联网 +"社会化协同机制对企业组织形态、管理模式及就业方式等的影响效应进行分析，如图 4 - 4 所示。

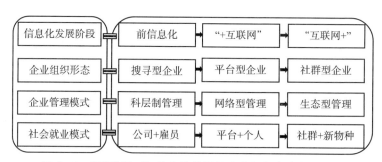

图 4 - 4 "互联网 +"社会化协同的企业组织方式变革效应

资料来源：笔者分析绘制。

一、"互联网 +"社会化协同的企业组织形态变革效应

企业是国民经济最为重要的微观主体，企业的生产经营与发展受到一定的经济社会条件制约，其中技术和制度政策的影响十分重要。与前信息

化时代相比，当前信息化由"＋互联网"向"互联网＋"升级的过程到底对企业组织形态产生何种影响，企业在经济社会环境中的作用方式发生了哪些变化，这无疑是"互联网＋"社会化协同效应的重要研究内容。本书认为根据信息化与企业的相互作用方式，企业组织功能形态从最初的搜寻型企业不断向平台型企业和社群型企业发展。

首先，在前信息化发展阶段，无论是在农业社会，还是在工业化社会，企业主要是通过投入物质性的资本要素、劳动力要素、技术资源等来生产出产品或服务，这些生产过程有些是企业独自完成的，有些需要与行业内其他企业进行产业链合作。不过即使是独立完成生产过程的企业也需要在前向环节与特定的供应链企业进行合作，同时在市场销售的后向环节需要与潜在的客户建立良好的关系。因此，这一阶段的企业无论是在供应链中，还是在市场销售链中，都需要主动地与其他企业建立一定的关系，只不过此时企业需要自我到市场上搜寻相关的潜在合作者，也即企业需要花费大量的时间、货币资源来自我搜寻市场或供应链合作者，因此这一阶段的企业可以被称为"自我搜寻型"企业。在发展早期，搜寻型企业基于市场目标主动与其他潜在合作者开展直接交易，中间一般缺乏中间商，只有到了后期，当出现一些职业中间商后，企业才开始借助于职业中间商开展间接交易，然而，需要明确的是，此时企业仍然需要花费大量的资源用来与实体型中间商谈判、签订协议与执行，从而企业还是一个自我搜寻意义上的经济组织。

当经济社会发展水平提高，尤其是信息化网络平台出现之后，企业外部市场与供应链环节发生了根本的变化，此时企业的组织形态和功能从自我搜寻中解脱出来，逐渐成为一个平台型企业，如图4-4所示。在这种企业组织形态的发展过程中，无论是纯粹的互联网平台企业，还是与互联网平台实现连接的非互联网平台企业，它们本质上都是互联网平台体系的重要组成部分，都在一定的程度上或领域内执行了平台功能。对于互联网平台企业而言，其本身就是一个信息、要素、数据和供求集聚平台，因此，此类企业毫无疑问就是平台型企业。与此同时，对于那些只是与互联网平台实现连接的企业而言，虽然它们并不是纯粹的平台企业，但是由于它们的供应链关系密切地与互联网平台相互连接，因此，这些企业并不需要花费大量的市场营销资源去搜寻潜在的用户，互联网平台能够帮助企业自动地实现供求匹配，平台体系能够发挥专业化分工协作功能帮助企业获得用户，从而使得企业从自我搜寻者演变为互联网平台的紧密型关系企业，这些企业需要具备成熟的平台企业管理能力，才能真正在互联网平台上取得较好的发展业绩。在现实中，很多电子商务平台在发展初期，其所连接的千万个中小企业乃至是大企业都在一定程度上成为电商平台化的企业存在，平台型经营是这些企业的重要能力，所以，这一阶段的企业逐渐从市场的自我搜寻者发展成为供求自我匹配的平台型企业。

互联网发展初期，企业被动地接入互联网平台和技术，这是信息化"＋互联网"的发展阶段，由此企业成为平台型企业。随着"互联网＋"的逐渐深入，企业所面临的交易和技术环境又发生了重大变化，移动互联网、云计算、物联网、智能技术等的进一步发展使得互联网平台经济向互联网社群经济升级，由此，企业组织形态和功能也开始由平台型企业向社群型企业转变和升级。在这一过程中，企业不是简单地与互联网技术或平台实现嫁接，而是根据自己的生态位或需求与不同的互联网平台体系实现跨界融合与发展，从而形成了超越自己功能的互联网社群。例如，企业通过加入生产设备共享互联网平台体系，而设备平台体系又通过网络连接将企业与相关行业的市场营销平台实现新的跨界连接，如常就形成了一定的互联网社群，活跃其中的每一个企业成为社群型企业。更为重要的是，在这样的社群中，与前述平台型企业不一样，此时企业的市场供求匹配功能不仅仅在互联网平台实现，而且大规模、多角色、多类型的互联网社群能够实时地支持企业实现多层次的市场供求匹配，从而效率更高、成本更低地实现企业开放性社群连接。此外，这种强大的商业社群将通过大数据、算法技术等社群融合机制，促使要素、组织、信息、数据、交互等实现多层次协同化和数字化。

二、"互联网＋"社会化协同的企业管理模式变革效应

面对信息化环境和组织功能的变化，企业管理模式也会相应作出调整，从而实现管理模式与技术模式、组织功能模式的匹配。根据企业适应信息技术和互联网技术变革的反应能力和方式，本书将企业管理组织结构分为历时性的科层制管理组织结构、网络型管理组织结构和生态型管理组织结构三种，如表4-2所示。

在传统经济社会中，外部技术环境和市场条件变化较慢，企业对外部环境的适应能力也往往较低，多数企业都是建立形成了工厂制和科层制的公司管理模式。在这种企业管理组织结构中，管理层级众多，管理越来越复杂，不同部门之间的管理职权边界相对清晰，不同的部门按照各自职能

表4-2　"互联网＋"社会化协同的企业管理组织结构变革效应

发展阶段	管理组织结构	管理边界	适应性	案例
前信息化	科层制	清晰	对外部市场和技术变化的适应能力较低	传统企业
"＋互联网"	网络型	模糊	能够适应现代信息、互联网技术的变化	思科；雀巢；海尔；华为
"互联网＋"	生态型	无边界	快速适应环境变化，跨界创新能力很强	阿里巴巴；小米；腾讯等

资料来源：笔者分析整理。

履行相关职责，由此决定了此类传统企业对市场和技术变化的反应能力往往较低。在历史发展过程中，很多制造业企业内部都建立科层制管理模式，包括互联网迅猛发展的今天，也有很多企业没有积极适应外部环境变化，其组织结构仍然是管理森严、等级明确的科层制。

如表4-2所示，随着信息化的发展，尤其是互联网技术的迅速渗透和应用，企业内外部管理组织结构不断变化，从而逐步出现了网络型管理组织结构。在网络型管理结构中，企业利用和嫁接现代信息互联网技术或平台，企业根据市场和互联网平台竞争的需求设计企业内部管理服务部门及结构，管理层次往往降低，根据互联网协同创新、制造、营销的任务要求设计相关职能部门，并根据变化灵活调整相关部门及其功能，所以，网络型企业组织管理结构是一种适应现代信息互联网技术而发展形成的新型组织结构，组织中的很多职能可以通过互联网外包或众包平台从外部购买，因此，网络型管理组织结构本质上是企业适应平台型企业组织功能转变的内在需要，是企业动态竞争力形成的关键来源。此外，正是由于网络型组织结构具有非常强的环境适应能力，因此，企业内部不同职能部门之间的职能边际比较模糊，它们往往根据生产、制造或营销的网络任务快速进行新的职能重组，以适应新的技术、互联网市场的变化。现实中，诸如华为、海尔以及国外的思科、雀巢等公司化企业，都根据信息技术和互联网技术的发展要求，对企业自身内部流程重新改造，初步构建形成了网络型的管理组织结构，以快速响应外部重大技术变革。

技术变化一日千里，"＋互联网"向"互联网＋"的升级意味着互联网技术和市场正在步入下半场，技术的变化和市场更迭对企业管理组织模式变革提出了更高的要求。正是适应于这种变化，当前很多企业，尤其是中国的很多互联网平台企业积极促进内外部的组织架构重组，根据互联网社群化生态系统的技术和市场变化要求，动态调整管理层次、管理幅度、管理架构，形成探索形成了一种与互联网社群化生态系统相适应的企业管理组织结构，本书称之为"生态型管理组织结构"。在生态型组织管理结构中，企业内部与外部边界、企业内部部门之间边界、企业内部部门功能边界乃至企业产品线或服务线边界都非常模糊，甚至在互联网社群的大协同下，这些边界都已经不存在，由此变成了一个无边界的液态组织（安筱鹏，2019）。生态型管理组织结构是一个动态的经济组织结构，企业根据自身在"互联网＋"社会化协同社群中的生态位、功能和社群关系数量、质量动态决定自身的产品、服务内容，由此动态改变内部的职能部门设计。所以，互联网社群的生态位决定了企业的生态型管理组织结构及其内容，也由此该类企业能够快速地适应社群环境的变化，并能根据需求快速转换生态社群空间，从而灵活地与其他社群企业实现新的连接和跨界创新。在当前"互联网＋"社会化大协同的客观现实中，以阿里巴巴为例，阿里巴巴没有遵循传统的企业组织管理模式，而是根据自身在信息技术研发、金融产品开发、现代智能物流体系构建、支付服务、云服务等多个场景或互联网社群中的需求和能力，有针对性地在公司内部建立阿里云智能事业群、天猫事业群、天猫超市事业群、天猫进出口事业部、新零售技术事业群、超市物流团队和天猫进出口物流团队等无边界事业群，逐步构建形成了弹性化、数字化、社群化和智能化的管理组织系统。

三、"互联网＋"社会化协同的社会就业模式变革效应

互联网技术被称为20世纪最具革命意义的技术发明，企业与就业者间关系受到了前所未有的影响，传统就业模式不断受到挑战，建立在互联网平台及其社群基础上的新型就业模式逐步成为经济社会的重要就业方式。根据就业者与互联网平台及社群之间的关系，本书认为经济社会的就业模式正由传统的"公司＋雇员模式逐步向平台＋个人乃至是社群＋新物种的就业"模式演进，如图4－5所示。

在传统条件下，信息化技术及平台尚未在经济社会中发挥重要作用，多数人的就业方式都是通过受雇于一定的企业实现与产品市场或要素市场的价值交换，从而维持自身的生产与发展，因此，这是一种"公司＋雇员"的传统就业模式。在传统就业模式下，经济个人要想能够实现就业，除了自身必须具备相关公司及其工作所要求的素质条件之外，还需要通过

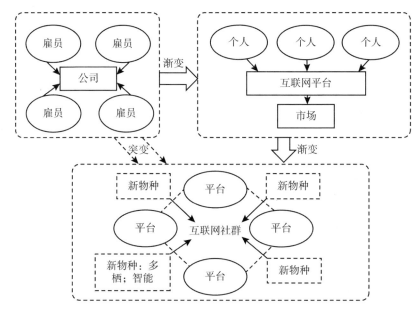

图 4 – 5　"互联网＋"社会化协同的就业模式变革效应

资料来源：笔者分析绘制。

自身的努力，投入一定的时间或货币资源来搜寻相关的公司，从而实现就业。而往往在此过程中，经济个人所需要花费搜寻成本很高。同时一旦实现就业，雇员与公司之间的雇佣关系往往比较稳定，公司需要依法向雇员支付一定的工资、奖励等待遇。

　　然而，随着互联网平台的应用和普及，越来越多的自由职业者个人通过互联网平台实现就业，经济个人不再正式地受雇于某个企业实现就业，而是通过互联网平台实现灵活就业。例如，在中国网络预约车平台上，每天有成千上万的个人化司机利自身的闲暇时间和车辆为乘客提供网约车服务，他们没有受雇于特定的网约车平台公司，而是借助于网约车平台公司间接与用户实现价值交换，从而提高了自身的收入。又如，据《淘宝年度消费报告 2020》统计，在中国最大的电子商务平台上，直接服务于淘宝的工作岗位不足 5000 个，但是活跃于淘宝平台上的卖家有 1000 多万家，围绕着这些网络卖家，从网店经营到物流配送等各种零售服务行业，总共大概有 3000 多万人通过淘宝实现平台型就业。"平台＋个人"的就业方式是"＋互联网"发展阶段的重要现象，这种就业方式的显著特点主要在于就业门槛较低和进入退出相对灵活，就业者相对自由，当然收入水平的提高也主要取决于互联网相关行业的供求关系。

经济社会的互联网化首先从"＋互联网"开始，这是网络社会的初级发展时期。随着云计算、移动互联网、大数据、物联网甚至人工智能技术的产业化发展，"互联网＋"逐步取代"＋互联网"，经济个体不仅仅是连接互联网技术和平台，更是通过"连接一切"的机制实现互联网平台化社群构建，经济系统的交易成本更大幅度地降低，信息匹配速率更高，由此将逐步出现建立在互联网平台及其社群基础上的就业新物种。在此过程中，经济自然人的就业模式更为多样化和多领域化，单个经济自然人可以在多个互联网社群进行低成本快速转换就业形式和内容，就业者并不是一个角色的唯一就业方式参与者，而是多种角色的社群型就业者，而且这会成为一种普遍的网络化和社群化就业存在方式，多角色就业者可以称之为互联网社群中的新兴多栖就业物种。除此之外，随着人工智能技术的发展，互联网社群的智能化就业也会成为发展趋势，越来越多的职业由生活机器人、工业机器人或服务机器人来承担，经济自然人会有更多的时间可以自由支配，自然人与智能机器人一起成为互联网社群中进行有效分工协作的新物种。

当然，如图4－5所示，就业模式的转换也并非单向线性，在不同发展阶段可能存在多样化的就业类型。从时间演进过程来看，随着信息化、智能化水平的提升，经济社会的就业模式大体上需要先后经历传统就业模式向平台型就业以及社群型智能化就业模式升级，但在平台型就业的同时，可能很多行业仍然存在大量的传统就业模式，"公司＋雇员"的就业方式仍然对很多传统行业发挥不可替代的重要作用，所以经济社会会存在两类就业方式甚至是三种就业方式并存的格局，这总体上是与社会"互联网＋"社会化协同效应的强弱有关。因此，一旦互联网技术及其社群实现质变或飞跃，特定阶段的传统型就业模式也可能直接突变跃迁为"互联网＋"社会化协同下的社群型智能化多栖就业模式，如图4－5所示。

第五节 "互联网＋"社会化协同的经济高质量发展和社会福利促进效应

通过前面四节的分析，本书已经初步揭示了"互联网＋"社会化协同对社会分工结构、驱动机制以及企业组织模式三大方面的影响效应，从而初步构建形成了本书有关"互联网 +"社会化协同效应的理论分析框架，为本书后面章节的超边际模型构建与分析奠定了理论基础。然而，经济组织变迁的结构化价值最终都要转化为提升经济发展速度、质量和人民生活水平的驱动力，也即我们需要研究和揭示"互联网 +"社会化大协同到底最终如何促进了经济福利水平的提高，经济社会的文明形态将如何演进？为此，本章将从两个方面最终完成对"互联网 +"社会化协同效应理论分析框架的构建。

一、"互联网 +"社会化协同的经济高质量发展和福利促进效应

一定的经济福利水平与一个社会技术发展水平相对应，由此进而决定了社会的文明形态。如表 4 - 3 所示，信息化发展水平，也即一个社会到底是出于" + 互联网"的网络社会发展初期，还是升级到了"互联网 +"的网络社会高级建设和发展阶段，这决定了一个社会经济社会福利水平，并使得社会文明形态从早期的农业、工业文明向智能商业文明的不同阶段演进和跃迁。在农业和工业化社会，生产工具和技术手段的低下，从整体上决定了这些国家的生产要素配置呈现低效率的结构特点，这决定了劳动等生产要素的生产率往往也很低。与此同时，由于社会分工结构和专业化水平不高，此时的贸易市场规模处于发育阶段，经济社会的服务业发展水平较低，不同经济组织或个体之间的信息化互动关系基本没有。因此，社会的人均福利往往不高，此时的社会文明形态主要是农业文明或工业文明，典型的国家如经济起飞之前的绝大多数发展中国家，例如，改革开放之前乃至是 21 世纪刚刚开始之前的中国。

表 4 - 3 　"互联网 +"社会化协同的经济高质量发展和社会福利促进效应

发展阶段	经济高质量发展和社会福利水平	社会文明形态	典型国家
前信息化	生产要素配置效率低；劳动生产率低；市场规模小；经济服务化生态化水平较低；人均信息化连接红利没有；人均收入较低	农业文明、工业文明	起飞前的绝大多数发展中国家
" + 互联网"	劳动力向信息化或平台型部门优化配置；劳动生产率提高；市场规模扩张；经济服务化生态化水平不断提升；人均连接红利出现和提高；人均数字经济收入普遍提高	数字经济文明初级阶段	中国、德国、美国等已基本实现；印度、日本等正在追赶

发展阶段	经济高质量发展和社会福利水平	社会文明形态	典型国家
"互联网＋"	劳动力等生产要素配置效率、生产效率进一步提高；互联网社群、产品和互联网服务市场规模更大；经济网络化、智能化和社群化水平更高；人均连接红利显著提升；人均数字经济收入极大提高	数字经济文明中高级阶段	当前中国、美国、德国、英国、法国等局部地区及未来数字经济先发国家

资料来源：笔者分析整理。

　　21世纪的头十年，人类社会开始步入"＋互联网"的信息化发展阶段，信息高速公路、互联网技术的迅猛发展对中国、美国等信息化先发国家的经济社会产生了深远影响，这些典型国家逐步进入网络化数字经济文明初级阶段。在此过程中，正是基于"＋互联网"的技术接入效应，包括中国、德国、美国在内的互联网先发国家从降低交易成本、提高生产要素效率、扩张市场规模等方面促进互联网经济的发展，劳动力等生产要素的配置结构不断优化，越来越多的生产要素向互联网部门流动和转移，互联网市场规模快速扩大，整体上提高了劳动者的收入水平。据中国信息通信研究院报告，2005年中国数字信息产业规模为13326亿元，占当年中国经济总量的7.3%，截至2009年底，中国国内使用第三方电子商务平台的中小企业用户规模已经突破1000万家，而中国电子商务用户规模已经突破了1亿人，劳动力开始呈现较大规模地向互联网连接部门配置。与此同时，经济社会的互联网服务业发展水平显著提高，例如，根据《2009—2010中国数字出版产业年度报告》，2010年中国数字广告收入为321.2亿元，互联网期刊收入为7.49亿元，网络游戏收入为323.7亿元，在线音乐收入为2.8亿元，手机出版收入为349.8亿元，数字报纸收入约为6亿元，博客收入约为10亿元，网络动漫收入约为6亿元，至此中国互联网连接收入水平大幅度提高，中国等数字经济先发国家开始提早享受到"＋互联网"的发展利益，并逐步进入了数字经济文明的初级社会阶段。

　　当前，随着互联网技术向移动化、智能化发展以来，包括中国、美国、英国等国家的一些地区已经开始进入"互联网＋"的信息化高级发展阶段，互联网社会化协同效应不断显现，诸如中国上海、杭州或北京等先发地区开始进入数字经济文明的中级乃至高级文明形态，"互联网＋"社会化协同对经济福利的正向效应逐步深化和扩展。首先，近年来，"互联网＋"社会化协同促进了海量数据的形成和存储、分析，从而促进了新客户、新需求、新服务、新业态如雨后春笋般涌现，越来越多的经济个体成为移动互联网居民，数字经济产业规模迅速扩大。根据《2019—2020 数字经济发展报告》显示，中国 2019 年数字经济规模达 35.8 万亿元，占GDP 的比重达 36.2%，数字经济产业规模与 2005 相比扩张了 6 倍多。截至 2020 年底，中国互联网网民总人数已经接近 10 亿。以共享经济为例，2015～2020 年中国平均每年有近 1000 万人转移到共享经济领域，2020 年中国共享经济交易额为 33773 亿元，同比增长 2.9%。中国参与共享经济活动的人数超过 8.3 亿人，而参与提供服务者人数约为 8400 万人，同比增长 7.7%。更值得一提的是，作为"互联网+"社会化协同效应重要体现的"国家连接指数"也在世界范围内不断提升，德国、中国等国家的连接红利蓬勃上升。据华为《共建全连接世界白皮书》测算，德国的国家连接指数位居全球第一，中国是全球政府投资于互联网连接领域最大的国家，也是全球互联网连接最具潜力的市场，并且预测，包括中国、德国、美国在内的数字经济发达国家在 2025 年的全球终端连接次数将达到 1000亿次，90%以上的企业会加入各种智能终端连接，由此标志着这些国家最终将步入数字经济文明的高级形态阶段，国民人均连接红利和信息化收入将释放出巨大的增长潜能。

二、"互联网+"社会化协同促进经济高质量发展和社会文明形态转变的条件

经济发展模式的转换是一个长期的过程，技术改变社会文明形态也是一个由经济社会条件决定的较长过程，因此，从"+互联网"到"互联网+"的信息化，乃至是智能化影响经济社会发展形态的过程也是需要具备相关条件，唯其如此，"互联网+"社会协同才能真正转化为推动社会发展的强大动力，各国也才能真正逐步步入数字经济文明社会。根据前述的理论分析，本书认为数字经济国家发展战略、创新者素质和成长环境以及市场规模三个方面可能是"互联网+"影响经济社会能否顺利实现经济发展阶段转换的最为主要的条件。

（1）是否拥有数字经济国家发展战略是决定一国网络化、信息化和智能化发展水平的关键因素。人类社会的发展历史已经充分证明，公共基础设施是经济社会发展的重要条件，互联网平台及其社群一定程度上就是一个社会实现信息化和智能化发展的重要基础设施。根据公共经济学理论，相对于市场，政府具有提供公共产品或服务的重要优势，国家是否为市场提供有利于基础设施建设的法律、制度或技术、资金、人才支持是决定一国公共基础设施发展水平的关键因素。因此，对于具有公共产品或服务性质的互联网基础设施而言，政府的战略支撑、政策创新与互联网行业的技术创新、资本投入等同样重要。20世纪末和21世纪以来，世界的一些主要国家为了在数字经济发展中占据先机，都通过各种方式制定了数字经济的国家发展战略、支持制度和政策措施，以此促进了各国发展和应用互联网经济制度成本的降低，从而有效提升了这些国家数字经济的发展水平。例如，早在1992年，美国政府就通过政府文件的形式提出建设全球信息基础设施的倡议和"信息高速公路"战略，这一战略对支持美国21世纪以来的信息化建设和发展起到了十分重要的作用。之后2009年美国政府又与IBM等互联网巨头公司共同推出了"智慧地球"等重大战略，这些都为美国新经济引领全球发展发挥了重要作用。又如，对于欧盟非常重要的国家，德国也早在1999年提出了"德国21世纪的信息社会"的行动战略，在制造业、服务业、教育、政府管理等各领域全面推进信息化发展行动。2016年，德国又率先提出了对世界有深远影响的《德国数字化战略2025》，为德国乃至欧洲的数字经济发展提供了强大的政府支持。除此之外，世界其他主要国家也都在不同年份出台了很多战略措施，用来支持本国互联网经济的快速发展，近年来世界主要国家密集出台数字经济发展战略尤为引起世界关注（见表4-4）。对中国而言，如前所述，中国政府近十多年来，先后颁布了包括《关于积极推进"互联网＋"行动的指导意见》等在内的一系列政策文件在内的政策措施。2012年以来，中央政府更是先后出台了《国家信息化发展战略纲要》《国家创新驱动发展战略纲要》《"十三五"国家信息化规划》等文件，全面推动中国数字经济发展和信息化社会建设。各国之所以如此密集地出台支持信息化和数字经济发展的战略和政策，是因为各国都充分认识到国家战略、政府政策等对一国建设"互联网＋"社会共同体和数字经济强国的重要意义。

表4-4　　　　　近年来世界主要国家或地区数字经济发展战略

国家	数字经济战略或政策	主要目的
美国	《数据科学战略计划》《美国国家网络战略》《美国先进制造业领导力战略》	支持生物医学数据管理；保持互联网开放安全发展；提升美国先进制造业领导力
欧盟	《欧盟人工智能战略》《通用数据保护条例》《非个人数据在欧盟境内自由流动框架条例》《促进人工智能在欧洲发展和应用的协调行动计划》	增强和推广欧盟数字产业智能化能力，助推欧盟占据全球数字经济创新前沿，确保欧洲领导全球人工智能发展

续表

国家	数字经济战略或政策	主要目的
英国	《数字宪章》《产业战略：人工智能领域行动》《国家计量战略实施计划》	帮助英国构建数字生态系统，促进英国人工智能和数字经济蓬勃发展
德国	《联邦政府人工智能战略要点》《人工智能德国制造》《高技术战略2025》	将德国人工智能和数字经济提升到全球领先水平，稳固德国创新强国地位
法国	《法国人工智能发展战略》《5G发展路线图》《利用数字技术促进工业转型方案》	推动法国成为全球人工智能强国和数字经济发展引擎，促进法国数字经济蓬勃发展
日本	《日本制造业白皮书》《综合创新战略》《集成创新战略》《第2期战略性创新推进计划（SIP)》	推动日本互联网工业体系快速发展，增强在全球人工智能、数字经济发展上的领导力，将日本建设成为"超智能社会"
韩国	《人工智能研发战略》《创新增长引擎》	增强韩国第四次工业革命的引领力，将韩国建设成为世界创新型国家
南非	《科学技术与创新》	利用科技创新加速南非包容性增长

资料来源：笔者整理自互联网。

（2）创新者素质和成长环境是影响一国互联网社会协同效应和数字经济发展的重要条件。信息化是人类不断推进技术创新的过程，互联网通信技术的每一次发展都极大地推动了互联网经济体系的形成和发展，由此促进了数字经济的蓬勃发展。根据创新经济学理论，企业是创新的主体，创新性的企业是技术创新的根本推动力量，而具有强烈创新精神、风险承担精神的企业家是企业创新的核心，创新型企业主导社会技术变革的方向。综观人类信息化和互联网技术发展的历史，无论是在中国，还是在世界其他主要国家，高素质的企业创新者都是非常杰出的技术和商业模式创新的引领者、实践者。在世界互联网技术或信息产业的发展历史上，先后涌现出了盖茨、乔布斯、奥特加、贝佐斯、扎克伯格、佩奇、布林等一大批世界级创新者，当然还有数量众多的中小互联网技术企业的杰出企业创新者，正是他们独特的创新能力推动世界互联网技术和社会化协同体系的建设和发展。在中国，改革开放以来，尤其是20世纪末信息化社会建设加速之际，更是出现了马云、马化腾、李彦宏、张朝阳、丁磊、雷军、任正非、刘强东、周鸿祎等一大批数字技术、数字产业或数字经济的创新者、实践者，极大地改变了中国的互联网经济格局。因此，正是这些高素质、敢冒风险的企业创新家利用和充分发挥他们的创新天赋，积极投身互联网时代的重大机遇期，为世界各国的互联网经济发展和信息化社会建设发挥了十分重要的作用。当然，分析这些创新者的发展历程，他们创新的成功首先应归结为自身的创新思维和能力，但尤为重要的是，有利于创新素质和能力发挥作用的外部环境对他们的成长和发展发挥了重要的孵化作用。没有改革开放的政策环境，中国互联网企业家可能需要更大的成本或更长久的时间才能为中国数字经济发展做出他们已有的贡献，没有对创新型国家战略和政策的出台，以及没有创新环境的营造，可能这些创新者的创新创造活力也难以快速地转换为对数字经济的现实推动力。所以，在当前中国和世界各国数字经济竞争发展的时代，唯有继续为企业创新者继续创造良好的外部生存和发展环境，数字商业文明社会才最终才会到来。

（3）庞大的市场规模也是影响一国互联网经济发展和社会文明形态转换的重要因素。根据克鲁格曼（1981）等的研究成果，规模经济是推动人类社会经济发展的核心机制，国际贸易的发展更是由于企业对自身规模经济效应的追求，市场规模（人口和购买力）永远都是一国推动经济发展不容忽视的因素。如表4-4所示，无论是现实的发展结果，还是那些最为密集出台互联网经济或数字经济发展战略、政策的国家，这些国家都是拥有足够规模网络市场的国家，足够的市场规模或购买能力是互联网大国乃至强国建设的重要影响因素。实际上，正如本书前面所论述的，在信息化的发展过程中，在"＋互联网"向"互联网＋"的演变过程中，网络外部性和网络协同效应成为经济社会发展的主要驱动力，而显然这两种驱动力都要求一个社会具备足够多的内容者、连接者和用户，经济社会的发展从原先的企业端规模经济效应向需求端的用户外部性和协同效应转变，所以，足够大的用户需求规模才能够确保形成互联网强大的网络外部性和协同效应，从而也才能有效推进经济社会发展阶段和文明形态的转换升级。在此意义上，一国应以开放的理念来建设和发展网络强国，用市场的开放来促进信息产业、数字经济的发展，从而为"互联网＋"社会化协同促进经济社会发展阶段和文明形态的升级创造应有的市场规模基础和条件。

第六节 本 章 小 结

"互联网＋"将是21世纪前半期最为引人注目的经济社会现象，"互联网＋"在广泛社会空间形成的社会化大协同也将对国家和社会的信息化、现代化发挥至关重要的作用。本章从理论上揭示了"互联网＋"社会化协同对社会分工结构、驱动机制、企业组织管理模式、经济福利等方面的影响效应，初步构建形成了本书有关"互联网＋"社会化协同效应的动态分析框架。第一，本章从"互联网＋"社会化协同效应的总体框架入手，重点揭示了"互联网＋"社会化协同对新兴业态的影响机制，分析了"互联网＋"的社会化协同机制及其相关特点，从而在整体上为我们认识"互联网＋"的社会化协同效应提供了基础框架；第二，在一般基础框架构建之后，本书从"互联网＋"与社会分工结构演进的内在关系切入，从新兴产业分工结构、传统产业分工结构以及社群跨界分工结构三个方面揭示了"互联网＋"社会化协同对社会分工结构影响的内在逻辑及其相关特点；第三，本章重点关注了"互联网＋"对经济社会驱动机制转换的影响效应，揭示了由规模效应、网络外部效应向协同效应转变的历史过程及实现阶段性转变的内外部条件；第四，从微观角度分析了"互联网＋"社会化协同对企业组织管理结构的影响效应，揭示了"互联网＋"社会化协同如何对企业组织形态、管理模式和企业与就业者之间的关系产生影响；第五，本章从发展目标出发，关注和重点揭示了"互联网＋"社会化协同通过上述这些影响效应到底最后如何对经济福利和社会文明形态转换产生影响，并阐述了决定经济发展阶段和社会文明形态转换的主要条件。本章的理论机制分析，初步构建了"互联网＋"社会化协同效应的理论分析框架，这为系统认识"互联网＋"的社会化协同机制及经济高质量发展促进效应提供了新的理论视角，同时也为后面章节有关"互联网＋"社会化协同效应的超边际模型构建及分析奠定了理论与方法基础。

第五章　从"＋互联网"的网络效应到
"互联网＋"的社会化协同效应

正如本书第四章所分析的，人类社会正在经历由农业文明、工业文明向智能商业文明转变的社会形态大变革时代。在这一过程中，驱动人类社会发展的核心技术也在发生重大而深远的变化。在农业文明时代，简单的农业生产技术革新对农业社会的发展发挥了重要作用，农业生产率不断提高，农业逐步从制造业中分离出来。当人类社会进入以制造业为代表的工业文明时代，以蒸汽机、内燃机、计算机等技术的发明和应用为核心的历次工业革命极大地推动了人类生产力的发展，工业经济文明不断取代农业经济文明成为主导型文明形态。虽然农业文明与工业文明在社会驱动技术的形态上存在显著差异，但两者都可以归为前信息化发展阶段，驱动经济社会发展的主要是规模经济效应。自20世纪下半叶以来，人类社会开始步入以网络技术、信息技术、人工智能等为代表的新社会发展阶段，尤其是互联网技术对经济社会的革命性改造正在并将继续发挥重要作用，包括中国在内的经济社会已经进入信息化发展阶段，不同类型的社会正在经历由"＋互联网"向"互联网＋"演进的发展时期，智能商业文明正在逐步显现。面对这种技术和市场环境的重大变化，包括中国政府在内的各国政府也通过各种制度创新和政策支持来推动互联网社会的建设和发展，各国的互联网发展正在由"＋互联网"的数字经济文明初级阶段向"互联网＋"的数字经济文明高级阶段升级。在此过程中，一个显著的事实是，经济社会的驱动力正在由工业经济时代的规模经济效应向网络经济效应乃至社会化协同效应转变，社会化协同日益成为高效配置和利用经济资源的主要方式，由此也带来了社会分工结构、企业组织方式和经济发展模式的重要转变。为此，本章将运用以杨小凯为主要代表的新兴古典经济学——超边际分析原理和分析方法，围绕"＋互联网"的网络效应升级为"互联网＋"的协同化效应，开展建模和理论分析，揭示两种模式的不同点，系统分析这一过程所蕴含的社会发展驱动效应、分工结构等方面的变迁机制，并对"互联网＋"的社会化协同效应进行超边际建模，系统分析这一过程的经济发展含义。

第一节 "＋互联网"与"互联网＋"驱动效应的内在区别

互联网技术的出现和发展促进了信息化发展阶段的转换和升级，前信息化社会逐步向信息化社会转型。然而，在此过程中，信息化社会的建设和发展也不是一蹴而就的，这需要经历不同的技术发展阶段。从互联网技术平台与经济社会发展的融合应用水平来看，我们认为，信息化社会的建设和发展主要由发展初期的"＋互联网"和发展中后期的"互联网＋"两个发展阶段构成。在这两个不同的发展阶段，社会的信息化水平、社会发展的驱动效应、互联网体系中的内容者与连接者、用户角色、分工结构等都显著不同，如表5－1所示。

表5－1　　　　"＋互联网"与"互联网＋"驱动效应的内在区别

信息化发展阶段	驱动效应	连接方式	治理结构	分工主体角色与功能			分工结构
				内容者角色	连接者角色	用户角色	
"＋互联网"	网络效应	局域线性连接	双边平台	市场的自我搜寻者	佣金型连接者	被动消费者	局部分工
"互联网＋"	社会化协同效应	无边界社群化连接	多边平台	社会化协同型粘连者	增值型连接者	内容生成者	完全分工

资料来源：笔者整理。

（一）"＋互联网"与"互联网＋"驱动效应的内在区别：从网络效应到社会化协同效应

在本书的第四章，我们重点对"互联网＋"的社会化协同效应进行了概念界定和分析，并系统阐述了"互联网＋"的社会化协同机制对社会分工结构、驱动机制、企业组织方式及经济发展的影响效应。本章将从"＋互联网"向"互联网＋"演进的历史比较视角，更为深入地揭示这一过程所蕴含的驱动效应转变方式，重点分析从"＋互联网"网络效应到

"互联网＋"的社会化协同效应升级中驱动效应变化的平台基础、连接方式及主要表现。

1. 平台基础区别

双边平台与多边平台。在传统农业文明和工业文明时代，一方面可能是企业直接面向消费者，这是传统的单边市场结构，供求实现直接对接。另一方面，生产企业可能选择通过中介实现间接与消费者或用户的交易对接，当然这些交易中介主要是线下的有形中介平台。例如，传统的批发商、零售商、银行、房产中介等便是线下中介或第三方平台。由此，这构成了线下的双边平台交易模式。与线下平台模式类似，当互联网技术和平台模式出现以后，线上的互联网交易平台迅猛发展，大量的生产企业要么直接建设自身的门户网站，要么间接通过第三方网络平台实现与用户之间的供求对接，从而形成了"＋互联网"阶段的双边平台交易模式。在这样的双边市场结构中，互联网平台（连接者）的一边是内容（产品或服务）的提供者，另外一边是内容的最终使用者（用户），内容者与用户无须直接接触就能实现最终的交易。例如，发展初期的淘宝网、京东等就是"＋互联网"发展阶段典型的连接者，大量的生产企业和用户通过网络购物平台实现商品的交换和消费。然而，随着互联网交易技术的进一步发展，尤其是移动互联网技术、大数据技术、物联网技术、人工智能的发展，"＋互联网"向"互联网＋"的升级逐步成为现实，内容者和用户不再局限在简单的双边平台市场中实现交易，而是通过借助于更多元更为立体的平台结构进行供求、信息等的多渠道连接，从而形成了多边平台市场结构。例如，在当前由阿里巴巴商业操作系统所构建的新零售体系当中，零售商与消费者不再仅仅局限在通过网络交互平台实现网络线上交易，而是通过与零售通、iPromoter、淘鲜达、天猫智能派样机、支付宝、智慧物流等平台的智能化对接实现多元平台的连接与切换，建立在"＋互联网"基础上的双边平台结构升级为"互联网＋"基础上的多边平台新零售生态系统。

2. 连接方式区别

局域线性连接与无边界社群化连接。连接是互联网经济的核心特征，连接者是互联网红利的直接创造者（罗珉、李亮宇，2015）。然而，正是基于上述两者在平台连接者功能及其角色方面的核心区别，这就决定了不同的平台类型具有不同的连接者作用。对"＋互联网"发展模式而言，内容者、互联网平台（连接者）与用户之间进行简单的有限连接，相互之间形成的连接是点到点的线性关系连接。例如，内容者因为向互联网平台发布产品或服务的供求信息实现双边市场供求侧的信息线性连接，而用户则通过网络平台实现与平台的需求侧信息连接，从而实现与内容者的交易连接。因此，在"＋互联网"的初级网络化交易模式中，连接者主要发挥了供求双面的简单局部有限连接，构建的连接界面是线性界面，由此连接红利也往往决定于网络平台或线下交易设施交易效率的高低。与"＋互联网"双边平台基础上的线性局部连接不同，"互联网＋"基础上的连接是一个由内容者、用户、多元化立体型连接者生态组成的无边界社群化连接系统。在此过程中，内容者、用户一方面确实主要与互联网交易平台进行连接，但这种连接不是仅限于交易平台之间的连接，其他各种社交、娱乐、游戏、配送等平台都可以现实与商品交易平台的连接，从而形成跨界或无边界连接（赵振，2015）。另一方面，线上的互联网平台也开始与线下的实体型企业、物流配送系统、金融机构实现对接，从而实现线上交易平台与线下交易实体的无缝连接。由此，不难发现，在"互联网＋"的信息化发展阶段，在无边界非线性社群型连接生态中，"无边界连接一切"的核心机制决定了"互联网＋"的社会化协同效应成为可能，经济社会发展的驱动效应由双边平台基础上的网络效应逐渐升级为社群连接基础上的社会化大协同效应。

3. "＋互联网"驱动效应和"互联网＋"驱动效应的升级

网络效应与社会化协同效应。如前所述，无论是在农业经济时代，还是在工业化时代，驱动经济社会发展的重要机制是建立在生产主体规模化生产之上的规模经济效应，降低单位产品的生产成本一直都是农业或工业生产主体追求的重要目标。在信息化或数字经济时代，生产成本的重要性当然不能忽视，但与此同时，交易费用或交易效率对竞争力的重要性不断上升（杨小凯，2003）。与此重要相关的是，驱动经济社会发展的机制也开始出现变化，规模经济效应不再是决定竞争成败的唯一关键要素。很多中小微企业虽然规模很小，但是由于卷入了有效的专业化分工体系，再加上高效利用交易效率充分改进优势，它们也可以在市场竞争中获得出色的生产经营业绩。例如，大量的中小微生产企业通过网络化销售平台或新零售体系实现交易规模、利润的显著扩张就是一个互联网时代成功经营的例子。因此，传统的规模经济驱动效应正在让位于数字经济时代的网络效应和社会化大协同效应，企业能否有效利用这两种效应成为数字经济时代决定企业竞争力的重要影响因素。首先，在"＋互联网"的连接结构中，经济主体开始由追求生产规模效应向互联网平台所线性连接而成的有限网络效应转变，也即此时平台双边的内容者、用户都会由于加入网络而享受网络外部性的好处。这种网络效应一方面包括一边的内容者或用户可以获得随着另一边交易人数的增加而带来收益增加的交叉网络外部性（Roson，2005；Armstrong，2006），另一方面包括内容者或用户本身人数的增加带来自身平均收益增值的单向网络效应（Armstrong，2006）。例如，正是由于千万个用户需求的存在，使得内容者即使降低定价也能获得可观的收益，从而给用户本身带来好处。此外，大量用户的挑剔意见也有利于内容和服务的创新，从而提高和优化用户体验。值得肯定的是，无论是大型内容者，还是中小微内容者都能从加入互联网商业网络中获益，传统的规模经济逻辑不再完全适用。

然而，随着互联网技术的跨越式发展，特别是移动互联网技术、精准营销 APP、智慧配送平台技术、智能骨干物流网络、人工电子支付技术等的发展，互联网平台连接网络纳入了更多的连接者，原先的线性网络供应链和需求结构更为开放和包容，越来越多的高能级连接者呈指数级增加，从而多角色、多主体、多功能、实时化的社会化协同网络开始形成。在这一协同网络中，内容者、用户不再单一地通过网络人数的增加来实现网络价值的增长。在此过程中，内容者、用户、商品或服务供求信息的集聚平台、在线支付平台、智能化物流配送平台等多主体通过多层次立体式和并联型的互动、沟通和交流实现收益协同增长，社会化生态促进交易效率充分改进，封闭的网络结构升级为开放的智能生态，从而带来耦合型的巨量级社会化协同价值。

（二）"＋互联网"和"互联网＋"驱动效应转变中的分工主体功能嬗变

在互联网交易生态中，主要存在提供产品或服务的内容者、提供佣金型或增值型连接服务的连接者和用户。随着信息化水平向"互联网＋"升级，进而社会驱动效应由网络效应向社会化协同效应转变和升级的过程中，内容者、连接者和用户的分工角色和功能也在发生重大变化。

1. 内容者

从互联网交易市场的自我搜寻者升级为社会化协同型粘连者。在互联网化的产品或服务交易市场中，向市场提供专业化产品和服务的经济主体是一种内容产品或服务意义上的内容提供者。内容者在互联网经济系统中负责专业化产品和服务的生产和供应，当然这种内容供给的对象是终端用户。所不同的是，在互联网技术和商业模式不同的发展阶段，内容者的专业化和分工水平将发生变化，从而其与市场用户的关系及功能也会相应发生重要变化。在"＋互联网"的发展阶段，内容者专业化于生产内容产品或服务，并通过互联网平台的产品展示、在线营销功能将内容销售给用户。然而，在此过程中，互联网平台仅仅承担了有关内容产品或服务的在线展示和供求匹配功能，而有关内容产品或服务的精准对接于用户还需要内容者花费一定的时间、货币等资源才能实现，也即内容者还需要花费较多的资源用于潜在市场用户的定位、搜寻和营销活动，内容者仅仅是利用互联网平台实现产品的展示，但市场用户的搜寻、开发和营销网络建设需要内容者投入很多资源加以建设才能实现，因此，此时的内容者仍然是市场用户和营销体系的自我搜寻和提供者。

如前所述，当社会互联网技术和交易基础设施不断进步之后，"＋互联网"的社会分工结构逐渐被"互联网＋"的社会分工结构所取代，由互联网初级网络连接向各类平台交互影响的互联网社群发展，基于互联网技术和平台的社会化协同体系逐步成型。因此，此时的内容者角色和功能也将发生根本的变化。在此过程中，内容者一方面将通过主要的产品或服务展示型网络平台实现内容产品或服务信息的集中展示和销售，与此同时更为重要的是，此时的互联网生态是一个包括交易、营销、展示、精准配送、电子化支付服务等在内的多边平台体系，原先需要内容者自我搜寻、自我承担的用户搜寻、营销等专业化任务不再需要内容者承担，社会化的互联网社群可以通过精准服务实现多向度匹配和对接。例如，在京东的智慧零售体系当中，互联网交易生态不仅仅包括了京东的网络购物平台，其有利于为内容者、用户等实现精准供求对接的无边界智慧零售体系更是一种互联网社群交易系统。这种社会化协同型互联网社群帮助内容者自动获取用户，或者说用户通过精准型的社会化协同型互联网交易社群实现与内容产品或服务的粘连，内容者由此成为依托于社会化协同型互联网社群中的高能级粘连者。当然，至于哪些用户、多少用户或以什么样的效率实现粘连，这在很大程度上取决于内容者产品或服务本身的质量和创新程度。总之，随着互联网连接模式的转变，"＋互联网"向"互联网＋"的升级伴随着内容者由潜在用户市场的自我搜寻者或市场营销服务的自我提供者转变为了互联网社群中社会化协同型粘连者。

2. 连接者

从互联网连接服务的佣金型连接者到增值型连接者。在信息化启动的发展阶段，互联网技术和平台的引入促使生产和生活的关系模式发生质的变化。在传统经济发展阶段，虽然也有包括银行、批发系统等线下的连接服务提供者，但其交易效率往往较低，创造价值的能力也相应较弱，而且此类连接服务提供者主要充当的是价值分配型的佣金型中间商（庞春，2009）。随着互联网平台的形成和发展，传统的连接服务提供者实现了网络化升级，连接者的服务效率比线下连接者更高，市场范围也更为广泛。但是根据本文的分析框架，在信息化或网络化发展的两个不同阶段，即"+互联网"与"互联网 +"的不同发展阶段，互联网平台的连接者功能具有显著的差异。我们认为，与"+互联网"的发展适应，互联网平台主要仍然是承担了信息中介与简单的供求对接功能，而"互联网 +"发展阶段的互联网平台生态更是一种社群化存在，其具有交易价值的创造功能。

（1）"+互联网"与佣金型连接者。在信息化的初始发展阶段，内容者主要是想通过利用与互联网平台的对接实现有关产品或服务等内容的在线化展示从而促进供求的线上匹配。在这一过程中，互联网平台这一连接者主要发挥了为内容者提供中介型连接服务的功能，内容者的产品或服务因此得以在互联网平台以更高的效率实现在线化展销，因此此时的连接者主要是一种为供求实现有效对接提供中介服务的佣金型连接者。此时，内容者的产品或服务没有因为连接服务的介入实现价值的增长，连接者主要通过提高交易服务型的佣金服务赚取中介费或佣金，连接者的双边平台连接服务并没有创造新的价值，连接者的佣金是对交易价值的分配，佣金是内容者的产品或服务交易总价值的一部分。由此，"+互联网"的发展阶段形成了佣金型连接者。例如，在现实中，在淘宝网的发展初期，很多中小企业通过在淘宝网上经营网点，这便是内容者与网络购物平台的简单连接，淘宝网主要发挥了为中小企业的产品或服务通过在线展示和销售的功能，淘宝网从中获取相应的佣金服务费，由此形成了"+互联网"阶段的佣金型连接者。

（2）"互联网 +"与增值型连接者。随着互联网技术、人工智能、物联网、大数据和云计算等新兴技术的进一步发展，"+互联网"逐渐向"互联网 +"升级，新兴技术对内容者、连接者和用户的赋能成为经济社会发展的重要驱动力，网络效应向社会化协同效应演进。在此过程中，原先较为简单和初级的互联网平台对接向互联网社会化生态转变，连接者的功能开始发生变化。互联网平台不再简单地扮演提供中介代理服务的佣金型连接者功能，除了产品和服务的在线展示和销售外，凭借"连接一切""跨界融合"等机制实现了互联网平台的功能再造，此时的互联网平台不仅仅是一个简单的双边平台，而是具备社会化协同效应的多边生态系统。因此，此时的连接者不再简单地获取中介费等佣金，而是协同其他的网络主体进行价值创造和增长。例如，利用互联网平台上的大数据，内容者能够更为精准和高效地获取用户，甚至可以说是互联网的社会化生态使得内容者能够实现精准获客。而对于用户来说，在一个互联网社群中，其通过互联网平台及其附着其上的社会化生态也能更为有效地匹配偏好和需求，从而显著地降低其交易成本。因此，在"互联网＋"的社会化生态中，互联网平台这一生态型连接者不再是简单地分配网络价值，也就是不是简单地赚取中介费，通过互联网平台实现交易的产品或服务经由连接者投入新的资源实现了交易价值的增值，连接者实现了价值创造，连接者成为增值型连接者。例如，在诸如"盒马鲜生"等新零售体系中，线下商家不是简单地与新零售平台实现供求对接，而是通过借助于线上与线下无边界连接的新零售交易系统不断优化和提升用户的消费体验，从而不断扩张市场规模和降低获取现实客户的单位成本，进而使得新零售系统中的各类交易主体都获取价值的增长。

（3）佣金型连接者与增值型连接者的经济效应比较。正是基于上述不同的价值创造能力，佣金型连接者与增值型连接者对经济社会的发展效应也具有显著的差异。在"＋互联网"的信息化发展结构中，互联网平台主要是与内容者进行技术嫁接，内容者通过平台实现产品或服务与用户之间的信息对接，平台连接者主要发挥第三方平台型中介功能，因此其对互联网市场资源配置效率的增进效应相对平缓。也即随着佣金型连接服务的扩张，互联网技术的嫁接式利用有利于降低信息化社会的边际成本，从而出现了成本侧的网络效应。与此同时，佣金型服务投入量的增长也能带来交易效率的提高，从而有利于促进经济社会资源配置和利用的边际收益增长。但无论是边际成本的下降，还是边际收益的递增，佣金型连接服务的增长所带来的边际影响效应都趋于缓和，即佣金型服务对边际成本的递减效应和对边际收益的递减效应都越来越弱。

然而，在"互联网＋"的社会结构中，增值型连接者对经济社会的资源配置效率和成本降低递减效应都非常明显，增值型连接服务的微小增长都可以带来经济社会边际成本的显著降低；同时，增长型连接服务者凭借"互联网＋"的社会化协同机制能够有力地促进社会资源利用收益的递增，其边际收益也具有快速上升的递增趋势，跨界融合的网络化、数字化和智能化技术能够有效地将增值型连接服务转换为社会利益的增进，用户、内容者和连接者都能从中获得巨大的收益增量。当然根据效益最大化原则，此时的增值型连接服务的均衡值显然比佣金型均衡连接服务要小，这说明，不仅增值型连接者的均衡社会收益要高于佣金型连接者的均衡收获收益，而且为了得到这些社会收益，佣金型连接服务的投入量要远远大于增值型连接服务的投入量，后者的经济社会效应远高于前者。

3. 用户

从内容产品或服务的被动消费者到内容生成者。即使是在现代商业文明中，包括生产企业在内的内容者始终都是内容产品或服务的主导者。虽然营销学一再强调按需定产和大规模定制，但无论是在内容生产的方式、具体形态或数量等方面，本质上还是由内容者主导。在"＋互联网"的经济社会发展阶段，虽然已经有为内容者与用户提供供求信息匹配的互联网平台，但是这一连接者仅仅是为双方提供信息的简单对接和匹配，因此，在生产什么样的内容产品、生产多少、定价为多少等方面，也仍然是由内容者主导。只有当网络化发展水平进入到"互联网＋"的高级阶段之后，用户不再是严格意义上的被动消费者，而是成为对内容产品具有重大影响或本身就是内容者的能动型用户，用户成为内容生成者。首先，通过互联网平台及其生态体系的巨量用户消费行为数据的收集，大数据的形成和规律性演进不断成为影响内容者按照用户行为特征进行内容生产和提供的重要方式，精准营销篇匹配的互联网技术能够使得用户通过互联网平台直接将消费需求和偏好高效地传达给内容者，内容者只有根据这些信息和数据调整内容，它才能真正形成对用户的粘连。在此意义上，用户成为影响内容生产的生成者。此外，在"互联网＋"的社会化协同系统中，用户既是某些产品或服务的消费者，同时也将有可能快速地转换为内容者。例如，在网络预约车领域，私家车车主可能刚刚从天猫购买了相关内容产品，但很快他就转换成为提供网络预约车服务的内容提供者。在此意义上，用户通过互联网生态实现了角色转换，用户成为内容生成者。

（三）"＋互联网"的网络效应和"互联网＋"的社会化协同效应的社会分工结构

经济组织卷入劳动分工的程度是交易效率的函数（杨小凯，2003）。随着交易效率的改进，佣金型连接者不断向增值型连接者升级，在此过程中，原先由内容者自己承担的用户和市场发现、搜寻服务逐渐由更为专业化的增值型连接者（互联网平台生态）承担，从而"＋互联网"的局部分工结构向"互联网＋"的社会化完全分工结构演进。

如图5-1和图5-2所示,在互联网化的交易系统中,主要存在内容Y、连接服务R和货币商品X,其中内容者专业化生产和提供内容Y,用户向分工系统提供货币商品X,连接服务R则由专业化的互联网平台提供。当然,这三种产品或服务在不同的分工结构中具有不同的表现形态。例如,在图5-1的"+互联网"分工结构中,内容Y、连接服务R和货币商品X以初始形态卷入分工体系,但是在图5-2"互联网+"的分工结构中,依托增值型连接服务平台的作用,内容Y和货币商品X的分工形态发生了一定的变化,内容Y在连接服务的作用下增值为Y_r,而货币商品X也在电子化支付服务的作用下增值为X_r。如前所述,在交易效率不断改进的前提下,基于网络效应的"+互联网"局部分工结构不断向基于社会化协同效应的"互联网+"完全分工结构升级,从而带来差异化的经济发展效应。

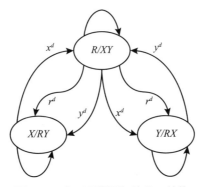

图5-1 "+互联网"的分工结构

资料来源:笔者分析绘制。

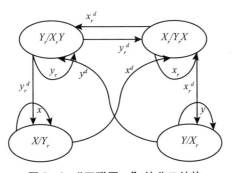

图5-2 "互联网+"的分工结构

资料来源:笔者分析绘制。

当经济社会的信息化、网络化基础设施和技术水平处于发展初级阶段，" + 互联网" 的技术嫁接主要在于促使内容者应用和接入互联网平台实现商品在线展示和销售，用户也主要是依靠互联网平台实现与内容者的供求匹配。如图 5 - 1 所示，在 " + 互联网" 的信息化发展初期，内容者专业化于生产和提供内容 Y，在向市场提供内容产品过程中，内容者主要是通过购进数量为 r^d 的互联网平台连接服务 R 实现与用户需求的匹配，从而得到数量为 x^d 的货币商品 X，由此内容者成为 Y/RX 专家。与此同时，作为双边平台市场另一边的用户，它也是通过互联网平台的连接服务 R 实现与内容者的供求对接，从而也购买使用了数量为 r^d 的互联网平台连接服务 R 和数量为 y^d 的内容 Y，由此用户成为 X/RY 专家。当然在用户与内容者的供求对接之间，另外一个重要分工主体——佣金型连接者发挥了为双方提供供求连接服务的关键作用。在这一过程中，内容者将其数量为 y^d 的内容产品 Y 集中在互联网平台上进行展示和销售，同时用户也将其数量为 x^d 的货币商品通过特定的电子支付平台设施支付给内容者。不过，如前面所述，此时的互联网平台主要是佣金型连接者，其主要的功能在于帮助内容者进行产品的展示和供求对接，有关内容产品的营销和市场搜寻功能仍然是由内容者自身承担的，各类分工主体尚未成为完全分工者。因此，连接者主要通过专业化生产和提供佣金型连接服务 R 获取佣金，它并没有对内容产品和货币商品进行价值创造，它从连接服务提供中分配交易价值，由此佣金型连接者成为佣金型服务的专业化提供者 R/XY。

当信息化发展水平进入更为高级的 "互联网 +" 阶段，除了原先的内容者和用户之外，在分工体系中出现了能够为内容者和用户提供精准营销、市场创造等功能的增值型连接者。如图 5 - 2 所示，伴随着高端网络技术和信息技术的应用，原来的互联网平台升级为将内容产品 Y 和货币商品 X 加工成为价值更大的新型内容产品 Y_r 和货币商品 X_r 的增值型连接者（X_r/Y_rX 或 Y_r/X_rY）。例如，对于专家 Y_r/X_rY 而言，内容者将数量为 y^d 的内容产品集聚在互联网平台上，互联网平台生态不再仅仅为内容产品提供展示功能，而是可为内容者提供市场发现、搜索和营销等服务，连接一切、跨界融合的社会化协同机制将内容产品由 Y 加工增值为新型的内容产品 Y_r，当然在此过程中，它也需要从市场购进数量为 x_r^d 的新型货币商品 X_r，以用于自身的经营活动。此外，对于 X_r/Y_rX 专家来说，在互联网平台生态体系中，诸如嵌入在支付宝中的余额宝等高能级的货币支付平台，其功能也不仅仅是简单地实现网络电子支付，而是通过各种投资增值服务促进货币商品的增值，从而实现了将用户数量为 x_r^d 的货币商品 X 增值为新型货币商品 X_r，当然此类专业化分工主体也需要从市场购进数量为 y_r^d 的新型内容商品 Y_r。如此，在这些"互联网＋"社会化协同意义上的增值型连接者的连接服务下，内容者最终从市场得到的也是增值以后的新型货币商品 X_r，从而内容者成为 Y/X_r 专家。与此同时，用户从市场上最终得到也是增值后的新型内容产品 Y_r，从而内容者成为 X/Y_r 专家。显然，在"互联网＋"的社会化完全分工结构中，连接者不是简单地提供中介连接服务 R，而是在互联网社会化生态的支撑下专业化生产和提供原先由内容者自我提供的市场搜寻、营销等增值服务，由此实现了"＋互联网"有限局部连接的分工结构向"互联网＋"的社会化完全分工结构升级。

第二节　"＋互联网"的局部连接向"互联网＋"的社会化协同跃迁条件

前面我们从理论上揭示了"＋互联网"与"互联网＋"在驱动效应、治理结构、分工主体功能及分工结构等方面的核心差异，初步给出了基于网络驱动效应的"＋互联网"分工体系向由社会化协同效应驱动的"互联网＋"分工体系升级的基本路径。这里本书将在上述理论分析的基础上，对"＋互联网"的局部分工结构向"互联网＋"的完全分工结构升级和转换的临界条件进行超边际建模和一般均衡分析，从而揭示"互联网＋"社会化协同效应生发的内在条件。

一、基础模型

（一）假定

在一个互联网化的交易系统中，存在 M 个生产者－消费者，它们既包括了提供内容的内容者，也包括了用户和连接者。根据前面的理论分析，在不同的互联网发展阶段，不同的分工主体承担不同的分工角色，分工主体在不同的专业化任务上投入不同的劳动时间份额，从而形成不同的专业化水平。为此，我们假定生产者－消费者将总量为 1 的劳动分别投入在内容产品、货币商品、新型内容、新型货币和连接服务上的劳动时间份额分别为 L_Y、L_X、L_{Y_r}、L_{X_r} 和 L_R，在"＋互联网"的分工结构中，互联网平台通过佣金型连接服务 R 为内容者和用户提供中介型连接服务，从而将

内容者的内容 Y 与用户的货币商品 X 实现交易对接。而在"互联网 +"的社会化分工结构中，连接者成为增值型连接者，它通过增值型连接服务最终使用户获得新型内容 Y_r，而内容者也将获得新型货币商品 X_r。在本书的超边际模型中，我们假设 $1 - k$ 为市场交易过程中的损耗比例，而 $1 - \varepsilon$ 为交易过程中连接型服务的损耗比例系数。假设在不同产品或服务的专业化生产中，产品或服务的产出量在一定程度上取决于生产效率系数，这里假定 ψ、θ、δ、λ 和 ϕ 分别为内容、货币、新型内容、新型货币和连接服务的生产效率系数。当然，不同产品生产具有差异化的学习成本，学习成本的大小也会对产出量带来影响，因此我们假定 n、q、u、v 和 m 分别代表内容产品、货币商品、新型内容、新型货币以及连接服务的学习成本。当然在一个交易系统中，不同商品之间的交换会形成以新的交易价格，这里我们假定内容产品、货币商品、新型内容、新型货币以及连接服务的市场交易价格分别为 P_Y、P_X、P_{Y_r}、P_{X_r} 和 P_R。另外，凭借增值型连接者的增值服务，"互联网 +"分工结构中内容产品和货币商品实现了价值增值，因此在市场价格上也将按照一定的比例实现加成，也即此时新型内容产品与货币商品的市场价格等于对 P_Y 和 P_X 的加成，这里我们假定相应的价格加成率分别为 τ 和 η。

（二）基础模型

无论是在" +互联网"的分工结构中，还是在"互联网 +"的社会化分工结构中，专业化分工主体都是消费效用最大化的追求者，它面临如下超边际决策问题：

$$\max \quad U = \left\{ \left[y + k\left(r + \varepsilon r^d \right) y^d \right] + \left(y_r + k y_r^d \right) \right\}^{1/2}$$
$$\times \left\{ \left[x + k\left(r + \varepsilon r^d \right) x^d \right] + \left(x_r + k x_r^d \right) \right\}^{1/2}$$

$$\text{s. t.} \quad y^p = y + y^s = \varphi(L_Y - n)$$
$$x^p = x + x^s = \theta(L_X - q)$$
$$y_r^p = y_r + y_r^s = \delta(L_{Y_r} - u)$$
$$x_r^p = x_r + x_r^s = \lambda(L_{X_r} - v)$$
$$r^p = r + r^s = \phi(L_R - m)$$
$$L_X + L_Y + L_{X_r} + L_{Y_r} + L_R = 1$$
$$P_X(x^s - x^d) + P_Y(y^s - y^d) + P_{X_r}(x_r^s - x_r^d) + P_{Y_r}(y_r^s - y_r^d) + P_R(r^s - r^d) = 0$$
$$P_{X_r} = P_X(1 + \tau)$$
$$P_{Y_r} = P_Y(1 + \eta) \tag{5-1}$$

经济个体按照上述的决策问题选择不同的经济行为，从而推动互联网经济系统的分工结构演进。在上述决策模型中，式（5-1）为最大化 C-D 效用函数，经济个体是一个多样化产品或服务的偏好者，其效用大小取决于其对内容产品 Y、货币商品 X、新型内容 Y_r 和新型货币商品 X_r 的消费量。在式（5-1）中，x、y 或 x_t、y_t 表示经济个体对产品或服务的自我消费数量，x^d、y^d 或 x_t^d、y_t^d 则表示经济个体从市场上购买的有关内容、货币或新型内容、货币的数量。此外，在市场交易过程中，经济个体最终得到的消费量与市场交易效率 k 和连接服务的交易效率 ε 密切相关，这两个交易效率越高，经济个体的消费量越高，从而效用水平也将越高。尤其是，在"＋互联网"的分工结构中，内容和货币商品的消费量在很大程度上取决于市场交易效率（k）和连接服务消费量（$r+\varepsilon r^d$）的乘积，而后者又与连接服务的交易效率系数 ε 密切相关。

此外，式（5-1）的第二至第六个分式分别刻画了经济个体所面临的生产约束。如前所述，经济个体的专业化生产主要受到生产效率、专业化程度和学习成本的约束。例如，内容产品 Y 的产出 y^p 一部分用于市场出售（y^s），另一部分则留给自己使用（y），而产出量的大小则主要取决于内容产品的生产效率系数 ψ、专业化水平 L_Y 和学习成本 n。其他生产函数也具有类似的生产过程及约束特征。式（5-1）的第七个分式代表了经济系统中的劳动要素约束状况，如前所述，分工主体所拥有的劳动时间总份额为 1，专业化水平由劳动时间份额代表。例如，L_{Yr} 表示分工者在新型内容生产上的时间投入份额，其代表了经济个体在生产新型内容产品上的专业化水平。分工主体通过专业化生产向市场提供可供交换的产品，但这一过程需要实现预算相对的平衡，其预算平衡方程由式（5-1）的第八个分式给出，这表示经济个体通过出售其专业化产品或服务的收入与它所购买的产品或服务支出相互平衡。当然，如前所述，当"互联网＋"的分工结构代替"＋互联网"的局部分工结构后，连接者具有为内容者、用户实现价值创造的功能，因此，市场交换的内容或货币商品是对初始内容和货币商品的价值增值。例如，式（5-1）的第十个分式表明，经由增值型连接者的连接服务，新型内容的市场价值 P_{Yr} 是原初内容市场价值 P_Y 的（$1+\eta$），"互联网＋"的社会化分工协同促进了经济价值的增长。

二、超边际决策与角点均衡分析

在"＋互联网"和"互联网＋"的不同发展阶段，各类分工主体根据理性原则进行超边际决策，由此选择不同的决策变量，最后根据效用均等和市场出清原则实现两种分工结构中的角点均衡。

（一）超边际决策及角点解

正如本书第三章分析，与边际分析方法不同，超边际分析的主要特点在于揭示不同分工结构中各类生产者－消费者的超边际决策行为规律，由此求解各个分工主体面临一定约束条件下的决策变量角点解。因此，这里我们也将从"＋互联网"与"互联网＋"两种分工结构出发，先后进行超边际决策行为分析和决策变量的求解，为后面的角点均衡分析奠定基础。

1.＂＋互联网＂分工结构的超边际决策及角点解

如前所述，在"＋互联网"的分工结构中，主要存在内容者（Y/RX）、用户（X/RY）和佣金型连接者（R/XY），三类分工主体各自承担专业化生产任务，并向市场提供和出售一定的商品或服务，共同促进分工结构的形成和演进，从而推动经济社会实现基于"＋互联网"的网络效应。

（1）内容者（Y/RX）的角点解。如图5－2所示，此时的内容者是一个内容产品或服务 Y 的充分专业化生产者（$L_Y = 1$），它将一部分 Y 留给自用（$y > 0$），并从中拿出一部分内容产品或服务出售给市场（$y^s > 0$）。与此同时，内容者从互联网市场购进来自互联网平台的连接服务 R 和货币商品 X，从而有 $r^d > 0$ 和 $x^d > 0$。此外，内容者的其他决策变量都为0。因此，"＋互联网"分工结构中内容者最大化其效用 U_Y^1 的超边际决策问题为：

$$\max \quad U_Y^1 = (yk\varepsilon r^d x^d)^{1/2}$$
$$\text{s. t.} \quad y + y^s = \varphi(L_Y - n)$$
$$P_X x^d + P_R r^d = P_Y y^s$$
$$L_Y = 1 \tag{5-2}$$

求该超边际决策问题，可以得到内容者的决策变量角点解：

$$y^s = [2\varphi(1-n)]/3 \tag{5-3}$$
$$x^d = [\varphi(1-n)P_Y]/3P_X \tag{5-4}$$
$$r^d = [\varphi(1-n)P_Y]/3P_R \tag{5-5}$$
$$U_Y^1 = \{[\varphi(1-n)/3]^3(k\varepsilon P_Y^2)/P_X P_R\}^{1/2} \tag{5-6}$$

（2）用户（X/RY）的超边际角点决策解。在"＋互联网"的分工体系中，用户（X/RY）专业化提供货币商品 X，它一方面将一定的货币支付给其他分工主体，同时也会留一部分货币商品给自己，因此有 $x > 0$，

$x^s > 0$ 和 $L_X > 0$。显然,如图 5 - 2 所示,此时的用户需要从互联网市场购买佣金型连接服务 R 和内容 Y,因此存在 $y^d > 0$ 和 $r^d > 0$。此外,其他的决策变量为 0。因此,此时用户最大化其效用 U_X^1 的超边际决策问题为:

$$\max \quad U_X^1 = (xk\varepsilon r^d y^d)^{1/2}$$

$$\text{s. t.} \quad x + x^s = \theta(L_X - q)$$

$$P_Y y^d + P_R r^d = P_X x^s$$

$$L_X = 1 \tag{5-7}$$

求解上述最大化决策问题,得到用户决策变量角点解:

$$x^s = [2\theta(1 - q)]/3 \tag{5-8}$$

$$y^d = [\theta(1 - q)P_X]/3P_Y \tag{5-9}$$

$$r^d = [\theta(1 - q)P_X]/3P_R \tag{5-10}$$

$$U_X^1 = \{[\theta(1 - q)/3]^3 (k\varepsilon P_X^2)/P_Y P_R\}^{1/2} \tag{5-11}$$

(3) 佣金型连接者(R/XY)的超边际角点决策解。如前所述,在"+互联网"的分工体系中,作为匹配内容者与用户供求信息的佣金型连接者是非常重要的分工角色,它主要是为内容者的内容产品提供展示和销售,从而实现一种基于信息连接佣金型连接。显然,此时的佣金型连接者是一个连接服务 R 的完全专业化生产者,它将连接服务出售给内容者和用户,当然也从互联网市场集聚内容 Y 和货币商品 X。因此,此时有 $r > 0$,$r^s > 0$,$x^d > 0$,$y^d > 0$ 和 $L_R = 1$,其余的决策变量都为 0。因此,此时佣金型连接者最大化其效用 U_R^1 的决策问题为:

$$\max \quad U_R^1 = (x^d k^2 r^2 y^d)^{1/2}$$

$$\text{s. t.} \quad r + r^s = \phi(L_R - m)$$

$$P_Y y^d + P_X x^d = P_R r^s$$

$$L_R = 1 \tag{5-12}$$

求上述最大化决策问题,可以得到此时佣金型连接者的决策变量角点解:

$$r^s = [\phi(1 - m)]/2 \tag{5-13}$$

$$y^d = [\phi(1 - m)P_R]/4P_Y \tag{5-14}$$

$$x^d = [\phi(1 - m)P_R]/4P_X \tag{5-15}$$

$$U_R^1 = \{[\phi(1 - m)/4]^4 (k^2 P_R^2)/P_Y P_X\}^{1/2} \tag{5-16}$$

2. "互联网+"分工结构的超边际角点决策解

如图 5 - 2 所示,在"互联网+"的社会化协同结构中,出现了具有价值增值功能的新的分工主体——增值型连接者($Y_r/X,Y$ 和 $X_r/Y,X$),它们在用户（X/Y_r）与内容者（Y/X_r）之间提供信息展示、精准供求匹配、营销、市场发现等功能，由此将内容产品或服务与货币商品增值为新型内容和货币，进而促进了社会化协同价值的生发。由此，四种分工主体都在一定的约束条件下进行超边际决策，选择相应的生产和交易模式，共同卷入并促进"互联网+"的社会化协同结构不断生发和升级。

（1）内容者（Y/X_r）的超边际角点决策解。在"互联网+"形成的分工体系中，内容者完全专业化生产和提供内容 Y，并最终通过社会化协同机制从互联网市场得到增值以后的新型货币商品 X_r，因此，有 $L_Y = 1$，$y > 0$，$y^s > 0$ 和 $x_r^d > 0$，其他的决策变量都为 0。为此，此时内容者最大化其效用 U_Y^2 的超边际决策问题为：

$$\max \quad U_Y^2 = (x_r^d k y)^{1/2}$$
$$\text{s. t.} \quad y + y^s = \varphi(L_Y - n)$$
$$P_Y y^s = P_{X_r} x_r^d$$
$$L_Y = 1 \qquad\qquad (5-17)$$

求解上述最大化超边际决策问题，得到内容者的决策变量角点解：

$$y^s = [\varphi(1-n)]/2 \qquad\qquad (5-18)$$
$$y = [\varphi(1-n)]/2 \qquad\qquad (5-19)$$
$$x_r^d = [\varphi(1-n)P_Y]/2P_{X_r} \qquad\qquad (5-20)$$
$$U_Y^2 = \{[\varphi(1-n)/2]^2(kP_Y)/P_{X_r}\}^{1/2} \qquad\qquad (5-21)$$

（2）用户（X/Y_r）的超边际角点决策解。如前所示，用户在"互联网+"的分工系统中，仍然是完全专业化于提供货币商品 X，当然它也会留下一部分给自用，其余的货币商品进入市场交易，因此有 $L_X = 1$，$x > 0$，$x^s > 0$。通过"互联网+"的社会化协同体系，用户最终购进来自内容者并经由互联网平台生态增值的新型内容 Y_r，因此此时有 $y_r^d > 0$。其他的决策变量都为 0。为此，用户最大化其效用 U_X^2 的超边际决策问题为：

$$\max \quad U_X^2 = (y_r^d k x)^{1/2}$$
$$\text{s. t.} \quad x + x^s = \theta(L_Y - q)$$
$$P_X x^s = P_{Y_r} y_r^d$$
$$L_X = 1 \qquad\qquad (5-22)$$

求上述最大化超边际决策问题，可以得到用户的决策变量角点解：

$$x^s = [\theta(1-q)]/2 \qquad\qquad (5-23)$$
$$y_r^d = [\theta(1-q)P_X]/2P_{Y_r} \qquad\qquad (5-24)$$
$$U_X^2 = \{[\theta(1-q)/2]^2(kP_X)/P_{Y_r}\}^{1/2} \qquad\qquad (5-25)$$

（3）增值型连接者（Y_r/X_rY）的超边际角点决策解。从"＋互联网"到"互联网＋"的核心跃迁在于连接者角色与功能发生了重大变化，佣金型连接者成为增值型连接者，内容者向互联网平台生态提供的内容产品或服务 $Y(y^d>0)$ 经过社会化协同机制的作用成为新型内容 Y_r，由此增值型连接者（Y_r/X_rY）成为新型内容 Y_r 的完全专业化生产者（$L_{Y_r}=1$），它将一部分新型内容 Y_r 留给自用，同时将其余的新型内容 Y_r 出售给用户和其他连接者。因此，此时在分工系统中有 $Y_r>0$ 和 $Y_r^s>0$。当然，经过其专业化服务，增值型连接者（Y_r/X_rY）也从市场得到新型货币商品 X_r，因此有 $x_r^d>0$。其他的决策变量都为 0。因此，此时增值型连接者（Y_r/X_rY）最大化其效用 $U_{Y_r}^2$ 的超边际决策问题为：

$$\max \quad U_{Y_r}^2 = (y_r k x_r^d)^{1/2}$$
$$\text{s. t.} \quad y_r + y_r^s = \delta(L_{Y_r}-u)$$
$$P_{X_r}x_r^d + P_Y y^d = P_{Y_r}y_r^s$$
$$L_{Y_r}=1 \tag{5-26}$$

求解上述超边际决策问题，可得增值型连接者（Y_r/X_rY）的决策变量角点解：

$$x_r^d = [\delta(1-u)/2P_{X_r}](P_{Y_r}-P_Y/k) \tag{5-27}$$
$$y_r^s = [\delta(1-u)/2P_{Y_r}](P_{Y_r}+P_Y/k) \tag{5-28}$$
$$y^d = [\delta(1-u)]/k \tag{5-29}$$
$$U_{Y_r}^2 = \{(P_{Y_r}-P_Y/k)^2[\delta(1-u)/2]^2 k/P_{Y_r}P_{X_r}\}^{1/2} \tag{5-30}$$

（4）增值型连接者（X_r/Y_rX）的超边际角点决策解。在"互联网＋"的社会化协同体系中，还存在诸如支付宝等有利于促进货币价值增长的增值型连接者（X_r/Y_rX），它从用户那边集聚货币商品 $X(x^d>0)$，并通过其增值渠道和机制将货币商品增值为新型货币商品 X_r，由此成为新型货币 X_r 的完全专业化供应者（$L_{X_r}=1$）。对于这些新型货币商品 X_r，一部分将流向互联网市场，一部分将留给增值型连接者（X_r/Y_rX）自用，因此有 $X_r>0$ 和 $X_r^s>0$。增值型连接者（X_r/Y_rX）的其他决策变量都为 0，因此此时它的最大化效用 $U_{X_r}^2$ 的超边际决策问题为：

$$\max \quad U_{X_r}^2 = (x_r k y_r^d)^{1/2}$$
$$\text{s. t.} \quad x_r + x_r^s = \lambda(L_{X_r}-\nu)$$
$$P_{X_t}x_t^d + P_Y y^d = P_{Y_t}y_t^s$$
$$L_{Y_t}=1 \tag{5-31}$$

求解上述决策问题，得到相关决策变量为：

$$y_r^d = \left[\lambda(1-\nu)/2P_{Y_r}\right](P_{X_r} - P_X/k) \tag{5-32}$$

$$x_r^s = \left[\lambda(1-\nu)/2P_{X_r}\right](P_{X_r} + P_X/k) \tag{5-33}$$

$$x^d = \left[\lambda(1-\nu)\right]/k \tag{5-34}$$

$$U_{X_r}^2 = \left\{(P_{X_r} - P_X/k)^2\left[\lambda(1-\nu)/2\right]^2 k/P_{X_r}P_{Y_r}\right\}^{1/2} \tag{5-35}$$

（二）角点均衡分析

根据新兴古典经济学的基本分析方法，不同分工结构中的分工主体在效用均等和市场出清的原则下实现分工结构内部的角点均衡。因此，在上述对"＋互联网"与"互联网＋"不同分工结构内部角点解分析的基础上，这里我们将对这两种分工结构本身进行角点均衡分析，以给出不同分工模式的均衡效用以及不同分工主体之间的均衡数量比例。

1. "＋互联网"分工结构的角点均衡

首先，经过卷入分工的交易和竞争调节，根据分工结构内所有分工主体的效用均等原则，在"＋互联网"分工结构内部内容者、用户与连接者的最大化效用总会实现相等，否则无法实现结构内部的相对均衡，即有 $U_Y^1 = U_X^1 = U_R^1$。根据式（5-6）、式（5-11）和式（5-16）可以得到"＋互联网"结构的角点均衡效用为：

$$U^1 = \left[(1-n)(1-q)/9\right]^{1/2}\left[(1-u)/4\right]^{2/3}(\varphi\theta)^{1/2}\phi^{2/3}k^{2/3}\varepsilon^{1/3} \tag{5-36}$$

其次，在"＋互联网"的分工模式中，所有商品或服务的供求都将实现平衡，即根据市场出清原则，内容、货币商品和连接服务都将实现供求平衡。假定在由 M 个生产者－消费者构成的"＋互联网"分工体系中，内容者、用户和连接者的总人数分别为 M_{1Y}、M_{1X} 和 M_R（$M = M_{1Y} + M_{1X} + M_R$）。因此，根据市场出清原则，有 $M_{1Y}y^s = M_{1X}y^d + M_R y^d$，$M_{1X}x^s = M_{1Y}x^d + M_R x^d$ 与 $M_R r^s = M_{1Y}r^d + M_{1X}r^d$，将式（5-3）至式（5-5）、式（5-8）至式（5-10）以及式（5-13）至式（5-15）的相关决策变量代入这三个市场出清恒等式，可以得到"＋互联网"模式中不同分工主体的角点均衡比例：

$$M_R/M_{1Y} = M_R/M_{1X} = \left[\varepsilon\phi(1-m)k/4\right]^{1/3} \tag{5-37}$$

2. "互联网＋"社会化协同分工结构的角点均衡

如前所述，在"互联网＋"的分工结构中，新出现的增值型连接者也与内容者、用户通过结构内部的交易互动实现最大化效用均等，从而实现分工利益的相对平衡，也即此时有 $U_Y^2 = U_X^2 = U_{Yt}^2 = U_{Xt}^2$，因此根据式（5-21）、式（5-25）、式（5-30）和式（5-35），可以计算得到"互联网＋"社会化协同的均衡效用水平为：

$$U^2 = \left[\theta(1-n)(1-q)/16\right]^{1/2}\left[k\left(\sqrt{E^2k^2+4k}+Ek\right)\left(\sqrt{F^2k^2+4k}-Fk\right)\right]^{1/2}$$
$$(5-38)$$

此外，在"互联网＋"的分工模式中，内容者、用户和增值型连接者的商品或服务交换也将实现总体供求平衡，实现互联网市场出清。这里我们假定 M_{2Y}、M_{2X}、M_{2Y_r} 和 M_{2X_t} 分别代表这一模式中内容者、用户以及两类增值型连接者的人数，因此，此时"互联网＋"结构内部将实现 $M_{2Y}y^s = M_{2Y_r}y^d$、$M_{2X}x^s = M_{2X_r}x^d$、$M_{2Y_r}y_r^s = M_{2X_r}y_r^d + M_{2X}y_r^d$、$M_{2X_r}x_r^s = M_{2Y_r}x_r^d + M_{2Y}x_r^d$ 四个市场出清方程。因此，根据式（5－18）至式（5－20）、式（5－23）至式（5－24）、式（5－27）至式（5－29）以及式（5－32）至式（5－34），可以计算得到"互联网＋"社会化协同模式中的增值型连接者与内容者、用户的均衡人数比例：

$$M_{2Y_r}/M_{2Y} = k/2E \qquad (5-39)$$

$$M_{2X_r}/M_{2X} = k/2F \qquad (5-40)$$

其中，在式（5－38）至式（5－40）中，$E = \varphi(1-n)/\delta(1-u)$，$F = \varphi(1-q)/\lambda(1-v)$。

三、比较静态分析

首先，不同分工结构和交易模式的转换在于不同分工结构均衡效用水平之间的比较，均衡效用高的分工模式将逐步取得均衡效用低的分工模式。比较"＋互联网"与"互联网＋"分工结构的均衡效用，只有当"互联网＋"的社会化协同结构均衡效用 U^2 大于"＋互联网"分工结构的均衡效用 U^1 时，经济社会的信息化进程将由"＋互联网"阶段向"互联网＋"阶段升级和演进。根据式（5－36）和式（5－38），令 $U^2 > U^1$，容易得到只有当内容和货币商品的市场交易效率系数为 k 与连接服务的交易效率系数为 ε 都超过一定的临界值，以及市场交易效率函数值 $f(k)$ 也总是在连接服务交易效率函数临界值 $G^*(\varepsilon)$ 时，增值型连接者才会不断出现，并且逐步取得佣金型连接者，从而"互联网＋"的社会化大协同才会取得"＋互联网"的经济结构。如表5－2所示，只有当内容、货币商品的市场交易效率和连接服务的市场交易效率系数都充分大的前提下，市场交易效率函数值 $f(k)$ 才可能总是在连接服务的交易效率函数临界值 $G^*(\varepsilon)$ 之上，从而才可能生产"互联网＋"的社会化协同系统。也即，只有当由交易技术、交易制度等影响的交易效率得到充分改进后，信息化发展阶段才可能进入到基于增值型连接者的"互联网＋"分工结构中。

另外，观察分析 $G^*(\varepsilon)$ 这一临界值，显然当 ε 保持既定的条件下，如果内容和连接服务的生产效率系数 ψ、ϕ 越小以及增值型连接者的学习成本 u 越高，那么 $G^*(\varepsilon)$ 就越小，从而经济社会市场交易效率函数值 $f(k)$ 超过 $G^*(\varepsilon)$ 就越容易，也即"互联网+"分工结构生成的门槛越低。当然，相对于前述通过改进市场交易效率和连接者服务交易效率来促进"互联网+"分工结构的生成，通过降低 ψ、ϕ 和提高 u 来实现信息化发展阶段的转换和升级，后者是一种更为消极的路径。因此，我们提出：

命题5.1：当交易技术和交易制度不断变革带来内容、货币商品的市场交易效率以及连接服务的交易效率充分改进后，增值型连接者才会不断取代佣金型连接者，从而"+互联网"的局部连接分工结构也才会逐步向更高水平的"互联网+"社会化协同分工结构升级。

表5-2　"+互联网"分工模式与"互联网+"分工模式的转换条件

分工模式	交易效率函数分布	内容和货币商品的交易效率系数	连接服务的交易效率
"+互联网"	$f(k) < G^*(\varepsilon)$	$0 < k < k^*$	$0 < \varepsilon < \varepsilon^*$
"互联网+"	$f(k) > G^*(\varepsilon)$	$k^* < k < 1$	$\varepsilon^* < \varepsilon < 1$

注：$f(k) = \left[(E^2 k^{4/3} + 4k^{1/3})^{1/2} + Ek \right] \left[(F^2 k^2 + 4k)^{1/2} - Fk \right]$；$G^*(\varepsilon) = 4 \left\{ \left[\varphi(1-u)/4 \right]^{1/3} \psi \varepsilon^{2/3} \right\} /9$。
资料来源：笔者整理。

其次，我们来考察互联网系统中连接者生发的影响因素，从而更全面地理解"互联网+"社会化协同结构形成的机理。根据式（5-37），这里记每一个内容者或用户需要配置的佣金型连接者人数为 $M_1 = M_R/M_{1Y} = M_R/M_{1X}$，那么容易得到 $\partial M_1/\partial k > 0$、$\partial M_1/\partial \varepsilon > 0$、$\partial M_1/\partial \phi > 0$ 和 $\partial M_1/\partial m < 0$。因此，不难发现，随着"+互联网"分工结构的形成，佣金型连接者人数随着 k、ε 与 ϕ 的提高而不断增长，不过如果连接者的学习成本不断上升，那么佣金型连接者人数将趋于下降。这充分说明，虽然是在信息化发展阶段的初期，提高市场交易效率以及连接服务生产效率是促进佣金型连接者生发的重要条件，而连接者的学习效应也能促进其数量的增加。与此同时，当"互联网+"成为经济社会主导型网络社会建设模式后，增值型连接者的生发也受到一系列因素的影响。结合式（5-39）和式（5-40），这里我们记 $M_2 = M_R/M_{2Y} = k\delta(1-u)/\psi(1-n)$ 为配置给单个内容提供者的增值型连接者人数，而每一位用户需要配置的增值型连接者人数为

$M_3 = M_R/M_{2X} = k\lambda(1-v)/\phi(1-q)$，那么容易得到 $\partial M_2/\partial k > 0$、$\partial M_2/\partial\delta > 0$、$\partial M_2/\partial n > 0$、$\partial M_2/\partial u < 0$ 和 $\partial M_2/\partial\psi < 0$ 以及 $\partial M_3/\partial k > 0$、$\partial M_3/\partial\lambda > 0$、$\partial M_3/\partial q > 0$、$\partial M_3/\partial v < 0$ 和 $\partial M_3/\partial\psi < 0$。因此，市场交易效率（$k$）、增值型连接者的生产效率（$\delta$ 和 λ）、内容者的学习成本以及用户的学习成本越高都将有利于增值型连接者人数的增长，同时如果增值型连接者的学习成本（u 和 v）越低以及内容者的生产效率（ψ）越低，增值型连接者也就越容易生发。这充分说明，从市场环境来看，市场交易效率的充分改进将极大地促进增值型连接者的形成和增长，从而有利于"互联网＋"社会化协同结构的出现。此外，从连接服务本身来看，如果其生产率越高和学习成本越低，那么此类连接者的数量也将增长得更快。另外，如果内容者、用户的学习成本比较高，以及内容者的生产效率越低的话，那么内容者和用户越需要通过增值型连接者实现供求对接，从而提高两者的经济剩余。因此，我们提出命题：

命题 5.2：市场交易效率、连接者生产效率的充分改进以及连接者学习成本的降低都有利于连接者的生发和数量增长；而内容者和用户的学习成本越高以及内容者的生产效率越低，那么内容者与用户越倾向于通过增值型连接者实现两者的供求匹配，从而越有利于促进"互联网＋"社会化协同模式的形成和发展。

第三节 "互联网＋"社会化协同的经济高质量发展效应

根据前文的超边际分析一般均衡分析结果，我们发现"＋互联网"的分工结构向"互联网＋"的社会化协同结构演进具有显著的经济发展效应，这一方面体现在互联网市场规模的不断扩张，从而带来专业化分工水平的进一步提升，与此同时，这种社会化分工结构的升级也带来了劳动力资源配置效率和人均收入显著上升的经济高质量发展效应。

一、"互联网＋"社会化协同的劳动力资源配置效率提升效应

在信息化发展系统中，存在 M 个分工主体（生产者－消费者），由此有 $M = M_{1Y} + M_{1X} + M_R = M_{2Y} + M_{2X} + M_{2Yr} + M_{2Xr}$，即 M_{1Y}、M_{1X}、M_R 和 M_{2Y}、M_{2X}、M_{2Yr} 与 M_{2Xr} 分别代表"＋互联网"与"互联网＋"两种分工结构中

内容者、用户和佣金型连接者以及内容者、用户和增值型连接者的人数。根据前述式（5－37）、式（5－39）和式（5－40），不难得到"＋互联网"与"互联网＋"两个分工结构中的分工主体总人数：

$$M_R = \frac{H}{2+H} M \tag{5-41}$$

$$M_{1Y} = M_{1X} = \frac{1}{2+H} M \tag{5-42}$$

$$M_{2Y} = M_{2X} = \frac{2EF}{4EF + k(E+F)} M \tag{5-43}$$

$$M_{2Y_r} = \frac{kF}{4EF + k(E+F)} M \tag{5-44}$$

$$M_{2X_r} = \frac{kE}{4EF + k(E+F)} M \tag{5-45}$$

其中，$H = \{[\varepsilon\phi(1-m)k/4]\}^{1/3}$，$E = \varphi(1-n)/\delta(1-u)$，$F = \varphi(1-q)/\lambda(1-v)$。如表5－3所示，互联网社会和信息化水平的升级过程，促进了劳动力资源配置效率的显著提升。首先，从结构内来看，在"＋互联网"的分工模式中，随着k和ε的提高，无论是内容者人数M_{1Y}，还是用户人数M_{1X}趋于下降，而佣金型连接者的人数M_R却不断上升。这充分表明，即使在"＋互联网"阶段，提高连接服务和市场的交易效率，能促使内容提供者和用户不断从生产性行业和消费部门转移到连接服务部门，经济社会的劳动资源配置及利用效率得以提高。另外，从"互联网＋"分工结构内部来看，也可以发现相似的劳动力资源优化配置结果。即当进入"互联网＋"社会化分工结构，随着市场交易效率k的不断提升，内容者人数和用户人数也是不断减少（$\partial M_{2Y}/\partial k < 0$和$\partial M_{2X}/\partial k < 0$），而连接服务部门的增值型连接者人数获得了快速增长（$\partial M_{2Yr}/\partial k < 0$和$\partial M_{2Xr}/\partial k < 0$），这再次表明，市场交易效率的充分改进对促进生产部门和消费部门的劳动力向连接服务部门的转移具有重要效应。

表5－3　　"互联网＋"社会化协同的劳动力配置效应提升效应

结构性质	分工模式	内容者人数变化	用户人数变化	连接者人数变化
分工结构内部	"＋互联网"	$\partial M_{1Y}/\partial k < 0$； $\partial M_{1Y}/\partial \varepsilon < 0$	$\partial M_{1X}/\partial k < 0$； $\partial M_{1X}/\partial \varepsilon < 0$	$\partial M_R/\partial k > 0$ 和 $\partial M_R/\partial \varepsilon > 0$
	"互联网＋"	$\partial M_{2Y}/\partial k < 0$	$\partial M_{2X}/\partial k < 0$	$\partial M_{2Yr}/\partial k > 0$； $\partial M_{2Xr}/\partial k > 0$

结构性质	分工模式	内容者人数变化	用户人数变化	连接者人数变化
分工结构之间	"＋互联网"向"互联网＋"转变	$\Delta M = M_{2Xt} + M_{2Yt} - M_T$		

资料来源：根据笔者计算得到。

其次，观察表5-3，不难发现，"＋互联网"分工结构向"互联网＋"社会化协同结构的转换过程带来了劳动力资源的跨结构优化配置。比较分析式（5-41）与式（5-44）、式（5-45），可以得到 $\Delta M = M_{2Yr} + M_{2Xr} - M_R > 0$，这充分说明，随着网络社会分工结构转换和升级，越来越多的佣金型连接者转变为增值型连接者，信息化系统不断升级为由更多的增值型连接者主导的高能级生态。根据以上分析，我们提出：

命题5.3：市场交易效率和连接服务交易效率改进带来的"＋互联网"分工结构向"互联网＋"社会化协同结构演进，伴随着劳动力资源在社会分工结构内部和跨越分工结构之间的优化配置，越来越多的生产和消费性行业的劳动力向连接服务部门转移，整个社会的劳动力资源配置效率由此不断提升，连接者人数的持续增长有效支撑了"互联网＋"社会化协同结构的生发和演进。

二、"互联网＋"社会化协同的市场规模扩张效应

劳动分工与市场范围密切相关，市场范围的扩张对劳动分工的深化具有重要意义，由此经济增长的过程一般可以展开为分工程度与市场范围相互促进的过程及其结果。显然，如上述，互联网社会的发展，伴随着社会分工结构的巨变，由此将带来互联网交易市场的规模化扩张，从而反过来可以促进互联网社会分工结构的进一步深化，进而促进"互联网＋"社群生长及经济增长。如前所述，内容或货币商品从专业化生产者生产出来之后，销售给需求者，但需求者所得到的是考虑了"冰山成本"之后的有效需求量，即对于单个生产者-消费者而言，其有效需求量为市场交易效率与购买量的乘积。因此，内容或货币商品的市场总规模等于需求方人数、市场交易效率与购买量的乘积。这里我们主要研究互联网市场中的最终产品或服务的市场规模，并假定"＋互联网"与"互联网＋"两种结构中内容、货币商品的市场规模分别为 V_{1C}、V_{1M} 和 V_{2C}、V_{2M}。因此，根据式

（5-4）、式（5-9）、式（5-20）、式（5-24）、式（5-42）和式
（5-43），可以得到：

$$V_{1C} = M_{1X} y^d k = \frac{\varphi(1-q) P_X k M}{(2+H) P_Y} \tag{5-46}$$

$$V_{1M} = M_{1Y} x^d k = \frac{\varphi(1-n) P_Y k M}{3(2+H) P_X} \tag{5-47}$$

$$V_{2C} = M_{2X} y_r^d k = \frac{EF\varphi(1-q) P_X k M}{[4EF+k(E+F)](1+\tau) P_Y} \tag{5-48}$$

$$V_{2M} = M_{2Y} x_r^d k = \frac{EF\varphi(1-n) P_Y k M}{[4EF+k(E+F)](1+\eta) P_X} \tag{5-49}$$

首先考察"＋互联网"分工模式向"互联网＋"社会化协同结构演
进对内容市场规模的影响效应。显然比较式（5-46）与式（5-48）的
相对大小，容易得到 $V_{2C} > V_{1C}$，这说明随着分工结构由"互联网"局部连
接向"互联网＋"的社会化协同型连接结构演进，互联网市场中的内容市
场规模不断上升。内容市场规模的扩张，这显然有利于促进"斯密"以上
的内容者专业化分工水平的深化，从而促进内容者的生产率提升和生产者
剩余的提高，进而有利于降低用户购买和消费内容的成本，扩大消费者剩
余。其次，比较分析"＋互联网"分工结构向"互联网＋"分工结构演
进带来的货币商品市场规模变化情况，即由式（5-47）和式（5-49），
也可容易得到存在 $V_{2M} > V_{1M}$，这充分说明，随着卷入到更为复杂的互联网
交易结构中，"互联网＋"的生态系统使内容者获得了更为强大的货币增
值能力，内容者的人均获利水平不断提高。这是因为，如前所述，随着
"＋互联网"分工模式向"互联网＋"分工模式的升级，内容者的人数是
趋于下降的，越来越少的内容者能够获得越来越多的货币商品，这足以说
明人均内容者的利润水平是趋于上升的。当然，隐藏在背后的内在机制无
疑是前述的内容者生产效率提升。为此，我们提出：

命题 5.4："＋互联网"的局部连接模式向"互联网＋"社
会化协同模式的演进，带来了内容和货币商品市场规模的扩张，
由此进一步支撑了内容者生产率和获利水平的持续提升，从而有
利于降低内容的销售价格，进而促进用户的消费者剩余扩张。

三、"互联网＋"社会化协同的人均收入水平提升效应

经济高质量发展不仅包括了经济增长速度的提高，更重要的是在于促
进人均收入水平的上升，由此改善人们的生活水平和幸福感。前文已经论

证了当市场交易效率和连接服务的交易效率充分改进后，随着"＋互联网"分工模式向"互联网＋"社会化分工模式升级，分工结构的均衡效用水平会不断提高（$U^2 > U^1$），由此代表了人均真实效用水平或收入水平的提升（杨小凯，2003），这是跨越分工结构的人均收入提升效应。此外，通过观察分析式（5-68），不难得到，$\partial U^2/\partial k > 0$、$\partial U^2/\partial \theta > 0$、$\partial U^2/\partial n > 0$和$\partial U^2/\partial q > 0$。因此，首先在其他条件保持不变的情况下，随着交易制度和交易技术改进带来的市场交易效率k不断提高，经济社会中的人均收入水平将得到显著提高，从而使得互联网交易系统中的分工主体获得了互联网社会化大连接的红利。此外，不难发现，随着现代社会电子货币生产技术或电子化货币流通手段的进步，用户的货币商品生产效率θ由此可以不断提高，从而也有利于"互联网＋"社会化协同系统中人均收入水平的显著上升。最后，从内容者和用户的学习成本来看，显然随着互联网社会化协同技术、社群结构的升级以及云计算、人工智能技术、大数据技术等的进步，内容者和用户建立在累积生产之上的学习成本必将趋于下降，从而对"互联网＋"社会化协同结构的人均收入水平产生促进效应。根据以上分析，我们提出：

命题5.5："＋互联网"局部连接模式向"互联网＋"的社会化协同结构升级，不仅具有结构间的人均收入提升效应，而且随着社会化协同生态和交易技术的发展，"互联网＋"社会化协同结构内部也呈现出人均收入水平不断提升的趋势。

第四节 描述性单案例分析

上述理论框架和超边际模型对"＋互联网"局部连接结构向"互联网＋"社会化协同结构转变的过程进行了细致和系统的分析，当然这不能停留在精巧模型或抽象的文本上，必须经过现实经验的验证。因此，这一部分我们将以苏宁易购为案例研究进行单案例挖掘分析，以对本书的理论框架进行验证。

一、理论依据

（一）"互联网＋"社会化协同的分工结构演进效应

斯密与杨小凯的劳动分工理论揭示了分工结构的演进是经济发展不可

或缺的动力，其中社会交易效率的充分改进是社会分工结构升级的必要条件。"互联网＋"时代，信息技术的发展不断变革劳动分工结构，社会分工朝着更合理、高效的方向发展并催生出新的经济模式或者结构，形成新职业、新经济主体，最终推动劳动分工结构的彻底的变迁与升级。但劳动分工结构变迁不但需要具备"互联网＋"这一技术条件，还需交易条件的改进，如制度政策的优化、基础设施的改进以及消费习惯的转变所带动的交易效率的改进。"互联网＋"社会化协同效应主要影响新兴产业、传统产业以及社群跨界的分工结构演进。

（二）"互联网＋"社会化协同的经济高质量发展和社会福利促进效应

互联网这一信息技术的发展连同交易条件的改善促进交易效率提升，在此基础上的社会分工也不断完善，并推动社会经济组织不断向更为高级的结构跃迁。而经济组织的跃迁最终表现为经济发展速度或者质量的提升以及人民经济生活水平的提高。在"＋互联网"到"互联网＋"的演进阶段中，经济发展的质量以及社会福利水平也存在显著差别。"互联网＋"时期，互联网的迅猛发展对传统农业、工业化社会带来了猛烈的冲击，随之而来的是依托于数字经济的新的社会文明形态，在这数字经济文明初级阶段，劳动力不断向信息化部门转移，交易成本不断降低、生产要素利用效率提高、市场规模扩张，整体上提高了劳动者的收入水平。随着互联网技术逐渐向智能化方向发展，"＋互联网"时代也逐渐向"互联网＋"时代演进。"互联网＋"是数字经济文明的中高级阶段，在这一阶段，生产要素的配置效率以及生产效率进一步提高，无边界互联网社群规模愈来愈大，经济的智能化、智慧化水平更高，人均收入也有了极大的提升。另外，"互联网＋"社会协同促进经济高质量的发展与社会福利提升还需一定的条件，即数字经济国家发展战略、创新者素质和成长环境以及市场规模，只有信息智能化发展与这些条件相辅相成、互相促进，"互联网＋"才能真正赋能社会发展。

二、研究设计与案例介绍

（一）研究方法及案例选择

本书采用单案例研究方法，相对于多案例研究，单案例研究更适合对随时间变化而变化的发生、演化机制进行"深描"。在本案例中，通过分析"＋互联网"到"互联网＋"阶段，苏宁是如何实现分工结构演进的结构变迁以及"互联网＋"社会协同化效应如何推动苏宁易购实现自身发展,即对两个或多个不同时点上的同一案例进行研究,从而解释案例随时间的演进过程,因而适合进行纵向案例研究(Yin,2009)。在研究对象的选择过程中考虑了以下两个因素:第一,研究对象需是经历"＋互联网"到"互联网＋"的阶段并相对成功的实现分工演进。只有顺利通过这一阶段的分工演进的结构变化才能在"互联网＋"的社会化协同效应下进一步实现自身的成长并带动相关利益者的成长。第二,研究对象在"互联网＋"社会化协同效应下进行跨界融合,形成无边界社群型连接系统。上述两个因素是本书选择苏宁作为研究对象的主要原因。

(二)资料来源

本书遵循案例相关信息搜寻的原则,在方法上选择"三角互证"法(Yin,2009),即使用多种渠道收集资料,并且各种不同的资料之间相互印证,从而提高研究结果或结论的可信度,使结果更具说服力和解释力。本书案例研究的数据收集的来源主要有:一是通过苏宁官网的公开信息;二是通过研究相关文献,获取丰富且较完整的二手资料;三是参与式观察法。为此,本书课题组于2020年5月对苏宁易购集团公司及苏宁云商等子品牌企业进行实地调查,通过实地深度访谈等方式获取相关资料。并对获取的资料进行归纳整合建立案例资料库并形成证据链,保证资料的完整可信。

(三)案例介绍

苏宁的互联网化可以2014年为界划分为前后相继的"＋互联网"与"互联网＋"两个阶段。苏宁成立于1990年12月,初始业务主要是线下家电零售业,随着互联网信息技术的蓬勃发展,苏宁积极转型,2009年开始苏宁通过建设和发展苏宁易购线上交易平台、线下商品、运营服务的在线化等推进信息化的初级形态——"＋互联网"。在这一初始发展阶段,苏宁陆续开发PC端和移动端,并且经由PPTV技术而连接到TV端口,并通过创新商业模式和建立新的商业化场景来覆盖了商品的全生命周期,从而在渠道建设、商品营销、服务扩张等方面实现"＋互联网",进而最终构建形成了初步在线化的网络化用户交互场景。在这一阶段苏宁作为价值分配型连接者提供在线化产品展示、促进销售等初级服务。

从2014年开始,苏宁开始进入到"互联网＋"的高级发展阶段。具体而言,此时的苏宁嫁接互联网虚拟技术、情景匹配技术及虚拟化的穿戴技术,借助高级的互联网嵌入技术来改造、嫁接和重塑线下与线上的虚实网络交互型空间和场景,由此建立了集合金融生态、物流生态和数字化生态的等社群共享系统和苏宁云商分销系统，从而有利于实现人机、人与商品等的多层次互动交互，进而构建形成了融合场景互联、移动支付、社交服务等多种业态的线上线下多元交互体系，最终完成互联网＋渠道、＋商品、＋服务的"互联网＋"社会化协同生态。在此阶段，苏宁也逐步演变为增值型连接者，利用发达互联网社群提供市场搜寻服务。

三、案例分析与发现

（一）"互联网＋"社会化协同效应

苏宁在 2014 年以后，不断以互联网技术增强线上线下协同效应，构建全价值链互联网，入局短视频电商，打造沉浸式购物场景，此时用户主动连接并参与到市场搜寻环节，内容者无须耗费大量时间或者货币寻找用户，用户自生成内容成为内容者。以内容生产矩阵的架构构建多元营销场景，增加用户黏性，开启以体验为中心的场景互联时代。2017 年，苏宁提出了"智慧零售"的概念，运用互联网、物联网技术提升消费者购物体验；同时为抢占线下零售市场，苏宁通过租、建、并、购、联等方式扩张线下门店覆盖范围，将供应链、智慧物流、金融理财、社区生活服务等全方位覆盖，吸附用户并具有较强的黏性。此时苏宁通过自己打造的全价值链，依托互联网技术将所有的市场连接起来，苏宁在其中不仅充当了连接者的作用，还是新价值创造者，市场发现者和分配者。而用户在苏宁打造的连接一切的跨界社群中通过云平台集聚分销系统中不仅仅扮演着用户的角色，而是同内容者、连接者一同主动发现、创造和粘连社群型市场。

（二）"＋互联网"到"互联网＋"的结构演进机制

苏宁在"互联网＋"的过程中，一方面进行门店扩张，2019 年门店数量 8815 家，10 年来增长近十倍，2020 年零售云业务保持快速增长，全年新开门店 3201 家；另一方面利用智慧零售场景塑造能力对门店进行数字化改造，建立自己的立体物流配送体系，在此基础上提升物流等外部市场交易效率和自身提供连接者服务的交易效率，伴随外部交易环境和流通制度的改善，苏宁开始依靠自身建立的互联网社群成为市场搜寻服务和用户自生成市场的价值创造者，一些交易效率较低的且学习成本较高的内容者开始在苏宁的互联网平台上入驻搜寻市场，进一步促进增值型生态化连接者的聚集，此时经济社会的信息化水平得以提高，"互联网＋"取代相对初级的"＋互联网"模式。越来越多的内容者依靠苏宁全价值链互联网平台搜寻和开拓市场，促进了苏宁"互联网＋"社群的出现。由于互联网社群是由像苏宁这样的价值创造型连接者主导的经济模式，且"互联网＋"时代需要更多的连接者，同时比例更大生产者和消费者向连接服务部门转移。在现实中也是如此，苏宁通过人员扩张发展线上电子商务平台与线下实体店业务，越来越多的劳动力转向提供连接服务的部门，劳动力资源配置不断优化。

（三）"互联网＋"社会化协同促进经济发展和社会福利提升

苏宁在"互联网＋"时代打造供应链互联网、物流社会化和互联网金融的全价值链互联网，苏宁构造的互联网社群中的产品种类和数量愈来愈多，产品的规模效应日渐凸显，消费者剩余处于不断扩张的趋势。同时产品的市场容量不断扩张，即使内容者数量不断下降，但产品仍能满足消费者的需求，内容者的生产效率不断提高。此外，苏宁通过基于大数据的线上线下一体化建设，形成苏宁智慧零售生态，其发展进入快速发展的高铁时代。基于"互联网＋"的无边界互联网社群，不仅内容者提高了生产效率，连接者也可获得更大的收益。据《2018 年苏宁易购财务状况报告》统计，2018 年苏宁实现营业收入为 2453 亿元，同比增加 30.53%，苏宁线上平台交易额达 2083.54 亿元，同比增长 64.45%。《2020 年苏宁易购财务状况报告》则显示，2020 年苏宁易购实现商品销售规模 4163.15 亿元，线上销售规模占比近 70%，其中苏宁云网万店平台商品销售规模同比增长 33.61%，自营商品销售规模同比增长 45.28%。因此，经历了整体业务的互联网改造和升级，苏宁基本形成了"互联网＋"零售的生态体系，苏宁云商的零售业务呈现迅猛发展的态势，由此以"电商＋店商＋零售服务商"为核心的 O2O 云商模式在我国的零售行业不断得到应用和推广。由此可见，"互联网＋"社会化协同生态中的内容者学习成本下降带来了内容者生产效率的提高，而市场交易制度以及信息化技术的发展带来了人均收入和生活水平的提升。

第五节　本章小结

过去的二三十年是人类社会分工和交易结构发生重大变化的时期，互联网技术对经济社会正在并将继续带来深刻影响，世界各国正在呈现出从"＋互联网"向"互联网＋"的信息化发展趋势演进。本章运用新兴古典经济理论框架下的超边际原理及其分析方法，系统地研究了"＋互联网"

的局部连接结构向"互联网＋"的社会化协同结构升级的内在机制，构建两种分工结构转换的超边际分析模型，并用纵向单案例挖掘分析技术检验本章研究的理论结论和研究命题。本章研究发现，"＋互联网"的社会分工模式和"互联网＋"的社会分工组织模式，这两种经济组织模式的区别首先在于连接方式，前者是内容提供者、互联网用户与网络交互平台间的局部线性连接和交互，而后者是不同分工主体在互联网社群连接一切机制支配下的无边界社群化连接；"＋互联网"形成了建立在双边市场平台之上的网络效应，而"互联网＋"社会化协同结构是一种多边平台治理生态，其对经济社会的影响主要体现为协同效应；此外，从分工主体和角色来看，在"＋互联网"的单向局部连接中，内容者是一个互联网市场客户的自我搜寻者，互联网平台只是一个承担供求信息匹配的佣金型连接者，由此用户也是一个被动消费者。然而，"互联网＋"的社会化协同机制使得内容者成为互联网市场的社会化协同型粘连者，多向连接的互联网平台生态逐渐成为增值型连接者，用户在此过程中升级为内容的生成者。本章发现，随着交易效率的充分提高，"互联网＋"的社会化协同型分工结构才会取代"＋互联网"的局部分工模式；无论是在"＋互联网"阶段，还是在信息化高级发展阶段的"互联网＋"分工结构中，市场交易效率、互联网平台连接者的生产率及学习成本对连接者的生发和数量增长都具有重要影响，而内容者、用户的学习成本及内容者生产效率对增值型连接的生发和数量增长分别具有负向效应和正向效应，从而对"互联网＋"的分工结构的形成产生激励效应；"＋互联网"分工结构向"互联网＋"社会化协同结构的转换和升级具有显著的跨结构、结构内劳动力资源优化配置、人均收入水平提升效应，同时有效地支撑了互联网市场规模及内容者、用户等分工主体的经济剩余扩张。本章不仅对"互联网＋"社会化协同效应提供了新的理论解释框架，而且对于政府、产业界合力促进"互联网＋"社会化协同效应的发挥具有一定的实践启示。

第六章 "互联网+"社会化
协同与共享经济

　　进入 21 世纪的第二个十年，包括中国在内的世界各国的资源利用模式发生了并将继续发生深刻变化，闲置资源的利用正在走向所有权与使用权有效分离的模式升级，基于互联网共享平台的共享经济发展十分迅猛。例如，近年来，中国的交通出行、房屋出租、知识技能、生活服务等领域出现了不同形式的共享经济模式，一批诸如滴滴网约车、共享单车、知乎、在线短租等共享经济的业务模式应运而生，对经济社会的就业方式、资源利用效率等产生了重要影响。例如，根据《中国共享经济发展报告（2021）》测算，2020 年中国共享经济交易额高达 33773 亿元，全年参与共享经济活动的人数超过 8.3 亿人，其中 8400 万人为共享服务的提供者，同比增长约 7.7%，各类平台上的企业工作人员数约 631 万人，越来越多的经济主体卷入了共享经济的大分工网络中。在一般认识中，作为一种新的商业模式，共享经济近年来越来越多地被媒体所关注和讨论。我们认为，共享经济模式的本质在于利用互联网平台生态的社会化协同机制实现对闲置资源的分散化高效使用，促进了闲置资源从所有者向使用者的效率升级。在此过程中，从资源或商品的独享、准共享、实体型共享到基于互联网平台的虚拟型共享，共享经济的生成和发展是专业化分工结构不断演进的结果，分工网络不断扩张，自给自足向局部分工乃至社会化协同网络升级。为此，本章将以共享经济发展过程中的分工结构和网络变迁为研究对象，运用超边际分析方法，并首次在超边际模型中引入社会距离参数和互联网平台连接者角色，从共享经济形成和发展的专业化分工结构化视角揭示前互联网向"互联网+"发展背景下共享经济的生成和演进机制，尤其是重点阐释"互联网+"社会化协同机制与共享经济之间的内在关系及其社会福利效应，从而一方面对共享经济研究实现超边际结构化分析视角的理论补充，另一方面也为利用超边际分析范式开展"互联网+"背景下新兴商业模式演进研究提供新的理论分析框架。

第一节 "互联网＋"社会化协同 与共享经济的分工结构演进

在互联网技术和平台发展起来之前，人类社会的资源共享行为早已存在，因此，基于互联网平台的共享经济不是凭空产生的商业模式。共享经济的形成与发展是一个由不同驱动机制推动的分工结构演进的过程及其产物。在此过程中，从独享经济模式中分离出准共享经济模式，并经历实体型共享经济模式，基于互联网基础设施的虚拟型共享模式才真正出现。

一、共享经济的发展历程及其阶段性特征

随着制度和技术条件的不断变化，不同的驱动机制就共享经济模式影响分工结构演进的效应也随之不断升级跃迁，从而带来共享经济的发展呈现显著的阶段性特征。根据闲置资源或产品进入共享结构的形态差异，以及互联网基础设施对共享模式的作用情况，本书认为，一个经济社会向共享型社会发展需要经历独享经济发展模式、准共享经济模式、实体型共享经济模式和虚拟型共享经济模式四大发展阶段，并由此呈现出明显的阶段性发展特征（如表6－1所示）。

表6－1　　　　　　共享经济的发展阶段及其特征

信息化发展阶段	发展模式	驱动机制	专业化经济程度	社会距离	平台服务	支付服务	社会福利提升效应	案例
前互联网	独享经济	自给自足、无中心、布局分散、私人化	非常低	很远	无	无	生产率低、服务化水平低、市场没有、人均收入低	农民的闲置粮食自我处理
	准共享经济	局部分工、无社群、集中化出现	提高	较远	无	自己承担	生产率提高、服务化水平较低、市场出现、人均收入上升	义乌农民"鸡毛换糖"；大学生自行搜寻家教；自家闲置房子出租

续表

信息化发展阶段	发展模式	驱动机制	专业化经济程度	社会距离	平台服务	支付服务	社会福利提升效应	案例
前互联网	实体型共享经济	分工水平上升、中心化、交易集群、关系网	更高	开始缩短	实体型平台	未专业化	生产率更高、服务化明显、市场容量和人均收入都提升	义乌"敲糖帮";银行;大学生家教中介机构;农闲妇女通过家政机构提供服务
互联网化	虚拟型共享经济	无中心化、纵向专业化、横向生态化和连接社会化	非常高与显著	越来越小	网络平台、网络化的共享平台	支付等服务	生产率和连接服务水平很高、市场容量和人均收入显著提高	网约车;在线短租;知识技能在线共享

资料来源:笔者整理。

(一)独享经济发展模式及其特征

在经济发展水平非常低下的发展阶段,经济个体囿于低效率的制度和交易技术效率,往往选择通过产品或服务的自我提供方式从事生产,相应的产品或服务没有进入市场进行交易,因此形成了与自然经济相适应的独享经济模式。在此过程中,内容者的闲置产品或服务是自己供给,并且这部分闲置内容并没有通过市场与其他主体相交换。此外,由于经济主体的自给自足,包括内容的生产、使用、消费等各环节都是自己承担,为内容交易提供服务的平台和支付服务还远没有形成,因而专业化经济程度十分低下。同时除了一般的熟人关系之外,陌生化的经济主体之间的社会交互距离很大,因此也很难形成交易关系。正是建立在此种低分工水平的基础上,独享经济对经济社会发展的影响能力显然很低,劳动生产率、经济的社会服务化水平都相当弱,内容的交易市场尚未形成,因此人均收入水平也相对较低。在现实生活中,"独享经济"与落后的经济社会发展技术和制度条件相对应,例如,交易条件相对落后的农民,尽管其有丰富的闲置粮食,但其无法实现市场化交易,因此闲置的内容只能自己使用或处理。

(二)准共享经济模式及其特征

随着需求环境、技术条件和交易环境的变化,经济系统中出现了大量的闲置产品或服务,内容者开始通过市场交换来促进闲置的产品或服务的高效使用,从而通过市场交易交换得到大量的货币。如此,对于用户而言，其也通过与内容者的交换得到这些产品或服务，因此，经济系统有了初步的局部化分工，从而提高了经济社会的专业化经济程度。与独享经济不同，此时拥有闲置产品或服务的内容者在一定程度上开始共享剩余产品或服务，因此这种闲置产品或服务的交易模式可以称之为准共享经济模式。此时，虽然内容共享者与用户之间有了初步的交易接触，有些甚至在特定的经济空间进行集中，但没有发展成为生态型的交互模式，因此，社会交互距离也较大。当然，拥有闲置产品或服务的内容者自我承担潜在交易对象的搜寻和市场开发，这里没有形成中介型共享交易平台，货币支付服务也是由内容者和用户自我承担的，交易服务中介平台和服务商没有卷入到分工体系中。随着分工水平的提高，准共享经济模式对劳动生产率的提高、交易市场容量和人均收入水平的提高都具有正向效应，经济高质量发展效应开始显现。在历史上，浙江义乌农民利用闲暇时间到外面走街串巷的"鸡毛换糖"可以视为准共享经济活动，大学生自己搜寻家教以销售自己的闲暇时间和知识技能也是一种准共享经济模式。

（三）实体型共享经济模式及其特征

当交易制度和技术水平提高之后，交易效率的充分提高使得共享经济模式中出现了为内容者与用户提供专业化市场搜寻、交易信息等服务的实体型平台，从而生发形成了实体型共享经济模式。此时，内容者只需要专业化生产和提供闲置产品或服务，用户专业化于提供货币商品，而专业化的共享平台提供高效的供求对接匹配服务。当然，此时的共享平台只是线下的实体平台，互联网交易技术尚未成为主导性的共享服务平台。当然由于网络电子化支付服务技术还不够成熟，此时的支付服务仍然是由内容者和用户交互提供的，共享系统还没有形成专业化的支付服务。需要指出的是，由于共享服务平台的集中化交易模式的形成，内容者、用户和共享平台之间的交易频率不断提升，交易服务的网络关系也逐渐更为成熟，因此信任水平不断提高，从而共享主体之间的社会交互距离有所缩短。实体型共享经济模式的生成和应用，专业化水平不断提升带来劳动生产率的大幅度提高，实体化平台服务机构的出现促进了经济社会服务能力的提升，从而也有利于扩张市场范围和提高社会收入水平。无论是在现实中，还是在历史上，"实体型共享经济"都发挥了重要作用。例如，在上述义乌"鸡毛换糖"之后，义乌出现了组织化和制度化的"敲糖帮"就是非常明显的平台中间商，它为具闲暇农民群体提供了非常有效的商业服务，从而促进了义乌商业发展（陆立军、白小虎，2003）。又如，一部分具有闲置资金的经济主体将闲置资金存到银行，银行又将这些资金通过各种方式用于增值活动，银行就是实体型共享经济中的实体型平台服务商。

（四）虚拟型共享经济模式及其特征

从前互联网发展阶段向"互联网＋"发展阶段的演进，带来了共享经济模式的重大转变，原先基于实体型共享平台的实体型共享经济模式向基于互联网社群生态的虚拟型共享经济模式升级。在此过程中，内容者与用户不再借助于效率较低的实体型线下共享平台来共享闲置的产品或服务，而是通过交易效率更高的互联网平台及其生态系统实现共享信息供求的有效对接，而且此时的支付服务也开始由诸如支付宝等更为先进的支付工具实现，支付服务也出现了专业化供应商。因此，此时的共享经济系统具有非常高的专业化经济程度，内容者和用户由此成为完全专业化的分工者。正是依靠此种互联网平台生态，各自经济主体通过互联网平台生态实现立体式连接，社会化大协同机制促进了连接系统的形成与发展，因此，这一共享经济系统中的社会交互更为频繁和高效，社会距离得以显著降低。与传统的线下模式相比，在"互联网＋"社会化大协同结构中，共享信息和交易关系的分布不再是中心化呈现的，而是通过连接实现去中心化的存在，由此经济主体之间的社会交互距离得以进一步下降。在这一完全分工的市场格局中，虚拟型共享经济使得经济主体成为完全专业化者，它们都能专业化于各自专业领域进行高效率生产，将闲置的商品、服务等以更高的效率进行共享和利用，进而使得不同部门的劳动生产率不断提高，互联网平台意义上的各类连接者数量也不断扩张，更多的闲置资源卷入市场交易，社会的资源利用效率极大提高，人均收入水平也得以提高。在当前"互联网＋"时代条件下，近几年出现的网约车经济、在线短租服务经济、知识技能在线共享等都是虚拟型共享经济的典型代表①，它们的出现和发展本身是互联网技术发展的产物，更是由交易技术和制度条件不断改变带来的分工结构演进的结果。

二、共享经济模式的驱动机制

如上所述，当信息化发展水平仍然处于前互联网发展阶段时，共享经

---

① 时下流行的"共享单车""共享汽车"等并非C2C意义上的共享经济，后者是一种千千万万个拥有闲置资源所有权的内容者向众多用户分享闲置资源使用权的"多对多"共享模式，而"共享单车"等"共享产品"并不来自于"闲置"，它们的所有权归属互联网平台企业，平台企业将自有资产的使用权让渡给用户，因而是一种单一所有权主体向众多用户共享资产使用权的"一对多"B2C分时租赁模式。后面还将对两者及C2B、B2B共享模式进行比较分析。

济的主要形态为从独享经济与准共享经济分离出来的实体型共享经济，而当信息化进入以"互联网＋"为核心技术驱动的阶段后，虚拟型共享经济应运而生。在这一发展历程中，不同的信息化发展形态对共享经济的形成和发展发挥了不一样的驱动效应，共享经济的驱动机制具有阶段化特征。

（一）前互联网阶段驱动共享经济形成和发展的机制

如表6－1所示，当经济社会处于农业社会和工业社会的发展阶段，互联网平台基础上的虚拟型共享经济还没有形成，独享经济、准共享经济和实体型共享经济模式是这一阶段闲置资源的主要利用方式，这三种闲置资源的利用模式也具有差异化的驱动机制。

（1）独享经济模式的驱动机制。此时由于共享交易的技术相对落后，即使形成了比较丰富的闲置产品或资源，内容者也没有什么渠道将这些闲置资源向市场出售，从而全部保留给自用。在此意义上，数量众多的闲置资源拥有者分散在经济社会的各个经济空间，内容的生产尚未形成中心化的集聚机制，这些没有形成交易关系的内容者主要根据熟人社会的特征发展起私人化关系，自给自足完全可以支撑独享经济的长期发展。

（2）准共享经济模式的驱动机制。随着交易效率的不断提高，一部分闲置资源的拥有者（内容者）开始将部分的闲置产品或服务推向共享式的交易市场，从而出现了部分专业化的内容者和用户，进而生发形成了准共享经济模式。不过，在此过程中，内容者与用户之间没有共享信息的匹配者或中介平台，内容者或用户需要通过自身的互动实现信息匹配，因此内容者与用户之间的共享交易更多的是一种双向型的直接共享，相互之间的互动并未形成交易社群，用户与内容者的交易关系往往具有一定的偶然性，双方的共享交易没有形成集中交易的特点。因此，此时内容者与用户之间的直接交易需求和闲置资源供给驱动双方进行闲置产品或服务的准共享式交易，直接的供求匹配驱动准共享经济形成与发展。

（3）实体型共享经济模式的驱动机制。如前所述，从准共享经济模式向实体型共享经济模式演进的过程，最为核心的区别在于产生了专业化提供共享信息对接服务的实体型共享平台或中介，它们在内容者与用户之间高效地匹配闲置资源供求信息，从而促进了专业化分工水平的提升。正是由于内容者与用户需要依托中介平台进行共享交易，这就特别需要实体型中介在特定的经济空间内实现集聚，由此可以降低内容者与用户的信息匹配成本，从而出现了中心化交易机制和模式，进而促进了闲置产品或服务交易的中介关系网络和集群。当然此时的交易集群和网络仍然主要是借助于熟人社会之间的社会网络或者诸如电话等低水平的通信设施。因此，建立在更高专业化分工网络基础上的实体型共享平台驱动闲置产品或服务的直接交易模式向迂回型共享模式升级，实体型共享经济模式不断生发和演进。

（二）"互联网＋"的社会化协同机制与虚拟型共享经济模式

当互联网技术不断发展并日益成熟之后，"＋互联网"向"互联网＋"的演进力量驱动经济社会从前互联网社会向互联网化社会升级，闲置产品或服务也由此正被以互联网平台为核心的社会化大协同生态卷入更为高级的完全专业化分工体系，纵向专业化、横向生态化、连接社会化和无中心化等四大机制驱动虚拟型共享经济模式不断形成和快速发展。

（1）"互联网＋"的纵向专业化与虚拟型共享经济。随着"互联网＋共享"的出现，分工系统不再局限于简单的生产者、消费者和中间商，而是出现了依托互联网技术的内容者、用户与连接者。在这一共享经济系统中，用户对产品或服务的个性化需求成为一种常规市场需求，用户只需专业化于生产和供给更多的货币收入，从而使其具备强大的购买力。同时，闲置产品或服务的供应方（内容者）必须密切关注、紧跟用户的个性化需求，不断提高产品或服务的专业化水平，从而通过内容者自身的纵向专业化实现产品或服务提供的即时化、定制化和弹性化，由此内容者的专业化经济程度不断升级。此外，对于连接者，它主要将专业化的连接服务提供给内容者与用户，乃至随着互联网系统的不断完善，原先需要内容者自我承担的市场搜寻等服务开始由互联网意义上的连接者承担，内容者成为"互联网＋"社会化协同大协同市场中的高能级"粘连者"，由此内容者可专业化于其产品或服务的提供。总而言之，随着互联网驱动的虚拟型共享模式的形成，无论是内容者、用户还是连接者，它们的纵向专业化需求也更为显性化和强化，相应的闲置产品或服务、连接服务与用户的专业化能力由此也日益增强。

（2）"互联网＋"的横向生态化与虚拟型共享经济。在共享经济发展的早期阶段，内容者要么将产品或服务的所有权与使用权进行一体化安排，要么将产品或服务进行有限的交易或者通过中间商进行委托交易。然而，随着互联网平台支撑下的共享经济模式的形成，内容者与用户之间不再是简单的线性的单向有限交易关系，在"连接一切"机制的驱动下，内容者通过互联网平台这一高能级连接者实现与互联网化的用户、其他连接者构建形成了互联网社群（高超民，2015）。与此同时，互联网平台也通过更为多层的连接机制实现与其他不同的内容者、用户产生价值型连接，用户也依托连接者实现与闲置产品、服务或货币资源的多向连接。在此意义上，连接者、内容者与互联网化的用户的关系价值连接形成了一个去中心化的无边界连接生态，网络价值通过不同界面的连接实现增长，横向的无边界竞争、合作与融合成为虚拟型共享经济的核心驱动机制。例如，目前很多电子支付商都与某些共享经济平台开展网络连接，闲置资源所有者及消费者都可以通过这些中介服务商实现支付连接，从而形成共创型的虚拟共享网络。在横向连接生态中，借助于共享平台形成的连接机制和渠道，频繁地交互与连接促进了相互之间的信任，由此进一步促进共享行为的发生。同时，互联网连接技术的进一步发展也有利于促进连接的及时性生发，从而有利于降低共享成本。

（3）"互联网＋"的连接社会化与虚拟型共享经济。在共享经济尚未形成的时候，闲置产品和服务的唯一所有者和使用者本来只是内容者，用户只有通过让渡货币才能拥有闲置产品或服务的所有权，并进而具有使用权。但是随着共享经济的发展，分享者由闲置资源的所有者转变为转让闲置资源使用权的分享者，闲置资源从分享者的私人化占有关系变为了由包括内容在内的社会化主体共同使用的共享结构，由此有效提升了闲置资源的利用效率。由此，随着共享效率的提高，内容者和用户都从中获得了更多的收益，这对让更多的闲置产品或服务进入共享关系网络有了更大的利益激励，社会专业化分工水平也因而得以提升。与此同时，随着共享经济的快速发展，社会结构和形态也在发生变化，原先局限在熟悉人之间的资源交换不断转变为陌生人之间的交互，社会结构的陌生化色彩更为浓烈。例如，在网络预约车领域，大量的私家车从原来的熟人使用领域向陌生的交互主体之间使用转变，私家车本来是用于自家人的私域空间，但是随着网络分享平台的发展，大量的私家车转变为可以供分享的共享型资源，由此，交易的范围和方式都已经发生了变化。此外，随着共享资源价值的提升，越来越多的分享者开始进入分享网络，共享经济的规模和层次都在显著提升，陌生人构成的交易网络分工结构和水平不断优化。

（4）"互联网＋"的无中心化与虚拟型共享经济。在传统经济发展阶段，不同的经济社会或组织中，一般都会形成特定的生产中心、信息中心或交易中心，中心化或集中化是经济社会的常态。随着互联网技术等新兴技术的发展和商业化应用，纯粹的中心化组织不再拥有持续优势，去中心化成为数据、信息更为有效的分布方式（计海庆、成素梅，2016）。在"一切都可共享"的思维作用下，经济中心不再是固定的几个经济组织，规模化的闲置产品或服务拥有者不再是唯一的中心化组织，用户广泛地分散在"互联网＋"的社会化大协同生态中。与此同时，连接者的万物互联、移动互联网机制使得内容者、用户也不再是唯一的信息或数据中心，内容者或互联网化的用户随时都有可能实现连接，并由此形成新的内容者和用户。例如，对于近期发展非常迅速的知乎等知识共享平台来说，知识技能富余者、知识共享平台和用户等都是"知识技能"共享商业系统中不可偏废的核心主体，只有各方的协同多向连接才能塑造出真正高效的知识共享系统。表面上看，诸如知乎等互联网平台因为汇聚了订单、数据等关键要素而具备一定的中心化组织特征。然而，此时的互联网平台更多的是发挥连接者价值分配、创造的功能，没有内容者、用户的连接，互联网平台也许仅仅是物理意义上的技术装置，"内容共享""数据分散式分布"使共享经济模式成为"去中心化"的社群。也正因此，去中心化的组织特征使每个交易主体都能最便捷地共享利用相关数据，内容者、连接者与用户之间的社会交互距离不断下降，虚拟型共享经济的市场容量和范围也由此得以不断扩张。

三、共享经济模式的专业化分工结构演进

前已述及，伴随共享经济发展阶段的转变，经济系统内部的专业化分工结构先后从自给自足（结构 O）、局部分工 Ⅰ（结构 N）、局部分工 Ⅱ（结构 P）向最后阶段的完全分工（结构 E）演进，如图 6 – 1 至图 6 – 4 所示。

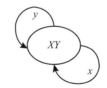

图 6 – 1　独享经济分工结构（O）

资料来源：笔者分析绘制。

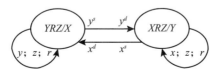

图 6 – 2　准共享经济分工结构（N）

资料来源：笔者分析绘制。

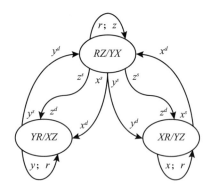

图 6 - 3　实体型共享经济分工结构（P）

资料来源：笔者分析绘制。

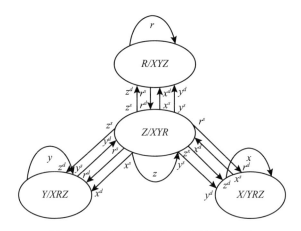

图 6 - 4　虚拟型共享经济分工结构（E）

资料来源：笔者分析绘制。

如图 6 - 1 所示，当交易效率还十分低下时，闲置产品或服务的市场还没有形成，因此此时的内容者是一个自给自足的生产者 - 消费者，由此包括支付服务、平台服务的服务市场更没有形成。内容者将所有的闲置资源 Y 都留给自己，以用于未来之需，相应的使用量为 y。此外，它也将数量为 y 的货币商品 Y 全部留给自己。因此独享经济模式形成了自给自足的经济结构 O。

随着人类社会交易技术的进步，交易效率有所提高之后，闲置资源的拥有者（内容者 YRZ/X）开始将一部分闲置产品或服务（y^s）用于市场交换，从用户交换 x^d 的货币商品 X。当然用户从闲置资源市场上通过支付 x^s 的货币从分享者得到数量为 y^d 的闲置产品或服务。然而此时包括市场供求信息的匹配服务，还是货币支付服务等没有形成专业化的市场，因此这些服务 R 和 Z 都需要内容者和用户自我承担，由此，内容者与用户构成了准共享经济模式下的局部分工结构 N。不过此时，闲置资源所有者需要自己投入一定数量的资源来自我搜索潜在客户，当然包括支付、物流服务等在内的交易服务也都需自我承担。所以，在此分工结构中，尽管出现了局部的共享行为，但此时还未出现更为专业化的共享服务主体，共享经济尚处于"准共享经济"阶段。

新兴古典经济学认为，经济社会的发展从本质上来看，是由于交易效率从低到高的变化内生引起的，而后者来源于经济社会的技术和制度交易制度或环境的变化。对应于此种变化过程，经济社会的共享模式开始由图 6 - 2 的准共享经济模式向图 6 - 3 的实体型共享经济模式及分工结构演进。在图 6 - 3 中，与"准共享经济"阶段不一样，此时经济系统出现了更多的专业化经济个体，即实体型平台服务商 RZ/XY 在此时也出现了，它的主要功能在于为共享系统中的分享者和消费者的交互式共享行为提供中介匹配服务。因此，此时内容者将不再自己承担对潜在市场用户的搜寻，而用户也不需要花费很大的成本去搜寻潜在的共享产品或服务提供者，实体型服务平台可以帮助用户购买到相应的产品或服务。如图 6 - 3 所示，此时的分工结构 P 与准共享经济的分工结构 N 相比，市场中出现了另一个分工主体，即诸如现实中的银行、家政服务企业等为闲置资源的拥有者与用户提供供求匹配和交易对接，它们是前互联网发展阶段的实体型共享平台。在此过程中，实体型共享中介平台向用户出售一定数量（r^s）的平台匹配和交易服务，并从内容者 YR/XZ 组织购进一定数量（y^d）的闲置资源 Y，然后在平台服务的组织下将数量为 y^s 的闲置产品或服务出售给用户（XR/YZ）。与此同时，当交换得到一定数量的闲置产品或服务后，用户需要将货币商品 $X(x^s)$ 支付给其他分工主体。只不过此时的支付服务仍然是由三个分工主体自行承担和实现的。例如，对于向市场用户提供共享产品或服务的内容者 YR/XZ 而言，其除了专业化提供闲置的产品或服务外，与市场交换相关的货币支付等各类服务 R 也是由内容者自我承担和供给的，相应的数量为 r。总而言之，在图 6 - 3 所示的局部分工结构 P 中，共享系统由于出现了专业化的供求信息匹配服务平台，所以，共享交易效率也由此得到了很大提高。然而，此时的平台服务机构是线下主体，其服务的范围和市场规模相对有限，由此此时的共享经济模式是一种建立在实体型共享平台基础上的"实体型共享经济模式"。

随着互联网技术的出现和发展，经济社会由前互联网阶段向互联网化的发展阶段演进，"互联网＋"对闲置资源的利用模式创新产生了重大影响。在这一过程中，经济社会的共享模式逐渐由实体型共享平台主导向基于互联网平台生态的虚拟型共享模式主导转变。如图6-4所示，随着互联网技术、信息技术和互联网交易制度等的不断升级，建立在实体型中介平台基础上的"实体型共享经济"分工结构向建立在互联网社群基础上的"虚拟型共享经济"结构 E 转变。与图6-3的"实体型共享经济"分工结构相比，"虚拟型共享经济"的完全分工结构具有两个关键区别。首先，分工结构 E 中的平台服务商不再是实体型，而是具有"连接一切"功能的互联网平台及其身体系统，平台服务商不是有形的线下主体，而是线上化的虚拟化交易空间，万物连接的机制促进了共享效率的提升；其次，内容者与用户之间的货币支付不再是自我提供的非专业化服务，而是形成了完全专业化的网络化支付服务，这些服务专门由诸如支付宝、财付通等专业化支付服务商（R/XYZ）组织和提供，支付服务的效率也由此得以显著提升。因此，内容者、用户与平台服务商发展成为完全专业化的生产者－消费者。例如，拥有闲置资源的内容者 Y/XRZ 只完全专业化于提供并向用户出售数量为 y^d 的闲置资源 Y，当然内容者所关心的货币商品则主要通过网络化的电子支付服务商获得，因此它需要从支付服务商购买数量为 r^d 的支付服务，从而有利于提供共享经济系统的货币支付效率、安全性。当然，作为生产者－消费者，专业化支付服务商也需要满足自身的效用，因此它需从共享市场购买一定数量（y^d）的闲置产品或服务以满足自身的消费，最后提供支付服务换得名义数量为 x^d 的货币商品。此外，内容者为了更高效率的实现闲置产品或服务的共享，它需要从互联网平台服务商购买 z^d 的供求信息匹配服务，并最终获得名义数量为 x^d 的货币商品 X。当然，内容者向用户出售闲置产品或服务是通过具有"连接一切"功能的互联网虚拟平台实现的，后者主要为内容者、用户提供高效率的共享市场信息匹配和市场发现服务，由此它需要向市场出售的是平台连接服务 Z，数量为 z^s。最后，闲置产品或服务终将被用户所获得和消费，因此，在互联网平台服务、电子化支付服务的作用下，数量为 y^d 的闲置资源由用户获得并消费。显然，"互联网＋"时代下的"虚拟型共享经济"模式是能使闲置资源得到更快速高效共享的社群型系统，内容者、用户、虚拟化平台与支付服务商等也都能以更大的经济剩余获得分工收益，从而能为共享经济的发展提供更为持久的驱动力。

第二节 共享经济的社会化协同
结构转换条件：模型分析

如前所述，闲置资源的利用方式的变迁伴随着社会分工结构及体系的演进，不同的共享经济模式在驱动机制、分工结构等方面存在差异，一种分工结构向另一种分工结构的演进升级显然需要具备一定的经济社会条件。本节我们将通过构造一个新兴古典经济学超边际分析模型，对共享经济模式实现阶段性转换的条件及内在机理进行比较静态均衡分析。

一、假设与基本模型

（一）模型假设

首先在一个闲置资源交易（独享或共享）系统中，假设存在 Q 个生产者－消费者，它们在不同的分工结构中由内容者、用户、连接者和服务商等构成。所有的生产者－消费者既是产品或服务的提供者，也是最终产品或服务（闲置资源）的消费者。这里我们假定内容产品或服务 Y、货币商品 X 和支付服务 R 是经济个体的最终产品和服务，它们进入经济个体的效用函数，因此经济个体是一个多样化产品或服务的需求者。与此同时，互联网平台连接服务 Z 则是有利于闲置产品或服务实现交易的交易服务，它闲置资源交易市场的交易效率系数为 λ 共同对交易所得产生综合影响。例如，如果用户从内容者购买数量为 y^d 的闲置最终产品或服务，那么经过市场交易过程，用户最终得到的闲置产品或服务为 $\lambda(z+z^d)$，这里的 z 和 z^d 分别为互联网生态中的连接服务供给量与购买量，它们对市场综合效率的提高具有正向作用。此外，我们假设随着分工结构的演进和专业化水平的变迁，专业化生产中将出现专业化经济现象，我们假设在一定的经济社会技术发展条件下，闲置产品或服务（内容）、货币商品、支付服务和平台连接服务生产中的专业化经济程度都为 b。

此外，在专业化生产过程中，分工主体用于不同分工环节上的时间份额可以表征专业化程度，即用 L_Y、L_X、L_R 和 L_Z 分别代表闲置产品或服务（内容）、货币商品、支付服务和连接服务的劳动时间份额，由此刻画四种产品在生产中的专业化水平。当然，如前所述，不同的闲置资源共享模式下，经济个体是在不同的社会交互距离下开展交易，为此假设社会距离参

数为 $\delta(0 \leqslant \delta \leqslant 1)$，它对市场交易效率具有反向影响。

（二）基本模型

在前述假设基础上，经济个体在最大化效用原则的指导下，卷入不同的分工结构，实现闲置产品或服务的交易，为此，构造如下个体决策问题：

$$\max \quad TU = \left\{ \left[y + \lambda(z + z^d) y^d \right] \left[x + \lambda(z + z^d) x^d \right] \left[r + \lambda(z + z^d) r^d \right] \right\}^{1/3}$$

$$\text{s. t.} \quad y + y^s = L_Y^b$$

$$x + x^s = L_X^b$$

$$r + r^s = L_R^b$$

$$z + z^s = L_Z^b$$

$$L_Y + L_X + L_R + L_Z = 1$$

$$\lambda = 1 - \delta \sqrt{M}$$

$$p_Y(y^s - y^d) + p_X(x^s - x^d) + p_R(r^s - r^d) + p_Z(z^s - z^d) = 0 \quad (6-1)$$

在式（6-1）中，第一个分式表示经济个体的最大化效用由内容、货币商品和支付服务等三种最终产品或服务决定，经济个体是一个多样化产品或服务的偏好者。具体而言，经济个体的效用函数是一个典型的 C-D 函数，其效用的大小取决于三种最终产品的自我消费量或市场购买量，但市场购买量并不是全部都对效用水平有贡献。例如，对于闲置产品或服务（内容）来说，经济个体要么留给自己消费 y，要么从市场购买 y^d，但是后者需要付出一定程度的冰山成本 $[1 - \lambda(z + z^d)]$，因此经济个体最终可以消费的有效消费量为 $\lambda(z + z^d) y^d$。其他两种最终产品也是据此进入效用函数。

此外，经济个体的最大化效用 TU 是受到一定的约束条件约束的，式（6-1）中的第二至第五个分式刻画了闲置资源系统的生产约束。显然，每一种产品或服务的产出量都受到专业化水平 L_Y 或 L_X 或 L_R 或 L_Z 和专业化经济程度 b 的约束，专业化水平和专业化经济程度越高，产品或服务的产出量越高。当然，有 $L_Y + L_X + L_R + L_Z = 1$，这是生产中的劳动禀赋约束。

另外，在式（6-1）中，根据前面的分析，市场交易效率系数 λ 除了受到社会交互距离 δ 的负向影响之外，其大小还与经济个体的贸易伙伴数量 M 有关。一般而言，如果经济个体的贸易伙伴数量 M 越多，这表明经济个体要完成一项交易需要与越多的交易主体进行互动，这反映出社会的交易效率越低。式（6-1）中的最后一个分式是经济个体面临的预算约束，这表明经济个体的交易行为始终受到其预算约束，其在市场上对不同商品或服务的销售与购买能够实现收支相抵。

二、超边际决策分析与角点解

共享经济的形成和发展是专业化分工结构演进的过程和结果。在共享经济及其分工结构演变的过程中，独享经济、准共享经济、实体型共享经济和虚拟型共享经济四大共享模式中的不同分工主体根据最大化原则进行超边际决策，从而形成了不同的分工结构及闲置资源共享模式。

（一）"独享经济" 中个体的超边际决策及角点解

如图 6-1 所示，"独享经济" 中经济个体是内容产品 Y 和货币商品 X 的自给自足者，它们完全专业化于生产和提供内容产品 Y 和货币商品 X，没有将劳动时间用来交易，因此没有出现市场连接服务 Z 和支付服务 R 的交易。因此，在这一分工结构中，存在 y、x、L_Y、$L_X > 0$，而其他决策变量都是 0。此时的经济个体决策问题为：

$$\max \quad TU_{YX}^O = (yx)^{1/3}$$
$$\text{s. t.} \quad y = L_Y^b$$
$$x = L_X^b$$
$$L_X + L_Y = 1 \tag{6-2}$$

求解最大化问题，得到相关的决策变量为

$$x = y = (1/2)^b \tag{6-3}$$
$$L_X = L_Y = 1/2 \tag{6-4}$$
$$TU_{YX}^O = (1/2)^{2b/3} \tag{6-5}$$

（二）"准共享经济" 中经济个体的超边际决策及角点解

如图 6-2 所示，内容者 YZR/X 和用户 XZR/Y 所构成的分工结构中形成了交换闲置资源的市场，两者通过直接的交易共享闲置资源，从而有利于促进双方交换利益的增加。

1. 内容者 YZR/X 的超边际决策及角点解分析

如前所述，在"准共享经济"发展阶段，拥有闲置资源 X 的内容者通过自我提供支付服务和市场连接搜寻服务与用户 XZR/Y 之间直接开展交易，内容者将劳动时间分配在三种产品或服务 Y、Z 和 R 的生产上，并拿出一部分闲置的 Y 用于出售给用户，由此与唯一的贸易伙伴（$M=1$，$\lambda = 1 - \delta$）用户交换货币商品 X。因此，此时有，y^s、y、z、r、x^d、L_Y、L_Z、$L_R > 0$，而其他的决策变量都为 0。此时内容者面临的决策问题是：

$$\max \quad TU_{YZR}^{N} = (\lambda z y x^{d} r)^{1/3}$$

$$\text{s. t.} \quad y + y^{s} = L_{Y}^{b}$$

$$z = L_{Z}^{b}$$

$$r = L_{R}^{b}$$

$$L_{Y} + L_{R} + L_{Z} = 1$$

$$P_{Y} y^{s} = P_{X} x^{d} \tag{6-6}$$

求解最大化问题，得到相关的决策变量为：

$$y = y^{s} = (1/2)^{b+1} \tag{6-7}$$

$$z = r = (1/4)^{b} \tag{6-8}$$

$$x^{d} = (P_{Y}/P_{X})(1/2)^{b+1} \tag{6-9}$$

$$L_{Y} = 2L_{Z} = 2L_{R} = 1/2 \tag{6-10}$$

$$TU_{YZR}^{N} = [(1-\delta)(1/2)^{6b+2}(P_{Y}/P_{X})]^{1/3} \tag{6-11}$$

2. 用户 *XZR/Y* 的超边际决策

在"准共享经济"中，对闲置资源 *Y* 有需求的用户专业化于生产 *X*，并自我提供支付服务 *R* 和市场连接服务 *Z*，它拿出一部分货币商品 *X* 与内容者交换闲置资源 *Y*。因此，有 x^{s}、x、z、r、y^{d}、L_{X}、L_{Z}、$L_{R} > 0$，而其他决策变量都为 0。此时用户的最大化超边际决策问题是：

$$\max \quad TU_{XZR}^{N} = (\lambda z x y^{d} r)^{1/3}$$

$$\text{s. t.} \quad x + x^{s} = L_{X}^{b}$$

$$z = L_{Z}^{b}$$

$$r = L_{R}^{b}$$

$$L_{X} + L_{R} + L_{Z} = 1$$

$$P_{Y} y^{d} = P_{X} x^{s} \tag{6-12}$$

求解最大化问题，得到相关的决策变量为：

$$x = x^{s} = (1/2)^{b+1} \tag{6-13}$$

$$z = r = (1/4)^{b} \tag{6-14}$$

$$y^{d} = (P_{X}/P_{Y})(1/2)^{b+1} \tag{6-15}$$

$$L_{X} = 2L_{Z} = 2L_{R} = 1/2 \tag{6-16}$$

$$TU_{XZR}^{N} = [(1-\delta)(1/2)^{6b+2}(P_{X}/P_{Y})]^{1/3} \tag{6-17}$$

（三）"实体型共享经济"个体超边际决策

前已述及，在"实体型共享经济"中，分工主体增加为内容者 *YR/XZ*、用户 *XR/YZ* 以及新分离出的实体型市场连接服务者 *ZR/YX*，三者分工协作（因此任一个体的贸易伙伴数 *M* 为 2，$\lambda = 1 - \delta(2^{1/2})$），共促"实体型共享经济"效率提升。

1. 内容者 *YR/XZ* 的超边际决策

与"准共享经济"阶段相比，此时的闲置资源拥有者不再生产和提供市场搜寻服务，而将劳动专业化生产内容产品 *Y* 并自我提供支付服务 *R*，它通过闲置资源的中介共享平台将内容 *Y* 的一部分出售给用户，并购进连接服务 *Z* 和得到货币商品 *X*。因此，此时内容者决策变量 y^s、y、z^d、r、x^d、L_Y、L_R 都是正值，其他的超边际角点决策变量都是 0。因此，此时内容者的决策问题是：

$$\max \quad TU_{YR}^P = (\lambda y z^d x^d r)^{1/3}$$

$$\text{s. t.} \quad y + y^s = L_Y^b$$

$$r = L_R^b$$

$$L_Y + L_R = 1$$

$$P_Y y^s = P_X x^d + P_Z z^d \tag{6-18}$$

求解最大化问题，得到相关的决策变量为：

$$y^s = 2y = (2/3)(3/4)^b \tag{6-19}$$

$$r = (1/4)^b \tag{6-20}$$

$$x^d = (P_Y/3P_X)(3/4)^b \tag{6-21}$$

$$z^d = (P_Y/3P_Z)(3/4)^b \tag{6-22}$$

$$L_Y = 3L_R = 3/4 \tag{6-23}$$

$$TU_{YR}^P = (1/3)(3/4)^b \big[(1-\delta\sqrt{2})(1/4)^b (P_Y^2/P_Z P_X) \big]^{1/3} \tag{6-24}$$

2. 实体型连接者 *RZ/XY* 的超边际决策

原先由内容者和用户自我承担的市场搜寻等中介连接服务 *Z* 此时由专业化的实体型市场连接者提供，连接者将连接服务 *Z* 分别出售给内容者和用户，自己则购进一部分内容 *Y* 和货币商品 *X* 进行消费。不过，此时的支付服务 *R* 还由连接者自我提供，所以，相关决策变量 z^s、y^d、z、r、x^d、L_Z 和 L_R 大于 0，其他决策变量为 0。此时实体型中介服务者的决策问题是：

$$\max \quad TU_{RZ}^P = (\lambda^2 z^2 y^d x^d r)^{1/3}$$

$$\text{s. t.} \quad z + z^s = L_Z^b$$

$$r = L_R^b$$

$$L_R + L_Z = 1$$

$$P_Z z^s = P_X x^d + P_Y y^d \tag{6-25}$$

求解最大化问题，得到相关的决策变量为：

$$z^s = z = (1/2)(4/5)^b \qquad (6-26)$$

$$r = (1/5)^b \qquad (6-27)$$

$$x^d = (P_Z/4P_X)(4/5)^b \qquad (6-28)$$

$$y^d = (P_Z/4P_Y)(4/5)^b \qquad (6-29)$$

$$L_Z = 4L_R = 4/5 \qquad (6-30)$$

$$TU_{RZ}^P = (1/4)(4/5)^b[(1-\delta\sqrt{2})^2(4/25)^b(P_Z^2/P_YP_X)]^{1/3} \qquad (6-31)$$

3. 用户 *XR/YZ* 的超边际决策

在"实体型共享经济"中,对闲置资源有需求的用户拿出货币商品 *X* 购买闲置资源 *Y*,只不过此时它也是通过市场中的实体型中介平台与闲置资源拥有者实现供求匹配的。因此,用户是一个市场搜寻服务 *Z* 的购买者,然而交易中的支付服务还没有实现专业化,因而用户自我服务。因此,此时用户的决策变量 x^s、x、z^d、r、y^d、L_X 和 L_R 大于 0,其他决策变量为 0,其决策问题是:

$$\max \quad TU_{XR}^P = (\lambda x z^d y^d r)^{1/3}$$

$$\text{s. t.} \quad x + x^s = L_X^b$$

$$r = L_R^b$$

$$L_X + L_R = 1$$

$$P_X x^s = P_Y y^d + P_Z z^d \qquad (6-32)$$

求解最大化问题,得到相关的决策变量为:

$$x^s = 2x = (2/3)(3/4)^b \qquad (6-33)$$

$$r = (1/4)^b \qquad (6-34)$$

$$y^d = (P_X/3P_Y)(3/4)^b \qquad (6-35)$$

$$z^d = (P_X/3P_Z)(3/4)^b \qquad (6-36)$$

$$L_X = 3L_R = 3/4 \qquad (6-37)$$

$$TU_{XR}^P = (1/3)(3/4)^b[(1-\delta\sqrt{2})(1/4)^b(P_X^2/P_ZP_Y)]^{1/3} \qquad (6-38)$$

(四)"虚拟型共享经济"中经济个体的超边际决策

如图 6-4 所示,在"虚拟型共享经济"发展阶段,支付服务商 *R/XYZ* 从分工结构中分离出来成为专家,并与内容者 *Y/XRZ*、互联网平台或互联网化的实体型中介 *Z/XYR* 以及用户 *X/YRZ* 共同构成"虚拟型共享经济"结构。显然,此时任一经济个体的贸易伙伴数量增加为 3,市场交易效率系数 $\lambda = 1 - \delta (3)^{1/2}$。

1. 内容者 *Y/XRZ* 的超边际决策

在"互联网 +"条件下,内容者以更高效率地将其闲置资源 *X* 通过专业化共享平台出售给用户，同时它通过市场购进专业化的支付服务 R、平台连接服务 Z，从而最终获得货币商品 X，此时内容者成为完全专业化的闲置资源提供者。因此，决策变量 y^s、y、z^d、x^d、y^d 和 L_Y 大于 0，其他决策变量为 0，内容者面临的决策问题是：

$$\max \quad TU_Y^E = \left[\lambda^2 y x^d r^d (z^d)^2\right]^{1/3}$$

$$\text{s. t.} \quad y + y^s = L_Y^b$$

$$L_Y = 1$$

$$P_Y y^s = P_X x^d + P_Z z^d + P_R r^d \tag{6-39}$$

求解最大化问题，得到相关的决策变量为：

$$y^s = 4y = 4/5 \tag{6-40}$$

$$L_Y = 1 \tag{6-41}$$

$$x^d = P_Y/5P_X \tag{6-42}$$

$$z^d = 2P_Y/5P_Z \tag{6-43}$$

$$r^d = P_Y/5P_R \tag{6-44}$$

$$TU_Y^E = (1/5)\left[(1-\delta\sqrt{3})^2(4P_Y^4/25P_X P_R P_Z^2)\right]^{1/3} \tag{6-45}$$

2. 虚拟型连接者 Z/XYR 的超边际决策

此时，互联网平台或互联网化的实体型连接者成为高效匹配供求的连接者 Z/XYR，它把所有的时间投入到专业化生产服务 Z，并从市场购进一部分内容 Y、货币商品 X 和专业化的支付服务 R 进行消费。由此，此时的决策变量 z^s、z、r^d、x^d、y^d 和 L_Z 大于 0，其他决策变量为 0，其面临的决策问题是：

$$\max \quad TU_Z^E = \left[\lambda^3 y^d x^d r^d z^3\right]^{1/3}$$

$$\text{s. t.} \quad z + z^s = L_Z^b$$

$$L_Z = 1$$

$$P_Z z^s = P_X x^d + P_Y y^d + P_R r^d \tag{6-46}$$

求解最大化问题，得到相关的决策变量为：

$$z^s = z = 1/2 \tag{6-47}$$

$$L_Z = 1 \tag{6-48}$$

$$y^d = P_Z/6P_Y \tag{6-49}$$

$$x^d = P_Z/6P_X \tag{6-50}$$

$$r^d = P_Z/6P_R \tag{6-51}$$

$$TU_Z^E = (1/12)(1-\delta\sqrt{3})P_Z(1/P_Y P_X P_R)^{1/3} \tag{6-52}$$

3. 用户 X/YRZ 的超边际决策

用户通过连接者共享使用闲置资源 Y，并从市场购买专业化的连接服务 Z 和支付服务 R，由此用户向内容者、连接者和支付服务商出售货币商品 X。因此用户的决策变量 x^s、x、r^d、z^d、y^d 和 L_X 大于 0，其他决策变量为 0，它的决策问题是：

$$\max \quad TU_X^E = \left[\lambda^2 y^d x r^d (z^d)^2 \right]^{1/3}$$

$$\text{s. t.} \quad x + x^s = L_X^b$$

$$L_X = 1$$

$$P_X x^s = P_R r^d + P_Y y^d + P_Z z^d \tag{6-53}$$

求解最大化问题，得到相关的决策变量为：

$$x^s = 4x = 4/5 \tag{6-54}$$

$$L_X = 1 \tag{6-55}$$

$$y^d = P_X/5P_Y \tag{6-56}$$

$$z^d = 2P_X/5P_Z \tag{6-57}$$

$$r^d = P_X/5P_R \tag{6-58}$$

$$TU_X^E = (1/5)\left[(1 - \delta\sqrt{3})^2 (4P_X^4/25P_Y P_R P_Z^2) \right]^{1/3} \tag{6-59}$$

4. 支付服务商 R/XYZ 的超边际决策

在"互联网＋"社会化协同生态中，专业化支付服务商 R/XYZ 从分工结构中分离出来，它向其他三类个体出售支付服务 R，并从市场购买一部分内容产品 Y、货币商品 X 和连接服务 Z，由此促进"虚拟型共享经济"的高效率运行。此时支付服务商的决策变量 r^s、r、x^d、z^d、y^d 和 L_R 大于 0，其他决策变量为 0，其面临的决策问题是：

$$\max \quad TU_R^E = \left[\lambda^2 r y^d x^d (z^d)^2 \right]^{1/3}$$

$$\text{s. t.} \quad r + r^s = L_R^b$$

$$L_R = 1$$

$$P_R r^s = P_Z z^d + P_X x^d + P_Y y^d \tag{6-60}$$

求解最大化问题，得到相关的决策变量为：

$$r^s = 4r = 4/5 \tag{6-61}$$

$$L_R = 1 \tag{6-62}$$

$$y^d = P_R/5P_Y \tag{6-63}$$

$$x^d = P_R/5P_X \tag{6-64}$$

$$z^d = 2P_R/5P_Z \tag{6-65}$$

$$TU_R^E = (1/5)\left[(1 - \delta\sqrt{3})^2 (4P_R^4/25P_X P_Y P_Z^2) \right]^{1/3} \tag{6-66}$$

三、超边际角点均衡分析

在充分竞争的市场环境下，根据经济个体的效用均等和共享市场的出清均衡条件，利用上述不同结构和发展阶段的决策变量可以计算得到共享经济四个不同模式的角点均衡状态值，如表 6-2 所示。需要说明的是，表 6-2 中，Q_i（$i = YX$ 或 YZR、XZR 或 YR、XR、ZR 或 Y、X、Z、R）分别表示四种共享经济模式中的生产者 - 消费者人数，U_O、U_N、U_P 和 U_E 则分别是独享经济模式、准共享经济模式、实体型共享经济模式和虚拟型共享经济模式的人均收入。另外，表 6-2 中也给出了不同共享经济模式下的市场交易价格和经济个体人数的相对值。

表 6-2　　　　　　　　共享经济模式的四阶段角点均衡

模式	独享经济	准共享经济	实体型共享经济	虚拟型共享经济
相对价格	无	$P_Y/P_X = 1$	$P_Z/P_X = P_Z/P_Y = 2.1$ $(3^b 5^{5b/3})$ $P_Y/P_X = 1$	$P_Z/P_X = P_Z/P_Y = P_Z/P_R =$ $(6/5)^{12}$ $P_Y/P_X = P_Y/P_R = P_X/P_R = 1$
相对人数	$Q_{YX} = Q$	$Q_{YZR}/Q_{XZR} = 1$	$Q_{ZR}/Q_{XR} = Q_{ZR}/Q_{YR} =$ 0.79×0.86^b $Q_{YR}/Q_{XR} = 1$	$Q_Z/Q_X = Q_Z/Q_Y = Q_Z/Q_R =$ 0.93 $Q_Y/Q_X = Q_Y/Q_R = Q_R/Q_X = 1$
人均收入	$U_O = 0.5^{2a/3}$	$U_N = [(1-s)$ $(0.5)^{(6a+2)}]^{1/3}$	$U_P = [(1-s \times 2^{1/2})$ $0.7 \times 3^{2b} 2^{8b/3}/5^{5b/3}]^{1/3}$	$U_E = [(1-s \times 3^{1/2})^3/9214]^{1/3}$

资料来源：笔者计算得到。

四、比较静态一般均衡分析

结合表 6-2 的角点均衡解，本书比较分析得到共享经济四个发展阶段和结构转换的内在条件，从而揭示共享经济演进发展的内在逻辑。首先，通过比较分析 U_O、U_N、U_P 以及 U_E 的大小，可以得到当社会交互距离 δ 满足（0.71，1）的区间时，实体型共享经济模式的人均收入 U_P 和虚拟型共享经济模式的人均收入 U_E 都比 0 要小，而独享经济模式人均收入 U_O 和准共享经济模式的人均收入 U_N 都大于 0，因此此时实体型共享经济和虚拟型共享经济模式绝不可能是均衡的闲置资源利用模式。当然，在这一社会交互距离下，再通过比较分析独享经济和准共享经济模式的人均收入，显然有 U_O 大于 U_N，因此，此时独享经济模式的自给自足结构必定是稳定的均衡模式，如图6－5所示。这无疑提示本书，如果一个社会人与人之间的交互距离很大，相互之间的交互成本和难度较大，那么闲置资源的共享模式就非常难以生发形成。

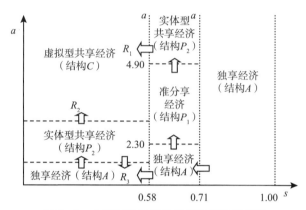

图6－5　共享经济的演进路径及其转换条件

资料来源：笔者分析绘制。

其次，当社会交互距离进一步缩小到中等水平，即当社会距离系数 δ 满足（0.58，0.71）的区间时，显然 U_E 一定小于0，其他三种专业化分工模式的人均收入都是大于0的，所以，此时虚拟型的共享经济模式也是不可能形成的。不过，社会此时的闲置资源利用模式会是独享模式、准共享模式、虚拟型共享模式中的哪一种，这由专业化经济程度 b 的大小决定。如图6－5所示，首先，比较三种共享模式的人均收入相对大小，不难发现，如果此时的专业化经济程度比较小，如 b 小于2.3，那么独享经济模式是一种均衡模式，此时没有形成共享市场。然而，在社会距离系数 δ 满足（0.58，0.71）的区间下，当经济个体专业化生产中的专业化经济程度提升到（2.3，4.9）之间时，那么开始出现一部分将剩余资源用于市场交换，准共享经济模式成为均衡模式。随着分工的演进，专业化经济程度如果能够进一步提升到4.9以上，那么通过实体化的共享平台进行闲置资源共享的实体型共享经济模式成为均衡共享经济模式，中介型连接者的出现意味着专业化分工水平更高。

随着交易制度、技术以及城市化、互联网基础设施的不断改进，互联网生态的不断形成，人与人之间的交互距离显著缩小，那么社会交互距离将为更低的水平，例如，通过计算可以得到，当社会交互距离系数 δ 小于0.58的时，显然有独享经济模式的人均收入大于准共享经济模式的人均收入，因此社会的均衡共享经济模式必然是独享经济模式、实体型共享模式和虚拟型共享经济模式三种中的一种。而这显然也主要取决于此时的专业化经济程度 b。首先，通过比较这三种经济模式的人均收入的相对大小，不难得到只有当社会的专业化经济程度 b 大于 2.05 这一水平时，人们才会从独享经济模式中走出来，形成实体型共享经济模式或虚拟型共享经济模式。当然，这两种共享模式的哪一种会成为均衡的共享模式，这从根本上由专业化经济程度的上升能力决定。如图 6-5 所示，比较 U_E 和 U_P 的相对大小，容易得到只有当专业化经济程度上升到 b 大于 2.89 的水平时，基于互联网平台的虚线型共享经济模式才会取代实体型共享经济模式成为唯一的均衡模式。进一步来说，如果在社会交互距离处于中间水平的 (0.58，0.71) 时，显著的专业化经济能够带来实体型共享经济模式的出现，当然通过进一步降低社会交互距离可以促进虚拟型共享经济模式的形成，但是如果社会的专业化经济程度非常高，这个时候虚拟型共享经济就极有可能直接从实体型共享经济模式中分离出来（即图 6-5 中的路径 R_1）。当然如果社会的专业化经济程度实在是很低，那么这种跃迁就无法实现，甚至在社会交互距离较低的水平时，由实体型共享经济演进为虚拟型共享经济模式也是不可能的（即图 6-5 中的路径 R_2），相反有可能从实体型共享经济模式直接降级为独享模式。因此，本书提出：

命题 6.1：人与人直接的社会交互距离及分工形成的专业化经济程度是影响闲置资源模式演进的关键变量。当社会系统中的交互距离很大时，分享系统的均衡模式是独享经济，当人与人之间的交互能力处于中间水平时，专业化经济程度 b 如果大于 2.3 而小于 4.9，那么准共享经济模式开始形成，而专业化经济程度如果进一步提升为 4.9 以上，那么实体型共享经济模式将出现。只有当社会交互距离足够小，且专业化经济程度足够大（b > 2.89）时，"互联网＋"意义上的虚拟型共享经济才会形成。

此外，再观察分析图 6-5 所内含的丰富信息，本书发现，随着独享经济的自给自足分工结构向准共享经济或实体型共享经济的局部分工结构跃迁，从而社会交互距离不断降低，在此过程中，专业化经济程度的临界水平也不断降低。这表明，社会交互距离对闲置资源利用模式演进过程中所需要的专业化经济程度具有显著的门槛效应。也就是说，随着社会交互成本的下降，社会生发形成共享经济模式的专业化经济条件越宽松，专业化经济程度相对社会交互距离显得不是那么关键和重要。由此可见，在经济社会中，如果政府和产业界能够有效地促进社会交互信息距离的缩短，那么这比提升社会专业化经济程度更有价值，尤其是在互联网社会，如果网络化生态体系能够显著降低社会距离，形成建立在互利基础上的经济信任和沟通能力，那么这就非常容易形成共享经济模式，人际信任、互联网社群的建设和发展有利于虚拟型共享经济的形成和发展。因此，本书提出：

命题6.2：人际交互距离和成本是影响独享经济模式向共享经济模式演进的关键变量，如果社会交互距离越短，那么共享经济从独享经济分离出来所需要跨越的专业化经济门槛就会越低，社会信任和交互能力对共享经济模式的演进具有非常明显的门槛效应。

第三节 共享经济的经济高质量发展
促进效应：推论与讨论

如前所述，闲置资源的协同分工结构变化带来了共享经济模式的演进，社会化协同结构的形成不断催生了独享经济模式向准共享经济模式、实体型共享经济模式乃至虚拟型共享经济模式的升级，由此推动了包括劳动生产效率、劳动力资源配置与利用效率、人均连接红利和人均收入水平等的提升。

一、共享经济的经济高质量发展效应

（一）共享经济发展的劳动力资源配置优化效应

如前所述，我们假设共享经济系统中有数量为 Q 的生产者－消费者，这些经济个体在不同的共享经济分工结构中承担差异化的功能。结合表6-2中有关不同分工结构中经济个体的相对人数比值，我们可以计算得到不同分工结构中不同经济个体的人数状况，由此可以判断共享经济发展的劳动力资源配置优化效应。

首先，从共享经济系统中的内容者、用户等人数来看，随着共享模式的变迁，该种从业者人数不断下降。观察分析表6-3中不同模式下最终产品的从业者人数表达式，不难发现，伴随着共享模式从独享经济、准共享经济到实体型和虚拟型共享经济的发展和升级，越来越多的劳动者从生

产部门分离出来，共享经济的生产型特征不断弱化。例如，当独享经济向准共享经济模式升级之时，内容者和用户的人数之和虽然还是 Q，但两者的人数都降为 $Q/2$。另外，随着共享经济模式从准共享经济模式向实体型共享经济模式升级，劳动力资源配置也出现了类似的变化轨迹。如表 6 - 3 所示，在实体型共享经济中，内容者与用户的人数为 $Q_{YR} = Q_{XR} = [1/(2 + 0.79 \times 0.86^b)]Q$。而我们在前面的分析中得到，实体型共享经济从准共享经济模式中分离出来的条件为 $b > 4.9$，这一临界条件刚好使得 $Q_{YR} = Q_{XR} < 0.5Q$，这表明共享经济系统中的内容者和用户人数又进一步降低了，经济系统的非生产化特征增强了。此外，按照相同的分析逻辑可以发现，虚拟型共享经济模式中的内容者与用户的人数为比较分析 $Q_X = Q_Y = 0.254Q$。显然，虚拟型共享经济模式生发的临界条件为 $a > 2.89$，因此不难得到 $Q_X = Q_Y = 0.254Q < Q_{YR} = Q_{XR} = [1/(2 + 0.79 \times 0.86^b)]Q$，由此可见更多的生产者 – 消费者从内容者等生产部门转移出去，共享经济系统的生产型特征进一步弱化。

表 6 - 3 共享经济发展的劳动力资源配置优化效应

共享经济模式	独享经济	准共享经济	实体型共享经济	虚拟型共享经济
内容者和用户等人数	$Q_{YX} = Q$	$Q_{YZR} = Q_{YRZ} = Q/2$	$Q_{YR} = Q_{XR} = [1/(2 + 0.79 \times 0.86^b)]Q$	$Q_Y = Q_X = Q_R = 0.254Q$
连接者人数	0	0	$Q_{ZR} = [(0.79 \times 0.86^b)/(2 + 0.79 \times 0.86^b)]Q$	$Q_Z = 0.2366Q$

资料来源：笔者计算得到。

上面主要分析了单个部门的劳动力变化情况，表 6 - 3 还可以充分地体现出随着共享经济模式的演进，劳动力在不同部门之间的优化配置现象。在此过程中，随着共享经济模式从准共享经济向由连接者匹配的实体型和虚拟型共享经济模式升级，原来配置在生产部门的劳动力向连接者部门转移，连接者服务部门的人数不断扩张，经济系统的服务化特征不断增强，劳动力在生产与服务部门之间的优化配置效应逐渐显现。如上所述，当准共享经济模式向实体型共享经济模式升级时，一个显著的差异是后者出现了连接者服务部门，因此越来越多的劳动者从内容生产部门向连接者服务部门流动，实体型连接者部门的人数越来越多。更进一步，当虚拟型共享经济模式出现之后，劳动力向互联网平台部门的流动更为明显。如前面比较静态分析所述，当专业化经济程度 b 大于 2.05 时，虚拟型共享经济模式可以生发形成，而这一临界条件可以保证 $M_{ZR} < M_Z$，也就是说，虚拟型连接者部门的人数比实体型连接者部门的人数有了更多的增长，共享经济系统的连接特征进一步增强。显然，在上述连接者服务部门人数扩张过程中，这种由内容生产部门向连接者服务部门的劳动力跨部门跨产业转移促进了共享经济系统的劳动力资源优化配置，促进了虚拟型共享模式的形成。为此，本书提出：

推论 6.1：在独享经济向准共享、实体型共享和虚拟型共享经济模式升级和演进的过程中，劳动力资源不断从内容生产部门释放和分离出来，越来越多的劳动力实现了由内容生产部门向连接者服务部门的跨部门流动和转移，共享经济的形成和发展促进了劳动力资源的优化配置，由此也提高了经济系统的连接能力。

（二）共享经济发展的劳动生产效率提升效应

这里我们将劳动生产率（PR）定义为在生产中投入的一单位劳动的产品或服务产出量，根据前述不同共享经济模式下各类产品或服务的生产量和劳动投入份额，可以得到独享经济、准共享经济、实体型共享经济和虚拟型共享经济下不同产品或服务的劳动生产率（见表 6 - 4）。

表 6 - 4　　　　　　劳动生产效率随着共享模式演进而变化的情况

发展模式	Y 的劳动生产率	X 的劳动生产率	Z 的劳动生产率	R 的劳动生产率
独享经济	$PR_Y^O = 0.5^{b-1}$	$PR_X^O = 0.5^{b-1}$	0	0
准共享经济	$PR_Y^N = 0.5^{b-1}$	$PR_X^N = 0.5^{b-1}$	$PR_Z^N = 0.25^{b-1}$	$PR_R^N = 0.25^{b-1}$
实体型共享经济	$PR_Y^P = 0.75^{b-1}$	$PR_X^P = 0.75^{b-1}$	$PR_Z^P = 0.8^{b-1}$	$PR_R^P = 10(0.25^{b-0.5} + 0.2^b)/7$
虚拟型共享经济	$PR_Y^E = 1$	$PR_X^E = 1$	$PR_Z^E = 1$	$Q_R^E = 1$

资料来源：笔者计算得到。

在表 6 - 4 中，不难发现，在闲置资源利用模式从"独享经济""准共享经济""实体型共享经济"向"虚拟型共享经济"的升级跃迁过程中，无论是内容产品或服务，还是连接服务，它们的劳动生产率都呈现出不断提高的变化趋势。例如，对闲置资源（内容 Y）而言，通过比较不同利用模式中的内容产品或服务的生产率相对大小，显然存在 $PR_Y^E > PR_Y^P > PR_Y^N = PR_X^O$，这表明，随着分工结构由独享经济模式向共享经济模式的升级和转换，经济系统中闲置资源即内容的生产率以及供给能力在显著提高，这无疑是共享经济模式对经济社会的重要贡献，这显然有利于提高社会福利水平的整体提升。与此同时，为了将更多的闲置资源提供给用户，经济系统的连接服务能力也在不断提升。例如，由表6-4可得，存在 $PR_Z^E > PR_Z^P > PR_Z^N > PR_Z^O = 0$，这说明经济系统的连接服务从无到有，从低生产率到高生产率呈现出劳动生产率不断提高的增长趋势，闲置资源通过实体平台和互联网平台以更快的速率和更高的效率抵达用户手中，互联网生态具有非常强大的连接能力。那么，对于闲置产品或服务的需求方来说，由于卷入了共享经济系统，用户也能以更快的速率向市场供给货币商品，用户的货币获取能力也趋于上升。如表6-4所示，货币商品在四种闲置资源利用模式中的生产率分别为 PR_X^O、PR_X^N、PR_X^P 和 PR_X^E，显然通过比较分析这四个指标的相对大小，发现随着共享模式由独享经济的模式向准共享经济模式、实体型共享经济模式和虚拟型共享经济模式的发展，用户的货币生产率也是不断提高的，用户的财富支配能力由此不断增强。当然，在货币商品，从而内容产品等供求匹配、运行过程中，支付服务的效率也十分关键。如前所述，在闲置资源利用模式的不同发展阶段，支付服务的形态和手段是存在较大差异的。在独享模式中，由于没有市场交易，因此也就不存在支付服务，其生产率自然为0。当然随着共享市场的形成和发展，支付服务从无到有，其生产率开始变化。从表6-4中可以看出，四种模式中的支付服务生产率存在 $PR_R^E > PR_R^P > PR_R^N > PR_R^O$ 的相对大小关系，这表明，闲置资源利用模式的升级也带来支付服务生产率的上升，基于互联网信息技术的电子生态型支付的生产率最高，对保证共享经济模式的有效运行发挥了十分关键的支持作用。因此本书提出：

> 推论6.2：闲置资源市场的形成以及共享经济模式的生发和发展，专业化分工结构的演进不仅促进了劳动力资源的优化配置，而且有效地推动了内容产品或服务、货币商品、连接服务和支付服务的劳动生产率提升，共享经济整体上有利于社会生产率的提高。

（三）共享经济发展的人均协同红利扩张效应

提高不同经济个体之间的协同能力有利于促进共享经济协同红利和效应的实现和增长（Garcia et al.，2017），共享经济的本质性特征在于闲置资源的拥有者与用户之间的高效率连接与协同,而连接或协同服务的能力和水平决定了共享经济的协同能力,从而可以表征共享经济系统的协同效应。本书将每一个闲置资源的拥有者(内容者)能够从共享经济系统中获得的平台连接服务量视为共享经济系统的人均协同红利,它的多寡可以体现出不同共享经济模式协同效应的创造能力和水平。为此,我们将人均协同红利 POB 定义为共享经济系统中的平台连接服务总量 z^s 与内容者人数的比值,以此刻画每一单位闲置资源的协同化水平。为此,结合前文式(6 – 26)和式(6 – 47)以及表6 – 3 中有关决策变量值,不难计算得到不同共享经济模式的人均协同红利或效应(见表6 – 5)。

表6 – 5   共享经济的人均协同红利

共享经济模式	独享经济	准共享经济	实体型共享经济	虚拟型共享经济
人均协同红利 (POB)	$POB^O = 0$	$POB^N = 0$	$POB^P = (2 + 0.79 \times 0.86^b)$ $0.5 \times 0.8^b/Q$	$POB^E = 0.5/0.2544Q$

资料来源:笔者计算得到。

如表6 – 5 所示,在闲置资源共享模式的不同发展阶段,人均协同红利存在显著差异。显然,在独享经济模式和准共享经济模式中,经济系统中要么是没有形成市场交易,要么是直接交易,因此经济系统尚未形成平台连接服务,因此,这两个阶段的协同效应基本上不存在。当准共享模式向实体型共享模式升级之后,由于出现了具有一定协同连接能力的实体型连接服务平台,因此,经济系统的人均协同红利从0 上升为 POB^P,这表明随着基于连接服务平台的实体型共享模式的形成,经济协同的协同效应开始显现。当然,随着互联网平台生态的演进和发展,基于互联网平台的协同服务更为迅猛地获得发展,从而在虚拟型共享经济系统中创造出了更为显著的协同红利。如表6 – 5 所示,通过比较分析 POB^P 和 POB^E 的相对大小,不能发现,虚拟型共享经济中的人均协同红利大于实体型共享经济模式的人均协同红利,这充分说明基于互联网平台生态的网络协同系统对虚拟型共享经济中的协同效应发挥了非常明显的促进作用,移动互联网、大数据、云计算等技术有效地提升了闲置资源共享系统的协同效应。因此,本书提出:

推论6.3：闲置资源利用模式的演进伴随着经济系统协同能力和红利的不断提升，实体型共享经济模式的出现使人均协同红利从无到有，而随着虚拟型共享经济模式取代实体型共享经济模式，经济系统实现了更为显著的人均协同红利和效应。

（四）共享经济发展的人均收入水平拉升效应

前面论证了共享经济模式演进对劳动力资源配置、劳动生产率和人均连接红利的积极影响，那么这些宏微观的正面影响价值是否最终能切实转换为共享经济中人均收入水平的提高，进而普遍提升人们的社会福利呢？对此，本书可以通过分析互联网技术高度发达条件下"虚拟型共享经济"模式中人均收入增长机制来进一步揭示共享经济的社会福利促进效应。首先，如图6-5所示，随着闲置资源利用模式从独享、准共享到实体型共享以及虚拟型共享模式的演进，互联网社群的迅猛发展，人际交互距离的缩短和信任资本的日益丰富，交易效率的充分改进和专业化生产效率的提升，都有效地推动了人均收入水平的提升。另外，在表6-2中，"互联网 +"时代的虚拟型共享经济模式的人均收入表达式为 $U_c = [(1 - s \times 3^{1/2})^3 / 9214]^{1/3}$，显而易见，这一阶段的人均效用（收入）与社会距离系数 δ 之间存在显著的负相关关系，也即随着互联网社群带来社会交互距离的缩短，虚拟型共享经济模式中的人均收入水平得以普遍提高。这充分说明，不仅在不同的共享经济模式之间，人均收入水平出现了跨越结构的跃迁，而且在移动互联和连接一切的互联网时代，闲置资源的虚拟型共享带来了人们生活水平的改善，拥有闲置资源的内容者、用户、互联网连接者乃至专业化支付服务商等各类共享主体的社会经济福利得以闲置普遍拉升。因此，本书提出：

推论6.4："互联网 +"时代推动闲置资源利用模式从实体型共享向基于互联网平台的虚拟型共享升级，这不仅带来了跨结构的人均收入上升，而且随着社会交互距离的缩短，互联网共享经济社群内部的人均收入水平也能够不断提升，共享经济模式的演进和升级具有显著的人均收入拉升效应。

至此，本书一方面揭示了共享经济产生和发展的结构转换机制及其临界条件，另一方面系统给出了共享经济发展对社会经济福利的宏微观促进效应，从而初步构建了共享经济模式演进促进经济发展质量提升的超边际理论分析结构，如图6-6所示。

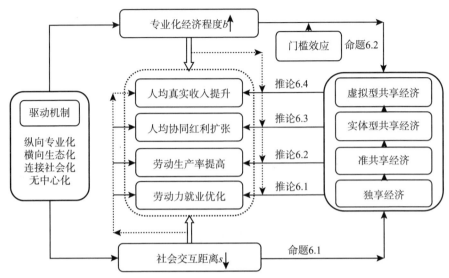

图 6－6　共享经济模式演进的经济高质量发展效应超边际理论分析结构

资料来源：笔者分析绘制。

二、拓展性讨论

以上本书初步构建了共享经济促进经济高质量发展和社会福利提升的理论框架，下面从四个方面对共享经济的社会经济价值作更一般的讨论，以从中提炼形成本书理论模型更具普遍意义的分析结论。

（一）制度技术的门槛条件与闲置资源利用模式的商业化过程

近几年共享经济在包括中国在内的很多国家和地区都取得了快速发展，对提高经济社会资源的利用效率发挥了重要作用。然而需要学界进一步讨论的是，共享经济的发展是否是一蹴而就的历史事件，政府、企业能否脱离现实技术和制度条件盲目地主观选择共享经济发展的时机、路径和方向？本书的研究已经指出，共享经济的产生与发展不是由政府意愿决定的，也不是某些互联网平台随意支配的结果，而是一个由社会距离与社会专业化分工水平共同作用的产物，制度和技术条件的变化带来了闲置资源商业化利用模式的变迁。在此过程中，如果社会系统中的交互能力或距离以及分工系统的水平不超过一定的门槛值，任何形式的共享经济模式都不会成为均衡模式。在此意义上，推进发展共享经济要充分考虑到一国和地区的制度技术条件。如果不从制度和技术的门槛条件出发，盲目地推进闲置资源利用模式变革，这不仅无法真正促进共享经济的发展，而且会造成闲置资源的"再浪费"。因此，政府、平台企业和内容者及用户等应从社会交互效率、诚信环境、平台技术条件和消费需求出发，有针对性地协同推进共享经济发展，而非简单地推进"共享工程"建设和不切社会需求和专业化能力的盲目推进所谓的 N 轮"资本融资"，以免出现存量闲置资源得不到有效共享和增量资源造成低效使用或浪费的现象。

（二）社会距离与共享经济发展的内在驱动力

当前，很多互联网共享平台企业在众多投资者的支持下，获取了包括资金、人才等在内的共享经济要素资源，这些要素资源的大量供给无疑有利于降低共享经济发展的要素成本，从而不断提高共享平台的市场份额。然而，从本书的研究结论来看，一方面，社会距离或交互效率参数（交互安全性、便利性、快捷性等）是促进共享经济模式演进的核心因素，另一方面，人们之间交互距离的缩短或效率提高有利于降低共享经济产生和发展的门槛。因此，在闲置资源利用模式不断变革的背景下，只有当不同分工主体之间的交互效果充分提高之后，内容者才更有动力来向共享市场提高闲置资源，共享平台也更有激励为内容者、用户提供信息匹配等服务，从而用户也才能从中获得更好的共享体验。反过来看，如果共享平台企业把重点一味放在通过资本融资来降低资金成本上以及将市场的眼光重点盯住"市场份额"的话，那么尽管在短期内共享平台企业能够获得一定的市场绩效，但从长期来看，如果共享系统中的社会交互距离得不到有效改善，那么即使形成了初始的闲置资源共享，那么这种模式一般也不会长期运转。因此，共享经济模式中的各类主体，一方面需要重视降低要素成本，另一方面也需要将降低社会距离参数纳入平台企业的生产函数，以消除共享经济发展和升级的长期阻碍因素。

（三）连接者的"互联网＋"与共享经济发展

无论是传统意义上的实体型共享，还是借助于互联网平台的虚拟型共享，共享经济的重要基础设施都是平台型连接者。在包括云计算、移动互联网、大数据等在内的互联网技术快速发展的当前，平台型连接者要么是纯粹的互联网平台、要么是经过互联网技术改造后的互联网化平台型连接者。本书的研究表明，"实体型共享经济"向"虚拟型共享经济"演进和升级的过程，其核心在于实现对连接者从实体型向生态型的"互联网＋"改造升级。一方面，系统中出现的虚拟型平台企业（例如，优步、蚂蚁短租等）本身就是连接者，它们的匹配和协同促进了闲置资源共享效率的提升。另一方面，需要更为重视的是，那些产生在实体型共享经济发展阶段的实体型平台也需要在"互联网＋"背景下实现网络化和数字化改造升级，从而适应"互联网＋"背景下共享经济的升级换代。例如，传统的金融机构是一个对闲置资金进行共享利用的实体型平台，在"互联网＋"的发展背景下，传统金融机构如何适应和应用互联网技术，实现对自身的互联网化改造，从而真正让自己在更高的交易效率支持下发展出"虚拟型"共享经济业务，并从中持续地获得共享经济利润。因此，在推动共享经济进一步发展的过程中，应该实施"双轮"驱动战略，一方面支持发展新的互联网平台型共享经济，另一方面应该积极鼓励对传统共享平台的互联网改造，促进共享经济升级换代。

（四）开放式生态与共享经济加速发展

在互联网商业模式运行的时代背景下，传统工业经济时代的规模效应逻辑正在让位于注重个性、定制化和价值连接的生态化逻辑，共享经济的商业模式也需要实现社群生态关系的构建和应用。在共享经济社群中，内容者、平台企业、用户和支付服务商等之间进行知识碰撞、交流与连接互动，通过频繁地社群交互培育相互之间的信任资本，最终降低主体之间的社会交互距离。此外，共享经济社群通过关系连接和数据共享创造价值。在此过程中，首先，是经济个体之间基于商业利益逻辑和市场价值增长机制建立相互立体式连接关系，关系网络中的节点并不是相互独立的，而是经由连接关系构建利益网络，相互价值联动经常会引起整体的价值增长。其次，社群的构建与发展，交互关系的形成和价值共创，有利于打破"数据孤岛"和促进共享经济大数据的积累、应用和共享，并利用大数据处理和分析技术让经济个体更为快速和低成本地实现交互以及产品或服务的供求匹配，挖掘隐藏在共享背后的经济规律和驱动力，从而最终加速推进共享经济发展。当然，共享经济社群尽管注重社群内的产品个性和定制化需求，但不同的互联网场景可以实现交融互动，促进不同社群交互界面之间的价值连接和增长。

第四节　探索性跨案例比较分析

本章前面的理论分析部分向我们揭示了"互联网＋"社会协同化效应对共享经济这种新型经济形态的门槛效应及促进作用，并且在这种新经济模式在颠覆传统产业的同时还会进一步带动经济的高质量发展。为更加清晰的阐释共享经济的生发与经济高质量发展效应，本节采用跨案例分析方法进行分析论证。

一、跨案例研究方法与分析框架

（一）跨案例研究

案例研究法是一种基于经验式的、通过对现实中的具体现象进行全面系统考察并对获取到的资料进行深入分析来说明问题的研究方法。因此，案例的选择不应该是抽样性质的，相对于单案例研究，多案例研究能够提供相互印证的证据链，以此提高案例研究的效度，多案例研究中案例数量的选择一般控制在 3 ~ 6 个。根据茵（Yin，2009）归纳的多案例分析结构，既要对单个案例进行细致分析，又要在此基础上对不同案例进行跨案例分析，并且这两种方式并不是相互独立一次完成的，而是不断重复的过程。在多案例的选择上，要遵循"逐项复制"和"差别复制"原则，由于本书选取研究对象是三家企业，因此主要采取的是"逐项复制"原则。

（二）分析框架

本书旨在阐释社会化协同对共享经济生发的驱动作用，在催生共享经济的过程中这种驱动作用主要体现在两个方面：专业化经济程度的提高与社会距离的缩短。当共享经济模式运行过程中又会带动经济的高质量发展，即劳动生产率提升效应，人均连接红利提升效应与人均收入提升效应。研究的主要分析框架如图 6 - 7 所示。

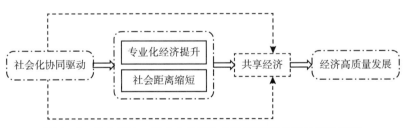

图 6 - 7　共享经济、社会化协同与经济高质量发展的理论逻辑

二、跨案例研究设计与案例描述

（一）研究方法及适用性

本书主要采用的是探索性跨案例研究，探索性案例研究的特点是依据研究者对相关情况的了解与资料的收集，去解决一些现有研究不完善或者需要有新观点、新见解的领域。本书案例分析的主要目的是通过相关案例的分析比对，揭示社会化协同的是怎样发挥对共享经济驱动作用、共享经济模式为什么会对经济高质量发展起到促进作用以及这种经济高质量发展效应是怎样的，解决的是"怎么样"及"为什么"的问题，是不同于以往学者研究的新观点，并且研究尚不充分，因此采用探索性跨案例研究比较合适。研究选取滴滴、爱彼迎（Airbnb）与知乎作为案例分析对象，案例的选择时主要遵循以下原则：第一，案例都属于共享经济且作为平台连接者提供连接服务；第二，案例归属于不同的行业并且在所属行业发展情况较好，以提高案例说服力、保证相关资料易得翔实。在进行案例分析时遵循多案例分析结构，先对案例进行个案分析来描述不同企业在共享经济中的发展特点，然后进行跨案例分析归纳不同共享经济企业在共享经济发展过程中的驱动因素以及相应的经济模式对于经济高质量发展的促进效应。案例企业基本信息如表 6 - 6 所示。

表 6 - 6　　　　　　　　　案例企业基本信息

公司名称	成立年份	行业定位	业务介绍	支付方式	发展现状
滴滴	2012	在线约车	利用滴滴软件为用户及闲置资源内容者提供高效便捷的出行服务；提供的服务有：出租车、顺风车、专车、代驾、共享车等	现金、支付宝、微信、等	2017 年滴滴平台的使用者数量已超 4.5 亿，日均出行次数达 2500 万，截至 2018 年 9 月，滴滴市场份额占 91%
爱彼迎	2008	在线短租	作为连接服务平台为闲置住房所有者及用户提供一个安全可信任的交易平台；为旅行者提供个性化房源；商旅住宿及度假租赁业务	支付宝（仅中国）、信用卡、贝宝（PayPal）、银行转账等	2019 年房屋出租者覆盖全球超 10 万座城市，房屋短租收入超 800 亿美元，房东数量稳步增长
知乎	2010	在线知识共享	将知识作为盈利手段，知识共享的类型有专业化技能知识共享、专家经验共享、读书共享等；知识付费形式有：live 讲座、盐选专栏、知乎书店等	支付宝、微信	用户规模超 2.5 亿人次，知乎付费用户同比增长 4 倍，为用户提供知识共享产品数量超 5.7 万项，每日人均使用时间 2.5 小时，增加直播功能及入局短视频

资料来源：笔者根据相关企业官方网站和相关数据归纳整理得到。

（二）数据收集及处理

资料收集与分析时为了确保研究信度，资料信息的收集要遵循"三角验证"，即多来源并且资料之间要相互印证互为补充。本案例中相关企业的资料主要采取的是二手资料，主要来自案例所涉及企业官网上的信息，相关文献资料以及一些公开访谈信息。为此，本书课题组于 2020 年 6 ~ 7 月对滴滴出行、爱彼迎和知乎三家企业的业务部门进行了线上或线下的访谈，通过结构性或半结构化的深度访谈收集相关数据。本书在数据收集过程中极力确保相关信息及资料的可靠度，一方面，在选取案例时，被选企业的关注度及认知度较高，因此关于这些企业的信息较多；另一方面，对海量信息反复进行比对印证来确定其真伪。

数据收集过后将大量的资料信息进行归类整理并对其进行筛选处理，保留有效信息并整理形成资料库，在这里数据资料的处理主要采用的是定性分析。适用于处理一些研究焦点集中、过程不需控制的且现有研究不充分的问题。而关于共享经济生发机制即经济高质量发展效应的研究尚不充分，因此采用定性分析较为合适。

（三）信度和效度

案例研究过程中对于资料的收集过程应保证信度，即步骤的可重复性，本书主要通过设计案例研究草案来提高信度，在相关案例资料收集之前通过拟定案例研究草案规范资料的整理，并尽可能详细地记录研究中的每一个步骤。

提高案例研究建构效度的方法有三种：一是从多种渠道获取证据，证据之间相互印证并且相互补充，适用于证据收集阶段；二是使收集到的资料形成证据链，也适用于资料收集阶段；三是让证据中主要的信息提供者对案例研究报告进行检查，核对相关信息的真实。本书主要采取前两种措施提高研究的效度。

（四）案例描述

1. 滴滴

滴滴成立于 2012 年，最初业务仅切入北京出租车并进行试点运行，此时处在企业初创期，相关技术发展滞后及用户的认同感较弱，智能匹配及线路规划等分析能力也亟待提升，此时平台的连接功能较弱，人们之间的社会距离相对较远，专业化经济程度不高，互联网社会化协同作用也较弱，共享经济处在生发期。2014 年起，滴滴开始复制这种商业模式，丰富服务业务，覆盖城市 400 多个。在此期间随着平台服务的优化升级，滴滴平台连接服务作用不断加强，相匹配的技术也日益成熟，通过互联网技术对司机与用户进行精确匹配，用户黏性较高，相应地社会距离缩短，专业化经济程度提高，共享经济步入快速发展期。截至 2020 年，滴滴平台全球用户达 4.93 亿。滴滴还不断升级安全策略，旨在为在线约车双方提供一个安全互信平台；加大对技术创新的投入力度，例如，智慧信号灯业务在全国推行，在 10%～20% 程度上降低了推行城市的交通拥堵，优化用户体验，增强人均连接红利。

2. 爱彼迎

爱彼迎在中国凭借网络技术发展与平台连接赋能为中国闲置房屋资源内容者提供资源共享平台与连接服务，并通过提供高质量、高品质的房源，提升平台安全信任体系，与地方政府合作打造在线短租周边业务即文化体验项目，探索对接精准扶贫政策的民宿扶贫模式等措施提升专业化经济水平，促进有关资源更为高效的利用，并且缩短社会距离。用户从爱彼迎提供的服务中获取高体验感，资源内容者也从房屋短租和房源改造计划中获得更多的收益，并且随着平台业务的发展与普及，连接服务平台提供的服务质量越高，降低相应的信息搜寻匹配成本，提升人均连接红利，使更多的平台连接服务使用者嵌入共享经济中，提高社会福利水平。

3. 知乎

知乎是在共享经济下成立的并依托与互联网技术的高质量问答形式的知识共享交流平台。知乎成立之初的用户准入实行"邀请制"，知识内容创作者依赖自身专业知识对用户问题做回答，此时知乎作为平台连接者只将部分人"邀请"到在线知识共享网络中，生产率及连接服务水平相对较低。随后知乎发布"知乎 2.0"计划，于 2013 年向公众全面开放注册，用户数量迅速攀升，2016 年起开始探索知识付费模式，用户数量进一步激增。对于用户来说只需通过知乎平台在线付费就可搜寻高效结构化知识，对于内容生产者而言，他们可以通过知乎平台共享自己的专业化知识并获取额外收益，并随着用户对知识共享内容的质量要求提升，知乎会不断采取相应措施提高内容者共享知识的专业度，也是知乎区别于其他国内在线知识共享平台的标志。

三、跨案例比较分析与命题实证

（一）社会化协同驱动机制

共享经济使得信息获取及链接成本降低，连接者的服务水平、闲置资源内容者提供的资源以及用户的需求都会随着共享经济的发展不断提升，共享经济的参与者各自垂直专业化水平加强。社会中共享能力的提高，整个社会的专业化经济程度也会提高。共享经济使得不同类型资源内容者通过连接者的服务匹配到相应的资源需求者也就是用户，所有参与者都通过平台连接者的服务链接到同一个社群，社群中的参与者在相互信任的基础上依托互联网技术在连接平台上进行交易和资源共享，社会距离因此缩短，这在一定水平上也会进一步促进共享经济的发展。

（二）经济高质量发展促进效应

（1）劳动生产率提升效应。在共享经济这种新型经济模式下，每个人都能一定程度上按照自己的方式通过共享经济平台向其他用户共享对自己来说闲置的资源，既可以使更多的商品进入分工交易系统，又会提高闲置资源利用效率。并且共享经济模式的进一步发展要依赖互联网技术、支付服务和平台连接服务等因素，在一定程度上反作用于这些因素，推动这些因素自身的发展，提高相应的生产和利用效率。闲置资源内容者在依赖互联网平台连接服务提供相应的商品时，用户也要通过这种平台连接服务匹配自己需要的商品或者服务，这种依赖互联网平台的交易对支付方式也有一定的要求，相应地催生并促进支付宝、微信支付或者平台本身等各种支付服务的发展，随着这种共享经济模式的发展，支付服务的效率也不断提升，表现在支付方式的多样化与支付体验的优化。同时对平台连接服务也会提出更高的要求，例如，提高滴滴顺风车业务的安全性；爱彼迎在线短租保护用户的隐私，提升双方的信任度；而知乎网更注重提高知识共享的质量等。

（2）人均连接红利提升效应。共享经济一方面提高了闲置资源的利用率，另一方面通过连接服务平台整合资源，参与者在其中享受共享经济带来的连接红利。2016～2020年间我国共享经济收入增长比传统经济收入增长的平均速度快。据《中国共享经济发展报告（2021）》显示，2020年中国共享经济市场交易规模达33773亿元，参与人数约8.3亿人，相关连接服务从业人员8400万人，促进了闲暇就业、创业式就业的发展。参与者在其中可以降低实体型经济交易时的成本，用户也可以通过平台连接服务有更多的选择，交易效率大幅提升。共享经济下的交易基于交易双方的信任，并且这种信任机制会随着共享经济的发展进一步强化，参与者人均连接红利不断提升。

（3）人均收入提升效应。共享经济模式下的闲置资源的共享打破了传统资源共享模式对资源内容者的时间的限制，并且在一定程度上节约了资源，为用户提供更方便、快捷与高效的服务。例如，在滴滴打车这一连接服务平台上，如果选择拼车服务，原本需要更多车辆的路程在这种模式下只需一辆车，既环保又可节省用户时间；在爱彼迎房屋出租平台上，对于一些人闲置的房屋资源提供给有短期住房需求的用户，充分利用了现有资源的价值。在一定程度上共享经济模式会为更多的人提供工作岗位，越来越多的年轻人同时拥有两种及以上职业，并且虚拟共享经济下更高的专业化分工也会提高人均收入，越来越多的人选择在自己闲暇时间利用闲置资源为自己创造更大的收益。据《2020年网约车行业分析报告》显示，2020年每天大约有300多万网约车内容者通过滴滴这一平台的连接服务获得平均200多元的收入，相关内容者数量甚至超过了1750万，由滴滴出行所代表的共享经济处在蓬勃发展阶段。而且只要平台连接服务者能够高效率地为用户及资源内容者提供服务，相应的信息传递及信息匹配成本会大幅降低，从而社会距离缩短，虚拟共享经济模式下人均收入水平会持续不断提升。

第五节　本 章 小 结

在"互联网+"的技术和商业模式变革的发展背景下，共享经济对资产权属、消费方式等的革新价值正受到越来越多的关注，但学界对"互联网+"社会化协同如何影响共享经济的生成和发展，以及共享经济如何提升社会福利的内在机制缺乏结构化研究框架。本书拓展了一个新兴古典经济学模型，将共享经济的形成与发展放在一个超边际分析框架中，揭示了共享经济形成和演进的内在经济逻辑及其对经济高质量发展的促进效应。研究发现，共享经济的形成与发展是一个分工结构演进和社会化协同水平不断提升的过程和结果，不同的闲置资源利用模式具有不同的驱动机制。纵向专业化、横向生态化、连接社会化和无中心化是虚拟型共享经济的核心动力机制，社会交互距离（δ）与专业化经济水平（b）是决定共享经济模式转换的核心因素。具体而言，当社会交互距离非常大的情况下，闲置资源的所有者往往进行独享，他们不会进行市场化的共享；只有当社会交互距离很小以及专业化经济水平足够高的前提下，建立在互联网平台基础上的"虚拟型共享经济模式"才会应运而生。共享经济的发展不仅提高了大量闲置资源的配置和利用效率，而且通过社会化协同机制促进了就业资源的优化配置、劳动生产率的提升、网络协同红利的扩张以及人均真实收入的上升，"互联网＋"社会化大协同驱动的共享经济发展具有显著的经济高质量发展促进效应。

第七章 "互联网＋"社会化
协同与众包经济

在企业内部来配置资源，还是通过外部经济个体来实现资源配置，这最早涉及的是一体化和外包的关系问题，外包组织方式的出现无疑促进了经济活动的市场化和专业化分工水平的提高，从而对经济发展具有重要的增进价值（庞春，2010），外包一度成为企业优化资源配置和提高经济效率的有效方式。然而，在传统外包方式不断普及的同时，基于互联网平台的网络外包或进而众包模式逐渐成为经济组织优化资源分布和提升资源配置效率的新兴资源组织方式。以中国为例，随着互联网技术、人工智能技术的发展，出现了一大批网络外包平台和网络众包平台，诸如蜂鸟配送、点我达、滴滴出行等都是网络众包模式的现实应用。面对此种外包模式的变化，一个重要的逻辑问题出现了，即传统外包从一体化中分离出来之后，是如何向网络外包和网络众包演进的，社会化协同机制如何促进了外包模式的转型，这种转型又怎么影响经济社会的发展？针对这些问题，本书将运用新兴古典经济学的超边际分析方法，从专业化分工视角对"互联网＋"社会化大协同中的外包模式数字化转型机制进行研究，探讨传统外包向众包演进的内在经济逻辑，揭示这一结构变化过程所含的经济发展促进效应，从而一方面能对已有外包研究提供新兴古典经济学理论视角的补充与创新，另一方面也能够为众包经济等新兴商业模式的可持续发展提供理论依据和政策启示。

第一节 "互联网＋"社会化协同与外包
数字化转型的经济逻辑

从一体化中分离出传统外包，而随着互联网平台和社群生态的发展，网络外包和网络众包先后成为重要的资源配置和组织模式。那么从经济组织变迁的角度来看，网络众包是如何生成的，其与网络外包、传统实体型外包在实践模式、效率条件及分工结构等方面有哪些关键区别，这些是理解外包向众包演进的经济逻辑主线。

一、数字经济时代企业外包环境特征及外包典型实践模式变迁

（一）数字经济时代的企业外包环境特征

在农业经济、工业经济等传统经济时代，企业是否选取外包的资源组织方式主要取决于内部一体化成本与外包交易成本的相对大小，传统外包方式与农业、工业时代的交通、人际沟通效率相适应。随着人类社会从前互联网发展阶段向以网络化、智能化和数字化为主要代表的数字经济时代变迁，大数据逐步取代劳动、资金等成为关键生产要素，移动互联网、物联网、人工智能、类脑智能平台成为集聚、整理和分析海量数据的重要手段或载体，供求信息的集成、集聚和快速自动匹配成为可能。万物互联、连接一切的协同化分工体系使企业成为网络化协同社群的虚拟节点，外包模式需要与网络化、智能化和协同化基础上的大数据集成和价值整合环境相适应，传统外包具备了向网络外包乃至网络众包升级的现实基础。

（二）传统外包与网络外包、网络众包的典型实践模式

从现实发展来看，外包先后经历了实体型传统外包和网络外包两个阶段。首先，随着分工结构的演进，企业在生产经营中最先会遇到选择一体化还是外包的经济资源组织方式的选择问题，当交易效率的改进后，外包可能会替代一体化的方式而成为一种优先考虑的生产经营方式。以如图 7－1 所示的企业 Logo 设计为例，在现实中，当企业用户（发包方）打算通过外包方式购买使用企业 Logo 时，那么 Logo 设计公司则是一个接包方。在前互联网阶段，接包方与发包方可能主要通过打电话等传统方式进行信息匹配，需求发布、信息匹配、支付服务等相关服务主要由发包方或接包方承担。其次，随着网络平台的广泛应用，线下意义的传统式外包开始向互联网意义上的网络式外包发展，发包者开始通过互联网平台搜索和匹配接包者，外包供求匹配效率得以提升。还是以企业 Logo 外包设计为例，企业用户在诸如猪八戒网等创意设计网络外包平台上搜索相关的设计类接包者，选定匹配某家设计企业并向它外包 Logo 设计任务。在此过程中，互联网外包平台仅仅提供了潜在接包方的信息储备功能，并

向接包者提供包括营销、支付或配送等外包服务，而被发包方选定的接包者通过投入一定的资源设计并提供企业的 Logo 设计方案。

图 7 – 1　企业 Logo 设计的传统外包方式

当信息化水平进一步提升，经济社会步入以新兴互联网技术的应用为主要内容的"互联网＋"阶段，众包①形式开始替换网络式外包形式。如图 7 – 2 所示，用户（发包方）不再需要信息的自我搜寻和匹配，发包者只需要在"威客中国"等这一类网络众包平台上发布需要设计的企业 Logo 需求信息，大量的潜在众包者就可以通过网络众包平台实现快速的供求信息匹配。也即，当需求信息在威客平台发布后，威客平台将承担起供求信息匹配功能，大量在威客平台注册的设计者（包括公司和数量众多的自然人设计师）快速对接平台的需求信息，并根据自身的资质条件向平台竞争接包，由此发包方通过威客平台与潜在的众多接包方形成了网络众包关系。显然在这种众包关系中，与外包方式不一样，接包方不再是单一固定的个体，而是由数量众多的潜在接包者连接而成的网络社群中的个体。更为重要的是，发包者不再需要花费大量的时间等资源去搜寻和匹配接包者，相反网络平台却因为发挥了供求信息的聚集、匹配和扩散作用而成为信息集聚、匹配的专业化提供者。此外，随着互联网社群的发展和完善，营销、配送或支付等服务，此时也可以由诸如更为专业化的服务商承担。当然，图 7 – 1 至图 7 – 3 是现实中最为常见的外包和众包实践案例，除此之外，物流配送、知识技能等领域的蜂鸟配送、点我达和知乎等也已日益成为众包模式的典型实践案例。

二、传统外包与网络外包、网络众包的内在区别

伴随着互联网技术和平台经济的发展而被广泛应用的网络外包和众包，在内在本质上仍然是一体化组织将原先由自己生产的产品或服务环节

---

①　本书关注的网络众包与现实中存在的多层或多重分包不同，前者是一种众多潜在接包者实时快速与发包者建立的单层或首层外包关系，而后者是外包后的转包或分包，在外包关系的层级性和实时性等方面都与网络众包存在很大区别，本书旨在揭示前者的形成机制和经济发展效应。

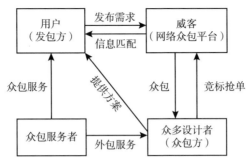

图7-2 企业Logo设计的网络众包模式

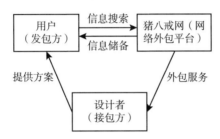

图7-3 企业Logo设计的网络外包模式

委托给外部经济组织来供给,由此网络外包或众包是对传统外包在本质功能和运作模式等方面的延伸和发展。但相对于传统外包而言,网络外包和网络众包通过生态型协同效应、信息快速自动匹配和多边市场治理实现了对传统外包方式的超越和拓展,经济资源得以更高效率地配置和利用,最终提高社会福利水平(如表7-1和表7-2所示)。

表7-1 不同外包模式的主体交互方式及信息匹配方式

外包模式	互联网发展阶段	交互方式	信息匹配方式	驱动机制	分工结构	社会福利效应	现实案例
传统外包	前互联网发展阶段	人格型直接互动	自我搜寻匹配	人格型交易效率	局部分工	生产率、服务化水平和人均收入相对较低	IT软件外包;HR管理外包;Logo设计外包
网络外包	+互联网	协调型间接互动	自我搜寻匹配	协调型交易效率	局部分工	生产率、服务化水平和人均收入水平提高	猪八戒网;快包网;中国外包网;开发邦

续表

外包模式	互联网发展阶段	交互方式	信息匹配方式	驱动机制	分工结构	社会福利效应	现实案例
网络众包	互联网＋	社会化生态型协同	快速平台型自动匹配	系统型交易效率	完全分工	生产率、经济服务化水平、人均收入显著改善	蜂鸟配送；威客；人人快递；知乎；点我达；易到用车

资料来源：笔者分析整理。

表 7 – 2　　　　　　　　　不同外包模式的治理结构及其影响因素

外包模式	治理结构	影响因素				
		交易网络规模	交叉网络效应	市场不确定性	学习成本	市场交易效率
传统外包	单边市场	较小	不明显	较强	外包服务、中间产品的学习成本较高	较低
网络外包	双边市场	较大	较明显	较低	外包服务、中间产品的学习成本较低	较高
网络众包	多边市场	很大	很明显	很低	外包服务、中间产品的学习成本很低	很高

资料来源：笔者分析整理。

1. 从人格型直接互动向协调型间接互动与社会化生态型协同升级

在前互联网发展阶段，外包之所以能够替代一体化方式成为很多企业配置资源的重要方式，这主要在于通过外包来组织和利用资源比一体化更加有生产效率，而交易效率的充分改进能够解决分工交易环节增加的问题（庞春，2016），只不过这种交易效率是一种建立在发包者与接包者直接进行人格化沟通基础上的人格型交易效率，所以传统外包的驱动机制主要是人格型交易效率的充分改进。当然，与传统外包不同，当社会进入到"＋互联网"的信息化发展阶段，网络外包可能会逐渐取代传统外包而成为一种更主要的外包形式。在这一阶段，发包者与接包者都将以非人格化的角色嵌入在互联网虚拟系统中，两者之间在互联网外包平台的协调下进行间接互动，发包者通过网络外包平台自我搜寻潜在接包者，而接包者也通过外包平台实现与发包方的对接，因此，不同角色之间的协调效率决定了外包系统中的交易效率，而这又将决定网络外包的整体效率。然而，当经济体进入到"互联网＋"的发展阶段，发包者与接包者之间也不需要直接型的人际互动，由互联网平台连接而成的社会化生态成为众包价值创造的重要源泉。发包者将需求发布在互联网平台上，此后虚拟集聚在互联网社群中的潜在接包者通过社会化协同生态匹配供求信息，整个众包网络存在多角色、多主体的分布结构，这些分布结构及其不同的潜在接包者通过移动互联网、社群空间、社交网络等实现社会化生态型协同，潜在的接包者之间、接包者与发包者之间不需要面对面直接互动与沟通，多角色、大规模、实时的社会化生态型协同促进众包网络的协同价值创造。具体而言，在网络众包中，平台通过其供求信息匹配功能和高效的社会化协同机制引导潜在的众包方接单匹配，实现发包方与众包方的社会化互动与协作。在此过程中，不仅接包者与发包者之间实现社会化协作，而且包括网络众包平台以及其他专业化众包服务提供商也经由发达的众包服务网络实现多层次多向度的社会化协同，接包者的营销、配送和支付等服务由社会化协同系统供给。因此，显而易见，网络众包之所以能够从传统外包中不断实现拓展，其驱动发展的重要机制并非是人格型交易效率改进，而主要是基于整个社会化众包网络的系统型交易效率改进的产物。

2. 从信息自我搜寻匹配向信息快速平台型自动匹配升级

上面从发包者与接包者之间的沟通方式揭示了外包与众包之间的核心区别，而最终产品生产中所需要投入的外包供求信息匹配服务效率则可能是决定网络众包最终能够否出现并能和迅猛发展的更为核心的临界条件。在前互联网发展时期，发包方与接包方并不自然而然地知道谁需要外包服务或谁能提供外包服务，发包方需要主动向市场自主搜寻潜在接包方，发包方在严重的信息非对称条件下搜寻接包者，也即发包方在外包服务的供求信息匹配方面进行信息的自我搜寻，发包方自己生产和提供信息搜寻匹配服务。同时在一个充分竞争的外包市场上，接包方也需要投入大量的时间或货币资源用于外包服务的营销。因此，在传统外包中，由于这种信息匹配服务本身的非外包化（一体化）决定了外包过程中专业化分工水平相对较低，信息匹配服务的专业化分工结构往往是一种局部分工结构。随着信息化水平的提高，当网络外包成为外包的主要形式后，网络外包平台主要为发包者提供了关于接包者的相关信息，网络外包平台主要发挥了对接包者相关信息的展示和营销功能，因此发包者仍然需要自我搜寻和确定潜在的接包者，即此时的信息匹配方式仍然是发包者自我搜寻匹配，由此网络外包平台对发包者自我提供的信息匹配服务的效率改进不明显。相反，此时的网络外包平台成为为接包者提供平台型营销展示、电子支付或配送服务的专业化服务商，所以相对于发包者，网络外包平台对接包者具有更大的效率增进价值。

然而，在"互联网+"的网络众包中，原先发包者不再需要花费大量的资源来自我搜寻接包方，它们能够通过众包平台的社会化协同效应与接包方实现供求信息的快速自动匹配。在网络众包平台上，接包方也不再需要过多地投入资源来营销接包服务，而是凭借自身的接包能力就可以通过（移动）互联网众包平台快速和发包方实现供求对接，在云计算、大数据等的协同下甚至能够实现"秒接包"，由此外包条件下的供求信息自我搜寻匹配向信息的快速平台型自动匹配拓展，网络众包应运而生并迅猛发展。此外，在这一转变过程中，由于信息匹配服务的平台化和市场化，接包者和发包者都不需要投入很多资源于交易环节，因此可以更多地将时间等资源专业化配置于主营产品或服务的生产或供给上，由此网络众包的分工结构是一种完全分工结构。

3. 从单边市场治理到多边市场治理发展

传统的治理结构理论主要从资产专用性、交易频率和不确定性角度回答市场治理还是企业一体化治理的问题。在企业选择外包等市场治理结构的前提下，到底选择传统外包方式，还是网络化外包乃至众包成为数字经济时代市场治理的新问题。如表7-2所示，传统外包模式仍然是一种发包者与接包者直接进行市场交易的单边市场治理结构，而网络外包模式则在发包者与接包者之间嵌入了第三方契约者（网络外包平台），构成了基于中间产品供给方、需求方以及交易协调方的双边三方市场治理结构。此外，在网络众包结构中，不仅有发包者与接包者之间的直接交易关系，同时网络众包平台承担了更高效率的外包协调活动，更为重要的是，如前所述，网络众包体系中还生成了包括专业化信息协同匹配服务商、营销、品牌运营、金融、支付等服务商，由此形成了多边市场治理结构。交易网络规模（Baake and Boom，2001）、交叉网络外部性（Evans and Noel，2005）、市场不确定性（Williamson，1975）、学习成本和市场交易效率（Yang，2001）则决定了对不同外包模式及其治理结构的选择（如表7-2所示）。例如，对于交易网络规模很小的行业或产品，外包主要局限在有限的发包方和接包者之间，那么直接型的传统外包方式有利于交易的达成和合同的监督、执行，而如果相关中间产品被大量的中小发包者所需求，交易网络规模较大，那么通过网络外包和众包就非常容易形成正向的网络外部效应。由此，从另外一个方面来看，如果中间产品的交易具有很明显的交叉网络外部性，那么此种产品通过网络外包和众包实现外包供给更有优势。此外，如果发包者与接包者之间的信息不对称很难克服，市场交易的不确定较强，那么选择直接交互型的传统外包方式有利于克服机会主义行为，但是如果市场不确定性较低，从而监督合同的成本较低，那么网络外包和众包方式往更有效率。最后，各类产消品的学习成本和市场交易效率往往是决定分工模式和经济组织的关键因素。如表 7－2 所示，如果外包市场上的信息匹配服务、营销、支付等外包服务及其学习网络足够发达，同时大量接包者对中间产品的学习成本足够低，那么互联网平台和生态系统带来的高市场交易效率则十分有利于网络外包或众包的生成，相反如果市场服务效率较低，中间产品复杂度较高，从而学习成本很高，那么发包者则倾向于通过直接交互的传统外包方式与接包者进行交易。

三、外包向众包的分工结构演进

在任一分工结构中，发包者都是一个生产最终产品 X 的生产者－消费者，在生产过程中，它需要投入劳动力资源、中间产品 Y（外包标的）和信息匹配服务 I。此外，在中间产品 Y 即外包标的的生产中，除了需要投入劳动之外，还需要投入营销、支付和配送等外包服务 Z。如图 7－4 至图 7－6 所示，在外包向众包的拓展过程中，信息匹配服务和营销、支付或配送等服务不断从发包者或接包者的自我提供向市场化平台型供给转变，由此推动劳动分工结构由局部分工结构 A、局部分工结构 B 向完全分工结构 C 转变。

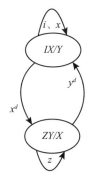

图 7－4　传统外包的局部分工结构（A）

资料来源：笔者分析绘制。

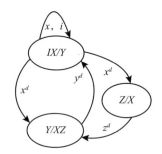

图 7 - 5　网络外包的局部分工结构（*B*）

资料来源：笔者分析绘制。

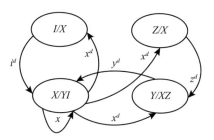

图 7 - 6　网络众包的完全分工结构（*C*）

资料来源：笔者分析绘制。

首先，图 7 - 4 为代表传统外包模式的局部分工结构 *A*。之所以称之为局部分工结构，是因为在该结构中没有完全专业化生产者 - 消费者。例如，发包者 *IX/Y* 要将劳动力资源投入到两种产品的生产上，即它既要生产最终产品 *X*，又要自我提供外包信息的匹配服务 *I*，此时发包者是一个外包供求信息的自我搜寻者，此时接包者 *ZY/X* 不是自动出现的，而是需要发包者投入市场资源进行搜寻。在发包者的生产和交易关系中，它需要向市场发包，反过来它需要从市场购买数量为 y^d 的中间产品 *Y*，与此同时将数量为 x^s 的最终产品 *X* 出售给接包者，以满足接包者的消费。当然发包者也需要留下数量为 x 的最终产品 *X* 给自己用。对于另一个分工主体接包者 *ZY/X* 而言，它也是一个非完全专业化生产者 - 消费者，它也需要生产两种产品，一种是出售给发包者的中间产品 *Y*，另外一种是外包服务 *Z*。在此种生产和消费关系中，接包者购买的最终产品或服务的数量为 x^d，且这些最终产品或服务是从发包者那边购买的。同时，接包者将全部的中间产品 *Y* 出售给发包者。在生产中间产品 *Y* 的过程中，接包者自我提供营销、支付或配送等外包服务 *Z*。

其次，在图 7 - 5 中，除了原先的发包者 IX/Y 和接包者 Y/XZ 之外，分工结构中出现一个完全专业化生产者 - 消费者 Z/X。它在分工体系中完全专业化提供营销等服务，它将全部的外包服务 Z（数量为 z^s）出售给接包者，以促进中间产品（数量为 y^s）的交易，当然网络式外包平台这一生产者 - 消费者也是需要通过消费最终产品（x^d）来满足其效用的。在这一结构中，虽然出现了网络外包平台 Z/X，但发包者仍然是一个外包供求信息的自我匹配者，服务 I 此时的提供者仍旧是发包方，当然它还需要投入劳动和中间产品 Y 用来生产最终产品 X，为此它需要向发包者购买数量为 y^d 的中间产品 Y。对于接包者 Y/XZ 而言，此时它是一个完全专业化者，它将全部的劳动时间投入到中间产品 Y 的生产上，外包服务 Z 从市场购买，数量为 z^d。当然通过向发包者出售中间产品可以换得数量为 x^d 的最终产品，以满足自己的消费需要。由此，三个分工主体通过交易和专业化生产，网络外包的不完全分工结构 B 就形成了。

最后，与传统外包和网络外包结构都显著不同，图 7 - 6 中出现了完全分工结构，该结构中的每一个分工主体都完全专业化生产一种产品，并从市场购买其所需要的相关产品或服务。例如，对于发包者 X/IY 来说，此时它不再需要自我提供外包供求信息的匹配服务，这一服务它从市场购买，数量为 i^d。当然此时它需要从发包者那边购买数量为 y^d 的中间产品，以用来生产最终产品 X。对于接包者 Y/XZ 来说，此时它是一个通过购入数量为 z^d 的外包服务 Z 和数量为 x^d 的最终产品 X 来实现转移化生产中间产品 Y 的完全专业化生产者 - 消费者。在该分工结构中，还有两个完全专业化生产者 - 消费者。一个是专业化为发包者提供营销、配送和支付等外包服务的平台型专业化外包服务商 Z/X，它嵌入在"互联网＋"形成的生态关系之中，除了专业化生产外包服务 Z 之外，它也需要购入数量为 x^d 的最终产品 X 来满足需要。另一个是新出现的网络众包平台服务商 I/X，它专门为发包者提供外包供求信息的快速自动匹配，当然它要从外部市场中购买一定量（x^d）的最终产品 X。由此从发包者那边换得数量为的最终产品 X。显然，在分工结构 C 中，专业化水平和交易环节增加，分工角色更为多样化，但总体而言专业化水平和社会化协同能力得以提升，由此实现外包的数字化转型。

第二节　超边际分析：外包向众包转型的结构转换条件

一、基础模型

假设由发包者、接包者、外包服务商等构成了一个外包市场或经济系统，该系统包括了 M 个生产者 - 消费者。如前所述，发包者为了生产出最终产品 X，需要在生产中投入劳动时间、中间产品 Y 和外包供求信息匹配服务 I。接包者生产中间产品 Y 这一外包标的，并出售给发包者。在接包者生产中间产品 Y 的过程中，假设需要投入劳动时间和营销、支付、配送等外包服务 Z。这里我们假定产品或服务在交易过程中存在"冰山成本"，即生产者 - 消费者最终的有效消费量是其购买量的一定百分比。假设这种"冰山成本"在不同的产品或服务交易市场上具有差异。为此，假设最终产品、中间产品、信息匹配服务和营销、支付或配送等外包服务的市场交易效率系数分别为 k_1、k_2、k_3 和 k_4（$0 < k_j < 1$，$j = 1$，2，3，4）。由此，我们给出在前述外包向网络众包演进的过程中，生产者 - 消费者面临如下超边际决策问题：

$$
\begin{aligned}
\max \quad & U = x + k_1 x^d \\
\text{s. t.} \quad & x^p = x + x^s = \left[\left(y + k_2 y^d \right)^\lambda \left(i + k_3 i^d \right)^{1-\lambda} \right]^\theta \left(L_X - m \right)^{1-\theta} \\
& y^p = y + y^s = \left(z + k_4 z \right)^\varepsilon \left(L_Y - n \right)^{1-\varepsilon} \\
& i^p = i + i^s = L_I - q \\
& z^p = z + z^s = L_Z - t \\
& L_X + L_Y + L_I + L_Z = 1 \\
& p_X \left(x^s - x^d \right) + p_Y \left(y^s - y^d \right) + p_I \left(i^s - i^d \right) + p_Z \left(z^s - z^d \right) = 0 \qquad (7-1)
\end{aligned}
$$

式（7 - 1）表征了外包市场中任一生产者 - 消费者的效用最大化超边际决策机制。首先，式（7 - 1）中的第一个子式表明，经济个体是一个通过消费最终产品 X 来追求最大化效用的理性经济人，其消费效用大小主要在于最终产品的消费量，而这一消费数量要么由专业化生产的最终产品自我消费量 x 决定，要不取决于从市场购进量 x^d 与最终产品市场交易效率系数 k_1 的乘积。当然，在一个资源相对稀缺的竞争性市场上，生产者 - 消费者的效用最大化目标受到一系列因素的制约，即式（7 - 1）其他子式给出了生产交易行为的约束条件。例如，最终产品 X 的生产主要受到三种生产要素或中间产品数量的制约，式（7－1）中最终产品 X 的产出量 x^p 主要由劳动时间份额 L_X（在模型中，我们用劳动时间份额来表征生产的专业化水平）、中间产品投入量和信息匹配服务投入量决定，这些要素通过一个 C-D 生产函数的形式影响最终产品 X 的生产量。其中，$\theta(0<\theta<1)$ 与 $1-\theta$ 分别表示中间产品和信息匹配服务要素对产出的综合弹性以及劳动时间份额 L_X 的产出弹性，这体现出了最终产品的生产对中间投入的相对依赖程度更高，还是对劳动专业化水平依赖程度更高。当然，生产中存在学习效应，劳动投入量越多，越容易积累经验，从而降低成本，为此，我们在生产函数中引入学习成本参数，例如，在最终产品的生产中，学习成本为 $m(0<m<1)$。此外，在最终产品 X 的 C-D 生产函数中，我们还分别刻画了中间产品 Y 和信息匹配服务 I 对产出的贡献度，为此，用 $\lambda(0<\lambda<1)$ 来表征生产过程对中间产品 Y（外包标的）的依赖程度。

在式（7－1）中，第三个子式表征了中间产品 Y 的生产函数约束条件。我们假定外包标的的生产产出量主要受到外包服务 Z 的投入量和劳动专业化水平 L_Y、学习成本 n 的影响。其中，$\varepsilon(0<\varepsilon<1)$ 表示中间产品 Y 在生产过程中对营销、支付、配送等外包服务的依赖度。此外，不难发现，外包供求信息匹配服务 I 的生产是一个简单的线性函数，其产出量 i^p 主要受到劳动专业化水平 L_I 与学习成本 $q(0<q<1)$ 的影响，专业化水平越高、学习成本越小，其产出量越高。类似的，外包服务 Z 的产出量 z^p 也是受到其专业化水平 L_Z 和学习成本 $t(0<t<1)$ 的制约。

毫无疑问，任何一个生产者－消费者在生产交易中，其劳动时间份额的总和都为 1，为此我们假定式（7－1）的第六个子式为劳动时间约束，用来刻画生产者－消费者在不同的产品或服务生产上的专业化水平。另外，式（7－1）最后一个子式则刻画了市场交易的预算平衡约束，这表明，生产者－消费者通过向外包市场出售产品或服务所获得的收入与其用于购买产品或服务的支出相平衡，从而实现预算的动态综合平衡，其中，最终产品 X、中间产品 Y、信息匹配服务 I 和外包服务 Z 的外包市场交易价格分别表示为 P_X、P_Y、P_I 和 P_Z。

二、超边际决策与角点解分析

如前所述，传统外包结构向网络众包演进的过程伴随着劳动分工结构的变化，在此过程中，不仅会出现新的分工主体，而且不同分工结构中的发包者、接包者、网络外包或众包平台乃至营销、支付或配送服务商通过超边际角点决策不断改变着各自卷入专业化分工的程度。

（一）传统外包模式的角点解分析

如图 7 - 2 所示，在传统外包分工结构中，只存在发包者、接包者两种分工主体，它们相互之间就外包标的（中间产品）和最终产品进行直接交易，由此形成了基于人格型交易的传统外包分工模式。

1. 发包者的角点超边际决策分析

在传统外包结构中，发包者（IX/Y）将全部的劳动时间投入到专业化于生产最终产品 X 和外包供求信息匹配服务 I 两种产品或服务上。它一方面向市场中的接包者出售最终产品 X，另外自己也需要自留一部分最终产品 X 给自己消费，因此，有 x^s 和 x 都大于零。为了找到合适的接包者，发包者需要花费一定的时间来进行外包供求信息匹配，因此，它的信息匹配服务 I 的生产量也即是它自己的消费量 i 大于零。当然，核心的在于发包者从市场需要购进数量为 y^d 的中间产品 Y，因此有 $y^d > 0$。所以，此时发包方的角点决策为：

$$\max \quad U_A^{IX} = x$$
$$\text{s. t.} \quad x^p = x + x^s = \left[\left(k_2 y^d \right)^\lambda i^{1-\lambda} \right]^\theta (L_X - m)^{1-\theta}$$
$$i^p = i = L_I - q$$
$$L_X + L_I = 1$$
$$p_X x^s = p_Y y^d \tag{7-2}$$

求式（7 - 2）最大化问题，得下列角点解：

$$L_I = \left[\theta(1-m)(1-\lambda) + q(1-\theta) \right] / (1-\lambda\theta)$$
$$x^s = \lambda\theta x^p = \left[\lambda\theta(1-m-q)/(1-\lambda\theta) \right] \left[\pi (P_X k_2 / P_Y)^{\lambda\theta} \right]^{1/(1-\lambda\theta)}$$
$$y^d = \left[\lambda\theta(1-m-q)/(1-\lambda\theta) \right] \left[\pi P_X k_2^{\lambda\theta} / P_Y \right]^{1/(1-\lambda\theta)}$$
$$i^p = i = \theta(1-m-q)(1-\lambda)/(1-\lambda\theta)$$
$$U_A^{IX} = (1-m-q) \left[\pi (P_X k_2 / P_Y)^{\lambda\theta} \right]^{1/(1-\lambda\theta)}$$
$$\pi = \left[\theta\lambda^\lambda (1-\lambda)^{1-\lambda} \right]^\theta (1-\theta)^{1-\theta} \tag{7-3}$$

2. 接包者的角点超边际决策分析

对于传统外包结构中的另一个分工主体——接包者（ZY/X）来说，其最为核心的角色在于向发包者全部出售数量为 y^s 的中间产品 Y（外包标的），由此与发包者交换数量为 x^d 的最终产品 X，因此，显然有 y^s 和 x^d 都大于零。当然，如前所述，接包者要想顺利地实现接包和后续交易环节，还需要自我提供一定数量的外包服务，因此有 z 大于零。为此，此时的接包者面临如下的超边际角点决策：

$$\max \quad U_A^{RY} = k_1 x^d$$

$$\text{s. t.} \quad y^p = y + y^s = z^\varepsilon (L_Y - n)^{1-\varepsilon}$$

$$z^p = z = L_z - t$$

$$L_Y + L_Z = 1$$

$$p_Y y^s = p_X x^d \tag{7-4}$$

求式（7-4），得到式（7-5）角点解：

$$L_Z = \varepsilon (1 - n) + t(1 - \varepsilon)$$

$$z^P = z = \varepsilon (1 - n - t)$$

$$y^P = y^S = \varepsilon^\varepsilon (1 - \varepsilon)^{1-\varepsilon}$$

$$x^d = (P_Y / P_X) \varepsilon^\varepsilon (1 - \varepsilon)^{1-\varepsilon}$$

$$U_A^{RY} = k_1 \varepsilon^\varepsilon (1 - \varepsilon)^{1-\varepsilon} (P_Y / P_X) \tag{7-5}$$

（二）网络外包模式的角点解分析

在图 7-3 的分工结构中，除了发包者和接包者之外，出现了新的分工主体——网络外包平台服务商，主要为接包者提供专业化的营销、支付或配送服务，由此形成了基于互联网外包平台的网络外包模式。

1. 网络外包平台的角点超边际决策行为分析

在网络外包模式中，由互联网技术发展带来的互联网外包平台服务商（Z/X），专业化于向市场提供有利于促进外包的营销、电子化支付和快速配送等服务，因此此时有 z^s 大于零。当然，作为生产者 - 消费者，网络外包平台服务商也需要从市场购买数量为 x^d 的最终产品 X，因此有 x^d 大于零。所以，此时的网络外包平台服务商的决策是：

$$\max \quad U_B^R = k_1 x^d$$

$$\text{s. t.} \quad z^p = z^s = L_Z - t$$

$$L_Z = 1$$

$$p_Z z^s = p_X x^d \tag{7-6}$$

求式（7-6），得式（7-7）角点解：

$$z^P = z^S = 1 - t$$

$$x^d = (1 - t) P_Z / P_X$$

$$U_B^Z = k_1 P_Z (1 - t) / P_X \tag{7-7}$$

2. 发包者的角点超边际决策行为分析

在网络外包模式中，发包者（IX/Y）的角色与功能和传统外包时代相差不大，它仍然专业化于生产最终产品 X 和自我提供外包供求信息的匹配服务，只不过此时的供求信息匹配服务效率可能会更高。因此，此时仍然

有 x、x^s、i 和 L_X、L_I 大于零。当然，在它的生产过程中，仍然需要投入中间产品 Y，而这来自接包者，其购买量为 y^d。为此，此时的发包者决策问题为：

$$\max \quad U_B^{IX} = x$$
$$\text{s. t.} \quad x^p = x + x^s = \left[(k_2 y^d)^{\lambda} i^{1-\lambda} \right]^{\theta} (L_X - m)^{1-\theta}$$
$$i^p = i = L_I - q$$
$$L_X + L_I = 1$$
$$p_X x^s = p_Y y^d \qquad (7-8)$$

求式（7-8）问题，得下列式（7-9）角点解：

$$L_I = \left[\theta(1-m)(1-\lambda) + q(1-\theta) \right] / (1 - \lambda\theta)$$
$$x^s = \lambda\theta x^p = \left[\lambda\theta(1-m-q)/(1-\lambda\theta) \right] \left[\pi (P_X k_2/P_Y)^{\lambda\theta} \right]^{1/(1-\lambda\theta)}$$
$$y^d = \left[\lambda\theta(1-m-q)/(1-\lambda\theta) \right] \left[\pi P_X k_2^{\lambda\theta}/P_Y \right]^{1/(1-\lambda\theta)}$$
$$i^p = i = \theta(1-m-q)(1-\lambda)/(1-\lambda\theta)$$
$$U_B^{IX} = (1-m-q) \left[\pi (P_X k_2/P_Y)^{\lambda\theta} \right]^{1/(1-\lambda\theta)}$$
$$\pi = \left[\theta\lambda^{\lambda}(1-\lambda)^{1-\lambda} \right]^{\theta} (1-\theta)^{1-\theta} \qquad (7-9)$$

3. 接包者的角点超边际决策行为分析

根据前面两类分工主体角色与功能的变化，尤其是网络外包平台的卷入分工，这导致接包者（Y/XZ）的分工角色发生变化。与传统外包模式不一样，接包者此时是一个中间产品 Y 的完全专业化生产者，当然这些中间产品是全部向市场销售的（由此有 $y^s > 0$），同时它不再需要自我生产和提供营销、支付或配送等外包服务 Z，这些外包服务代之以从网络外包平台服务商那边购买，因此有 z^d 大于零。当然此时接包方需要从市场购进外包服务和最终产品 X。所以，此时的接包者的最大化决策行为是：

$$\max \quad U_B^Y = k_1 x^d$$
$$\text{s. t.} \quad y^p = y + y^s = (k_4 z^d)^{\varepsilon} (L_Y - n)^{1-\varepsilon}$$
$$L_Y = 1$$
$$p_Y y^s = p_X x^d + p_Z z^d \qquad (7-10)$$

求式（7-10），可得式（7-11）角点解：

$$z^d = (1-n)(\varepsilon k_4^{\varepsilon} P_Y/P_Z)^{\frac{1}{1-\varepsilon}}$$
$$y^P = y^S = (1-n)(\varepsilon k_4 P_Y/P_Z)^{\frac{\varepsilon}{1-\varepsilon}}$$
$$x^d = \left[(1-n)/P_X \right] \left[(\varepsilon^{\varepsilon} - \varepsilon) k_4^{\varepsilon} P_Y/P_Z^{\varepsilon} \right]^{1/1-\varepsilon}$$
$$U_B^Y = \left[k_1(1-n)/P_X \right] \left[(\varepsilon^{\varepsilon} - \varepsilon) k_4^{\varepsilon} P_Y/P_Z^{\varepsilon} \right]^{1/1-\varepsilon} \qquad (7-11)$$

(三) 网络众包模式中的角点解分析

随着移动互联、人工智能等最新前沿技术的进步，基于互联网平台的线上外包不断被基于互联网生态的众包所替换。除了原先的发包者、接包者和外包服务平台商之外，专业化为外包提供信息匹配服务 I 的网络众包平台卷入分工体系，外包市场的分工网络更大，它们相互作用，共同推进网络众包模式的演进和发展。

1. 网络众包平台的角点超边际决策行为分析

如图 7 - 6 所示，在网络众包模式中，能够为发包者提供快速自动信息匹配服务的网络众包平台（I/X）成为关键分工角色。它的主要功能在于生产和为发包者与接包者的外包供求信息匹配提供"秒"级别的匹配服务，因此有 i^s 大于零。当然，网络众包平台也需要消费，因此它需要从市场购买数量为 x^d 的最终产品 X。为此，此时网络众包平台商的决策为：

$$\max \quad U_C^I = k_1 x^d$$
$$\text{s. t.} \quad i^p = i^s = L_I - q$$
$$L_I = 1$$
$$p_I i^s = p_X x^d \tag{7-12}$$

求式（7 - 12）的超边际决策问题，得到式（7 - 13）中的角点解：

$$i^P = i^S = 1 - q$$
$$x^d = (1 - q) P_I / P_X$$
$$U_C^I = k_1 (1 - q) P_I / P_X \tag{7-13}$$

2. 众包服务者的角点解分析

在众包模式中，除了专业化提供外包供求信息匹配的网络众包平台之外，还有大量的提供营销、智能支付和配送服务的网络众包平台服务商（Z/X）卷入到分工网络中。它们一方面专业化生产和提供促进众包发展的营销、配送等服务 Z，并将这些专业化众包服务全部出售给接包者，因此有 z^s 大于零。此外，它们从市场购买数量为 x^d 的最终产品 X 用于自己的消费，因此有 x^d 大于零。为此，此时的众包服务商面临决策为：

$$\max \quad U_C^Z = k_1 x^d$$
$$\text{s. t.} \quad z^p = z^s = L_Z - t$$
$$L_Z = 1$$
$$p_Z z^s = p_X x^d \tag{7-14}$$

求式（7 - 14），得到如下角点解：

$$z^P = z^S = 1 - t$$

$$x^d = (1 - t) P_Z/P_X$$

$$U_C^Z = k_1(1 - t) P_Z/P_X \qquad (7 - 15)$$

3. 发包者的角点解超边际决策行为分析

如图 7 -6 所示，在网络众包分工模式中，发包者（X/YI）开始成为一个完全专业化生产者 - 消费者，此时它不再需要花费时间用于生产和提供外包供求信息的匹配服务，而是将全部的劳动时间投入到生产最终产品 X 上，因此此时有 $L_X = 1$，当然它从这些生产的最终产品中拿出一部分向市场出售（$x^s > 0$），其他的留给自己用（$x > 0$）。如前所述，发包者需要从市场购买一定数量的信息匹配服务，为此有 i^d 大于零。同时，更为重要的是，它从接包者那边购买到中间产品 Y，以投入到最终产品 X 的生产中，因此有 y^d 大于零。为此，网络众包中的发包者超边际决策问题为：

$$\max \quad U_C^X = x$$

$$\text{s. t.} \quad x^p = x + x^s = [(k_2 y^d)^\lambda (k_3 i^d)^{1-\lambda}]^\theta (L_X - m)^{1-\theta}$$

$$L_X = 1$$

$$p_X x^s = p_Y y^d + p_I i^d \qquad (7 - 16)$$

求式（7 -16）最大化问题，可得角点解：

$$y^d = \{\lambda\theta(1 - m)P_X/[(1 - \theta)P_Y]\}[\pi(k_3 P_X/P_I)^\theta (k_2 P_I/k_3 P_Y)^{\lambda\theta}]^{1/1-\theta}$$

$$i^d = \{\theta(1 - \lambda)(1 - m)P_X/[(1 - \theta)P_I]\}[\pi(k_3 P_X/P_I)^\theta (k_2 P_I/k_3 P_Y)^{\lambda\theta}]^{1/1-\theta}$$

$$x^s = \theta x^p = \{\theta(1 - m)/[(1 - \theta)]\}[\pi(k_3 P_X/P_I)^\theta (k_2 P_I/k_3 P_Y)^{\lambda\theta}]^{1/1-\theta}$$

$$U_C^X = (1 - m)[\pi(k_3 P_X/P_I)^\theta (k_2 P_I/k_3 P_Y)^{\lambda\theta}]^{1/1-\theta}$$

$$\pi = [\delta\mu^\mu(1 - \mu)^{1-\mu}]^\delta (1 - \delta)^{1-\delta} \qquad (7 - 17)$$

4. 接包者的角点超边际决策行为分析

在网络众包模式中，接包者（Y/XZ）完全专业化生产外包标的 Y，当然这些外包标的是全部卖给发包方的，因此有 $L_Y = 1$，$y^s > 0$。当然接包者此时是需要从市场购买众包服务 Z 和最终产品 X 的，因此有 $z^d > 0$ 和 $x^d > 0$，由此发挥其接包者的功能。为此，接包者在网络众包模式需要超边际决策的问题是：

$$\max \quad U_C^Y = k_1 x^d$$

$$\text{s. t.} \quad y^p = y + y^s = (k_4 z^d)^\varepsilon (L_Y - n)^{1-\varepsilon}$$

$$L_Y = 1$$

$$p_Y y^s = p_X x^d + p_Z z^d \qquad (7 - 18)$$

求式（7 -18）的超边际决策问题，得到角点解：

$$r^d = (1 - n)(\varepsilon k_4^\varepsilon P_Y/P_Z)^{1/1-\varepsilon}$$

$$y^p = y^s = (1-n)(\varepsilon k_4 P_Y/P_Z)^{\varepsilon/(1-\varepsilon)}$$

$$x^d = [(1-n)/P_X][(\varepsilon^\varepsilon - \varepsilon)k_4^\varepsilon P_Y/P_Z^\varepsilon]^{1/(1-\varepsilon)}$$

$$U_C^Y = [k_1(1-n)/P_X][(\varepsilon^\varepsilon - \varepsilon)k_4^\varepsilon P_Y/P_Z^\varepsilon]^{1/(1-\varepsilon)} \qquad (7-19)$$

三、角点均衡与一般均衡分析

(一)角点均衡分析

无论在哪种分工结构中,不同的分工主体总会由效用相等和市场供求平衡原则卷入并推进分工结构演进,由此确定形成不同分工结构下的角点均衡。因此,在一个充分竞争的市场环境下,根据效用均等和市场出清的均衡条件,并利用前文已经求得的不同分工结构的决策变量就可以求得不同分工结构中不同产品或服务相对价格、不同类型分工主体人数之比及人均收入的角点均衡。

1. 传统外包结构的角点均衡

根据式(7-3)和式(7-5)以及效用均等($U_A^{IX} = U_A^{RY}$)与市场出清的均衡原则($M_A^{IX} x^s = M_A^{ZY} x^d$ 以及 $M_A^{IX} y^d = M_A^{ZY} y^s$)可以得到传统外包结构的角点均衡($M_A^{IX}$、$M_A^{ZY}$ 和 U_A 分别表示传统外包结构的发包者、接包者人数和人均真实收入):

$$M_A^{ZY}/M_A^{IX} = k_1 \lambda \theta/(1-\lambda\theta)$$

$$U_A = \pi(1-m-q)^{1-\lambda\theta}[k_1 k_2 \varepsilon^\varepsilon (1-\varepsilon)^{1-\varepsilon}]^{\lambda\theta} \qquad (7-20)$$

2. 网络外包结构的角点均衡

同样利用式(7-7)、式(7-9)和式(7-11)中的相关决策变量以及根据效用均等($U_B^{IX} = U_B^Y = U_B^Z$)与市场出清的均衡原则($M_B^{IX} x^s = M_B^Z x^d + M_B^Y x^d$, $M_B^Z z^s = M_B^Y z^d$, $M_B^Y y^s = M_B^{IX} y^d$)也可求得网络外包结构的角点均衡(其中 M_B^{IX}、M_B^Y、M_B^Z 和 U_B 分别代表网络外包结构发包者、接包者、网络外包平台商的数量和人均真实收入):

$$M_B^Z/M_B^Y = [\varepsilon/(\varepsilon^\varepsilon - \varepsilon)]^{1/(1-\varepsilon)}$$

$$M_B^Y/M_B^{IX} = (\pi k_2)^{\lambda\theta/(1-\lambda\theta)} (\varepsilon^\varepsilon - \varepsilon)^{1/(1-\varepsilon)} \varepsilon^{\varepsilon/(1-\varepsilon)} k_1 \lambda\theta(1-m-q)/(1-\lambda\theta)$$

$$U_B = \pi(1-m-q)^{1-\lambda\theta}\{k_1 k_2(\varepsilon^\varepsilon - \varepsilon)[k_4(1-t)]^\varepsilon (1-n)^{1-\varepsilon}\}^{\lambda\theta}$$

$$(7-21)$$

3. 网络众包结构的角点均衡

结合前文式(7-13)、式(7-15)、式(7-17)和式(7-19)中的相关决策变量,并根据分工结构演进中的效用均等原则($U_C^X = U_C^I = U_C^Y = U_C^Z$)和市场出清原则($M_C^I x^s = M_C^I x^d + M_C^Z x^d + M_C^Y x^d$, $M_C^Z z^s = M_C^Y z^d$,

$M_C^Y y^s = M_C^X y^d$，$M_C^I i^s = M_C^X i^d$）可求得网络众包结构的角点均衡为（M_C^X、M_C^Y、M_C^I、M_C^Z 和 U_C 分别表示网络众包结构发包者、接包者、网络众包平台商、网络众包服务商的数量和人均收入）：

$$M_C^Z/M_C^Y = \left[\,\varepsilon/(\varepsilon^\varepsilon - \varepsilon)\,\right]^{1/(1-\varepsilon)}$$

$$M_C^I/M_C^X = k_1\theta(1-\lambda)/(1-\theta)$$

$$M_C^Y/M_C^X = \varepsilon^{\varepsilon/(\varepsilon-1)} k_1\lambda\theta/(1-\theta)$$

$$M_C^Z/M_C^I = (\varepsilon^\varepsilon - \varepsilon)^{1/(\varepsilon-1)}\varepsilon\lambda/(1-\lambda)$$

$$U_C = \pi(1-m)^{1-\theta}\{k_1[\,k_3(1-q)\,]^{1-\lambda}\}^\theta\{k_2(\varepsilon^\varepsilon - \varepsilon)[\,k_4(1-t)\,]^\varepsilon(1-n)^{1-\varepsilon}\}^{\lambda\theta}$$

$$(7-22)$$

（二）一般均衡比较静态分析

如式（7-20）至式（7-22）所示，在一定的条件下，不同的外包或众包分工模式形成了特定的人均收入水平，自然随着内部外条件的变化，均衡模式将在传统外包、网络外包和网络众包三者之间出现阶段性演进和转换（见表7-2）。

观察分析式（7-20）至式（7-22），当 $1 \leqslant m+q < 2$ 时，显然传统外包和网络外包的人均收入水平 U_A 和 U_P 都小于零，因此必然有 $U_C > U_A$ 或 $U_C > U_B$，从而网络众包一定是经济社会的均衡模式。这意味着，对发包者来说，如果其生产信息匹配服务和最终产品的综合学习成本足够大，那么发包者自己提供外包供求信息匹配服务的激励将会降低，从而它更倾向于通过网络众包平台的快速自动匹配机制现实供求信息的有效匹配，由此生发形成网络众包的一般均衡分工结构。当然此时网络众包均衡模式的形成主要是依赖于学习成本的上升，因此，这种均衡模式是一种相对消极的均衡。其次，通过比较式（7-20）至式（7-22）中三大分工结构中 U_C、U_P 和 U_A 的相对大小，不难发现，当综合学习成本（$m+q$）足够小，经济社会的均衡外包或众包模式则主要取决于市场交易效率的相对大小（如表7-3所示）。如果市场中最终产品和信息匹配服务的交易效率乘积小于临界值 G^*，而且营销、支付或配送等外包服务的交易效率也足够小（小于临界值 H^*），也即市场交易效率仍然是一种如前文所述的低水平的人格型交易效率，那么传统外包结构将是经济社会的均衡外包模式。然而，如果随着外部技术或制度环境的改变，营销、支付或配送服务的交易效率 k_4 能够跨越临界值 H^*，从而市场交易效率整体上由人格型交易效率成功升级为协调型交易效率，那么网络外包将成为一般均衡外包模式。随着互联网技术和社群交易模式的形成与发展以及大数据、人工智能技术的发展，不仅营销、支付或配送等服务的交易效率不断提高（$k_4 > H^*$），最终产品和信息匹配服务的联合交易效率也得以显著提升，由此两者的乘积超过临界值 G^*，也即系统型交易效率取代协调型交易效率之后，网络外包模式逐渐被网络众包模式取代。当然，如果最终产品和信息匹配服务的联合交易效率较高（$k_1 k_3 > G^*$），但营销、支付或配送系统不够发达（$k_4 < H^*$），那么这种交易效率高低落差明显的混合型交易效率将难以有效支撑网络众包模式，甚至有可能退回到传统外包模式。即使在短期内出现网络众包平台，也可能难以持续运行。由上分析可见，除了由较高综合学习成本刺激形成网络众包均衡模式，通过交易效率由人格型、协调型向系统型的充分改进也是网络众包模式生成和发展的路径，只不过，相对应成本提高的消极路径，后者是一种效率改进型的积极路径。因此，根据以上分析，本书提出：

命题 7.1：如果发包者在生产外包供求信息匹配服务和最终产品过程中的综合学习成本很高，那么网络众包模式将是唯一的均衡分工模式。而如果这一成本较低，随着市场交易效率由人格型向协调型和系统型升级，传统的线下外包结构将向基于互联网平台的线上外包和基于互联网生态体系的众包模式转变和升级。相对于综合学习成本刺激型路径，交易效率改进型的外包模式演进是一种更为积极有效的均衡模式演进路径。

表 7 - 3　　　　　　　　　　一般均衡及实现条件

综合学习成本	$1 \leqslant m+q < 2$	$0 < m+q < 1$			
市场交易效率	无约束	人格型交易效率	协调型交易效率	系统型交易效率	混合型交易效率
		$k_1 k_3 < G^*$		$k_1 k_3 > G^*$	
		$k_4 < H^*$	$k_4 > H^*$	$k_4 > H^*$	$k_4 < H^*$
均衡模式	众包	传统线下外包	互联网外包	众包	众包或线下外包

注：$G^* = [(1-a-c)/(1-c)][(1-a-c)/(1-a)]^{(1-\delta)/(1-\mu)\delta}$；$H^* = [\eta/(1-d)][(\eta^\eta - \eta)^{-1}(1-\eta)^{1-\eta}(1-b)^{\eta-1}]^{1/\eta}$。

资料来源：笔者计算而得。

此外，通过对表 7 - 3 中市场交易效率的两个临界值 G^* 和 H^* 分别求关于 θ 和 n、t 的偏微分，不难得到 $\partial G^*/\partial\theta > 0$，$\partial H^*/\partial n > 0$ 和 $\partial H^*/\partial t > 0$。首先，对于 $\partial G^*/\partial\theta > 0$，这充分说明，如果 θ 越大，那么交易效率的

临界值 G^* 就越大，也就是说，只要 θ 越大，外包市场向网络外包或众包跨越的门槛就越高，经济社会的网络外包或众包模式就越不容易形成。如前述，θ 代表的是企业生产的迂回程度，也就生产对中间投入的依赖度。这表明，如果发包者对中间投入的依赖越高，反过来是 $1-\theta$ 越小，也即生产过程如果对劳动专业化水平依赖程度越小，那么发包者更倾向于选择传统外包的模式来实现对外发包。这意味着，如果现实中的企业发包者如果生产规模越高，对中间投入品的依赖性越强，而对专业化经济越不依赖，那么这样的专业化水平较低的大企业往往采取传统的直接交互型的外包模式。这就一定程度上表明，那些为大型企业做配套服务的专业化中小企业则可能更多地选取网络外包或众包的形式来提升竞争力。特别是，如果社会互联网技术变革引起的外包市场交易效率如果足够高，那么这些专业化中小发包者则更可能采取网络外包和众包的形式来获取递增的分工收益。

其次，由 $\partial H^*/\partial n > 0$ 表明，如果中间产品（外包标的）的学习成本 n 越小，那么外包服务的交易效率门槛值越小，这说明，在外包模式的演进过程中，如果接包者在生产中间产品中的学习成本越小，也即他们积累的学习经验越丰富，那么接包者就越不需要与发包者直接面对面交互来实现对外接包，从而越有利于外包市场形成网络外包或众包的分工模式。或者反言之，如果中间产品的学习成本越高，那么这种外包标的的产品复杂度相对更好，那么这就越需要接包者与发包者通过线下的面对面交互来交流传递有关外包产品如何生产等技术要求，从而越会采用传统外包模式。以现实为例，很多技术复杂度比较高的产品，例如高端装备制造设备的零部件外包生产，往往采用直接交互型的传统外包方式进行对外发包，以此保证外包标的技术质量，而且由此形成比较固定的线下外包合作关系。相反，当综合学习成本 $m+q$ 既定的情况下，那些标准化程度更高的产品，例如，简单的配送服务、技术水平要求较低的出行服务等往往会采用网络外包或众包的方式实现社会化供给。

再次，根据 $\partial H^*/\partial t > 0$，不难发现，如果外包服务商的学习成本较高，那么从传统外包向网络外包和众包升级需要跨越的外包服务市场交易效率门槛值就会越高，因此，外包的网络化和智能化就越不容易形成。其中的逻辑在于，如果包括营销、支付和物流配送等在内的外包服务学习成本很高，那么此类外包服务商越不容易生发形成，则就越不利于网络外包和众包分工模式的形成。或言之，互联网技术和生态变革形成的交易效率门槛需要更高，唯其如此，外包转型才可能成为现实。为此，本书提出：

命题7.2：如果发包方的综合学习成本（$m+q$）给定，发包者的专业化水平、中间产品学习成本及外包服务商的学习成本对网络众包模式的生成具有明显的临界效应。如果发包者的专业化水平越高及中间产品的学习成本和外包服务的学习成本都越低，那么传统的线下外包方式越容易向基于互联网平台的线上外包模式和众包模式的升级，中小专业化企业、标准化程度更高的中间产品越可能通过网络外包和众包模式实现外包标的的外部供给。

第三节　外包模式转型的经济高质量发展促进效应

专业化分工结构的演进驱动经济组织模式的变迁，而这种结构转换过程对经济发展具有特定的促进效应（杨小凯，2003）。结合前文角点均衡及一般均衡比较静态分析结果，本部分将从效率改进、网络连接能力、人均社会福利等角度分析由社会化协同带来的外包方式转型对经济发展的促进效应。

一、外包模式转型的劳动力配置优化效应

在传统外包向网络外包和网络众包转变的过程中，经济个体将在比较利益激励下实现结构内或跨结构间的就业转移，从而促进劳动力资源的优化配置。前面我们已经假定整个外包市场的生产者－消费者人数为M，因此存在$M = M_A^{IX} + M_A^{ZY} = M_B^{IX} + M_B^Y + M_B^Z = M_C^X + M_C^Y + M_C^I + M_C^Z$，也就是不同外包结构中的所有分工主体的人数总和都为M。根据式（7－20）至式（7－22）中不同外包模式中的分工主体人数表达式，容易得到传统外包、网络外包和网络众包三种分工结构中各类生产者－消费者与M的关系表达式：

$$M_A^{IX} = (1 - \lambda\theta)M/[1 - (1 - k_1)\lambda\theta]$$
$$M_A^{ZY} = k_1\lambda\theta M/[1 - (1 - k_1)\lambda\theta] \qquad (7-23)$$
$$M_B^{IX} = (1 - \lambda\theta)M/\{1 - [1 - k_1(1 - m - q)]\lambda\theta\}$$
$$M_B^Y = k_1\lambda\theta(1 - m - q)(1 - \varepsilon)M/\{k_1\lambda\theta(1 - m - q)(1 - \varepsilon)$$
$$[1 + \varepsilon^{1/(1-\varepsilon)}(\varepsilon^\varepsilon - \varepsilon)^{1/(\varepsilon-1)}] + (1 - \lambda\theta)(\pi k_2)^{\lambda\theta/(\lambda\theta-1)}\}$$
$$M_B^Z = \varepsilon k_1\lambda\theta(1 - m - q)M/\{\varepsilon k_1\lambda\theta(1 - m - q)$$

$$[1 + \varepsilon^{1/(\varepsilon-1)}(\varepsilon^\varepsilon - \varepsilon)^{1/(1-\varepsilon)}] + (1 - \lambda\theta)(\pi k_2)^{\lambda\theta/(\lambda\theta-1)}\} \quad (7-24)$$

$$M_C^X = (1-\theta)M/\{1 - \theta + k_1\theta(1-\lambda) + k_1\lambda\theta$$
$$[\varepsilon^{\varepsilon/(\varepsilon-1)} + (\varepsilon^{2\varepsilon-1} - \varepsilon^\varepsilon)^{1/(\varepsilon-1)}]\}$$

$$M_C^Y = k_1\lambda\theta M/\{k_1\lambda\theta + [1 - \theta + k_1\theta(1-\lambda)]\varepsilon^{\varepsilon/(1-\varepsilon)}$$
$$+ k_1\lambda\theta[\varepsilon/(\varepsilon^\varepsilon - \varepsilon)]^{1/(1-\varepsilon)}\}$$

$$M_C^I = (1-\lambda)M/\{1 - \lambda + (1-\theta)/k_1\theta$$
$$+ \lambda[\varepsilon^{\varepsilon/(\varepsilon-1)} + (\varepsilon^{2\varepsilon-1} - \varepsilon^\varepsilon)^{1/(\varepsilon-1)}]\}$$

$$M_C^Z = k_1\lambda\theta M/\{k_1\lambda\theta + [1 - \theta + k_1\theta(1-\lambda)](\varepsilon^{2\varepsilon-1} - \varepsilon^\varepsilon)^{1/(1-\varepsilon)}$$
$$+ k_1\lambda\theta[\varepsilon/(\varepsilon^\varepsilon - \varepsilon)]^{1/(\varepsilon-1)}\}$$
$$\quad (7-25)$$

根据式（7-23）至式（7-25），不难发现，传统线下外包到网络化外包和众包的演进过程促进了劳动力资源的结构型配置优化。

首先，从不同外包模式及其分工结构内部来看，随着网络化、数字化的推进，市场交易效率的改进，使得不同分工结构内部的不同产业部门劳动力出现结构化调整。例如，根据前述式（7-23）至式（7-25），容易得到，$\partial M_A^{IX}/\partial k_1 < 0$、$\partial M_B^{IX}/\partial k_1 < 0$ 和 $\partial M_C^X/\partial k_1 < 0$，这充分表明随着交易效率 k_1 的提高，无论是在传统外包结构，还是在网络外包抑或网络众包结构中，最终产品的生产部门的劳动力数量都是趋于下降的，即经济系统的生产性特点有所弱化。相反，根据前述表达式同样可以得到 $\partial M_B^Z/\partial k_1 > 0$、$\partial M_B^Z/\partial k_2 > 0$、$\partial M_C^I/\partial k_1 > 0$、$\partial M_C^Z/\partial k_1 > 0$、$\partial M_A^{ZY}/\partial k_1 > 0$、$\partial M_B^Y/\partial k_1 > 0$、$\partial M_B^Y/\partial k_2 > 0$、$\partial M_C^X/\partial k_1 > 0$，这些表达式说明，随着包括外包标的、外包服务等产品或服务市场交易效率的提高，接包者、信息匹配服务部门和营销、支付、配送服务部门的劳动力人数都是不断增加的，这些增加的劳动力大多数来自从最终产品生产部门分流出来的生产性劳动力。由此不难发现，随着交易交流的提高，网络化和数字化的技术变革推动了经济系统的服务化。

其次，与分工结构内部的演变趋势类似，不同外包模式及其分工结构之间也相似的劳动力跨结构优化配置效应。例如，根据式（7-23）至式（7-25），我们可以计算得到存在 $M_A^{IX} < M_B^{IX} < M_C^X$，这说明，随着市场交易从人格型交易模式向协调型和系统型交易模式的升级，市场交易效率的提高促进了在不同外包结构之间的劳动力配置，最终产品的生产部门在跨结构升级过程中也呈现出劳动力资源不断下降的局面。与此同时，我们也不难得到 $M_A^{ZY} < M_B^Y < M_C^Y$，这意味着外包转型也带了越来越多的劳动力向接包者部门流动和转移，这与网络外包平台和平台从业者不断增加的现实是

非常吻合的。此外，我们也可以看到，从传统外包向网络外包的升级，新出现了营销、配送等平台服务部门，劳动力也开始向这些生产率更高的服务部门转移。同时，当外包模式由网络外包向网络众包转型时，专业化于信息匹配服务的部门吸纳越来越多的劳动力，同时越来越多的劳动力也转移到外包服务部门（$M_B^Z < M_C^Z$）。为此，本书提出：

命题7.3：由"互联网＋"社会化协同驱动的最终产品交易效率不断改进，促进了劳动力资源由生产性部门不断流向平台服务型部门，接包者人数也趋于增加；中间产品交易效率的提升有利于优化劳动力的配置，从而提升经济体的网络外包化和众包化水平。

二、外包模式转型的劳动力生产效率提高效应

劳动生产率的提升是经济高质量发展的重要基础。本书将劳动生产率界定为单位劳动投入量所能生产的产品和服务数量，即劳动生产率＝产出量/劳动投入量。根据式（7-3）、式（7-5）、式（7-7）、式（7-9）、式（7-11）、式（7-15）、式（7-17）和式（7-19），本书主要计算得到了与外包和众包密切相关的外包标的、外包服务和外包供求信息匹配服务的劳动生产效率：

$$W_B^I = W_A^I = \theta(1-\lambda)(1-m-q)/[\theta(1-\lambda)(1-m)+q(1-\theta)]$$

$$W_C^I = 1-q \qquad (7-26)$$

$$W_A^Z = \varepsilon(1-n-t)/[\varepsilon(1-n)+t(1-\varepsilon)]$$

$$W_C^Z = W_B^Z = 1-t \qquad (7-27)$$

$$W_A^Y = [\varepsilon^\varepsilon(1-\varepsilon)^{1-\varepsilon}]/[1-\varepsilon(1-n)-t(1-\varepsilon)]$$

$$W_B^Y = [k_4(1-t)]^\varepsilon(1-n)^{1-\varepsilon}[\varepsilon/(\varepsilon^\varepsilon-\varepsilon)]^{\varepsilon/(1-\varepsilon)}$$

$$W_C^Y = [k_4(1-t)]^\varepsilon(1-n)^{-\varepsilon}[\varepsilon/(\varepsilon^\varepsilon-\varepsilon)]^{\varepsilon/(1-\varepsilon)} \qquad (7-28)$$

首先，对于外包模式演进中出现的信息匹配服务来说，其劳动生产效率的变化呈现出先低后高的特点。在式（7-26）中，三种外包模式的信息匹配服务劳动生产率效率分别用 W_A^I、W_B^I 和 W_C^I 来表示。可以容易发现，存在 $W_C^I > W_P^I$，而 $W_P^I = W_A^I$。由此证明，外包结构改变的过程，生产 I 的劳动生产效率是趋于提高的。尤其是，由于网络众包结构中出现了更为专业化的新型分工主体，它们完全专业化于提供外包供给需求信息的匹配服务，因此，其劳动生产率比网络外包时的劳动生产率要高很多。另外，由于网络外包结构与传统外包结构中的外包供求信息匹配

服务主体及角色没有改变，因此，这两种结构的外包供求信息匹配服务的生产率相差不大。

其次，对于外包服务这种服务而言，其劳动生产率的变化却呈现出前高后稳的趋势特点。从式（7-27）可以发现，$W_B^Z > W_A^Z$，$W_C^Z = W_B^Z$。这说明，在外包模式从传统型向网络型升级的过程中，包括营销、配送等在内的外包服务的生产率出现了质的飞跃和提高，而一旦进入网络外包阶段，外包服务的生产率比较稳定。

最后，对于外包市场上非常重要的外包标的—中间产品来说，外包模式的转型和升级是否促进了外包标的生产者（接包者）的生产率提升，这是外包模式及其分工结构演进的关键。通过观察和比较分析式（7-28）中不同外包模式中的中间产品的表达式，容易得到 $W_A^Y < W_B^Y < W_C^Y$。这一不等式组充分证明，外包结构或模式的转型，使得外包标的（中间产品）的生产者的劳动生产率是不断提高，网络外包结构（结构 B）中的接包者生产外包标的的劳动生产效率显著高于传统外包（结构 A）条件下的中间产品生产率，而网络众包模式（结构 C）下的中间产品劳动生产率又明显高于网络外包条件下的中间产品劳动生产率。这一结果，显然有利于接包者生产者剩余扩展，也有利于降低外包市场中中间产品的平均价格，也就是促进了发包者中间产品成本的降低，从而也有利于提高发包方的经济利润。值得另外指出的是，在基于互联网平台的线上外包和互联网生态意义上的众包中，中间产品的劳动生产率都与外包服务市场的交易效率正相关，也就是随着网络化、数字化的推进，外包服务市场的交易效率提高是促进接包者生产率提升的重要因素。为此，本书提出：

命题7.4：随着外包向网络众包的升级，信息匹配服务、外包服务和中间产品的劳动生产效率都得以提高，而线上外包模式时的外包标的供求对接服务生产者的劳动生产效率改进不是很大，不过平台型营销等外包服务的生产率得以更大提高。而外包服务市场的交易效率不断提高，则使众包者比网络外包中的接包者获得更高的外包标的的劳动生产率。

三、外包模式转型的外包市场规模扩张效应

市场规模对分工深化具有重要影响，反过来分工水平对市场规模也会产生影响，在此意义上，外包向众包的分工模式演进也将对市场规模产生一定的影响。这里为了体现外包模式对外包标的的影响，我们主要分析中

间产品的市场规模变化情况。我们认为，市场规模是一种由市场交易效率决定的有效购买量，这与购买中间产品的人数、中间产品的市场交易效率和购买量有关，即定义中间产品市场规模 S = 购买者人数 × 市场交易效率系数 × 购买量。根据式（7-3）、式（7-9）、式（7-17）、式（7-23）、式（7-24）和式（7-25），不同外包模式下外包标的（中间产品）的市场规模表达式如下：

$$S_A^Y = M_A^{IX} k_2 y^d = k_1 k_2 \lambda \theta \varepsilon^\varepsilon (1-\varepsilon)^{1-\varepsilon} M / [1-(1-k_1)\lambda\theta] \quad (7-29)$$

$$S_B^Y = M_B^{IX} k_2 y^d = k_1 k_2 \lambda \theta \Phi M / \{1-[1-k_1(1-m-q)]\lambda\theta\} \quad (7-30)$$

$$S_C^Y = M_C^X k_2 y^d = k_1 k_2 \lambda \theta \Phi M / \{1-\theta+k_1\theta(1-\lambda)]$$
$$+ k_1 \lambda \theta [\varepsilon^{\varepsilon/(\eta-1)} + (\varepsilon^{2\varepsilon-1} - \varepsilon^\varepsilon)^{1/(\varepsilon-1)}]\} \quad (7-31)$$

在式（7-29）至式（7-31）中，S_A^Y、S_B^Y 和 S_C^Y 分别表示三种外包模式中外包标的的市场总规模，其中，$\Phi = (\varepsilon^\varepsilon - \varepsilon)[k_4(1-t)]^\varepsilon[(1-n)/(1-n)^\varepsilon]$。观察和比较分析上述三式中三种外包模式中的外包标的的市场规模表达式，容易得到 $V_C^Y > V_B^Y > V_A^Y$。这一结果表明，随着市场交易效率提高驱动实现的外包模式升级，其重要的结果是带来了外包标的这一中间产品市场规模的显著扩张。这意味着，对于发包者而言，随着外包模式的转型升级，他将越来越多的中间产品通过对外发包的方式进行外部化供给，自己则更加专业化生产最终产品，从而有利于发包者自身生产效率的提高，增加生产者剩余。另一方面，中间产品市场规模的扩张，也有利于接包者这一外包标的的专业化提供者实现基于市场规模扩张的专业化分工深化，从而有利于获得规模经济效益和专业化分工利益。为此，本书提出：

命题7.5：外包向众包的模式转型升级促进了越来越多的中间产品进入外包体系，中间产品的市场规模不断扩张，从而既有利于提高发包者专业化水平和资源配置效率，也有利于接包者获得规模递增报酬，最终有利于促进经济发展质量的提升。

四、外包模式转型的互联网连接红利提升效应

如前所述，传统外包向网络众包的转变是发包者、接包者和其他平台商、服务商不断连接的过程，在此过程中，经济个体的网络连接广度、深度和持续性不断提高，从而可以使互联网连接红利不断生发和提升（尼古拉斯、詹姆斯，2013）。这里我们将分工系统中每个人的所能使用的连接服务数量看作为互联网连接红利，由此表示每一个分工主体是如何在连接

者的支持和帮助下获得网络红利的，也即互联网连接红利 LB ＝连接服务数量 $(z^s + i^s)/M$。为此，根据前文计算得到的不同分工或外包模式中有关外包服务、信息匹配服务等的表达式，可以计算得到三种外包模式下的互联网红利表达式：$LB_A = 0$，$LB_B = (1-t)/M$ 以及 $LB_C = [2-(q+t)]/M$，其中 LB_A、LB_B 和 LB_C 分别代表了传统外包模式、网络外包模式和网络众包模式的互联网红利水平。

首先，如前面理论分析和模型中所见，在发包者与接包者直接交互的传统外包结构中，无论是发包者，还是接包者，两者都是通过自我市场搜寻实现对自身的信息匹配服务和营销、支付或配送等外包服务，也就是此时还没有形成基于互联网平台的连接服务，因此传统外包中只有直接交互人格化红利，还没有生发形成互联网红利，也即 $LB_A = 0$。然而，当互联网技术不断发展起来以后，经济社会开始进入"＋互联网"的发展阶段，发包者与接包者之间不再简单地依靠直接型人格化交互，而是借助于互联网平台形成了促进双方外包效率提升的外包供求信息营销、配送等外包连接服务，这些连接服务促进了发包者与接包之间的协调性互动，从而带来了基于互联网平台的连接服务，外包模式从传统型向网络型的转型升级，最终带来了互联网红利从 0 上升到 $(1-t)/M$。随着互联网、移动互联网、物联网以及大数据、人工智能技术等的发展，互联网社群生态更为发达，互联网平台体系的社会化大协同机制不仅能够为发包者与接包者提供网络化的外包服务，更为重要的是，此时原先由发包者自我供给的外包供求信息匹配连接服务开始由互联网平台体系承担，由此网络众包结构中形成了更为多样化的高效率连接服务（互联网平台系统的外包供求信息匹配服务和互联网社群形成的外包服务）。因此，如上所述，此时的互联网红利为 $LB_C = [2-(q+t)]/M$。通过简单的不等式比较就可以发现，显然存在 $LB_B < LB_C$。这一不等式关系式表明，更为发达的互联网生态形成以后，网络众包结构中生成了更大的互联网红利，这对提升外包效率至关重要。同时，从互联网红利的表达式可以得到，$\partial LB_B/\partial t < 0$，$\partial LB_C/\partial q < 0$ 和 $\partial LB_C/\partial t < 0$，这说明，一旦外包模式向网络化和数字化外包升级，不仅互联网红利不断上升，而且，不同模式下的互联网红利是相应连接服务在生产中的学习成本的递减函数。例如，在网络外包中，如果网络化营销等外包服务的学习成本越低，那么互联网红利则越高，而在网络众包结构中，外包服务和供求信息匹配服务的学习成本越低，则会带来越高的互联网红利。为此，本书提出：

命题 7.6：传统外包向网络外包和网络众包结构的演进，互联网平台向互联网生态升级，互联网的社会化大协同最终带来了互联网连接红利从无到有、从小到大的不断提升。在网络外包和网络众包形成更高的互联网连接红利过程中，外包服务和外包供求信息匹配服务生产中的学习成本对互联网红利具有递减效应，连接服务的学习成本越低，越有利于促进网络外包或网络众包结构中互联网红利的增长。

五、外包模式转型的收入增长效应

杨小凯（2003）等已经证明了分工结构的变化对人均收入具有正向影响效应，即随着分工水平的提高，一般会促进经济社会人均收入的上升。那么这一原理在外包模式的演进过程中是否成立，这需要进一步分析。

首先，从外包向众包演进的一般分工结构变化过程来看，前文的分析已经证明，随着局部分工结构向完全分工结构也即外包模式的数字化转型升级过程，分工主体的一般均衡性效用（人均真实收入）是不断提升的。也就是，在此过程中，随着外包模式的演进和升级，本身存在 $U_A < U_B < U_C$，这充分说明，外包结构和方式的改变与升级本身就是一个人均收入不断递增过程和结果。其次，我们从网络众包这一结构内部来看，该结构的人均真实收入 U_C 是关于外包市场交易效率的递增函数，也就是随着市场交易效率 k_1、k_2、k_3 和 k_4 的提高，网络众包结构中的人均收入是趋于递增的。最后，我们将网络众包中的 U_C 的表达式进行变化，将式（7-26）和式（7-28）中的生产率变量嵌入到这一表达式，我们就可以得到网络众包的人均收入与生产率的内在影响关系式：

$$U_C = \pi(1-m)^{1-\theta} \left[k_1 (k_3 W_C^I)^{1-\lambda} \right]^\theta \left[k_2 (\varepsilon^\varepsilon - \varepsilon)^{1/(1-\varepsilon)} \varepsilon^{\varepsilon/(\varepsilon-1)} W_C^Y (1-n) \right]^{\lambda\theta}$$

$$(7-32)$$

显然，观察式（7-32），容易发现，网络众包结构中的人均收入不仅是外包市场交易效率的递增函数（市场交易效率的改进驱动人均收入的增长），而且由分工结构演进实现的专业化水平上升带来的外包供求信息匹配服务生产率和中间产品（外包标的）的生产率提高也是促进人均收入增长的核心因素。也就是说，外包模式转型过程所展现出来的交易效率和专业化生产率上升是提高人均收入的根本。为此，根据以上分析，本书提出：

命题 7.7：由外包市场交易效率改进驱动的分工结构演进，

在推动外包模式向数字化转型升级的同时，也促进了人均收入水平的提高。而且这种分工结构演进带来的专业化生产率提升是人均收入提升的另一核心因素。

第四节　拓展性分析

前文揭示了外包向众包演进的内在理论逻辑，初步构建了外包到众包的经济发展效应理论分析框架，这里本书将从交易方式、微观企业驱动力、产品特征以及宏观经济高质量发展等视角对外包模式演进的经济逻辑做进一步探讨。

第一，交易的非人格化与产品标准化程度是决定网络外包和众包运行状况的前提条件。本书分析表明，市场交易方式由人格型向非人格化的协调型与系统型转变，从而使得市场交易效率不断提升，这有利于网络化外包和众包模式的生成，进而有利于促进微观资源配置效率的提升和宏观经济发展。人格型交易强调人与人之间的面对面交互，这往往是传统外包的核心交易方式，这有利于发包者与接包者之间形成基于频繁互动的信任。然而，随着互联网平台及其社群的发展，交易的模式趋于虚拟化，经济个体之间实现了人与机器、人与屏幕甚至是屏幕与屏幕之间的间接交易，交易不再是建立在相互人格型信任基础上，而是建立在彼此对网络化交易系统的风险性信任基础上，每一个通过网络外包或众包实现资源配置的经济个体面向的不是一个个具体的个人，而是一个社群或交易系统，这就是互联网条件下的非人格化交易模式。此外，本书的研究还发现，在市场交易效率一定的条件下，中间产品的学习成本越小，则发包者越倾向于选择网络外包乃至是网络众包，相反如果中间产品的复杂度越高也即标准化程度越低，从而中间产品的学习成本越高，这就越需要发包者与接包者进行直接的信息交互以更有效地传递中间产品的复杂信息，因此传统外包方式越容易被选择。如图7-7所示，如果发包者处于交易效率较低的人格化交易环境中，那么无论产品标准化程度多高，外包模式必将是传统外包模式，只不过由于产品标准化程度的不同，传统外包产品有可以划分为外包方式升级潜力不一的传统外包Ⅰ类、Ⅱ类和Ⅲ类。随着人格化交易模式向以网络平台为基础的协调型交易模式升级，那些产品标准化程度较高的产品将可以通过网络外包的方式实现外部供给，即传统外包Ⅱ类和Ⅲ类产品分别升级（路径 a 和路径 b_1）为网络外包Ⅰ类和Ⅱ类产品，当然由于传统外包Ⅰ类产品的复杂度过高，因此，这类产品仍然难以通过网络外包方式实现外部供给。当然随着数字经济时代的来临，网络化、智能化和数字化外包基础设施的形成，这促使交易效率极大提高，外包进入非人格化交易的最高阶段，从而部分标准化程度更高的产品将通过网络众包的方式实现外部供给，即图7－7中原先网络外包Ⅱ类产品可以部分升级（路径 b_2）为网络众包类产品。当然，网络外包Ⅰ类产品由于产品的标准化程度过低，它们也难以实现外包模式的转型升级。综上可见，外包模式能否向网络外包和众包升级从根本上取决于不同类型产品的交易效率，而这主要取决于包括数字化交易技术、互联网社群、信用体系、法治化市场等非人格化交易基础设施是否能够适应数字经济时代外包模式转型升级的客观需要。

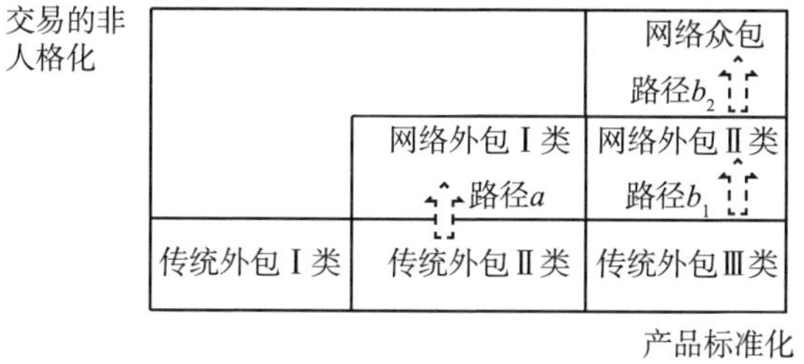

图7－7 网络外包与网络众包的运行条件

资料来源：笔者分析绘制。

第二，中小企业选择有效的中间产品或服务外部供给方式具有显著的降本提质效应。现代经济中企业生产多数为需要大量投入中间产品或服务的迂回生产，因此中间投入的供给方式、成本、质量、生产率对企业生产和经营具有重要影响，尤其是对成本更为敏感的中小企业而言，中间产品或服务的供给效率就更为关键。大型企业的生产体系比较完备，其外包的动力比较弱，而那些中小企业的往往专业化于核心环节，因此专业化经济程度往往较高。根据本书的理论和超边际分析，相对于大型企业，如果要将中间产品对外发包，那么那些专业化经济程度更高的中小企业更倾向于通过网络外包和网络众包的模式来实现这一目的。在传统的分析框架中，企业选择外包而非一体化方式从外部市场购进中间产品或服务本身就是一个企业追求资源优化配置和效率提升的产物，然而本书的分析进一步证明，外包方式本身的变化会进一步改进中间投入的供给效率，从而有利于企业，尤其是中小企业的竞争力提升。在这一过程中，随着中小企业中间产品外包方式的升级，它所委托外包的中间产品的劳动生产效率获得了有效提高，另一方面使中间产品或服务的市场规模也不断扩张。显然，这两种结果无疑具有非常明显的成本降低效应。例如，随着外包模式的改变，对发包者企业来说，随着中间产品生产效率的提高，投入在单位中间产品上的生产要素成本会不断降低，这意味着发包者从市场上购买的外包标的的成本也会下降，这无疑有利于促进中小企业的生产者剩余扩张。与此同时，如前所述，外包转型带来了中间产品市场规模的扩大，而这也有利于使接包者（众包者）获得规模经济效应，如此又非常有利于接包者降低生产中间产品的单位成本，同时有利于促进分工的深化，最终降低中小发包企业的生产成本。更为重要的是，中小发包企业通过选择更为专业化的外包分工模式，它们就不再需要投入一定的资源于中间产品或信息匹配服务等非核心环节，也就是发包者生产最终产品的专业化程度将显著提高，这将极大地促进发包者生产效率的提高和市场竞争力升级。在当前"三去一降一补"的发展背景下，中国政府通过简政放权、减税降费等方式着力降低企业生产成本，同时企业也通过内部方法尽可能压缩要素成本，这些无疑都是十分有益的。在此基础上，不同类型的企业，要根据自身特点，精准匹配自身中间产品的外包方式，积极通过中间产品外包的数字化乃至智能化促进自身生产成本的降低和生产率提升，由此提升自身的市场竞争力。

第三，产品异质性决定了外包乃至整个互联网行业的人才需求及学习战略特征。无论是在传统外包领域，还是对网络化外包和众包，甚至对互联网行业整体而言，人才资源是一种稀缺资源。当前，包括网络外包或众包行业在内的中国互联网行业出现了人才大幅度调整与流动的现象，滴滴出行、美团点评、摩拜、京东乃至网络外包平台猪八戒网等互联网公司频繁进行裁员，但也有如字节跳动等互联网企业人员实现稳步增长，互联网众包行业、共享经济行业、电子商务平台等不同行业呈现出明显的差异化人才流动特点。本书的一般均衡比较静态分析发现，学习成本更低的中间产品或服务更倾向于通过网络外包或众包的方式实现外部供给，产品异质性特点对外包方式的选择具有重要影响。正是由于外包产品或服务的异质性特点，而人才对外包产品或服务的影响主要可以通过其学习能力来体现，这意味着互联网时代，对于不同的外包行业企业来说，它们的人才战略和策略应该具有显著的差异化特点。首先，如果外包标的的学习成本较高，按照本章的研究结论，这里外包标的需要发包者与接包者进行面对面的交互外包信息，这样才能确保外包质量，因此此类产品往往选择传统外包方式。这就决定了，此类外包企业更加需要引进具备丰富人际关系网络的经验式人才，如此才有利于其开展人格型的外包工作。其次，如果外包标的的学习成本较低，这意味着不太需要面对面的人格型交互，也能确保外包的质量。因此，发包者主要是通过网络外包或众包的方式进行外部供给。相应的，对于网络外包或众包体系中的平台商、服务商等来说，这就需要他们具备较强的创新能力和学校效率。这决定了此类产品或服务的提供者、平台型服务商在新产品、新功能、新技术或新营销模式等方面具有足够的敏感性和改进能力。所以，对于网络众包或外包行业的发包者企业、接包者或众包者以及平台服务商而言，此类企业则更需要引进和培养创造能力和学习效率更高的创新性人才。这些人才需在人工智能、机器学习、云计算、物联网、大数据、个性化服务等方面具有超越市场平均水平的学习能力。因此，对互联网外包或众包企业而言，只有其具备足够强大的学习网络，才能确保吸引到足够多的学习型和创新型人才，从而为互联网外包或众包行业的长期发展提供人才支撑。在此意义上，从更宽广的范围来看，所有的外包企业都要清楚地定位自身外包标的的产品属性和特点，由此来选择外包模式和人才战略，从而有效促进自身竞争力的提升。

第五节　描述性单案例挖掘分析

本章理论分析部分介绍了外包与众包的联系与核心区别，而且互联网社会化协同会促进交易效率的改进，进而会影响网络众包的生发，并通过构建超边际分析模型和系统的分析揭示了外包向众包的分工结构演进条件及过程，以及外包到众包这一演进过程中的经济高质量发展效应，即劳动力要素优化配置效应、劳动生产率提升效应、市场规模扩张效应、人均网络连接红利提升效应和人均收入提升效应。本节采用描述性单案例分析方法对以上理论进行分析论证。

一、单案例研究方法与分析框架

（一）单案例研究

案例研究法适用于研究在现实生活背景下存在的，回答的是"怎么

样""为什么"的问题，并且研究者在进行研究时的对象以及外部环境是
不可控的。通过研究案例中相互关联的事件并找出相互的联系，从而归纳
出相关理论。单案例研究适用于研究有代表性的或具有启示性的或者有纵
向研究深度的案例，并且相较于多案例研究而言，对案例的研究更为细
致、彻底，能够通过具体的描述、解释与探索的方法从中归纳出更为有力
的结论。单案例研究的单位可以是单个也可以是多个，并由此分为整体性
和嵌入性单案例研究，整体性单案例研究的研究单元是一个，在研究时不
涉及其他分析单元；而嵌入性单案例研究的研究对象虽然也是单个，但是
在研究中需对存在的次级单位进行有效分析。

（二）分析框架

本书的分析框架如图 7-8 所示，分析的大致流程是首先分析由交易
效率改进引起的分工结构演进，使得众包不断演进并且成为一种新的经济
模式，在此基础上分析网络众包的经济高质量发展促进效应。

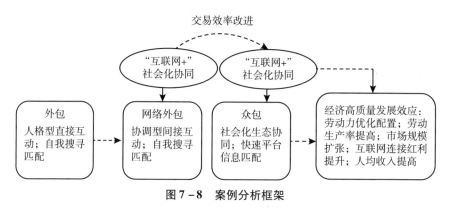

图 7-8　案例分析框架

资料来源：笔者分析绘制。

具体来说，旨在通过研究威客网的经营模式及特点，分析在互联网社
会化协同效应改进交易效率的基础下，网络众包怎样实现分工演进，推动
分工演进的条件有哪些，以及区别于外包，网络众包的社会化生态型协同
的交互方式和快速平台型信息自动匹配的信息匹配方式是否具有促进经济
的高质量发展的效应，并且这种促进作用是如何通过威客模式实现的，也
即网络众包下威客网是怎样通过自身的信息匹配服务实现劳动力要素的优
化配置、劳动生产率改进、市场范围增扩、提高人均网络连接红利以及提
升人均收入。

二、单案例研究设计与案例描述

（一）研究方法及适用性

由于本书研究首先旨在揭示社会化协同为什么会在改进交易效率的同时促进外包向众包的演进，以及这种分工结构演进是怎样进行的；其次，研究的目的在于说明众包为什么会促进经济高质量发展，并且需要具体深刻分析之后描述这种经济高质量发展效应具体是怎么样的，因此选择描述性单案例分析方法比较合适。选取威客网作为研究对象，威客网是我国网络众包模式的典型代表，并且威客相关平台上聚集大量发包、接包者，案例资料丰富。在具体进行分析时，由于威客网这一主要分析单元下又包含不同第三方网站，也即次级分析单元，因此采用嵌入性单案例研究。

（二）数据收集及处理

案例相关资料收集时要遵循"三角验证"原则，旨在提高研究的信度，即收集到来源不同的信息之间要彼此能够相互印证。并且在资料收集时力使证据资料间形成证据链，提高案例研究的可靠性。本案例中有关威客网的资料来源主要有：第一，相关威客网站的官方信息，主要是一品威客官网。第二，知网等文献传递平台，在这些网站上通过阅读大量文献及相关书籍资料提取有效信息。第三，网络公开访谈资料，有关威客网站及威客发展模式的采访及访谈资料。为此，2020年7月下旬，本书课题组对威客网企业进行了线上或线下的访谈。为确保研究的有效性，资料收集过程严格按照案例研究资料收集的相关原则，并做好资料整理收集工作，以便查找和确认信息。资料收集之后进行整理时依据定性分析方法，筛选所需信息，整理形成资料库。

（三）信度和效度

在进行资料收集时应首先确保资料来源可靠真实且可供日后查验，其次在进行案例收集可依据一定的流程护着原则进行，这就要求研究者在案例收集之前需根据实际情况拟定案例研究草案，拟定资料收集步骤，或者可以建立案例资料研究库，保证在研究中以及研究完成之后的查验过程中案例研究过程中有据可依，从而提高研究的信度。本书在资料收集时主要采用后一种方法提高研究信度。同时研究者进行案例研究时也要注意保证研究的效度，对于描述性案例研究，在资料收集阶段以及研究设计阶段都要采取一些措施，本书在资料收集阶段主要通过保证资料的来源多元化以及资料形成证据链的方法提高建构效度，在研究设计阶段，由于单案例研究方法的选择，主要通过采用理论指导案例研究的方法提高外在效度。

（四）案例描述

威客相关经济模式的参与者包括威客主（发包者）、威客平台与威客（接包者）三方，彼此之间因为互联网社会协同连接在一起。威客网的运行模式如图7-9所示。威客网不局限于时间和地域，依赖互联网技术以及互联网生态社群，通过对互联网生态社会中的资源进行整合，为一些拥有相关技术开发、营销服务、活动策划等需求，但因为公司规模较小或不具备相关技术支持的中小微企业提供平台服务，对接提供相应技术或服务提供者，既降低企业信息和相关技术服务获取成本，又为威客拓展了线上服务，让更多的威客主了解威客自身提供知识技能或者创意等服务的情况，实现收入增长，提高经济资源配置和利用效率。威客平台的形式有两种：一种是像一品威客网、猪八戒网和任务中国这种第三方平台；另一种是企业自建平台，如海尔HOPE开放式创新平台。威客平台获取收益的方式主要有：抽取部分交易额、网站广告收入、增值服务等。

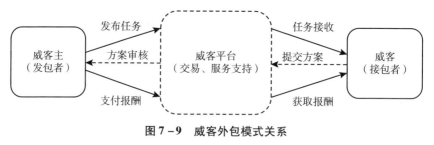

图7-9 威客外包模式关系

资料来源：笔者分析绘制。

三、单案例解释性分析与命题实证

前文对威客运行模式及基本信息进行描述，在明晰在威客这一网络众包模式中，威客作为互联网生态型平台通过为威客主也就是发包者提供相关接包者的知识技术、营销服务、创意等信息，为发包者提供信息匹配服务的基础上，通过对威客进行具体解释性分析，证实相关命题。

（一）众包的分工结构演进

传统外包模式下，企业面对非核心业务需求时，由于中小企业自身发展规模及拥有资金、技术、资源的限制，无法自行完成这些非核心业务，此时将这些业务交付给专业人员或者机构，也就是外包给具备相关业务能力的接包者，既可以降低企业运营成本并获得专业的技术支持，又能给接包者带来收益，可以在一定程度上提高资源利用效率，提高局部分工水平。在外包时代，双方需要自行搜寻匹配相关信息并面对面进行沟通交流，在相互信任的基础上完成交易，也就是说，传统外包模式需要进行人格型直接互动。

而在网络众包模式下，企业面临相同非核心业务时，同样会因为所需产品和相关信息匹配服务较高的学习成本而选择网络众包。这些中小微企业可以在威客网站上发布翔实的任务需求，威客们根据任务需求匹配自己的专业领域，并提交解决方案，威客主根据自己的要求选择最合适的作品并支付报酬。此时威客网在这场交易中充当双方信息交互平台的角色，交易双方不需进行直接的交流互动，而是凭借威客网的社会化生态型协同，通过制度政策的改进、基础设施的完善和消费习惯的改进提高系统型交易效率，为威客与威客主自动快速匹配信息，提供相关营销、支付等服务。在这一过程中，企业在产品与信息匹配服务的学习成本一定的条件下，面对学习成本相对较低的中间产品或服务的需求，专业化经济水平越高的企业，会倾向于选择网络外包模式，因为这样可以优化相关资源配置且提高资源的利用效率，进一步提升威客主与威客的专业化经济水平。

（二）众包的经济高质量发展效应

1. 劳动力优化配置效应

在网络众包分工结构演进过程中必然伴随着交易效率与专业化经济程度的提高，也就是在威客的互联网信息匹配平台上，威客主与威客不需花费过多的信息搜寻成本，即可进行有保障的交易，从而可以使威客、威客主以及威客平台服务商专业化生产优势产品，专业化经济程度加深，最终产品的交易效率会提升，对于威客网站的信息匹配服务需求也会提升，因此会发生劳动力的转移和重新配置，表现在一些竞争力较弱的威客主退出生产领域，转而流向网络众包交易服务商部门或者成为中间产品生产者，威客平台的信息匹配服务人员数量不断增加，从而实现劳动力资源的优化配置。而且伴随着中间产品交易效率的提升，会有更多的劳动力从最终产品或者中间产品的生产部门流向威客平台服务领域。根据课题组对威客网的调查发现，89%的威客网发包者原先都不是专业化人员，由于威客平台的存在，他们才慢慢卷入这个分工体系。

2. 劳动生产效率提升效应

网络众包模式的出现基于交易效率的改进，相对于传统的自我搜寻式外包服务，它能够以更高的效率为发包者提供信息匹配服务。这体现在威客模式下，企业不需要自行进行信息搜寻，只需将自己的任务通过威客网发布到互联网信息平台上，威客网基于互联网社会化协同机制将接包者集中，实现信息自动快速匹配，众多威客在互联网平台上接收任务，并根据自身情况决定是完成任务提供解决方案，降低信息匹配服务的交易成本，同时将社会资源集中在威客平台上，提高专业化服务的交易效率。并且随着网络众包模式的演进，互联网信息技术的升级与威客网自身的成熟与发展，势必会提高这些中间产品及相关信息匹配服务的生产率。例如，一品威客网通过上线"V客优享"品牌，升级自身业务，整合平台资源，为用户提供更高效、优质的服务。此外，课题组调查发现，77%的发包者表示，威客平台促进了外包效率的极大提升，而75%的接包方表示威客平台提高了他们外包资源的利用效率。

3. 市场规模扩张效应

随着威客网根据市场需求和技术的发展不断更新换代和升级，交易双方在中保服务平台上的交易效率也会不断提升，表现在越来越多的威客网站，比如猪八戒网、一品威客网、海尔平台 Hope 等第三方网站或自建平台依赖大数据、云计算、人工智能等现代化信息技术助力信息服务升级，不断拓展开发新业务，为威客主与威客打造更智能化的生态交易平台，不仅有更多的企业选择在威客网站上满足业务需求，也会有更多的威客进入威客平台，交易人数递增，交易量也不断攀升。同时，随着专业化分工水平的提升，更多中间产品进入到分工网络中，威客网站提供的服务更加多元，以一品威客为例，它提供创意交易服务、知识产权服务、创业孵化服务、财税金融服务等，在"互联网＋金融"领域，威客网凭借互联网平台服务与金融业态的融合，为创业者及威客主打造一个包含全生命周期服务的生态型平台，威客模式下的市场规模不断扩张。

4. 互联网连接红利提高效应

网络众包区别于外包模式，它不仅可以脱离传统交易方式对时间、地域及信息传递方式的要求，还能在互联网信息技术的支持下提供新连接服务，提高网络连接红利。威客网在发展过程中除了保持原有基础业务，比如说提供平台营销服务、线上支付业务等连接服务，也通过新技术的加成拓展优化平台的信息匹配服务，通过平台对接威客主与威客的信息，提高信息连接匹配的效率，让交易双方及威客交易平台获得更多收益。例如大数据、云计算、人工智能等现代化信息技术的普及，相关网络众包交易规则的完善与改进等，都能提升信息匹配服务的质量，提升网络连接红利。

但是这种信息匹配服务优化的相关学习成本应该处于比较低的水平，这样威客服务商才更有机会和能力学习相应的技术和知识，对威客平台的信息匹配服务进行改造，有利于网络连接红利的提升，也会促进网络众包业态的发展。

5. 人均收入提升效应

威客网通过互联网信息技术平台，将市场需求与闲置的生产力连接，并实行供需双方的对接，成为一种新型的信息交流与合作平台，提高市场整体交易效率，并为不同社会环境中的人充分利用自身资源创造财富提供便利，提高人均收入水平。据本书课题组调查数据发现，截至 2020 年 12 月，超过 1300 万威客（接包者）注册并在平台上提供开发、设计、营销等专业服务，威客平台为超过 450 万家中微企业提供平台服务，并在发展过程中不断优化升级自身的服务，精准匹配威客主（发包者）的需求，打破传统外包方式下接包者与发包者之间的交易模式，为企业提供生态型专业化解决方案，信息匹配服务与中间产品生产率不断提高，专业化分工水平也不断提升。与此同时，威客平台日线上交易额达 1000 万元。据白鲸出海平台数据显示，截至 2020 年 12 月威客平台总交易额达 180 亿元，86% 的平台用户通过该平台提高了收入水平，越来越多的人依赖威客这一网络众包模式提高收入水平。

第六节 本 章 小 结

与前互联网阶段企业主要考虑选择一体化还是外包不同，选择传统外包还是网络外包抑或网络众包已成为"互联网＋"背景下企业提高外包效率的重要理论和实践问题。利用新兴古典经济学超边际分析方法，本章揭示了传统外包、网络外包与网络众包之间的核心区别以及前者向后两者转换的内在微观机制，并探讨了这一分工结构转换对经济发展的宏观福利效应。研究发现，交互方式的人格型、协调型还是系统型以及信息匹配的发包者自我搜寻匹配还是平台型快速自动匹配是外传统包、网络外包与网络众包之间的核心区别；如果发包者的学习成本较低，那么随着市场交易效率由人格型向协调型和系统型的充分改进，传统的线下外包方式将逐步向线上外包乃至众包方式实现优化升级，不过如果综合学习成本很高，那么网络众包将是唯一的稳定均衡模式；营销、支付或配送服务的学习成本越小，相对于大企业，中小型企业的专业化经济程度较高，那么此种企业越会选择网络外包或众包的方式来获得外包标的；"互联网＋"社会化协同驱动的外包向众包的结构转变，这一过程带来了诸多经济福利增进效应，推动网络众包经济发展是实现经济高质量发展的有效路径。本书不仅通过超边际分析框架的构建提供了对外包与众包关系新的理论解释视角，而且对推动数字经济时代众包经济健康发展具有较强的现实启示价值。

第八章 "互联网+"社会化协同与新零售

自古以来零售业都是经济社会发展不可或缺的重要产业业态，零售业的每一次转型升级既是制度或技术革新的产物，同时都在不同程度上推动了社会分工结构的深刻变化和演进。以中国为例，改革开放以来的中国零售业先后经历了20世纪90年代的传统单店经营批零模式向连锁经营模式升级以及加入世界贸易组织后外资、外企零售与本土实体零售企业竞合发展的重大转型发展机遇，尤其是21世纪初以来，随着互联网技术和信息技术的迅猛发展，网络购物和在线零售模式对线下实体零售模式带来了巨大的压力和刺激，中国逐步进入网络零售和实体零售模式展开渠道竞争的发展阶段。据《2014年阿里巴巴企业分析报告》测算，从2001年~2013年，中国网络零售额保持了年均增速50%以上的快速发展态势，对经济社会的影响不断深入，一系列围绕网络购物的新模式、新业态出现，产业分工程度日益加深。然而，2014年以来，网络零售的年均增幅开始下滑，网络零售开始告别高速增长时代，包括阿里巴巴、京东、腾讯等通过投资、并购等方式积极进入和布局实体零售，从而逐渐步入中国网络零售和实体零售从相互替代、挤出的关系转向融合发展，进而实现线上线下与物流深度融合的"新零售"发展新阶段，由此线下零售商家、线上零售支付、营销、物流等平台服务商以及用户的分工角色、结构关系和社会化协同能力也都在发生系统性的变化。

面对数字经济时代零售转型发展的客观现实和发展趋势，已有研究对理解中国零售业发展提供了有益的视角和启示。然而，已有研究缺乏分工结构演化视角，很少有文献深入揭示零售模式转型与社会分工结构演进之间的内在影响关系，更少有文献从分工结构演变视角分析不同零售模式实现结构转换的经济社会条件，从而也很少有文献阐述中国零售模式转型及其社会分工结构变化对经济高质量发展的影响效应。我们认为，零售业在不同发展模式之间的转型和升级既是一定社会制度和科技变革的结果，更是一个伴随着各类分工主体的角色、功能嬗变的社会专业化分工水平动态优化的过程。在一个分工结构演进的视角下，零售模式转型既表现为零售行业内外分工结构、层次的变化，同时后者的不断调整和演进将进一步促进零售业态的丰富化和多样化，从而有利于实现零售模式的转型升级。因此，传统零售业如何实现与新零售模式的融合发展，实体零售、网络零售与新零售实现模式转换的内在规律和条件是什么，零售模式转换带来了什么样的社会分工结构演进效应，这一结构转变过程又如何促进经济高质量发展，本章将对这些问题开展研究，这无疑具有很重要的理论探索意义和现实应用价值。

第一节　零售转型的驱动机制与分工结构演进

零售业模式变革是新兴技术和流通体制创新的产物，这一演进过程引起了社会分工关系的重大变化，也决定了不同分工主体在不同零售模式中功能和角色的嬗变，最终带来零售行业分工结构的聚裂变效应和经济发展动能的转变。

一、不同零售模式的实践模式及特点

从零售商、用户以及其他分工主体之间的关系结构来看，零售模式的变革伴随着不同分工主体之间分工协作关系及其结构的变化，从而形成了属于特定发展阶段的零售实践模式。如前所述，从互联网技术和信息技术发展的历程来看，零售模式经历了实体零售、网络零售和新零售三个发展阶段，图8-1、图8-2和图8-3分别刻画了这三种模式的实践形态及内部关系结构。在图8-1的实体零售模式中，零售商与用户之间进行线下的直接交易，零售商将一定的品牌或非品牌商品服务通过面对面的直接接触和交流销售给用户，用户由此获得直接交易的购买体验。在此过程中，为了尽可能促进零售业绩的提升，零售商需要通过一定的零售服务促进主营商品或服务的营销，并尽可能降低用户在购买过程中的物流、支付等交易成本。同时，对于用户而言，在整个线下购物过程中，用户需要投入一定的时间、精力或货币资源实现自身购物的便利化和成本最小化。例如，用户需要选择一定的交通方式、物流或支付方式完成线下购物。不过，无论是对于零售商，还是对于用户，包括营销、支付、物流等在内的线下零

售服务要么由两者进行自我提供，要么由两者进行自我搜寻匹配，因此总
体上来说，线下的实体零售除了线下直接交易零售的商品或服务外，零售
商和用户是零售服务的自我供给者或自我搜寻匹配者。

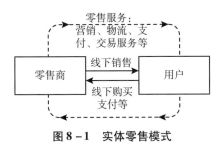

图8-1 实体零售模式

资料来源：笔者分析绘制。

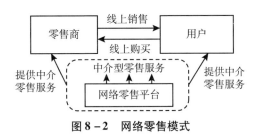

图8-2 网络零售模式

资料来源：笔者分析绘制。

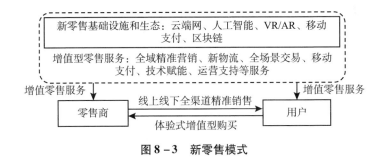

图8-3 新零售模式

资料来源：笔者分析绘制。

随着网络技术的发展和应用，线下的实体零售商开始在网络零售平台上
销售商品，用户也通过网络渠道实现与零售商的线上对接，从而逐渐生发形
成了基于互联网中介平台的网络零售模式，如图8-2所示。在图8-2中，
线下的零售商与用户之间不再进行线下的实体型直接接触和交易，零售商
在网络零售平台设定电子化商铺，开展线上零售，与此同时，用户也将通

过网络终端设备访问零售商的电子化商铺进行商品的选择、交易等，从而完成线上购买。当然，需要着重指出的是，随着网络零售平台的出现，除了原先依靠线下面对面交易的环节实现了在线化，零售商和用户之间的供求匹配由原先的线下形态转变为线上化形态，从而提高了供求匹配效率。同时更为重要的是，在此线上零售过程中，网络零售平台还将为零售商提供商品展示等初级营销服务，并可能提供网络连接实现包括物流、支付等的中介连接服务，由此实体零售阶段的线下零售服务转变为线上化的中介型零售服务，而提供的主体现在主要是网络零售平台体系。当然，不仅零售商能够得到网络零售平台的中介型零售服务，用户也将通过网络平台实现购物供求信息搜寻、支付或物流等零售服务的外包化，由此网络零售平台、线下零售商和用户构成了基于互联网交易基础设施的网络零售模式。

随着信息技术基础设施的进一步完善、消费结构升级和网络零售竞争加剧，一种基于"线下线上与新物流深度融合发展的"无界零售或智慧零售模式逐步生成，网络零售模式不断向"新零售"模式转型升级（王宝义，2017；鄢章华、刘蕾，2017），如图8－3所示。在图8－3中，原先基于网络零售平台的线上零售模式实现了内涵式的升级和内容拓展，零售商和用户之间的线上零售关系不再是简单地通过网络零售平台实现撮合交易，线上交易模式升级为基于新零售信息基础设施和生态系统的增值型零售系统。在这一数字化商业操作系统中，信息基础设施实现了全面的升级，除了一般性的网络零售平台之外，数据云平台、功能更强的网络零售平台、零售技术端口、人工智能技术、大数据、AR/VR技术、移动互联网支付技术、区块链等新兴信息技术或基础设施成为新零售模式的关键性支撑，这些新兴零售技术基础设施相互关联和互为支撑，促进了更多的数字化商业主体出现在零售系统中，它们共同为零售商的零售过程提供线下线上联动、全域精准营销、全场景消费、精准高效物流、移动快速支付、技术赋能以及组织运营等方面的零售服务，极大地提高零售交易效率和销售业绩。而且，显然此时的这些零售服务不再是网络零售阶段中介意义上的简单交易服务，而是一种基于生产要素集成创新或商业模式组合创新的增值型零售服务。正是基于此种新零售服务系统的支持，零售商能够为用户提供全渠道的精准销售服务，用户也可以获得基于线下线上融合的增值型购买体验，由此促进消费者和零售商以及其他商业主体的实际利益增长，因此新零售模式不断从传统零售模式（实体零售和网络零售）① 中分离出来，并获得可持续的发展动能。

二、新零售与传统零售模式的核心差异化驱动机制

在不同的信息化水平和制度文明时代，零售业发展模式经历了实体零售、网络零售的特定发展阶段，并继续朝着数字化时代的新零售模式转型升级。与传统的实体零售和网络零售相比，新零售模式的核心区别在于信息协同匹配方式和零售服务供给机制，如表 8 - 1 所示。

表 8 - 1　　　　　　　　　　新零售与传统零售模式的核心区别

零售模式	信息化阶段	信息协同匹配机制	零售服务供给机制	分工结构	经济发展质量	案例
实体零售	工业时代	实体型协同	自我搜寻供给型	局部分工	外部规模经济驱动型，经济发展质量较低	传统商超、餐饮店、水果店等
网络零售	电商时代	平台型协同	佣金型供给	完全分工 I	交易服务效率驱动型，经济发展质量有所提升	淘宝网、京东商城、当当网等
新零售	数字时代	生态型协同	增值型供给	完全分工 II	体验叠加和协同效率驱动型，经济高质量发展	盒马鲜生、天猫智慧门店、永辉超级物种、七鲜等

资料来源：笔者根据理论分析整理。

（一）信息协同匹配的实体型协同、平台型协同向生态型协同升级

信息是影响经济活动绩效的关键要素，信息协同匹配效率的高低对经济发展具有重要影响。对于零售活动而言，零售商与用户之间的交易过程本质上是信息不断协同匹配的过程，零售活动的对接、交易和最终达成伴随着双方由信息非对称主体不断向信息对称性主体转变，因此，信息匹配效率对零售意义重大。也正因此，无论是对何种零售模式，一定的信息协同匹配机制就至关重要。如表 8 - 1 所示，随着经济社会信息化水平的不断变化，不同的零售模式形成了不同的信息协同匹配方式。在前信息化的农业或工业发展时代，传统的实体型零售模式演化形成了零售商与用户之间的线下实体型信息协同方式，双方需要通过面对面的直接接触或线下沟

---

① 参照学界大多数研究成果的做法，相对于新零售模式，本书也将实体零售和网络零售合称为传统零售模式，下文将重点揭示两者之间的核心区别。

通实现供求信息的协同匹配，任何一方的供求信息都需要通过直接传播才能够实现信息非对称性的降低乃至解决，从而最终完成零售交易活动。例如，在现实中，传统的零售超市市场模式就需要用户到超市这一交易场所进行实体型的供求信息匹配，否则很难达成零售交易目标。随着信息化技术的发展，尤其是互联网技术平台的普遍应用和电商时代的到来，零售商与用户之间的供求信息协同不再需要相互之间的直接接触，双方只需要通过网络化的零售平台发布商品供求信息就能够实现信息协同匹配，因而生成了一种平台型的信息协同匹配方式。显然，这种信息协同匹配效率要高于前一阶段的实体型信息协同匹配效率，因此有利于降低零售双方的交易成本。在现实中，淘宝商城、京东商城或当当网等互联网零售平台就有效地充当了零售商与用户之间的信息协同匹配角色，这些网络零售平台促成了零售商品或服务供求信息的平台型匹配。随着纯电商时代向移动时代乃至数字经济时代的演进，零售模式由传统方式向新零售升级，由此零售商与用户，甚至是其他不同经济主体之间的其他供求信息的匹配方式开始向线下线上全渠道全场景的生态型协同方式升级。在此过程中，随着云数据平台、移动互联网、终端服务器以及人工智能、区块链技术的发展，线上服务主体不仅仅是提供中介平台型信息协同匹配服务的在线化零售平台，其他诸如提供更为专业化的营销服务、移动支付服务、体验服务、运营服务、物流服务、技术服务等的服务供应商相互交融、互相支持形成新零售商业生态系统，各种信息在此类商业社群中快速便捷交换、传播和扩散，从而极大地促进了供求信息的生态型协同匹配，信息匹配效率显著提升。在新零售的现实案例中，包括盒马鲜生、天猫智慧门店、苏宁云商、永辉超级物种等所构建形成的新零售生态就通过技术赋能、线下线上全渠道整合、大数据分析等实现了零售商品或服务供求信息协同匹配的生态化和数字化，从而有效提升了零售商和用户的价值增值能力。

（二）零售服务的自我搜寻供给、佣金型供给向增值型供给升级

作为一种服务业态，零售业本身也需要包括营销、物流、支付等服务业态的支持，零售模式的转型过程是零售服务业态、内容和供给方式不断升级的过程。如前所述，在工业化时代的实体零售阶段，零售商专业化于提供需要零售的商品或服务，并自我供给包括营销、物流、支付等在内的零售服务。即使存在第三方物流供应商，但零售商和用户也需要投入较多的资源用于自我搜寻协同匹配合适的零售服务商，因此，此时的零售商和用户是一个半专业化的分工主体，它们构成了局部分工结构。此外，在实体零售中，零售商希望通过每一次的市场营销和扩散提高潜在用户数量或者既定用户的购买次数，从而促进自身在既定市场总容量中零售市场份额的扩张，进而实现基于外部市场份额的规模经济效应，这就成为促进零售服务经济发展的主要驱动力。因此，一般而言，实体零售阶段的经济增长主要建立在资源投入基础上的规模经济效应，经济发展质量相对较低。在现实中，诸如商业超市等，往往有较多实体零售商通过门店直接投入大量资源用于市场营销，以吸引更多数量的用户和强化多次购买，从而实现外部规模经济效应。

如前所述，互联网零售平台的应用推进了实体零售的网络化转型和升级，网络零售模式成为电商时代的重要零售模式。在这一转变过程中，网络零售平台成为沟通零售商和用户实现供求信息匹配的中介服务商，与此同时，更为重要的是，网络零售平台通过一定的连接机制还向零售商、用户等提供包括商品展示、物流、电子化支付等在内的初级零售服务。然而，需要说明的是，虽然此时网络零售平台成为了专业化的零售服务提供商或连接服务供应商，但是此类服务主要是一种赚取服务中介费为根本目的的佣金型零售服务。例如，网络零售平台在一定程度上发挥了为零售商展示商品特征的营销服务功能，但这主要是一种信息中介服务，这一过程本身没有投入增值型劳动，因而是一种中介服务基础上的价值分配型服务。又如，不仅网络零售平台主要向零售商与用户提供了物流供求中介匹配信息，同时网络化的快递服务本身也是通过投入交易服务劳动赚取物流费用的佣金型零售服务，其本身并没有促进零售商品或服务的自我增值。因此，在网络零售阶段，虽然出现了更为专业化的零售商、用户与网络零售平台服务商卷入零售分工体系的完全分工结构，但这种分工结构主要在于提高了交易服务效率，从而一定程度上有利于提升经济发展质量。以淘宝商城、京东商城等网络零售平台为例，无论是平台提供商，还是与平台具有中介连接关系的物流企业等零售服务商，主要都是通过平台会员费、中介服务费、物流费等方式提供佣金型零售服务，以此促进网络零售服务效率提升和销售额扩张。

除了信息协同匹配方式实现生态化转型之外，数字经济时代的新零售模式逐步实现了包括营销、支付、物流、运营、技术赋能、交易等全场景零售服务的增值型供给，如表8-1所示。在此过程中，除了原先存在的零售商、用户和一般的网络零售平台外，分工体系中出现了更为专业化的增值型零售服务提供商，社会分工水平比网络零售阶段具有更高的层级，社会协同化分工效益更为显著。与网络零售模式中的佣金型零售服务不同，凭借云、网、端、人工智能、VR/AR、移动智能支付、区块链等新兴技术的发展和广泛应用，零售模式实现了生态型升级，各种分工主体卷入分工体系，提供更为专业化、精准化、数字化的零售服务，形成了全客群、全渠道、全品类、全时段、全场景体验、全媒体的社会化协同新零售社群。例如，对于营销服务而言，网络零售的佣金型营销服务主要是为零售商提供商品的简单展示服务，但是新零售模式下的数字化营销成为全域精准营销，促进零售商与用户的线下线上全渠道精准供求对接，零售商没有多余的用户，用户也没有可以忽略的零售商。以天猫智慧门店为例，阿里巴巴商业操作系统正是通过智能型的零售通、iPromoter、天猫智能派样机或淘鲜达等 APP 技术实现线下门店与用户的精准无缝对接，帮助零售商精准定位和获得潜在线下客户。又如，依托新物流体系，菜鸟等借助大数据分析技术，推动物流与消费市场的精准临近战略，在不同城市和区域设立新零售"前置仓"，极大优化用户的购物物流体验。在技术赋能方面，在新零售模式中，数字化零售平台采用全媒体、虚拟现实技术等进行全场景购物体验设计和优化，利用人工智能等各类技术进行线下线上融合精准营销。正是通过技术赋能、精准获客、全场景设计体验服务等这些高能级的零售增值服务，零售商从这些零售服务中获得了额外价值，它们所销售的零售商品与零售服务实现了价值叠加效应。由此，用户通过对客服、购物、物流、支付等多场景的体验优化，其最终获得的不仅仅是初始下单时与销售价格等同的零售商品或服务价值量，而是一个基于各类体验叠加的物有超值的新零售物种。正是在此意义上，零售业构建形成了基于智慧供应链、购物及零售服务等全场景体验叠加和协同效率改进的经济高质量发展系统，零售服务经济发展动力变革、质量变革和效率变革的基本框架初步形成。

三、零售模式转型的分工结构演进

如前所述，信息技术、消费结构升级带来的零售模式转变也带来了社会分工结构的变化，不同模式的出现往往伴随着新的社会分工主体的形成，从而导致分工主体之间的经济功能和角色也相应改变，进而使得社会分工水平不断提升。如图 8-4 至图 8-6 所示，实体零售模式向网络零售和新零售的转变与升级，社会分工结构从局部分工结构（P）向由佣金型零售服务主体主导的完全分工结构（C_1）和由增值型零售服务主体主导的完全分工结构（C_2）转换，零售经济系统的分工结构和角色趋于多样化和多层次化。

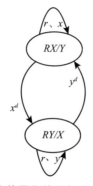

图 8 - 4　实体零售的局部分工结构（P）

资料来源：笔者分析绘制。

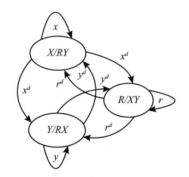

图 8 - 5　网络零售的完全分工结构（C_1）

资料来源：笔者分析绘制。

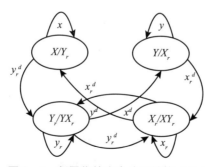

图 8 - 6　新零售的完全分工结构（C_2）

资料来源：笔者分析绘制。

在实体零售模式中,零售商与用户是最为重要的两类分工主体,两者构成了零售最终产品 X、自我供给零售服务 R 和交换货币商品 Y 的局部分工结构。如图 8-4 所示,在实体型零售过程中,零售商 (RX/Y) 半专业化于生产和销售最终产品 X,由此从用户 (RY/X) 端交换得到数量为 y^d 的货币商品 Y,当然用户也就从零售商购进了数量为 x^d 的最终产品 X。作为生产者-消费者的经济个体,无论是零售商,还是用户,除了从市场购进各自所需要的商品之外,两者都将自我消费一部分由自己供给的商品或服务。例如,本书假定,对零售商而言,它除了将大部分的商品或服务零售给用户,它也将消费或使用数量为 x 的最终产品 X,同时用户也将留存数量为 y 的货币商品用于满足自身的其他需要。更为重要的是,在自我消费的商品或服务中,零售服务的自我供给或自我搜寻是此时非常关键的外部交易条件。如前所述,在实体零售过程中,包括交易供求信息、物流信息、支付以及市场营销等零售服务都是由零售商和用户自我供给或者在外部市场上进行自我搜寻匹配的,因此,零售商和用户此时都是零售服务 R 的半专业化提供者,两者都需要投入一定数量的资源用于自我供给数量为 r 的零售服务,从而促进两者的零售交互过程。

随着零售模式由实体型向网络型升级,社会分工结构也将由局部分工 P 向完全分工 C_1 转变,在零售交易系统中出现了专业化供给交易、物流、支付、营销等零售服务的网络零售平台服务商 (R/XY),如图 8-5 所示。在网络零售模式中,零售商 (X/RY) 成为完全专业化于生产和销售最终产品 X 的专家,并从市场交换得到数量分别为 y^d 和 r^d 的货币商品 Y 和零售服务 R,由此用户和网络零售平台服务商交换得到数量都为 x^d 的最终产品 X。当然,此时的零售商不再是一个零售服务的自我提供者,而是从网络零售平台服务市场购进数量为 r^d 的外包者。对用户而言,它的分工角色也发生了一定变化,它也由原先的半专业化者 (RY/X) 升级为完全专业化于生产和供给货币商品的专家 (Y/RX),此时用户不再需要自我供给和搜寻匹配零售服务 R,而是可以从市场购进数量为 r^d 的佣金型零售服务 R。此外,对于新出现的分工主体网络零售平台服务商而言,其主要的分工任务在于向零售商和用户提供专业化水平更高的佣金型零售服务 R,并由此交换得到它所需要的最终产品 X 和数量为 y^d 的货币商品 Y,当然它也消费或使用由自己供给的诸如支付、交易等数量为 r 的零售服务。需要再次说明的是,此时网络零售平台服务商提供的零售服务主要是一种基于信息展示、信息匹配的中介化的佣金型服务,它们的主要作用在于促进了最

终产品 X 和货币商品交易的快捷化和便利化，从而提升了零售系统的交易效率。

随着新一代信息技术、人工智能技术等智慧型零售基础设施的完善，零售模式开始向基于增值型零售服务的新零售分工模式升级，社会分工结构更为专业化和更富有增值能力。如图 8-6 所示，与实体零售和网络零售等传统零售模式相比，新零售模式中的分工主体更为多元，专业化分工水平更高，零售交易中的最终产品和货币商品形态出现了本质性改变。更为重要的是，如前所述，此时的零售服务 R 不再以具体的佣金型服务形态出现，而是以通过线下线上的全渠道深度融合、技术赋能等方式促进最终产品和货币商品增值的形态卷入分工体系，增值型零售服务内涵在实现增值的新型商品 X_r 和 Y_r 中。因此，在图 8-6 的完全分工结构 C_2 中，零售商（X/Y_r）除了仍然完全专业化于自我使用和销售最终产品 X 外，其从市场交换得到的不再是原初形态的货币商品 Y，而是经由新零售服务系统实现增值之后数量为 y_r^d 的新型货币商品 Y_r。与此同时，用户（Y/X_r）也最终得到了新零售服务体系的增值好处，它通过向市场提供货币商品 Y 交换得到的也不再是原初形态的最终产品 X，而是得到了建立在全场景体验叠加基础上数量为 x_r^d 的新型增值化最终商品 X_r。当然，如前所述，零售商和用户之所以能够得到物超所值的最终产品或货币商品，其本质性原因在于分工系统中出现了完全专业化生产和销售增值型零售服务的专家（Y_r/YX_r 或 X_r/XY_r），正是通过这些专业化增长服务提供商的增值化服务，最终产品和货币商品实现了价值叠加与形态升级。例如，对于增值型零售服务平台商 X_r/XY_r 而言，它从零售商（X/Y_r）购进数量为 x^d 的最终产品 X，不过此时它不是简单地充当赚取佣金的中介服务商，而是通过技术赋能等方式对最终产品 X 进行重新的劳动加工投入，从而最终产品增值为新型商品 X_r，因而此时的零售服务平台上成为真正意义上的新型最终产品 X_r 的专业化生产者。除了留下数量为 x_r 的新型最终产品用于自身消费外，其将全部的新型增值化最终产品销售给用户。此外，对于 Y_r/YX_r 这一新零售服务平台商，它也在购进货币商品 Y 基础上通过全场景体验叠加等方式实现对货币商品的增值加工，从而形成新型货物商品 Y_r。这些新型货币商品一部分留给自己使用，另一部分由零售商交换得到。需要说明的是，不同类型的增值型零售服务平台商相互之间也可以通过新零售制度和技术基础设施实现新型商品或服务的相互交易（y_r^d 或 x_r^d），以满足自身需求。

第二节 超边际模型与分析：零售数字化转型的门槛条件

前面分析了数字经济时代零售模式转型升级的内在经济逻辑及机制，这里本书将构建专业化分工基础上的超边际模型及进行一般均衡比较静态分析，揭示传统零售模式向新零售模式升级转换的内外部条件。

一、基本模型

假设在一个零售经济系统中，存在 M 个生产者 – 消费者。在不同的零售模式中，这 M 个经济个体按照效用最大化原则进行超边际决策，由此决定形成了不同的分工结构（如图 8 – 4 至图 8 – 6 所示）。此外，假设零售经济系统中最终产品或服务的市场交易效率系数为 $k(0 \leqslant k \leqslant 1)$，这可以体现零售市场交易中存在的"冰山成本"。同理假定零售服务本身的交易效率系数为 $\tau(0 \leqslant \tau \leqslant 1)$。根据前文分析，零售服务有利于促进最终产品或服务的供求匹配、交易等效率的提高，因此零售服务数量的多少可以决定经济个体市场有效消费数量的多寡。因此，本书假定零售经济系统中任一经济个体面临如下超边际决策问题：

$$\max \quad U = \left\{ \left[x + k(r + \tau r^d) x^d \right] + \left[x_r + kx_r^d \right] \right\}^{1/2} \times \left\{ \left[y + k(r + \tau r^d) y^d \right] \right.$$
$$\left. + \left[y_r + ky_r^d \right] \right\}^{1/2}$$

$$\text{s. t.} \quad x^p = x + x^s = \phi(L_X - a)$$

$$y^p = y + y^s = \varphi(L_Y - b)$$

$$x_r^p = x_r + x_r^s = \theta(L_{X_r} - c)$$

$$y_r^p = y_r + y_r^s = \delta(L_{Y_r} - d)$$

$$r^p = r + r^s = \lambda(L_R - e)$$

$$L_X + L_Y + L_{X_r} + L_{Y_r} + L_R = 1$$

$$p_X(x^s - x^d) + p_Y(y^s - y^d) + p_{X_r}(x_r^s - x_r^d) + p_{Y_r}(y_r^s - y_r^d) + p_R(r^s - r^d) = 0$$

$$p_{X_r} = (1 + \varepsilon)p_X$$

$$p_{Y_r} = (1 + \omega)p_Y \tag{8-1}$$

式（8-1）的第一个分式刻画了经济个体是一个多样化商品或服务偏好者，其效用函数是常规的 C-D 效用函数，消费者效用水平取决于其对最终产品 X 和货币商品 Y 以及两者增值型商品（X_r 和 Y_r）的有效消费量，而有效消费量在很大程度上受到市场交易效率 k、零售服务使用量（$r + r^d$）

及零售服务交易效率 τ 的综合影响。式（8－1）的第二至第六个分式则表征了经济个体受到的生产约束。例如，最终产品 X 的产出量 x^p 是前沿技术效率系数 $\phi(0<\phi<1)$、劳动专业化水平 L_X 和学习成本 $a(0<a<1)$ 的函数。同理，其他诸如货币商品 Y、新型增值化最终产品 X_r、新型增值化货币商品 Y_r 和零售服务 R 的产出量也分别受到各自的前沿技术效率系数（φ、θ、δ、λ）、劳动专业化水平（L_Y、L_{X_r}、L_{Y_r}、L_R）和学习成本（b、c、d、e）的制约，其中前沿技术效率系数都大于零且小于1，学习成本也大于零小于1。需要说明的是，由于新零售技术赋能系统更为完善以及生态型协同社群更为发达，所以本书假定增值型最终产品或货币商品的前沿技术效率要普遍高于非增值型最终产品或货币商品的技术效率（$\theta>\phi$ 及 $\delta>\varphi$），而前者的学习成本却要小于后者的学习成本（$c<a$ 和 $d<b$）。此外，式（8－1）的第七个分式表明个体受到的劳动资源禀赋约束，它们的劳动时间总份额都为1，各项活动的时间份额可以描述专业化水平。最后，式（8－1）的第八个分式则代表了经济个体所面临的预算约束，这表明任何一个经济个体在零售经济系统中通过产品或服务的售卖和购进都必须实现收支的预算平衡，在此基础上最大化个人的效用水平。同时假定传统零售模式向新零售升级过程中增值型零售服务对最终产品或货币商品的增值能力体现在新型商品或服务（X_r 和 Y_r）对原初商品或服务（X 和 Y）的加价能力上，ε 和 ω 分别代表了新零售模式下全场景体验、全渠道深度融合的零售服务体系对最终产品或服务的加价系数，由此刻画新零售模式的增值效应。这里需要说明的是，在一个非短缺经济系统中，由于在零售商之间或零售服务商之间存在较为显著的市场竞争，因此本书假定最终产品的加价系数比货币商品的加价系数要低（$\omega>\varepsilon>0$），也即在一个提供零售增值服务的新零售系统中，用户获得了比零售商或零售服务商更大比例的增值收益。

二、不同零售模式中经济个体的超边际决策角点解

（一）实体零售模式的超边际决策及角点解

如图8－4所示，在实体零售模式中，零售商与用户在一个半专业化的局部分工结构中进行生产和消费决策，从而最大化自身的效用水平。

1. 零售商（RX/Y）的超边际决策

在实体零售阶段，零售商半专业化于自我生产或供给最终产品 X 和零售服务 R，将数量为 x^s 的最终产品销售给用户，并且从市场交换得到数量

为 y^d 的货币商品 Y，因此 x、x^s、r、y^d、L_X、L_R 都为大于零的决策变量，而其余决策变量都为零。因此根据前述基本模型，零售商面临如下超边际决策问题：

$$\max \quad U_1^B = (xkry^d)^{1/2}$$
$$\text{s. t.} \quad x^p = x + x^s = \phi(L_X - a)$$
$$r^p = r = \lambda(L_R - e)$$
$$L_X + L_R = 1$$
$$p_X x^s = p_Y y^d \qquad\qquad (8-2)$$

求解式（8-2）中的最大化问题，可以得到零售商的超边际决策角点解：

$$x^p = 2x^s = 2x = 2\phi(1 - a - e)/3$$
$$y^d = \phi(1 - a - e)p_X/3p_Y$$
$$r^p = r = \lambda(1 - a - e)/3$$
$$L_X = (2 - 2e + a)/3$$
$$U_1^B = \frac{\sqrt{3}}{9}\phi\left[k\lambda(1 - a - e)^3\frac{p_X}{p_Y}\right]^{1/2} \qquad (8-3)$$

2. 用户（TY/X）的超边际决策

如前所述，在实体型零售过程中，用户一方面半专业化于自我并向市场提供货币商品 Y（y^p、y 和 y^s 都大于零），同时需要自我供给一部分的零售服务（$r^p = r > 0$）。当然其目的在于从零售商购进其所需的最终产品 X（$x^d > 0$）。因此，此时用户将面临如下的超边际决策问题：

$$\max \quad U_1^C = (ykrx^d)^{1/2}$$
$$\text{s. t.} \quad y^p = y + y^s = \varphi(L_Y - b)$$
$$r^p = r = \lambda(L_R - e)$$
$$L_Y + L_R = 1$$
$$p_X x^d = p_Y y^s \qquad\qquad (8-4)$$

求解式（8-4）中的最大化问题，可以得到用户的超边际决策角点解：

$$y^p = 2y^s = 2y = 2\varphi(1 - b - e)/3$$
$$x^d = \varphi(1 - b - e)p_Y/3p_X$$
$$r^p = r = \lambda(1 - b - e)/3$$
$$L_Y = (2 - 2e + b)/3$$
$$U_1^C = \frac{\sqrt{3}}{9}\varphi\left[k\lambda(1 - b - e)^3\frac{p_Y}{p_X}\right]^{1/2} \qquad (8-5)$$

（二）网络零售模式的超边际决策及角点解

如图 8-5 所示，伴随着新出现网络零售平台服务商，零售经济系统的分工主体更为多元，分工水平也更高，零售商、用户及网络零售服务平台商构成了完全分工结构 C_1，由此最大化它们各自的效用水平。

1. 零售商（X/RY）的超边际决策

网络零售平台服务商的出现使得零售商不再需要投入资源自我提供零售服务，因而可以完全专业化于供给最终产品 $X(L_X = 1)$，它除了拿出一部分出售给市场之外（$x^s > 0$），其余的最终产品留给自我消费（$x > 0$）。零售商通过利用网络零售平台的佣金型零售服务将最终产品销售给用户，从而获得货币商品，因此 r^d 和 y^d 都为正的决策变量。为此，此时的零售商将面对下面的超边际决策问题：

$$\max \quad U_2^B = (xk\tau r^d y^d)^{1/2}$$
$$\text{s. t.} \quad x^p = x + x^s = \phi(L_X - a)$$
$$L_X = 1$$
$$p_X x^s = p_Y y^d + p_R r^d \qquad (8-6)$$

求解式（8-6）中的最大化问题，可以得到零售商的超边际决策角点解：

$$x^p = 1.5x^s = 3x = \phi(1-a)$$
$$y^d = \phi(1-a)p_X/3p_Y$$
$$r^d = \phi(1-a)p_X/3p_R$$
$$U_2^B = \frac{\sqrt{3}}{9}p_X\left[k\tau\phi^3(1-a)^3/p_R p_Y\right]^{1/2} \qquad (8-7)$$

2. 用户（Y/RX）的超边际决策

在网络零售模式中，与零售商一样，用户此次也不再需要自我提供零售服务，供求信息协同匹配的功能主要由网络零售平台服务商承担，因此用户只需要完全专业化于提供货币商品（y^p、y 和 y^s 都大于零且 $L_Y = 1$），由此从零售商和网络零售平台服务商交换得到最终产品 $X(x^d > 0)$ 和零售服务 $R(r^d > 0)$，为此此时的用户将按照下列最大化问题进行超边际决策：

$$\max \quad U_2^C = (k\tau r^d x^d y)^{1/2}$$
$$\text{s. t.} \quad y^p = y + y^s = \varphi(L_Y - b)$$
$$L_Y = 1$$
$$p_X x^d + p_R r^d = p_Y y^s \qquad (8-8)$$

求解式（8-8）中的最大化问题，可以得到用户的超边际决策角点解：

$$y^p = 1.5y^s = 3y = \varphi(1-b)$$

$$x^d = \varphi(1-b)p_Y/3p_X$$

$$r^d = \varphi(1-b)p_Y/3p_R$$

$$U_2^C = \frac{\sqrt{3}}{9}p_Y[k\tau\varphi^3(1-b)^3/p_Rp_X]^{1/2} \qquad (8-9)$$

3. 网络零售平台服务商（R/XY）的超边际决策

如图 8-5 所示，在网络零售模式中，网络零售平台服务商是新出现的专业化主体，它完全专业化于向零售商和用户提供佣金型的零售服务 R，当然也自我供给一部分诸如电子化服务等在内的零售服务，因此有 $L_R = 1$ 和 $r^s > 0$ 以及 $r > 0$。网络零售平台服务商通过向市场出售零售服务的目的自然在于交换得到其所需要的最终产品 X 和货币商品 Y，因此存在 $x^d > 0$ 和 $y^d > 0$。为此，新出现的分工主体，线上零售平台服务商的效用决策是：

$$\max \quad U_2^P = (k^2r^2x^dy^d)^{1/2}$$

$$\text{s. t.} \quad r^p = r + r^s = \lambda(L_R - e)$$

$$L_R = 1$$

$$p_Xx^d + p_Yy^d = p_Rr^s \qquad (8-10)$$

求解式（8-10）中的最大化问题，可以得到网络零售平台服务商的超边际决策角点解：

$$r^p = 2r^s = 2r = \lambda(1-e)$$

$$x^d = \lambda(1-e)p_R/4p_X$$

$$y^d = \lambda(1-e)p_R/4p_Y$$

$$U_2^P = \frac{1}{8}k\lambda^2(1-e)^2p_R(1/p_Xp_Y)^{1/2} \qquad (8-11)$$

（三）新零售模式的超边际决策及角点解

如前所述，新零售模式是对传统零售模式在分工结构、产品或服务价值形态等方面的本质性升级。在此过程中，不仅出现了基于新一代信息技术、全渠道营销、全场景体验的增值型零售服务专业化提供商，更为重要的是零售商和用户所购进或消费的产品或服务也实现了增值，从而构成了基于新型产品或服务的完全分工结构，新型分工主体据此进行效用最大化的超边际决策。

1. 零售商（X/Y_r）的超边际决策

在新零售模式中，零售商除了完全专业化于自我供给和向市场提供最终产品 X 之外，其向零售市场购进经由新零售服务社群增值化服务后的新

型货币商品 Y_r，因此决策变量 x、x^s、y_r^d 都大于 0，且 $L_X = 1$。因此，此时的零售商面临的超边际决策问题为：

$$\max \quad U_3^B = (xky_r^d)^{1/2}$$
$$\text{s. t.} \quad x^p = x + x^s = \phi(L_X - a)$$
$$L_X = 1$$
$$p_X x^s = p_{Y_r} y_r^d$$
$$p_{Y_r} = (1 + \omega) p_Y \tag{8-12}$$

求解式（8-12）中的最大化问题，可以得到零售商的超边际决策角点解：

$$x^p = 2x^s = 2x = \phi(1 - a)$$
$$y_r^d = \phi(1 - a) p_X / 2(1 + \omega) p_Y$$
$$U_3^B = \frac{1}{2} \phi(1 - a) [kp_X / (1 + \omega) p_Y]^{1/2} \tag{8-13}$$

2. 用户（Y/X_r）的超边际决策

如前所述，此时的用户一方面完全专业化于自我供给和向市场提供货币商品 Y（y^p、y 和 y^s 都大于零且 $L_Y = 1$），同时基于新零售前沿技术的增值型服务，用户通过新零售模式购买得到的最终产品 X 是一种体验叠加后的增值型新型产 X_r，因此有 $y_r^d > 0$。因此，此时用户的超边际决策问题为：

$$\max \quad U_3^C = (ykx_r^d)^{1/2}$$
$$\text{s. t.} \quad y^p = y + y^s = \varphi(L_Y - b)$$
$$L_Y = 1$$
$$p_Y y^s = p_{X_r} x_r^d$$
$$p_{X_r} = (1 + \varepsilon) p_X \tag{8-14}$$

求解式（8-14）中的最大化问题，可以得到用户的超边际决策角点解：

$$y^p = 2y^s = 2y = \varphi(1 - b)$$
$$x_r^d = \varphi(1 - b) p_Y / 2(1 + \varepsilon) p_X$$
$$U_3^C = \frac{1}{2} \varphi(1 - b) [kp_Y / (1 + \varepsilon) p_X]^{1/2} \tag{8-15}$$

3. 最终产品的增值型零售服务平台商（X_r/XY_r）超边际决策

前面已经述及，由于云网端技术、人工智能技术、虚拟现实技术、大数据、移动支付等前沿技术基础设施的不断发展，零售商向市场出售的最终产品 X 将被不断增值，最终成为新型产品 X_r。由此增值型零售服务平台商成为新型产品 X_r 的完全专业化提供者，它们将部分新型产品 X_r 出售给用户，并留存一部分自己消费以满足自身需要。同时，这类零售服务平台商也需要通过新零售系统交换得到新型的货币商品，以满足自己的交易需要。因此，决策变量 x^d、y_r^d、x_r^p、x_r 和 x_r^s 都大于零且 $L_{Xr} = 1$。为此，此类分工主体的超边际决策问题为：

$$\max \quad U_3^{TP} = (x_r k y_r^d)^{1/2}$$

$$\text{s. t.} \quad x_r^p = x_r + x_r^s = \theta(L_{X_r} - c)$$

$$L_{X_r} = 1$$

$$p_{X_r} x_r^s = p_{Y_r} y_r^d + p_X x^d$$

$$p_{X_r} = (1 + \varepsilon) p_X$$

$$p_{Y_r} = (1 + \omega) p_Y \tag{8-16}$$

求解式（8-16）中的最大化问题，可得到增值型零售服务平台商的超边际决策角点解：

$$x_r^s = \theta(1-c)(k+k\varepsilon+1)/2k(1+\varepsilon)$$

$$y_r^d = \theta(1-c)(k+k\varepsilon-1)p_X/p_Y 2k(1+\omega)$$

$$x^d = \theta(1-c)/k$$

$$U_3^{TP} = \frac{\theta(1-c)(k+k\varepsilon-1)}{2}\{p_X/[k(1+\varepsilon)(1+\omega)p_Y]\}^{1/2} \tag{8-17}$$

4. 货币商品的增值型零售服务平台商（Y_r/YX_r）超边际决策

在新零售模式中，随着营销、新物流、运营、技术赋能，尤其是智能移动支付服务的全场景应用和体验，任一经济个体所获得的货币商品 Y 经由新零售服务系统的价值叠加而成为新型货币商品 Y_r，这类货币商品不仅具有更高的流通效率，而且对最终产品的零售和消费等具有强大的增值效应。在此意义上，新零售系统中形成了完全专业化于通过新型货币商品的增值型零售服务平台商（$L_{Y_r} = 1$）。与此同时，这种货币商品的增值服务平台商也要从新零售系统购进 x_r^d 数量的新型最终产品，以满足经济个体的对新型产品的多样化需求。因此，此类分工主体按照下面最大化问题对变量 y^d、x_r^d、y_r^p、y_r 和 y_r^s 进行超边际决策：

$$\max \quad U_3^{MP} = (y_r k x_r^d)^{1/2}$$

$$\text{s. t.} \quad y_r^p = y_r + y_r^s = \delta(L_{Y_r} - d)$$

$$L_{Y_r} = 1$$

$$p_{Y_r} y_r^s = p_{X_r} x_r^d + p_Y y^d$$

$$p_{X_r} = (1 + \varepsilon) p_X$$

$$p_{Y_r} = (1 + \omega) p_Y \tag{8-18}$$

求解式（8-18）中的最大化问题，可以得到增值型零售服务平台商的超边际决策角点解：

$$y_r^s = \delta(1-d)(k+k\omega+1)/2k(1+\omega)$$

$$x_r^d = \delta(1-d)(k+k\omega-1)p_Y/p_X 2k(1+\varepsilon)$$

$$y^d = \delta(1-d)/k$$

$$U_3^{MP} = \frac{\delta(1-d)(k+k\omega-1)}{2}\{p_Y/[k(1+\varepsilon)(1+\omega)p_X]\}^{1/2} \quad (8-19)$$

三、不同零售模式的角点均衡

根据效用均等和市场出清原则，不同零售模式将实现特定的角点均衡，从而在交易价格、分工人数及人均真实收入等方面形成稳定的角点均衡解。

（一）实体零售模式的角点均衡

利用式（8-3）和式（8-5）中的角点解，并根据效用均等（$U_1^B = U_1^C$）以及最终产品和货币商品市场供求平衡原则（$M_1^B x^s = M_1^C x^d$ 和 $M_1^B y^d = M_1^C y^s$，M_1^B 和 M_1^C 分别代表了零售商数量和用户数量），实体零售模式中的零售商与用户之间的零售交互行为带来整体的角点均衡，从而得到交易相对价格[①]、不同分工主体总人数之比及人均真实收入（效用）U_1 的角点均衡解：

$$M_1^B/M_1^C = [(1-a-e)/(1-b-e)]^{1/2}$$
$$U_1 = \frac{\sqrt{3k\lambda\varphi\phi}}{9}[(1-a-e)(1-b-e)]^{3/4} \quad (8-20)$$

（二）网络零售模式的角点均衡

在网络零售模式中，零售商、网络零售平台服务商与用户之间也将在效用均等（$U_2^B = U_2^C = U_2^P$）和市场出清原则（$M_2^B x^s = M_2^C x^d + M_2^P x^d$、$M_2^B y^d + M_2^P y^d = M_2^C y^s$ 和 $M_2^P r^s = M_2^C r^d + M_2^B r^d$，$M_2^B$、$M_2^C$ 和 M_2^P 分别代表了网络零售模式中零售商、用户和网络零售平台服务商各自的数量）下实现角点均衡。因此，根据式（8-7）、式（8-9）和式（8-11）中的角点解，可以得到网络零售模式中交易相对价格、分工主体人数比值和人均真实收入（效用）U_2 的角点均衡解：

$$M_2^B/M_2^C = 1$$

---

① 限于篇幅，最终产品与货币商品的相对价格角点均衡解在后文报告，下同。

$$M_2^P/M_2^B = M_2^P/M_2^C = \left[\tau k\lambda(1-e)/4\right]^{1/3}$$

$$U_2 = \frac{1}{6}\tau^{1/3}\left[k\lambda(1-e)\right]^{2/3}\left[\phi\varphi(1-a)(1-b)\right]^{1/2} \qquad (8-21)$$

（三）新零售模式的角点均衡

新零售模式中的零售商、用户、最终产品或货币商品的增值型零售服务平台商在交互中实现效用均等（$U_3^B = U_3^C = U_3^{TP} = U_3^{MP}$）和市场出清（$M_3^B x^s = M_3^{TP} x^d$、$M_3^{MP} y^d = M_3^C y^s$、$M_3^{TP} x_r^s = M_3^C x_r^d + M_3^{MP} x_r^d$ 和 $M_3^{MP} y_r^s = M_3^B y_r^d + M_3^{TP} y_r^d$，$M_3^B$、$M_3^C$、$M_3^{TP}$ 和 M_3^{MP} 分别代表了新零售模式中零售商、用户、最终产品的增值型零售服务平台商及货币商品的增值型零售服务平台商的数量），从而实现新零售模式的整体角点均衡。因此，利用式（8-13）、式（8-15）、式（8-17）和式（8-19）中的角点解，可以得到新零售模式中交易相对价格、不同分工主体人数之比和人均真实收入（效用）U_3 的角点均衡解：

$$M_3^B/M_3^{TP} = 2\theta(1-c)/k\phi(1-a)$$

$$M_3^C/M_3^{MP} = 2\delta(1-d)/k\varphi(1-b)$$

$$M_3^{TP}/M_3^{MP} = \left[\delta\phi(1-a)(1-d)\right]/\left[\theta\varphi(1-c)(1-b)\right]$$

$$U_3 = \left[k\phi\varphi(1-a)(1-b)\right]^{1/2}/2\left[(1+\varepsilon)(1+\omega)\right]^{1/4} \qquad (8-22)$$

四、一般均衡比较静态分析

三种零售模式的哪一种将成为零售经济系统的均衡稳定模式，这涉及对不同零售模式的一般均衡比较静态分析，由此可得出不同零售模式之间转换的临界条件。比较分析式（8-20）至式（8-22）中三种零售模式人均真实收入（效用）角点均衡值（U_1、U_2 和 U_3）的相对大小，不难得到表8-2中三种模式的一般均衡及其门槛条件。如表8-2所示，首先，如果社会的零售服务技术效率系数较低（$\lambda < G^*$），那么无论市场交易效率多大，社会都很难生发形成新零售模式。不过市场交易效率的相对大小此时决定了实体零售和网络零售何者会成为均衡零售模式。当市场交易效率此时不是特别高的情况下（$k < E^*$），那么实体零售模式将成为均衡零售模式。不过，如果随着技术、制度等交易条件改善带来了市场交易效率充分改进（$k > E^*$），那么实体零售模式将不断升级为网络零售模式。其次，如果包括营销、支付、物流等在内的零售服务的供给技术效率超过临界值 G^*，那么网络零售模式或新零售模式将成为均衡零售模式，尤其是如果此时的市场交易效率充分改进到超过临界值 F^*，那么新零售模式将取代网络零售模式成为均衡的零售经营模式。当然如果市场交易效率相对较低 ($k<F^*$)，那么网络零售模式成为零售商与用户的稳定选择，实体零售难以成为均衡模式。因此，本书提出：

命题 8.1：市场交易效率和零售服务的前沿技术效率对零售模式演进具有显著的门槛效应。如果零售服务的前沿技术效率较低，那么新零售模式不可能成为均衡零售模式。只有当零售服务的前沿技术效率充分改进后，而且零售市场交易效率超过一定的临界值，新零售模式才可能生发形成。

表 8 - 2 零售模式的一般均衡及门槛条件

零售服务的前沿技术效率系数	$\lambda < G^*$		$\lambda > G^*$	
市场交易效率系数	$k<E^*$	$k>E^*$	$k<F^*$	$k>F^*$
均衡零售模式	实体零售	网络零售	网络零售	新零售

注：$G^* =3(1-a)(1-b)/\{2[(1-a-e)(1-b-e)]^{3/2}[(1+\varepsilon)(1+\omega)]^{1/2}\}$；$E^* =64[(1-a-e)(1-b-e)]^{9/2}/\{27\lambda\tau^2[(1-a)(1-b)]^3(1-e)^4\}$；$F^* =729/\{\tau^2[\lambda(1-e)]^4[(1+\varepsilon)(1+\omega)]^{3/2}\}$。

资料来源：笔者计算整理得到。

此外，观察分析零售模式转型的门槛值 G^*、E^* 和 F^*，容易发现，这些门槛值的大小本身也是受到其他因素的调节。例如，对于市场交易效率的门槛值 E^*，它的相对大小会对实体零售和网络零售的均衡状态产生影响。在零售服务前沿技术效率 λ 既定的条件下 ($\lambda < G^*$)，如果 E^* 越小，那么市场交易效率 k 跨越 E^* 就越容易，因此网络零售模式也就越容易取代实体零售模式成为均衡模式。而显然有 $\partial E^*/\partial\tau <0$，这表明如果零售服务本身的交易效率 τ 越大，那么临界值 E^* 就越小，由此越容易生发形成网络零售模式。又如观察分析网络零售与新零售模式转换的门槛值 G^* 和 F^*，如果 G^* 和 F^* 都越小，那么零售服务前沿技术效率和市场交易效率都越容易跨越门槛值，从而新零售模式就越容易从网络零售模式中分化出来。显然，对 G^* 和 F^* 求关于 τ、ε、ω 的偏导数，容易得到 $\partial F^*/\partial\tau <0$，$\partial F^*/\partial\varepsilon <0$ 和 $\partial F^*/\partial\omega <0$ 以及 $\partial G^*/\partial\varepsilon <0$ 和 $\partial G^*/\partial\omega <0$。这些再次表明如果零售服务本身的交易效率 τ 或者零售服务系统的增值能力（ε 或 ω）越高，那么网络零售模式越容易跨越门槛值升级为新零售模式。这些结论与前文的理论分析以及现实中如果包括营销、物流、支付、技术赋能等在内的零售服务越发达，从而对最终产品或货币商品的增值服务能力越

强，那么新零售模式就越会成为主导型的零售模式的客观现象是一致的。因此，本书提出命题：

　　命题 8.2：零售服务交易效率和增值能力对零售模式的网络化转型乃至向新零售升级具有明显的门槛调节效应。在零售服务前沿技术效率相对较低且既定条件下，零售服务交易效率越高，网络零售越容易取代实体零售。而如果零售服务前沿技术效率不断改进后，零售服务的交易效率和增值能力都越高，那么新零售模式则越容易跨越门槛值成为均衡模式。

第三节　零售模式数字化转型的经济高质量发展效应

　　前面从超边际一般均衡比较静态分析的角度揭示了零售模式转型的条件，那么此种零售组织模式的结构转换过程如何对经济发展产生影响？这里本书按照前文的超边际模型分析结果，进一步揭示零售模式转型对生产率、要素配置效率、消费者福利和人均收入等方面的经济发展高质量促进效应。

一、零售数字化转型的劳动生产率提升效应

　　劳动生产率的高低是衡量经济发展质量和水平的核心变量，劳动生产率的提高意味着经济组织可以通过投入较低的劳动力要素而获得更高的经济增长水平。本书所界定的劳动生产效率等于产出除以劳动投入总量，这里本书主要用来衡量不同零售模式最终产品或货币商品的劳动生产能力。例如，在实体零售模式中，最终产品和货币商品的劳动生产率分别表示为 $W_1^X = x^p/L_X$ 和 $W_1^Y = y^p/L_Y$，相应的网络零售模式的最终产品和货币商品的劳动生产率为 $W_2^X = x^p/L_X$ 和 $W_2^Y = y^p/L_Y$。不过，与前两种零售模式的产品劳动生产率不尽一样，在新零售模式中，最终产品和货币商品最后是以增值型的产品形态进入零售和消费系统的，整个新零售生态的最终产品和货币商品产出量本质上是增值后的产出量，因此，本书定义新零售的最终产品和货币商品劳动生产率为生态型劳动生产率，即 $W_3^X = x_r^p/L_{Xr}$ 和 $W_3^Y = y_r^p/L_{Yr}$。为此，根据式（8-3）、式（8-5）、式（8-7）、式（8-9）、式（8-17）和式（8-19）中相关变量的角点解，可以得到不同零售模式中最终产品和货币商品的劳动生产率：

$$W_1^X = 2\phi(1-a-e)/(2+a-2e)$$
$$W_2^X = \phi(1-a)$$
$$W_3^X = \theta(1-c) \qquad (8-23)$$
$$W_1^Y = 2\varphi(1-b-e)/(2+a-2e)$$
$$W_2^Y = \varphi(1-b)$$
$$W_3^Y = \delta(1-d) \qquad (8-24)$$

观察分析式（8-23）中三种零售模式的最终产品劳动生产率表达式，通过简单的比较以及根据前文的假定 $\theta > \phi$ 和 $c < a$，不难发现存在 $W_1^X < W_2^X < W_3^X$，这充分说明随着实体零售向网络零售与新零售的升级，用于满足零售商、用户等生产者－消费者的最终产品 X 的劳动生产率是不断上升的，零售经济系统的增长质量和效益趋于改进。此外，根据前文的假定 $\delta > \varphi$、$d < b$ 以及比较式（8-24）中有关货币商品 Y 的劳动生产率表达式，也容易得到存在 $W_1^Y < W_2^Y < W_3^Y$，这同样表明零售模式的数字化转型促进了货币财富生产率的提高，这显然有利于促进经济发展向财富驱动的最高级阶段演进（波特，1990）。与此同时，无论是何种零售模式下最终产品或货币商品的劳动生产率本身主要受到前沿技术效率和学习成本的制约，从式（8-23）和式（8-24）容易得到 $\partial W_i^j/\partial Z > 0$ 和 $\partial W_i^j/\partial Q < 0$（$i = 1, 2, 3; j = X, Y; Z = \theta, \phi, \delta, \varphi; Q = a, b, c, d, e$），这表明零售系统中的前沿技术效率越高和学习成本越低，那么零售模式既定条件下的劳动生产率就越高。因此，本书提出：

命题3：随着实体零售向网络零售和新零售的转型升级，零售商品和货币商品的生产率都趋于不断提高，零售的数字化转型有利于支撑经济发展由要素投资驱动转向效率和财富驱动，而零售系统的前沿技术效率和学习成本是影响不同零售模式劳动生产率的内在因素。

二、零售数字化转型的要素配置效率改善与连接红利扩张效应

经济增长模式的转换过程必然伴随着劳动力在不同产业上配置结构的不断优化（吴敬琏，2014），从而促进经济的高质量发展。零售模式的数字化转型除了带来劳动要素生产率的变化之外，其在不同部门内部和跨部门的配置数量也必然不断发生动态调整。前文已经假设整个零售经济系统有 M 个生产者－消费者，因此存在 $M = M_1^B + M_1^C = M_2^B + M_2^C + M_2^P = M_3^B + M_3^C + M_3^{TP} + M_3^{MP}$。那么根据式（8-20）至式（8-22）中有关不同分工主

体之间的人数比值角点均衡解，可以计算得到不同零售模式不同分工主体人数表达式：

$$M_1^B = \sqrt{(1-a-e)}M/\left[\sqrt{(1-a-e)} + \sqrt{(1-b-e)}\right]$$

$$M_1^C = \sqrt{(1-b-e)}M/\left[\sqrt{(1-a-e)} + \sqrt{(1-b-e)}\right]$$

$$M_2^B = M_2^C = M/\left[2 + \sqrt[3]{k\tau\lambda(1-e)/4}\right]$$

$$M_2^P = \sqrt[3]{k\tau\lambda(1-e)/4}M/\left[2 + \sqrt[3]{k\tau\lambda(1-e)/4}\right]$$

$$M_3^B = M_3^C = 2HJM/\left[4HJ + k(H+J)\right]$$

$$M_3^{TP} = kHM/\left[4HJ + k(H+J)\right]$$

$$M_3^{TP} = kJM/\left[4HJ + k(H+J)\right] \qquad (8-25)$$

式（8-25）给出了三种零售模式中不同分工主体所占总人数的份额，其中 $H = \varphi(1-b)/\delta(1-d)$，$J = \phi(1-a)/\theta(1-c)$。首先，观察分析劳动力在三种零售模式结构内部的配置情况。对于实体零售内部而言，零售商与用户的人数主要取决于两者各自的学习成本，如果零售商的学习成本 a 不断提高，那么会有一部分零售商会退出零售行业，从而 M_1^B 降低。如果用户的学习成本 b 不断提高，会有越来越多的人从事零售行业，也即 M_1^C 降低，如图8-7所示。在网络零售中，零售商、用户和网络零售平台服务商构成了分工体系。显然，对式（8-25）中的相关表达式求偏导数，不难得到 $\partial M_2^B/\partial k < 0$，$\partial M_2^B/\partial \tau < 0$，$\partial M_2^B/\partial \lambda < 0$，$\partial M_2^C/\partial k < 0$，$\partial M_2^C/\partial \tau < 0$，$\partial M_2^C/\partial \lambda < 0$ 以及 $\partial M_2^P/\partial k > 0$，$\partial M_2^P/\partial \tau > 0$，$\partial M_2^P/\partial \tau > 0$，这充分说明在网络零售模式中，随着市场交易效率、零售服务交易效率和零售服务的前沿技术效率的提高，整个分工系统的劳动力分布结构会出现明显变化，零售商和用户的人数会趋于下降，这些从零售供给部门和用户部门分离出来的劳动力会流向网络零售平台服务部门成为佣金型零售服务连接者，零售经济系统的平台型就业比例不断上升。当零售模式转换为新零售模式之后，内部劳动力的转移也具有与网络零售模式内部相似的规律。从式（8-25）不难得到，$\partial M_3^B/\partial k < 0$，$\partial M_3^C/\partial \tau < 0$ 以及 $\partial M_3^{TP}/\partial \lambda > 0$，$\partial M_3^{MP}/\partial \lambda > 0$，这说明整个新零售市场的交易效率从根本上决定了劳动力要素在不同部门的配置，总体上说，随着市场交易效率的提升，新零售模式内部也呈现出劳动力由零售部门、用户部门向增值型零售服务部门转移的趋势，从而零售系统的生态型就业更为突出。

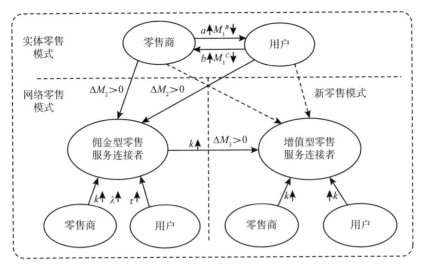

图 8-7 传统零售向新零售升级的劳动力结构内与跨结构优化配置

资料来源：笔者分析绘制。

其次，劳动力的跨结构转移也是零售模式数字化转型过程中的重要现象。从实体零售向网络零售的结构转变中，由于新出现了提供佣金型零售服务的网络零售平台服务商，所以这里第一次出现了劳动力的跨结构转移。如图 8-7 所示，记 $\Delta M_2 = M_2^P > 0$，这意味着实体零售向网络零售的升级带来了零售服务平台商数量的增加，而这些新增的零售服务平台商主要来自零售商和用户部门的跨结构劳动力释放，也即随着网络零售模式的兴起和应用，越来越多从事实体零售的零售商或用户慢慢转移到网络零售部门，网络零售平台服务商的比例上升。然后，随着技术、消费升级带来的网络零售模式向新零售模式的转型，劳动力跨结构优化配置现象更为明显。这里本书记 $\Delta M_3 = M_3^{TP} + M_3^{MP} - M_2^P$，结合式（8-25），不难发现有 $\Delta M_3 > 0$，显然这意味着网络零售模式与新零售模式之间劳动力跨结构转移的增量为正，也即与佣金型零售服务连接者相比，增值型零售服务平台部门的劳动力出现了大于零的增量，越来越多的中介型零售服务商、零售商与用户在跨结构的零售模式转型中转移到增值型零售服务部门，新零售全渠道、全场景和全域交互的社群体系不断丰富和完善，生态化协同效应日益明显。实际上，无论是内部的优化配置，还是不同零售模式之间的跨结构优化转移，零售系统"连接一切"的能力显著提高，连接者服务部门不断扩张，价值分配型连接者和价值创造型连接者成为数字化零售的关键角色，推动零售系统的连接红利从无到有地不断扩张。因此，根据以上分析，本书提出：

命题8.4：随着市场交易效率和零售服务前沿技术效率、零售服务交易效率的改进，零售数字化转型带来了劳动力在不同零售模式内部和跨结构的优化配置，劳动力平台型和生态型就业比例不断提升，零售系统的增值服务能力和生态型连接红利不断扩张。

三、零售数字化转型的用户剩余扩张效应

商品或服务生产的最终目的在于提高消费者的满足程度，尤其是通过降低市场相对价格获得更高的消费者剩余。根据传统消费者剩余的一般测算公式，如果消费者从消费商品或服务中所获得的体验越好，而商品或服务的市场相对价格越低，那么消费者剩余就越高。本研究运用最终产品与货币商品的相对价格来衡量用户剩余，相对价格越低则代表用户剩余越高。为此，本书定义实体零售、网络零售和新零售模式下用户剩余分别为 CS_1、CS_2 和 CS_3：

$$CS_o = epi_o^X - p_0^X (o = 1, 2, 3) \tag{8-26}$$

在式（8-26）中，epi_1^X、epi_2^X 和 epi_3^X 分别代表用户通过三种零售模式对最终产品 X 所获得的购买体验，从而决定了用户对最终产品 X 的愿意支付的最高价格。根据前文的理论分析结论，一般存在 $epi_1^X < epi_2^X < epi_3^X$，即随着零售模式的数字化转型，更方便、更精准和更快速的零售过程使得用户的购买体验不断叠加而上升。所以，这里本书重点通过考察用户对最终产品 X 的支付价格 P_X 与货币商品 Y 的价格之间的比值来分析决定用户剩余大小。显然，如果式（8-26）中的 $p_o^X = p_X/p_Y (o = 1, 2, 3)$ 越小，那么用户剩余就越高。式（8-20）至式（8-22）给出了三种零售模式中最终产品 X 与货币商品 Y 之间的相对价格 p_X/p_Y，显然有：

$$p_1^X = p_X/p_Y = \frac{\varphi}{\phi} \left[(1-b-e)/(1-a-e) \right]^{2/3} \tag{8-27}$$

$$p_2^X = p_X/p_Y = \varphi(1-b)/\phi(1-a) \tag{8-28}$$

$$p_3^X = p_X/p_Y = \left[\delta(1-d)(k+k\omega-1) \right]/\left[\theta(1-c)(k+k\varepsilon-1) \right]$$

$$\tag{8-29}$$

在式（8-27）和式（8-28）中，相对价格主要与前沿技术效率系数和学习成本有关，容易得到 $\partial p_1^X/\partial \varphi > 0$，$\partial p_1^X/\partial \phi < 0$，$\partial p_1^X/\partial b < 0$，$\partial p_1^X/\partial a > 0$ 以及 $\partial p_2^X/\partial \varphi > 0$，$\partial p_2^X/\partial \phi < 0$，$\partial p_2^X/\partial b < 0$，$\partial p_2^X/\partial a > 0$，这表明在包

括实体零售和网络零售的传统零售模式中，如果零售商提供最终产品的前沿技术效率越高、学习成本越小，或者货币商品前沿技术效率越低、学习成本越高，那么最终产品和货币商品的相对价格越低，从而用户的经济剩余就越高。当然，一般而言，最终产品的前沿技术效率提高和学习成本降低效应是更为积极的用户剩余扩张路径。观察分析式（8-29），不难发现，新零售模式中用户对最终产品的交易价格除了与前沿技术效率和学习成本相关之外，这一变量还受到市场交易效率 k 的显著影响。显然通过简单的偏导数计算，有 $\partial p_3^X/\partial \delta > 0$，$\partial p_3^X/\partial \theta < 0$，$\partial p_3^X/\partial d < 0$，$\partial p_3^X/\partial c > 0$，这同样表明随着新零售技术基础设施的完善，新型最终产品 X_r 的前沿技术效率越高、学习成本越小或者新型货币商品 Y_r 的前沿技术效率越低、学习成本越高，那么新零售模式中的用户就越能以更低相对价格消费新型最终产品，从而可以获得更高的用户剩余。同样，由新零售系统推进的最终产品前沿技术效率提高和学习成本下降效应是更为积极的实现路径，或者一般而言，在新零售模式中，最终产品前沿技术效率提升和学习成本降低效应会在一定程度上抵消货币商品前沿技术效率提升和学习成本降低效应，从而实现用户对最终产品相对价格的净降低，进而有利于其提高经济剩余。此外，更为重要的是，由式（8-29）及根据前文 $\omega > \varepsilon > 0$，容易发现有 $\partial p_3^X/\partial k < 0$，即随着市场交易效率的改进，在新零售模式中，用户对最终产品的交易相对价格不断下降，用户消费剩余由此不断扩张，社会整体福利也趋于上升。为此，本书提出：

命题8.5：无论是在传统零售模式中，还是在新零售模式中，提高最终产品的前沿供给技术效率和降低学习成本都是一种促进用户经济剩余扩张的积极路径，尤其是技术和制度双重驱动的市场交易效率改进更是促进新零售模式中用户经济福利扩张的有效支撑。

四、零售模式数字化转型的人均真实收入提高效应

在生产者－消费者的超边际分析框架中，分工主体的一般均衡效用水平表征了人均真实收入水平，或者说一定的人均实际收入决定了特定水平的消费效用。因此，这里本书采用一般均衡的效用水平衡量人均真实收入。首先，如前面一般均衡比较静态分析时所述，当零售服务的前沿技术效率系数和市场交易效率超过一定的临界值时，实体零售和网络零售的传统零售模式自然会升级为新零售模式，此时意味着新零售模式的均衡效用

水平相对高于网络零售和实体零售的均衡效用水平（$U_3 > U_2 > U_1$），也就是说，随着技术和交易条件改善带来零售模式的网络化进而数字化能够促进均衡效用水平的提升，从而意味着人均真实收入水平也得以实现结构化提高。此外，观察分析式（8 - 22）中新零售模式的效用 U_3 角点均衡表达式，不难得到 $\partial U_3 / \partial k > 0$，$\partial U_3 / \partial \phi > 0$ 和 $\partial U_3 / \partial \varphi > 0$。这表明，在零售模式数字化转型的过程中，随着云网端、精准营销、新物流以及线下线上全渠道融合等新零售技术和制度结构的形成，零售市场交易效率不断改进，由此可以带来人均真实收入的普遍提高。同时，在新零售模式中，随着供应链技术、支付技术等前沿技术的不断进步，零售商品的供应链效率和交易各方支付效率的增进也都将有效转化为人均真实收入的提高。最后，从零售商品或货币商品的学习成本来看，显然存在 $\partial U_3 / \partial a < 0$ 和 $\partial U_3 / \partial b <$ 0，因此在新零售模式中，由于各种类型学习网络或平台机制的建设和推广应用，社交型学习方式的不断扩散，从而有利于降低零售商在供给和销售最终产品过程中的学习成本，另外用户的频繁式网络型乃至社群型学习也都将极大地降低其学习成本，因此这些都将有效地提升人均真实收入水平。因此，本书提出：

命题8.6：零售模式的数字化转型升级将带来人均实际收入的不断提高，市场交易效率、零售商品的供应链技术效率和支付技术效率改进以及零售商和用户学习成本的降低是促进数字化零售模式下人均实际收入提高的主要驱动因素。

第四节　拓展分析：零售数字化转型的品类属性与实践路径

前文从超边际模型构建和福利效应分析的视角揭示了零售业数字化转型的宏观意义，发现了零售的网络化、数字化和智能化升级所受到的一般性制约条件及其经济高质量发展促进效应。这里本书将进一步聚焦更为微观的不同产品品类视角，重点揭示零售业向数字化零售或新零售升级的产品品类差异性特点，探究不同品类的产品或服务是否以及如何开展新零售实践。前文的命题8.2表明，零售服务交易效率和增值能力对零售模式的网络化和数字化转型具有重要的门槛调节效应，两者如果都越高，那么新零售模式越容易生发形成。因此，基于这一研究命题，本书选取一些代表性的产品品类，分析不同产品品类选择新零售的实践形态和路径，如图8-8所示。

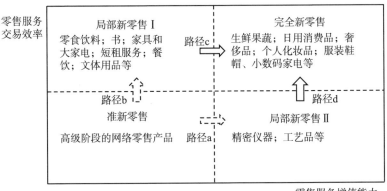

图8-8 零售模式数字化转型升级的品类属性及实践路径

资料来源：笔者分析绘制。

根据零售服务交易效率和零售服务增值能力相对大小组合，本书将新零售模式具体划分为完全新零售、局部新零售Ⅰ、局部新零售Ⅱ和准新零售等四种亚形态。完全新零售是一种零售服务系统高度发达、智慧零售生态非常成熟，从而相关产品品类的全渠道零售增值能力很强的无界零售模式，在这一新零售形态中，由于全域营销、全渠道场景、现代支付服务、运营服务等零售服务发展水平很高，因此，零售服务本身的交易效率很高，而且用户和零售商都能得到基于体验叠加的高增值服务。无论是局部新零售Ⅰ，还是局部新零售Ⅱ，局部新零售形态在零售服务的交易效率和增长能力两方面没有同时达到较高水平，两者在其中某方面存在一定的内在不足。例如，对某些行业的产品而言，用户主要是通过购买产品以满足直接核心需要，对非核心的体验性需求不是特别看重，那么此类产品的新零售增值空间往往较低，但是其零售服务系统却相对发达，一定程度上可以满足其线下线上全渠道营销、快速物流等需求，零售服务交易效率较高，那么此种产品品类往往适用局部新零售Ⅰ形态的数字化零售模式。然而，有些产品品类的情况相反，个性化需求功能相对较强，零售商和用户往往希望通过新零售渠道实现对产品或服务的较大增值，但由于自身的产品物理特性限制，其零售服务系统的服务能力相对较弱，因此此类产品适合采用局部新零售Ⅱ形态进行数字化零售升级。最后，对于准新零售形态来说，产品的物理特性决定了其零售服务的成本投入往往较高，或者零售服务系统发育不够健全，从而也导致其新零售服务增值能力也较低，因此，此类商品或服务的数字化零售模式更可能是一种网络零售向新零售模式过渡的准新零售形态

具体而言，对于不同形态的新零售形态，不同品类的产品或服务具有如下差异化的新零售实践特点和路径：

（1）完全新零售形态。如图8-8所示，按照产品品类决定形成的零售服务交易效率和增值能力，生鲜果蔬、日用消费品、奢侈品、个人化妆品和服装鞋帽等往往具有完全新零售的实践特点。例如，对于生鲜果蔬来说，当前在一些城市已经形成了包括线上食品营养、烹调方法的多维度信息展示、线下多重体验、评价反馈社群、全程保物流体系等零售服务生态，零售服务的交易效率很高。同时，生鲜果蔬零售业态也不断形成了包括保险送货上门、产品信息安全追溯、购物社交等叠加体验，其零售服务的增值能力往往也较高，因此，生鲜果蔬产品往往适用完全新零售形态。又如，对于日用消费品来说，线上线下同价服务、门店发货物流、密集物流网点、智能导购、无人零售技术等零售服务较为发达，全域精准营销、全渠道场景服务等决定了日用消费品往往拥有高效率的零售服务，同时通过线下新品赠送试用、门店发货快速物流、无人配送、社区精选品类等方式为用户和零售商实现技术和生态型赋值，新零售具有较强的增值能力，因此日用消费品也多为采用完全新零售形态。此外，对于服装鞋帽、个人化妆品、奢侈品和小数码家电，它们都拥有较高交易效率的线上视频展示、AR试用技术服务、线上微商、营销渠道分析等零售服务，加之可以获得个性化定制服务、敏捷供应、社群导购、线下全品类体验店等服务，因此对产品的增值效应比较明显，所以，这些产品也可以主要借助完全新零售方式。

（2）局部新零售Ⅰ形态。在图8-8中，零售饮料、书、家具和大家电以及短租服务等相对更倾向于选择局部新零售Ⅰ的形态实现数字化交易。例如，对于零售饮料品类来说，随着技术的发展，无人货架、无人门店、智能导购、线下品尝和移动支付等零售服务发展很快，零售系统的交易效率很高，但由于零售饮料大多是现场制作和线上售卖、城市快速配送相结合，用户消费对象较为单一，因此零售服务的增值空间有限，所以，此类品类更多地选择局部型新零售Ⅰ形态推进数字化销售。又如，书、家具和大家电一般产品的标准化程度较高，个性化不足，因此新零售的增值服务空间也相对有限，但是往往这里产品背后有比较发达的供应链网络，

快速可靠的物流系统比较发达，线下线上物流融合程度较高，智慧物流设备和系统嵌入新零售系统，因此零售服务的交易效率往往相对较高，所以，这类产品也主要选题局部新零售Ⅰ形态开展数字化经营。此外，与有形的产品不同，诸如短租、餐饮服务也可以通过局部新零售Ⅰ形态实现智慧业务扩张。这是因为，随着移动互联网技术、AR技术等发展，数字化短租、外卖零售服务系统已足够发达，因此其交易效率往往较高，但是由于短租、餐饮等服务的供应链往往素质参差不齐，而且服务供给时长也较短，所以用户的增值效益往往较低。

（3）局部新零售Ⅱ形态。在本书的分析框架中，局部新零售Ⅱ形态中的产品或服务往往比较特殊，其对零售服务的要求比较高和独特，同时一般而言，产品的个性化或、创意性或技术性往往较强，因此零售商完全可以通过新零售系统实现对该类产品的增值营销。如图8－8所示，相对而言，诸如精密仪器、工艺品等更倾向于选用局部新零售Ⅱ形态。例如，精密仪器对物流运输服务的要求相对独特和较高，因此一般的新零售服务很难保证提供精准服务，这就决定了外部的新零售服务体系无法以较高的效率完成对精密仪器的匹配运输，零售服务交易效率往往较低。但精密仪器具有较强的定制型特点，零售商可以通过自身的特殊服务提高对精密仪器的服务精准服务水平，因此增值能力较强。又如，对于工艺品而言，由于其对物流运输也有特别的保护需求，一般的线下物流可能无法满足对工艺品的运输需求，有些价格高昂的艺术品更需要通过专门的物流渠道现实点对点运输，因此一般化的物流系统无法通过高效的精准服务。同时，工艺品往往也具有很高的个性化定制特点，零售商、新零售平台商可以通过线下全品类精选体验店、防伪技术等方式实现较高程度的增值。

（4）准新零售形态。对于准新零售产品而言，只要开展了网络零售的所有产品都有可能成为准新零售产品，但相对而言，那些零售服务开始向生态型协同方向演进的高级网络零售系统中的产品品类更有可能成为准新零售产品。此时，由于还没有形成高效率云网端、移动支付、区块链、AR以及全域营销技术服务，因此零售服务的交易效率显然较低，同时缺乏精准营销服务、线下线上全渠道体验服务，因此零售服务的增值能力也较弱。例如，对于原始未经过深加工的农产品，其零售模式主要是停留在网络化转型上，数字化乃至智慧型的新零售模式还没有成为大多数农产品的主要零售模式。在农产品营销服务、AR技术、物流服务、移动支付等技术服务相对不够发达的阶段，农产品的零售服务体系相对薄弱，交易效率较低。同时，未经深加工的大多数农村原始农产品往往品质单一、附加值较低，因此新零售技术尽管很先进，但对此类农产品的增值效应往往比较有限。因此，总体上来说，此类农产品选择网络零售模式是当前的最优选择。当然，随着人们对生态、绿色农产品的需求日益扩张，农产品的网络零售将呈现向准新零售形态的演进趋势。

上述有关新零售四种形态的产品品类分布也不是绝对的，在一定的条件下，不同的形态可以实现阶段性转换。如图8-8中的虚线箭头所示，在产品技术含量、附加值不断提升的条件下，一些原先主要通过网络零售实现网络化销售的产品可以先升级为通过基于较高增值能力的局部新零售Ⅱ形态实现零售模式升级（图8-8路径a），然后再辅之以零售服务体系的完善（图8-8路径d）最终升级为完全新零售模式。同时，一部分准新零售产品也可以先通过借助于完善的零售服务体系（图8-8路径b）向局部新零售Ⅰ形态升级，提高零售服务效率，然后再通过增值服务体系的建设和完善以及自身品牌、技术和附加值提升（图8-8路径c）实现向完全新零售模式升级。当然，对于已经是局部新零售Ⅰ或局部新零售Ⅱ形态的产品品类来说，由于两者已经具备了较好的新零售基础，因此，两者可以分别沿着提升增值服务能力（图8-8路径c）和优化零售服务系统（图8-8路径d）两个方向实现零售模式升级，从而成为更高级的新零售生态。

第五节　探索性跨案例比较分析

本章理论分析部分揭示了在零售转型过程中，市场交易效率以及零售服务前沿技术效率对零售模式转型具有门槛效应，零售服务交易效率和增值能力则具有门槛调节效应，最后零售转型还会促进经济高质量发展。为进一步解释零售数字转型过程中的门槛条件及经济高质量发展效应，本节采取案例研究法进行论证。

一、跨案例研究方法与分析框架

本章案例分析的具体方法是跨案例研究分析，在分析过程时依据制定的分析框架逐步深入进行分析。通过分析对照选择案例的基本信息、新零售发展的具体情况以及对于这种新零售模式对于经济系统的影响，从而帮助我们更深入地了解零售转型的门槛条件和经济高质量发展效应。

（一）跨案例研究

跨案例研究即为多案例研究，较于单案例研究，多案例研究虽然与其所属研究方法一致，但与单案例研究存在一定区别。多案例研究分析得出的结论更经得起推敲，相应的案例研究本身也更具说服力。在进行多案例研究时，要根据案例选择个数来确定具体案例的选择原则，并且要在总体上遵循复制原则而不是抽样原则，在本书中，选取盒马鲜生、茑屋与良品铺子三个案例，因此案例选择要遵循"逐项复制"原则，也即各个案例分析所得结论应当是相同的。在对零售转型的分析过程中，由于前面理论分析部分已经提前对研究结果进行了预知，所以本多案例研究在案例选择时根据前面的理论分析及超边际模型分析的结论确定范例案例并对此案例进行逐项复制。

（二）分析框架

本章案例研究分析框架如图8－9所示。研究的目的是揭示社会化协同效应下，市场交易效率及零售服务前沿技术效率对于零售数字化转型的门槛效应，以及这种门槛条件的调节因素：零售服务交易效率和增值能力。同时在零售数字化转型过程中，其经济高质量发展效应带来劳动生产率的提高、要素配置效率的改善和连接红利的扩张、用户剩余的扩张以及人均收入的提高。

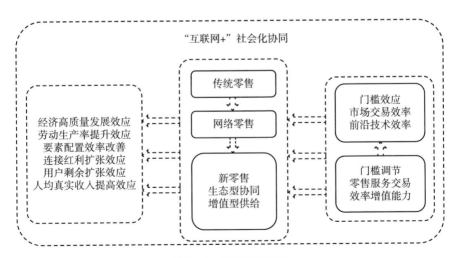

图8－9 案例分析框架

资料来源：笔者分析绘制。

二、跨案例研究设计与案例描述

案例分析框架明确后要进一步分析跨案例研究法在研究中的适用性，以及确定相关案例分析对象，如前所述，选择案例要遵循逐项复制原则，且要在进行跨案例分析之前对单个案例进行描述分析，为之后的跨案例分析论证奠定基础。

（一）研究方法及适用性

本书的目的是通过多案例分析探索"互联网＋"社会化协同背景下，零售数字化转型过程中的门槛效应是怎样发挥作用的，零售数字化转为什么会促进经济高质量发展，并且这种经济高质量发展效应给经济系统带来的变化是怎么样的，而且在分析过程中研究对象是动态发展变化的，无法对其进行控制，因此采用探索性跨案例分析。研究对象是盒马鲜生、茑屋及良品铺子，案例选择原则是：第一，案例都属于新零售企业，发展态势良好；第二，案例来自不同行业领域，并且凭借互联网信息技术优化自身业务。在进行案例分析首先对单个案例进行分析，再进行跨案例分析归纳得出结论。

（二）资料收集及处理

资料的收集要确保其准确性，因此收集过程要严格遵守"三角验证"原则，既保证资料的来源充足，又要在资料收集时通过不同来源的资料间的相互印证、互补保证资料的真实可靠。本案例研究中研究对象的资料主要来自：第一，所选案例企业官方网站信息，根据官方公告与信息发布平台获得相关信息；第二，中国知网等文献资料平台，通过研读文献、会议资料获取所需信息；第三，相关企业的网络公开访谈资料。为此，我们在2020年8～9月对相关企业业务部门进行了线上或线下的实地访谈，通过设计访谈提纲和实地多视角的深度访谈了解和收集相关资料。资料收集前应对收集过程进行规范，并严格要求数据资料的真实可靠性，资料收集过程中应保证收集程序严谨有序和日后查找便利，资料收集过后要对资料进行整理归纳，为下一步的跨案例分析做准备。

（三）信度和效度

为保证研究的信度，在资料收集阶段可以采用拟定案例研究草案与建立相关案例资料研究库的方法，这样既可以保证资料收集过程规范严谨与数据资料真实可信，又能在案例研究完成之后，研究者或者其他研究人员通过查验相关数据资料库，重复研究步骤进而证实研究结论。本书主要是通过建立案例资料研究库的方法保证研究的信度。由于本章案例采用的是探索性跨案例研究方法，只需保证研究的外在效度，主要采用在研究设计阶段通过重复、复制案例的方法进行跨案例研究来保证外在效度。

（四）案例描述

新零售模式如图 8 – 10 所示，新零售通过线上服务与线下体验的融合发展，并以数字化技术与智能供应链赋能。基于此对盒马鲜生、茑屋与良品铺子这三家企业进行个案分析。

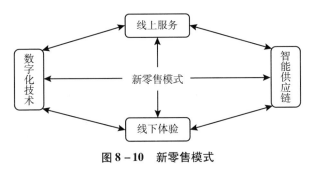

图 8 – 10   新零售模式

资料来源：笔者分析绘制。

1. 盒马鲜生

盒马鲜生于 2016 年 1 月正式开始营业，主要经营生鲜品类，通过线上平台与线下门店的结合开辟生鲜电商新模式，这种新零售模式通过先进技术赋能，打通全渠道，为消费者提供增值型零售服务。

盒马鲜生的增值型服务体现在：依赖信息技术对消费者进行精准定位，线上与线下有机结合，注重用户体验从而增强客户黏性；基于现代物流仓储技术提高拣货、配送效率，突破生鲜品销售的时效瓶颈；根据不同场景拓展盒马业态，构建如图 8 – 11 所示的盒马新业态，打造全场景交易；提供移动支付，主要有盒马 APP 与支付宝付款两种支付方式，并对接支付宝获取消费偏好、消费能力等信息勾画用户画像等。盒马鲜生通过对不同领域主体的信息进行匹配，将自身需求通过互联网生态系统对接各类专业化服务商，吸纳不同领域的先进且高效的信息服务，致力于提升自身服务的专业化程度，实现信息的生态型协同。盒马鲜生在信息生态型协同的过程中，应用现代化信息技术提供全域精准营销，全面升级自身营销服务、新物流仓储服务、移动支付服务等，实现增值型零售服务的供给。

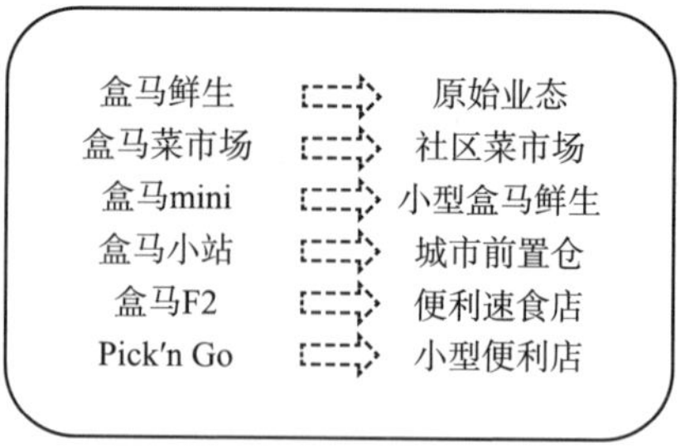

图 8 – 11　盒马鲜生生态

资料来源：笔者分析绘制。

2. 茑屋

日本茑屋书店初成立于 1983 年，随着实体书店市场的饱和及网络商城的上线，实体书店的市场日渐缩小，因此利用互联网技术拓展多元业务进行跨界经营进而转型是实体书店发展的趋势，在这一背景下，茑屋书店多次进行战略转型，依托大数据技术实现线上线下的升级融合，线上主要是通过大数据为线下门店打造智慧消费场景，并加强与休闲、餐饮、文创等领域的跨界合作，打造多元业态的新零售模式。茑屋书店在经营过程引入 T 会员和 T 积分卡模式，不仅整合自身书店的数据信息，也由于 T 积分卡在多个领域的广泛使用从而能够进行信息的生态型协同，为打造全领域营销奠定基础。此外，茑屋书店还将书店定位为为读者构建美好生活。一方面，茑屋书店重新定义图书分类，围绕读者生活场景打造书屋整体布局，并缩小受众范围并根据读者需求调整经营策略，从而提供精准化、个性化服务；另一方面，适配读者生活方式并将多种服务纳入书店经营场景内，利用大数据技术增强用户体验，让读者在茑屋内甚至离开茑屋后都能体验到书屋提供的增值型服务。

3. 良品铺子

良品铺子是从线下起步的致力于为消费者提供安全放心的食品的休闲零食品牌，并且秉持为消费者提供亲切、自然服务的宗旨，在近年来的发展过程中不断推进企业数字化转型。良品铺子在 IBM 的帮助下整合线上线下渠道，建立 OMS 这一订单管理系统，融合交易数据与会员数据获取全面精准信息，实行生态化的信息协同匹配，为客户提供个性化、智慧化服务。通过线上销售与线下体验融合发展战略，根据大数据分析技术打造智慧门店，增强用户体验，并及时调整品牌战略定位，将自身业务在差异化的基础上进行聚焦，精准用户人群。良品铺子还通过会员制建立消费者标签并进行数据分析获取用户画像，抓取会员消费行为从而进行精准营销。在企业转型过程中，良品铺子通过寻求企业专业管理服务提供商为企业制定转型升级措施，培养专业人才，为企业提供运营支持，同时消费者也可获取增值型服务。此外，良品铺子还通过现代物流仓储技术的加成构建无人仓储，提高商品周转率，提高运营效率的数字化战略助力新零售探索，为用户提供增值型零售服务。

三、跨案例比较分析与命题实证

根据跨案例比较分析的原则，在对单个零售企业案例进行描述、分析的基础上，还要进一步对所选案例进行案例间的对比分析，根据新零售企业之间的共同运行模式和相关特征的分析，由此得出的结论与理论分析和超边际分析部分提出的相关命题对照，最终得出分析结果。

（一）零售转型的门槛条件

互联网社会化协同效应下，零售转型所需的现代化信息技术支撑，如大数据、人工智能、区块链等日渐成熟并应用广泛，以及随着零售业的发展与互联网信息技术的学习成本不断降低，消费者消费习惯的转变等交易条件的改善会提高市场交易效率，并且互联网信息技术的应用也会使得新零售服务所需的前沿技术学习成本降低，新分工主体零售平台服务商可以将有关营销、支付和物流等前沿技术外包给专业化生产商，进而提升零售服务前沿技术效率，从而催生新零售这一新业态，在传统零售向新零售的转型过程中市场交易效率与零售服务前沿技术效率起着门槛效应。而这两种门槛条件又会受到其他因素的制约。由营销、物流、支付与技术等专业化技术赋能的零售服务交易效率会在一定程度上调节零售服务前沿技术效率，而且伴随零售转型，零售商、用户与零售服务平台商之间的分工结构演进不断深化，零售业态的专业化分工程度提高，专业化生产和销售增值型零售服务的分工主体也开始纳入分工系统中。一方面，增值型零售服务的技术效率要高于传统零售服务，因此会调节零售转型的门槛条件——市场交易效率及零售前沿技术效率；另一方面，也会间接促进新零售模式的出现及成为零售业的均衡业态。根据本书课题组的实地调查发现，良品铺子从线下零售商转变为新零售商的技术条件和商业生态条件准备的过程比较短，这主要是由于外部竞争环境的逼迫。此外，盒马鲜生更是快速地实现线上与线下零售一体化转换，其对新零售技术的应用可以算是非常彻底和及时的，没有经过线下的探索阶段而实现快速的零售模式转型。

（二）经济高质量发展效应

1. 劳动生产率提升效应

零售转型过程中必然伴随着专业化分工程度的深化，各分工主体专业化生产并提供相应的产品，相对完全的专业化生产本身就会提高劳动生产效率。并且零售转型过程中不断有新分工主体的加入，提供区别于传统零售模式的增值型零售服务，这种增值型零售服务由适应现代化信息技术的发展与专业化分工不断深化而衍生出的新型零售服务平台商提供，在新零售模式下，这种零售服务区分为最终产品和货币商品的增值型零售服务，这种增值型服务本身是平台服务商通过一定的专业化技术赋能实现的，因此本身的劳动生产率也比较高。根据实地调查数据发现，茑屋和盒马鲜生的资源利用效率都得到了极大的提升，技术和劳动生产率都从低于行业平均水平提升到行业平均水平之上。而不同零售模式的演进过程中专业化技术的普及会使得经济发展实现动力转换，由单纯依赖自身要素驱动转向寻求生产、服务效率驱动和财富驱动的发展模式。而推动劳动生产率提升的内在因素一方面是社会化协同效应下，平台服务商可以获得支持新零售服务发展的营销、支付、物流等专业化技术，并且这种零售服务前沿技术效率也会随数字化信息的发展不断提高，另一方面是由于信息生态型协同的互联网平台的加成，平台服务商的学习成本会不断下降。

2. 要素配置效率改善及连接红利扩张效应

零售模式转型过程中，随着市场交易效率、零售服务前沿技术效率的提升以及学习成本的下降，在零售服务系统内部，传统提供最终产品的零售商与提供货币商品的用户会退出各自分工领域，转向对劳动力需求更大的平台服务商部门。新零售阶段表现为用户与零售商劳动力数量不断下降，而增值型零售部门由于一方面由于是新卷入劳动分工体系中的新分工主体，因此劳动力缺口较大，另一方面由于零售市场对提供增值型零售服务的需求不断提升，都会带来劳动力要素的重新配置。根据我们对盒马鲜生的调查发现，随着其新零售生态的建立，近三年其平台新零售体系中有近80%以上的配送人员是从零售系统以外的经济领域转移过来的，而87%的供货商原先是属于线下乡村供货网络中的供应商。而在实体零售向网络零售转型以及网络零售向新零售的转型过程中也会由于利益的驱动实现跨零售服务部门的劳动力转移，劳动力要素的配置不断优化，平台型及生态型就业比例不断提升。在新零售转型过程中出现的增值型服务信息会在互联网生态连接系统中进行生态型信息匹配，越来越多的用户与零售商获得增值型产品或服务，并随劳动力要素的优化配置与学习成本的降低转移到增值型平台服务部门，带动零售增值型服务的发展，不断扩张零售业态的连接红利。

3. 用户剩余扩张效应

零售数字化转型过程中，由于市场交易效率的提升和前沿信息技术的应用，零售系统中分工主体的专业化分工程度不断加深，零售商、平台服务商以及用户都会专业化生产自身产品用于自用和交换，用户获取最终产品的成本不断降低，而且最终产品也会被最终产品增值型服务零售服务平台商不断被赋予新价值，最终产品供给效率不断提升并且学习成本逐渐降低，市场交易效率提升，也就是在零售模式不断升级变迁的过程中，用户在交易过程中的体验感会越来越好，并且用相同的货币商品交换得到的最终产品的数量和质量会不断提高，最终实现用户剩余实现扩张。根据我们对盒马鲜生和良品铺子用户的跟踪调查发现，盒马鲜生用户的线上体验满意度为97%以上，而良品铺子的网络用户满意度也在93%以上。在"互联网＋"社会化协同下，分工结构演进会使零售经济系统内部的市场交易效率提升，而对于用户来说制度政策的优化、基础设施的改进这些外部因素是推动零售经济分工结构演进的驱动力，即新零售模式下由前沿技术与制度政策驱动的市场交易效率改进会给用户带来增值型最终产品与更好的交易体验，进而提高用户的效用水平，用户剩余实现扩张。

第六节 本 章 小 结

零售是人类历史进程中的重要产业业态，它的历史演进是技术、政策、需求等不断协同作用的结果。当前，"互联网＋"的技术革新对零售模式产生了重大而深远的影响，零售模式正在向网络化、数字化乃至智能化方向升级。本章在一个新兴古典超边际分析框架下，主要探讨了"互联网＋"社会化协同对零售模式升级的影响机制，揭示了零售模式升级的内在规律和结构转变条件，并阐述了此种结构转变对经济高质量发展的影响效应。第一，本章从理论上分析了零售模式由实体型向网络零售和新零售升级的内在经济逻辑，构建了不同零售模式之间内在区别和分工结构演进的理论框架；第二，本章将"互联网＋"社会化协同引起的零售模式升级进行模型化和正式化，提出了零售模式转型升级的超边际模型，并揭示了传统零售向新零售升级的内外部临界条件；第三，本章在前述超边际分析结论的基础上，揭示了"互联网＋"社会化协同推进的零售模式转型升级对经济高质量发展的宏观意义；第四，本章从微观视角分析了个人消费品、饮料、大家电等不同产品品类的新零售实践路径，以拓展了本章研究的分析结论；第五，本章通过选取不同零售模式的不同典型案例进行跨案例比较分析，以进一步案例实证本章的理论命题。本章为系统理解"互联网＋"社会化协同对零售模式的影响提供了新的理论框架和视角，为政府和产业界的新零售实践提供理论依据。

第九章 "互联网 +"社会化协同
与网络化协同制造

随着新一代信息技术和互联网技术的迅猛发展，在对消费、生活方式、交流方式、就业模式等产生重大影响的同时，"互联网 +"不断向制造业领域渗透并得到广泛应用，一种建立在互联网和数字化技术基础上的"网络化协同制造"正成为"互联网 +"制造业的重要模式。2015 年 7月，《国务院关于积极推进"互联网 +"行动的指导意见》中首次提出推动"互联网 +"协同制造行动，通过建设和推广基于互联网的协同制造新模式来加快形成制造业网络化产业生态体系。显然，在网络化协同制造过程中，制造业企业将充分利用互联网加强企业内外部、企业间以及供应链不同环节间的协同化、网络化发展，这为制造业资源的协同高效配置和利用创造了技术条件，更为重要的是，网络化协同制造将极大地改变制造业企业之间的分工协作关系，从而可能对宏观经济发展产生重要的结构化影响效应。在此意义上，对网络化协同制造影响制造业企业分工结构的内在经济逻辑及其促进经济发展的结构化价值开展研究具有重要的理论和现实意义。

对国内外文献的研究发现，已有研究对网络化协同制造现象进行了有益的探讨，相关研究成果丰富了对协同制造的认识。然而，已有研究主要将协同制造视为制造业在互联网时代的技术范式革新，把网络化协同制造理解为技术问题，由此揭示协同制造的技术架构、技术开发方式、技术效率及其影响因素等。与已有研究视角不同，我们认为网络化协同制造是一个制造资源组织模式创新的过程和结果，这一变迁过程带来了社会化分工结构的改变，包括协同制造平台、协同制造服务商等新兴制造业分工主体不断出现，而传统的制造企业也成为工业互联网社群意义上的网络化分工主体，由此使制造业分工结构出现聚裂变效应。显然，已有研究对网络化协同制造促进分工结构演进的机制及其经济发展效应的分析是相当缺乏的。而关于经济组织模式及分工结构演化机制，以杨小凯（2003）为代表的新兴古典经济学家对此提供了丰富的理论和方法基础。基于此，本章将在新兴古典框架中，创造性地运用超边际分析原理和研究思路，将网络化协同制造放在一个专业化分工结构演进的框架中来揭示其影响社会分工水平变化的内在机制，并通过超边际模型构建和数值模拟分析网络化协同制造的生成机理及其对经济发展的结构化促进效应。与已有研究相比，本书为理解网络化协同制造的经济组织演进机制提供了新的微观理论视角，同时有利于清晰认识网络化协同制造对经济发展的结构化宏观作用逻辑，从而也为当前中国制造业网络化产业生态体系建设提供有益的政策启示。

第一节　网络化协同制造的实现机制与分工结构

网络化协同制造是互联网技术和新一代信息技术发展的产物，也是一个社会化专业分工结构不断变迁的过程和结果。与传统的独立制造和线下产业链合作制造相比，网络化协同制造具有独特的分工实践模式、协同机制和分工结构特点。

一、网络化协同制造的实践模式及特点

（一）网络化协同制造的实践模式

如图9－1所示，网络化协同制造是一个由多主体、多角色互动协同作用而成的组织体系，不同的经济个体在网络化跨界融合中发挥各自的专业化分工协作功能。首先，在这一分工结构中，拥有生产设备、原材料、辅料等协同资源或能力的经济个体与协同制造网络平台相连接，前者在网络协同平台上注册并定期或不定期发布有关协同制造资源或能力的信息，这些信息将快速地实现与另一个经济个体，即协同制造应用者的需求信息实现有效匹配，从而构成了协同制造能力或资源提供者、网络协同制造平台与协同制造应用者（需求者）之间包括协同采购、协同设计、协同生产、协同管理、协同营销等全过程的网络化协同制造结构体系。与此同时，网络化协同制造过程中所产生的运输、仓储等服务则由专业化的服务商提供，由此构成了网络化协同制造中的协同服务体系。例如，在现实中，美国通用电气（GE）公司所构建的 Predix 云平台就是一个基于多角色互动协同的网络化协同制造操作系统，该平台主要由面向工业领域的大

数据云平台、提供基础设施服务的 IaaS 层和 PaaS 层构成。依托于这个协同制造平台，数量众多的工业设备或机器、生产线与潜在的协同制造商或供应商互动联结，运输服务商、信息提供商、资产管理服务商等多种协同制造服务商提供包括运输服务、信息分析、资产性能管理、运营优化等各类服务，由此为协同制造应用者及其相关客户优化资源协同制造的业务流程，推动 GE 公司与其配套网络供应商的生产或技术方案的网络化集成和协同操作，最终完成协同制造的生产或技术创新任务。

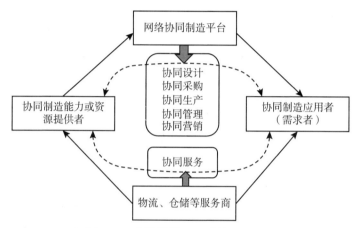

图 9 - 1　网络化协同制造的实践模式

资料来源：笔者分析绘制。

（二）网络化协同制造的模式特点

如前所述，网络化协同制造系统是互联网时代的技术化产物，这种生产模式对应于互联网平台组织方式对经济社会的结构化改造过程。因此，与独立制造或线下合作生产相比，网络化协同制造系统具有如下一些特点（如表 9 - 1 所示）。

表 9 - 1　　　　　　网络化协同制造的模式特点及实现机制

制造模式	模式特点				实现机制			
	协同范围	专业化水平	组织中心性	组织形态	信息匹配机制	工作机制	驱动机制	交互机制
独立制造	无	自给自足	唯一中心	单一企业	内部自我循环	闭合操作	生产规模效应	内部关联

续表

制造模式	模式特点				实现机制			
	协同范围	专业化水平	组织中心性	组织形态	信息匹配机制	工作机制	驱动机制	交互机制
线下供应链合作	生产局部	局部分工	多中心	企业内外的合作联盟	滞后性自我搜寻匹配	串联工作方式	供应链网络效应	正式与非正式交互
网络化协同制造	设计、采购、管理、生产、营销等全域协同	完全专业化	去中心化	协同制造社群	实时快速自动有效匹配	协同并联	数据智能化协同效应	虚实社群型交互

资料来源：笔者分析整理。

（1）完全专业化。生产协作是分工结构演进的过程和结果，在不同的技术发展阶段会出现不同的分工水平。无论是在企业内部的部门之间，还是在同一个企业集团的不同分厂之间，抑或不同企业之间，如何相关的生产制造都是在部门内、工厂内或企业内独立完成的，那么这种独立制造的模式就是一种自给自足的分工模式，经济个体独立承担的所有与制造有关的工作环节或内容，因此分工水平相对较低。随着部门、工厂或企业将一部分制造环节或内容外包给其他部门、工厂或企业，也就是基于企业内外形成了供应链合作，那么此种制造模式出现了部分的分工结构，即有一部分生产环节或设备利用主要通过外部的经济主体提供实现，经济个体可以相对集中于自身的核心战略环节，分工水平得以提高。当然，随着互联网技术在生产制造企业之间的普遍推广应用，工业互联网思维渗透到制造业领域，此时出现了更为专业化的分工主体。如图9－1所示，互联网协同制造平台专业化于提供协同制造的信息匹配，而协同制造应用者则专业化于生产最终产品或通过最终产品的售卖获得货币商品，同时协同制造资源的提供者则专业化生产相关的协同制造资源或设备，更为重要的是，智慧物流等的出现使得有经济主体专业化于提供仓储、运输等协同制造服务，由此最终形成了协同制造应用者、协同资源提供者、互联网协同平台商、物流服务商等完全专业化的分工主体，分工水平不断提升。

（2）全域协同化。技术水平和交易效率决定了交互的性质和范围，网络化协同制造的交互范围相比于独立制造和线下供应链合作模式更大。在独立制造中，由于生产等过程都在同一个部门、工厂或企业内部实现，所以基本上没有出现跨越部门、工厂或企业的协同现象，协同范围也就无从谈起。不过，在供应链线下合作发展模式中，主导型的核心企业与配套型企业之间主要围绕生产设备供应、生产工艺的利用开展合作生产，所以尽管出现了不同企业、部门或工厂之间的协同，但是显然这种协同还是比较初级的，主要集中在生产等局部环节，协同的目标在于产业链式的合作生产。如图9-1所示，当制造业领域出现更复杂的网络化协同制造之后，不同部门、不同工厂或不同企业之间通过互联网协同云平台等技术方式实现互联互通，协同的内容和范围都将显著扩大，生产协同只是网络化协同制造的一部分，有时甚至不是主要的部分，相反协同设计、协同采购、协同研发、协同创新、协同管理、协同营销等全领域开始出现广泛而深入地协同，从而极大地扩大了协同范围和内容，进而有效地促进了协同效率的提高。

（3）去中心化。在传统经济发展阶段，不论是企业内部，还是产业组织中，一般会存在信息或资源的控制中心，因此经济组织体系呈现出中心性特点。例如，在独立制造模式下，对于企业内部来讲，某个研发部门或生产部门主导了产品或服务的研发、设计或生产，因此这些部门就是企业内部的中心型组织。从企业内部拓展到整个产业组织中，某家开展独立制造的企业没有与其他组织建立相关的紧密联系，这家企业就是市场上的中心型企业，尤其是垄断市场结构中的大企业无疑就构成了相关产品或服务市场的唯一中心。当企业开始在内部或供应链上推进合作之后，不同的部门、工厂或企业会根据各自的生产优势、技术优势或市场优势形成自己独特的供应链合作能力，所以，此时整个经济组织中不再是只存在唯一的资源和信息中心，而是由供应链上多加合作型主体构成了多中心的经济组织体系。然而，当人类社会进入到以万物互联为重要的特征互联网时代，经济组织之间变得不再有明显的边界，跨界生成和融合使得中心组织不再保持持久的信息和资源优势，经济组织出现了去中心化的特点和趋势。在网络化协同制造中，由于互联网，尤其是移动互联网时代的到来，参与协同制造的各类分工主体都平等地参与网络化连接的协同制造网络中，没有主体能够长期地左右网络信息和资源，任何一个主体既是一定的中心，又不是永远的中心组织，所以网络化协同制造的组织形态也是去中心化的，唯一的中心就是互联网协同制造网络本身。

（4）无边界社群化。集聚或分散是经济向心力和离心力共同作用的结果（Krugman，1991），技术变革可以改变集散机制的相对力量，因而会导致经济组织形态集散结构的动态演变。在向外建立合作关系或线下供应链合作需求相对小的独立制造阶段，连接技术相对落后，由此决定了在特定的产品市场上，某个独立制造的企业具有原子式的个体特征，它是一个单一企业型的组织形态，没有在企业内不同部门或工厂之间以及不同企业之间形成集聚关系形态。供应链管理和合作使得部分企业脱离单打独斗的局面，开始与其他部门、工厂或企业建立合作生产的业务关系，因此形成了从企业内到企业外的产业链合作联盟，当然这种合作联盟往往是单向的线性组织形态，从采购、生产到市场营销的关系往往单向发展。然而，在网络化协同制造阶段，经济组织形态发生了重要变化。由于互联网技术、云计算、物联网技术的迅猛发展，设备、生产资料、设计方案、生产过程、市场营销、管理机构等实现了无边界连接，每一个互联网节点都是无限开放的结构要素。在此意义上，协同制造应用者、协同制造资源的提供者、互联网协同制造平台和协同制造的服务商不再是简单的线下线性合作关系，而是可以实现无边界连接的工业互联网社群。在这样的社群中，信息、数据、制造业资源可以实现无边界扩展和连接式利用，每一个主体都有可能因为网络连接成为现实的协同制造连接者，网络化协同制造系统构成了"互联网＋"意义上的制造业社群。

二、网络化协同制造的实现机制

作为一种高水平协同制造模式，网络化协同制造除了具备区别于独立制造和线下供应链合作生产的模式特点之外，它还具有自己独特的实现和运行机制，由此驱动网络化协同制造发挥现实作用。

（一）信息的实时快速自动匹配机制

信息的匹配机制或方式是影响制造模式的关键因素，在一定程度上也是决定协同制造效果的核心变量。如表9－1所示，在独立制造过程中，对于不同的制造单元来说，信息都是被限制在一个特点的时间或空间范围内实现内部的自我循环和利用。例如，在单一的企业内部，如果不同部门之间或工厂之间没有形成合作或协同制造的体系，那么无论是采购信息、生产加工信息或市场信息都是被局限在部门、工厂或企业内部，信息没有向外实现扩散。尽管在线下供应链合作联盟中，不同的经济主体在一定程度上就生产等方面的信息进行有限度的共享，关于哪个潜在的合作对象具有哪方面的合作资源或能力等信息在合作主体之间流动，但是这种信息匹配流动方式是具有时间滞后和自我搜寻特点。在线下供应链合作生产过程中，需求方或供应方都需要花费大量的时间等资源到市场上搜寻合适的供应链合作主体，而且这些信息都是静态的滞后信息，所以这是一种相对低效的信息匹配流动方式。然而，随着互联网协同云制造平台技术的出现和广泛应用，网络化协同制造体系突破了线下条件的信息匹配时空限制，从而完成了协同制造供求信息的实时快速自动匹配。在此过程中，协同制造的供求双方都无须像以前一样花费大量的资源用于自我搜寻合作对象，双方只需要将各自的供需信息分布在互联网云协同制造的云平台上，再通过高效的云计算、大数据、社群连接等技术就可以在极短的时间内实现供求快速自动匹配，有时甚至是"秒"级匹配。正是在此意义上，无论是协同制造应用者或需求者，还是协同制造资源或能力的提供者都可完全专业化于各自的分工任务，而无须再投入资源于信息匹配环节，从而两者与互联网协同制造平台商和运输等协同制造服务商构成完全分工的协同制造结构。

（二）协同并联的工作机制

如前所述，在不同的制造模式中，分工主体的数量及其关系出现了重大变化，它们之间的微观工作方式由此也发生了新的整合。当制造发生在独立的企业部门、工厂或单个企业内部时，与产品或服务制造相关的全部工作流程都是在一个较为封闭的有限空间内完成的，不同的环节之间没有出现跨越部门、工厂或企业的合作，所以这是种闭合式工作机制。当然，在供应链线下合作方式中，不同的部门、工厂或企业之间形成了基于不同环节之间的合作，所以从原材料采购、研发、生产组装到市场销售实现了合作制造，但是这种工作环节之间的合作是单向的线性串联方式，主要遵循从产业链上游到下游的机械合作路线开展线下合作生产，信息流、物流与资金流等也是按照单向线性的方式实现串联流动。前文已经述及，网络化协同制造是一个基于互联网平台的无边界社群，所以协同制造应用者、协同制造资源的提供者、协同制造云平台服务商、协同制造的运输等服务商之间的工作业务关联也将是更为多元化和多向度化，设计、研发、采购、生产、营销、管理等不同环节之间不再是通过简单的线性串联形成合作关系，而是不同环节之间本身也是可以多重连接的协同并联方式，网络化协同制造体系中形成了更多更为复杂的多层次业务关联。例如，原材料部门不再仅仅与生产部门建立前后向关联，它还可以通过协同制造网络社群市场营销、研发设计等实现快速地工作业务连接，从而促进自身工作更高效率开展。又如，对于参与到网络化协同制造的企业而言，它也不再仅仅与上游企业或下游销售者实现线性连接，而是可以借助于互联网协同制造平台及其社群与挑剔的终端客户、设计者、科学家，甚至是全球范围的实验室、研究机构等实现快速有效沟通，从而建立协同型的并联工作架构。

(三) 数据智能化协同驱动效应

经济社会的驱动机制和模式不断转换是技术或制度变革的产物，当效率更高的技术方式或制度框架出现后，社会的驱动机制也将发生变化。因此，从驱动机制来看，制造模式的逐步变化也伴随着驱动机制的变化，甚至可以说，正是由于驱动机制的转变，才确保了不同技术条件下制造方式的有效运转。在独立制造发展阶段，所有的制造环节乃至非制造环节都封闭在一个特定的生产空间进行，其目的主要在于通过生产环节的相对集中促进生产规模的相对扩大，从而可以确保获得生产上的规模经济效应，因此此时的制造业驱动机制主要依赖于标准化生产的规模经济效应。随着内部交易成本的提高或为了最大化地利用外部资源优势，有些企业开始与外部供应商、采购商、研发中心和营销机构建立线下供应链合作关系，乃至逐步形成了紧密的供应链合作网络。因此，此时的制造业企业不再强调内部的巨量规模经济，而是寻求通过与外部关系网络的合作，培育增值能力强的社会资本，由此企业从内部规模经济效应的追求者转变为外部供应链关系网的重要建设者和参与者，供应链关系网络节点的连接能力和质量在很大程度上决定了制造企业的制造水平和创新能力，内部规模经济性开始让位于外部供应链关系网络效应，中小制造企业完全可以依托发达的供应链合作网络实现较高的合作制造绩效。当今时代是互联网协同制造时代，数据已经开始逐步取代劳动、资金等成为更为重要的生产要素，物联网、人工智能、类脑智能技术及其网络协同制造平台成为集聚、整理和分析海量数据的重要手段或载体，大数据对协同制造的价值创造能力不可估量，由此这就意味着网络协同制造首先是数据的智能化驱动过程。与此同时，正是由于协同制造是建立在万物互联、连接一切的协同化分工体系之上的，各类协同制造主体都是网络化协同社群的重要节点，彼此之间深度跨界融合成为常态，因此，网络化协同制造将超越线下供应链合作制造的关系网络效应驱动阶段，从网络化、智能化和协同化中形成大数据集成和价值整合，从而成为推动协同制造的根本驱动机制。

(四) 虚实社群型交互机制

互联网和人工智能的发展和普遍推广应用，除了对生产方式带来革命性影响之外，经济社会主体之间的交互方式也在发生重大转向，这其中就包括了制造业领域人与人、人与机器、人与关系、人与数据等之间互动模式的嬗变。如表 9－1 所示，经历独立制造向线下供应链合作制造和网络化协同制造的演变，制造领域的交互方式从最初的内部业务关联向正式与非正式交互以及虚实结合的社群型交互模式演进。在企业部门、工厂或单独企业的内部封闭制造模式中，不同的部门、工厂，乃至不同的企业之间也不是没有经济联系，但相互之间的联系比较表面和松散。例如，在企业内部，采购部与生产部也建立了一定的关系，但主要是上下游的业务关系，而且这些关系并未形成动态协调体系，生产部门形成生产任务，然后向采购部门下达采购业务任务，采购部门再根据任务指示完成相互之间的任务关联，所以独立制造阶段的相关主体之间主要构件了基于业务的被动关联关系，因而缺乏主动性、长期性。当业务部门、分厂或企业建立基于供应链的合作关系之后，独立制造演变为线下供应链合作模式，此时不同主体之间的交互关系出现多样化的形态，相互之间既有基于生产任务的正式合作协议、联合培训等正式交互方式，也有基于信任的面对面交流，显然这种规范化、正式化和非正式化相结合的交互方式有效地降低了合作生产的交易成本，提高了供应链合作收益。如前所述，随着互联网协同制造平台的出现，连接一切的交互机制使得互联网社群从无到有，并逐渐成为工业互联网发展的重要助推器。在这一互联网协同制造社群中，虚拟协同制造网络中的主体无须面对面交流，它们相互之间在一定的信用保证机制下实现人机交互、人网交互、人屏交互以及人与数据的互动，由此促进了信息匹配效率的提高和网络化协同制造的高效率运行。因此，在网络化协同制造模式中，简单的业务关联、正式的合作协议或非正式的访谈当然也会在一定的范围内存在，但是虚拟协同制造网络与现实制造空间、虚拟数据形态与现实制造材料、虚拟技术集成与现实的实验室等多层面的虚实社群型交互成为更为重要的主动型交互机制，由此提升网络化协同制造的整体协同效率。

三、网络化协同制造的分工结构

技术、制度的不断创新促进了交易效率的改进，从而带来了劳动分工结构和专业化水平的演变，由此出现了包括由独立制造向线下供应链合作制造和网络化协同制造模式演进在内的人类社会经济组织方式的变迁过程及其结果。如图 9－2 和图 9－3 所示，与线下供应链合作制造、网络化协同制造相对应,经济社会形成了局部专业化和完全专业化的两种分工结构。①

在图 9 - 2 线下供应链合作制造的局部分工结构(P)中,线下供应链合作制造应用者(RX/Y)半专业化于生产最终产品 X②,在生产 X 的过程中需要投入中间产品 Y,而中间产品 Y 不是由企业内部独立制造,而是通过与其他供应链主体进行合作制造,也即有一个线下供应链主体(Y/X)专业化于生产和提供中间产品 Y,线下供应链合作制造提供者(Y/X)将全部的中间产品 Y(数量为 y^d)出售给合作制造应用者(RX/Y),由此交换得到一定的最终产品 X(数量为 x^d)用于自身消费以满足最大化效用。此外,如前所述,在此交换过程中,合作制造应用者必须花费一定的劳动时间等资源用于搜寻潜在的中间产品提供者,如此才能建立有效的供应链合作关系。因此,在最终产品 X 的专业化生产中,除了需要投入劳动时间和中间产品之外,这种由合作制造应用者自我提供的搜寻中间产品提供者的信息协调匹配服务 R 也是决定最终产品 X 生产的重要生产要素。当然对于最终产品 X 来说,合作制造的应用者除了将一部分 X(数量为 x^s)出售给市场之外,它也将留出一部分 X(数量为 x)用于满足自身需要。

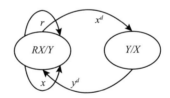

图 9 - 2　线下供应链合作制造与局部分工结构(P)

资料来源:笔者分析绘制。

随着互联网、物联网、云制造和人工智能技术以及政策环境的不断变化,线下供应链合作制造模式向网络化协同制造模式升级,劳动分工结构也由局部分工结构(P)向专业化水平更高的完全分工结构(C)演进,

---

① 为了简化分析和不失一般性,这里的分工结构分析及后文超边际模型构建在以下两方面进行简化处理:一是由于本书在于核心揭示网络化协同制造模式的生成机制及其经济发展效应,所以这里没有将发展早期的独立制造模式放入分析框架;二是因为运输、仓储等服务商在不同分工结构中的角色和功能变化不大,因此也没有将此类主体纳入分工结构和超边际模型,以上处理不会改变文章分析的整体有效性。

② 按照杨小凯(2003)的做法,最终产品 X 既可以是实物形态的物质产品,也可以是无形的服务,甚至可以是货币商品。

如图9-3所示。与前阶段的局部分工不同，网络化协同制造模式中新出现了网络化协同制造平台商（R/X），它完全专业化于为协同制造应用者（X/RY）提供信息协同匹配服务，由此协同制造应用者也由半专业化升级为完全专业化于生产最终产品 X 的分工主体。在此过程中，网络化协同制造平台商（R/X）将生产的全部信息协同匹配服务 R 出售给（数量为 r^d）协同制造应用者（X/RY），由此相交换满足自身需求所需的最终产品 X（数量为 x^d）。在网络化协同制造平台商发挥作用的过程中，协同制造应用者与中间产品 Y 的专业化提供者实现协同制造的供求信息快速有效匹配，由此，中间产品提供者（Y/X）就更为高效地将全部数量（y^s）的中间产品 Y 出售给协同制造应用者（X/RY）以迂回生产最终产品 X，并以此交换数量为 x^d 的最终产品。当然，作为最终产品 X 的完全专业化生产者，此时协同制造应用者（X/RY）已无须再花费时间等资源用于搜寻潜在的协同制造资源或中间产品提供者，由此它将完全专业化于生产最终产品 X，并将一部分（x^s）最终产品 X 出售给市场上的其他主体，当然也要留下数量为 x 的最终产品 X 用于自身消费。

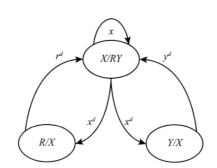

图9-3 网络化协同制造与完全分工结构（C）

资料来源：笔者分析绘制。

第二节 超边际模型设定与角点均衡分析

一、基础模型设定

在一个经济连续统中，存在 M 个经济个体，不同的分工主体在不同的分工结构中专业化或半专业化于生产最终产品 X、中间制造品 Y 和信息协同匹配服务 R，它们在一个共同的制造业生产消费市场进行生产和交换，因此面临相同的交易效率系数 $k(0 \le k \le 1)$。如前所述，最终产品 X 的生产需要投入中间品 Y、信息协同匹配服务 R、专业化劳动 L_X，但也依赖于生产的技术水平。同时中间产品 Y 的生产则主要依赖于技术水平和劳动专业化水平 L_Y，而信息协同匹配服务 R 的生产主要依赖于技术水平和专业化劳动投入 L_R。不同的分工主体都以最大化效用（利润）[①] 为各自的消费—生产目标，所以它们面临如下最大化决策问题：

$$\max \quad U = x + kx^d$$

$$\text{s. t.} \quad x^p = x + x^s = \theta(y + ky^d)^{\tau_1}(r + kr^d)^{\tau_2}(L_X - a)^{1-\tau_1-\tau_2}$$

$$y^p = y^s = \phi(L_Y - b)$$

$$r^p = \begin{cases} r \\ r^s = \delta(L_R - c) \end{cases}$$

$$L_X + L_Y + L_R = 1$$

$$p_X(x^s - x^d) + p_Y(y^s - y^d) + p_R(r^s - r^d) = 0 \qquad (9-1)$$

在式（9-1）中，经济个体在生产、要素禀赋和预算约束条件最大化自身效用或利润水平 U，假设其大小主要取决于经济个体对最终产品的消费或使用，而最终产品的使用要么来自经济个体从自身生产的最终产品中留下的部分（x），要么从市场购买得到最终产品的有效消费量 kx^d。式（9-1）的第二个分式描述了经济个体生产最终产品 X 的生产约束情况，不难发现，最终产品的生产过程受到中间产品 Y、信息协同匹配服务 R 和劳动时间份额 L_X（代表专业化水平）以及技术效率参数 $\theta(0 < \theta < 1)$ 的制约，τ_1、τ_2 和 $1 - \tau_1 - \tau_2$ 则分别刻画了最终产品 X 生产的中间产品 Y、信息匹配服务 R 和劳动专业化水平 L_X 的产出弹性（$0 < \tau_1 < 1$，$0 < \tau_2 < 1$），这可以反映生产过程对不同因素的相对依赖程度，当然为了确保劳动专业化水平的正向效应，这里假定 $0 < \tau_1 + \tau_2 < 1$。此外，在最终产品 X 的生产中，产品生产的技术复杂度也对产量具有重要影响，产品生产技术复杂度越高，经济个体所需要投入的学习成本 $a(0 < a < 1)$ 越大，那么产量就会越小。其次，中间产品 Y 的生产主要受到技术效率 $\phi(0 < \phi < 1)$、专业化水平 L_Y 和学习成本 $b(0 < b < 1)$ 的制约，不过中间产品 Y 的生产者将全部

[①] 新兴古典经济学将企业视为既有生产行为又有消费行为的"生产者－消费者"，所以如果最终产品是实物商品或无形服务，则企业最大化其效用，而如果最终产品是货币商品，那么企业更可能最大化其利润。因此，综合来看，在本模型中，可以将效用与利润水平相等同，后文将不做具体区分，U 最大既可以是企业通过消费或使用最终产品获得最大效用，也可以是通过生产经营获得最大的货币利润。

的中间产品出售给市场，即假定有 $y^p = y^s$。再次，无论是线下供应链合作制造，还是网络化协同制造过程中的信息协同匹配服务 R 的提供也主要是劳动专业化分工水平 L_R 和技术水平 $\delta(0 < \delta < 1)$ 的函数，当然学习成本 $c(0 < c < 1)$ 对产量具有负向影响。关于信息匹配服务 R 如何被使用，按照前文的理论分析，我们假定信息协同匹配服务要么在线下供应链合作制造中全部由合作制造应用者使用（$r^p = r$），要么在网络化协同制造中全部由网络协同制造平台商出售给协同制造应用者（$r^p = r^s$）。式（9 – 1）的第5式表明，经济个体投入到不同产品生产中的专业化劳动时间份额之和为1。最后，所有的经济个体在相关产品或服务的市场交易中，都遵循预算平衡原则，即所有经济个体向市场出售产品或服务所得与其向市场购买的支出总和相等，如式（9 – 1）最后一个分式所示，其中，P_X、P_Y 和 P_R 分别代表了市场上产品或服务 X、Y、R 的交换价格。

二、超边际决策与角点解

在不同的制造分工结构结构中，不同的分工主体将对式（9 – 1）最大化问题进行超边际决策，由此决定了不同模式下各类决策变量的角点解。

（一）线下供应链合作制造的超边际决策及角点解

在线下供应链合作制造的局部分工结构（P）中存在供应链合作制造应用者（需求者）和合作制造产品或资源提供者（中间产品 Y 的专业化提供者），两者按照效用最大化原则作决策，由此促进线下供应链合作制造模式的生成与发展。

1. 线下供应链合作制造应用者（RX/Y）的超边际决策角点解

如图 9 – 2 所示，此时半专业化的供应链合作制造者既要投入资源生产最终产品 $X(L_X > 0)$，又要自我生产和提供信息协同匹配服务 $R(L_R > 0)$，只不过生产的最终产品一方面要将其中的一部分留给自用（$x > 0$），另一方面将其余的最终产品出售给市场（$x^s > 0$），同时另外的信息匹配服务 R 却全部留给自用（$r^p = r > 0$）。为了实现迂回生产，它也必须从市场交换数量大于零的中间产品 Y，即 $y^d > 0$。其他的决策变量都为 0，因此，此时这一分工主体的决策问题为：

$$\max \quad U_P^{RX} = x$$

$$\text{s. t.} \quad x^p = x + x^s = \theta(ky^d)^{\tau_1} r^{\tau_2} (L_X - a)^{1 - \tau_1 - \tau_2}$$

$$r^p = r = \delta(L_R - c)$$

$$L_X + L_R = 1$$

$$p_X x^s = p_Y y^d \qquad (9-2)$$

求解式（9-2）最大化问题，可以得到线下供应链合作制造应用者的角点解：

$$y^d = \pi \tau_1^{1/(1-\tau_1)} (P_Y/P_X)^{1/(\tau_1-1)}/(1-\tau_1)$$
$$x^p = \pi [(P_X/P_Y)\tau_1]^{\tau_1/(1-\tau_1)}/(1-\tau_1)$$
$$x^s = \pi [\tau_1 (P_X/P_Y)^{\tau_1}]^{1/(1-\tau_1)}/(1-\tau_1)$$
$$r^p = r = \delta\tau_2(1-a-c)/(1-\tau_1)$$
$$L_X = [(1-c)(1-\tau_1-\tau_2)+a\tau_2]/(1-\tau_1)$$
$$L_R = [c(1-\tau_1-\tau_2)+(1-a)\tau_2]/(1-\tau_1)$$
$$U_P^{RX} = \pi [(P_X/P_Y)\tau_1]^{\tau_1/(1-\tau_1)}$$
$$\pi = (1-a-c)[\theta k^{\tau_1}(\delta\tau_2)^{\tau_2}(1-\tau_1-\tau_2)^{1-\tau_1-\tau_2}]^{1/(1-\tau_1)} \qquad (9-3)$$

2. 线下供应链合作制造资源或能力提供者（Y/X）的超边际决策角点解

此时，线下供应链合作制造资源或能力提供者即中间产品提供者（Y/X）是一个为供应链合作制造应用者提供中间产品 Y 的完全专业化主体（$L_Y=1$），不过其将全部中间产品 Y 销售给市场，因此有 $y^p=y^s>0$，同时从市场购买数量为 x^d 的最终产品以满足自身需要，其余决策变量为 0，因此其决策问题为：

$$\max \quad U_P^Y = kx^d$$
$$\text{s. t.} \quad y^p = y^s = \phi(L_Y-b)$$
$$L_Y = 1$$
$$p_X x^d = p_Y y^s \qquad (9-4)$$

求解式（9-4）最大化问题，可得中间产品提供者的超边际决策角点解：

$$y^p = y^s = \phi(1-b)$$
$$x^d = \phi(1-b)(P_Y/P_X)$$
$$U_P^Y = k\phi(1-b)(P_Y/P_X) \qquad (9-5)$$

（二）网络化协同制造的超边际决策及角点解

网络化协同制造模式新出现了协同制造的网络平台商，原先合作制造应用者的专业化程度也变得更高，它们与中间产品提供者交互协同，共同推进网络化协同制造结构的有效运行。

1. 网络化协同制造应用者（X/RY）的超边际决策角点解

如前所述，随着互联网协同制造平台体系的建立和发展，协同制造的供求信息不再由协同制造需求者自我承担，而是由专业化的协同制造网络平台商生产，前者向后者购买数量为 r^d 的信息协同匹配服务 R。由此，它就可以完全专业化于生产最终产品 $X(L_X=1)$，从中拿出一部分出售给市场（$x^s>0$），其余的最终产品留给自用（$x>0$）。当然在生产中，除了投入信息协同匹配服务之外，此时它还需从市场购买数量为 y^d 的中间产品，在一定的技术水平支撑下生产出最终产品 X。因此，网络化协同制造应用者的超边际决策问题成为：

$$\max \quad U_C^X = x$$
$$\text{s. t.} \quad x^p = x + x^s = \theta(ky^d)^{\tau_1}(kr^d)^{\tau_2}(L_X-a)^{1-\tau_1-\tau_2}$$
$$L_X = 1$$
$$p_X x^s = p_Y y^d + p_R r^d \tag{9-6}$$

求解式（9-6）最大化问题，可以得到网络化协同制造应用者的角点解：

$$y^d = (1-a)\left[\theta k^{\tau_1+\tau_2}\tau_1^{1-\tau_2}\tau_2^{\tau_2}(P_X/P_Y)(P_Y/P_R)^{\tau_2}\right]^{1/(1-\tau_1-\tau_2)}$$
$$r^d = (1-a)\left[\theta k^{\tau_1+\tau_2}\tau_1^{\tau_1}\tau_2^{1-\tau_1}(P_X/P_Y)(P_Y/P_R)^{1-\tau_1}\right]^{1/(1-\tau_1-\tau_2)}$$
$$x^s = (1-a)(\tau_1+\tau_2)\left[\theta k^{\tau_1+\tau_2}\tau_1^{\tau_1}\tau_2^{\tau_2}(P_X/P_R)^{\tau_1+\tau_2}(P_R/P_Y)^{\tau_1}\right]^{1/(1-\tau_1-\tau_2)}$$
$$x^p = (1-a)\left[\theta k^{\tau_1+\tau_2}\tau_1^{\tau_1}\tau_2^{\tau_2}(P_X/P_R)^{\tau_1+\tau_2}(P_R/P_Y)^{\tau_1}\right]^{1/(1-\tau_1-\tau_2)}$$
$$U_C^X = (1-a)(1-\tau_1-\tau_2)\left[\theta k^{\tau_1+\tau_2}\tau_1^{\tau_1}\tau_2^{\tau_2}(P_X/P_R)^{\tau_1+\tau_2}(P_R/P_Y)^{\tau_1}\right]^{1/(1-\tau_1-\tau_2)}$$
$$\tag{9-7}$$

2. 网络化协同制造平台服务者（R/X）的角点解分析

如图9-3所示，作为新出现的分工主体，网络化协同制造平台商将全部的劳动时间投入到信息协同匹配服务的生产中，因此 $L_R=1$，同时它将全部的 R 出售协同制造应用者，因此，$r^s>0$。当然作为消费者-生产者，协同制造的网络平台商也需要从市场购进一定数量的最终产品，因此，$x^d>0$。由此，网络化协同制造平台商面临决策：

$$\max \quad U_C^R = kx^d$$
$$\text{s. t.} \quad r^p = r^s = \delta(L_R-c)$$
$$L_R = 1$$
$$p_X x^d = p_R r^s \tag{9-8}$$

求解式（9-8）最大化问题，可得网络化协同制造平台商的超边际决策角点解：

$$r^p = r^s = \delta(1-c)$$
$$x^d = \delta(1-c)(P_R/P_X)$$

$$U_C^R = k\delta(1-c)(P_R/P_X) \qquad (9-9)$$

3. 网络化协同制造资源或能力提供者（Y/X）的超边际决策角点解

与线下供应链合作制造模式类似，此时网络化协同制造资源或能力提供者即中间产品提供者的分工角色与功能变化不大，它也需要从市场购进 x^d 数量的最终产品，并仍然完全专业化于提供中间产品 $Y(L_Y=1)$，同时将全部的最终产品出售给网络化协同制造应用者，因此有 $y^p = y^s > 0$。所以，此时它所面对的决策为：

$$\max \quad U_C^Y = kx^d$$
$$\text{s. t.} \quad y^p = y^s = \phi(L_Y - b)$$
$$L_Y = 1$$
$$p_X x^d = p_Y y^s \qquad (9-10)$$

求解式（9-10）最大化问题，可得网络化协同制造模式下中间产品提供者的角点解：

$$y^p = y^s = \phi(1-b)$$
$$x^d = \phi(1-b)(P_Y/P_X)$$
$$U_C^Y = k\phi(1-b)(P_Y/P_X) \qquad (9-11)$$

三、角点均衡分析

无论是在线下供应链合作制造结构中，还是在网络化协同制造模式中，都将在市场出清原则和效用（利润）均等原则的作用下实现角点均衡，从而可以得到不同分工模式的分工主体人数之比以及平均利润水平角点均衡值。

（一）线下供应链合作制造结构的角点均衡

在前互联网发展阶段的供应链合作制造结构中，整个分工模式一方面会市场出清，即有 $M_P^{RX} x^s = M_P^Y x^d$ 或 $M_P^{RX} y^d = M_P^Y y^s$（M_P^{RX}、M_P^Y 分别表示该分工结构中线下供应链合作制造应用者的总人数和中间产品提供者的总人数），同时该结构中的每一个经济个体会实现效用（利润）均等化，即有 $U_P^{RX} = U_P^Y = U_P$（U_P 为实现角点均衡的平均利润），由此可得到该结构的角点均衡：

$$M_P^Y/M_P^{RX} = \{\theta k^{2\tau_1} \tau_1^{1+\tau_1} (\delta\tau_2)^{\tau_2} (1-\tau_1-\tau_2)^{1-\tau_1-\tau_2}$$
$$[\phi(1-b)/(1-a-c)]^{\tau_1-1}\}/(1-\tau_1)$$
$$U_P = \theta k^{2\tau_1} (\delta\tau_2)^{\tau_2} [\tau_1\phi(1-b)]^{\tau_1} (1-a-c)^{1-\tau_1} (1-\tau_1-\tau_2)^{1-\tau_1-\tau_2}$$

$$(9-12)$$

(二) 网络化协同制造结构的角点均衡

随着互联网协同制造平台的应用和发展，网络化协同制造模式出现，在这一完全分工结构中，经济个体也是按照效用（利润）均衡原则（$U_C^X = U_C^R = U_C^Y = U_C$，$U_C$ 为角点均衡的人均收入）和市场出清原则（$M_C^X x^s = M_C^Y x^d + M_C^R x^d$、$M_C^X r^d = M_C^R r^s$ 和 $M_C^X y^d = M_C^Y y^s$，M_C^X、M_C^Y 和 M_C^R 分别表示该分工结构中网络化协同制造应用者、中间产品提供者和网络化协同制造平台商的人数）推动网络化协同制造模式实现角点均衡，由此得到该结构下不同分工主体人数之比和平均利润的角点均衡值：

$$M_C^R/M_C^Y = \tau_2/\tau_1$$

$$M_C^R/M_C^X = k\tau_2/(1 - \tau_1 - \tau_2)$$

$$U_C = \theta k^{2(\tau_1 + \tau_2)} \tau_1^{\tau_1} \tau_2^{\tau_2} [\phi(1-b)]^{\tau_1} [\delta(1-c)]^{\tau_2} [(1-a)(1-\tau_1-\tau_2)]^{1-\tau_1-\tau_2}$$

$$(9-13)$$

第三节 网络化协同制造的结构转换条件与经济高质量发展促进效应

前文主要揭示了线下供应链合作制造模式和网络化协同制造模式各自的角点解及均衡状态，这里本书将进一步分析前者向后者演变的结构化条件，并阐述这一结构转换过程所蕴含的经济福利效应。

一、一般均衡比较静态分析与结构转换条件

根据式（9-12）和式（9-13）中两种制造模式下的平均效用或利润表达式，显然当最终产品和信息协同匹配服务的学习成本之和 $a+c$ 大于 1 时，必然有 $U_C > 0 > U_P$，这表明如果合作制造应用者的生产成本较高，那么其必将通过网络化协同制造平台实现与中间产品制造者之间的合作生产，由此通过专业化分工利益抵消学习成本劣势，因此不管市场交易效率高低，网络化协同制造模式都是唯一的合作制造均衡模式。然而，如果由于学习经验的增加或学习模式的改进而使得最终产品和信息协同匹配服务的综合学习成本比较低（$0 < a+c < 1$），那么合作制造的均衡模式则从根本上取决于市场交易效率。如表 9-2 所示，如果此时的市场交易效率 $k < E^*$ 时，那么较低的市场交易效率限制了分工结构的演进，此时线下供应链合作制造是稳定的一般均衡模式。不过当交易技术和制度不断优化

带来市场交易效率充分改进且超过临界值 E^* 时，那么网络化协同制造的完全分工模式就应运而生了，较高的交易效率能够有效地抵消分工环节带来的交易成本增加，因此网络化协同制造模式成为一般均衡模式，大多数企业利用网络化协同制造平台实现与中间产品或服务生产企业之间的合作生产和交易，制造业领域的资源组织效率得以不断提高。综上不难发现，高学习成本以及通过降低学习成本和不断改进市场交易效率都是网络化协同制造模式的实现路径，然而根据式（9 - 12）和式（9 - 13），随着学习成本的提高，不同分工模式下的人均收入（U_P 和 U_C）都是趋于下降的，因此从制造业发展趋势来看，为了规避较高综合学习成本而选择网络化协同制造模式往往是一种消耗型的均衡路径，相反经由综合学习成本的降低和市场交易效率的提高来实现制造模式的升级则是一种价值型的路径。因此，本书提出：

命题9.1：当生产最终产品的学习成本和信息协同匹配服务学习成本之和很高时，网络化协同制造是唯一稳定的合作制造均衡模式。如果两种产品或服务的学习成本之和较低，那么只有市场交易效率超过一定的临界值，网络化协同制造才会取代线下供应链合作制造成为一般均衡模式。相对而言，降低学习成本和改进市场交易效率是一种价值创造型的网络化协同制造均衡路径。

表 9 - 2 一般均衡模式

综合学习成本	$a+c \geqslant 1$	$0 < a+c < 1$	
市场交易效率	无约束	$0 < k < E^*$	$k > E^*$
均衡制造模式	网络化协同制造	线下供应链合作制造	网络化协同制造

注：$E^* = \sqrt{(1-a)/(1-c)} \left[(1-a-c)/(1-a) \right]^{(1-\tau_1)/2\tau_2}$。
资料来源：笔者根据前述角点解计算得到。

此外，观察分析临界值 E^* 与最终产品生产中中间产品和信息协同服务的产出弹性系数 τ_1 和 τ_2 的关系，不难得到 $\partial E^*/\partial \tau_1 > 0$ 和 $\partial E^*/\partial \tau_2 > 0$，这说明中间产品和信息协同匹配服务的产出弹性系数越小（越大），线下供应链合作制造模式向网络化协同制造模式转变的市场交易效率门槛就越低（越高），或者说如果劳动投入产出弹性系数（$1 - \tau_1 - \tau_2$）越高（越小），那么这一门槛值也就越低（越高）。如前所述，τ_1、τ_2 和 $1 - \tau_1 - \tau_2$

分别表征了生产企业在最终产品生产中对中间产品、信息协同匹配服务和专业化劳动要素的依赖度，也可以体现出最终产品对不同要素的密集使用程度。根据如果 τ_1 和 τ_2 越小或 $1-\tau_1-\tau_2$ 越大，网络化协同制造模式就越容易生成，因此这就意味着最终产品生产过程中对中间产品等资本品或信息协同服务的密集使用度越低，而对专业化劳动投入要素的密集利用度越高，那么此类劳动密集度相对较高的最终产品或服务更倾向于通过网络化协同制造的方式实现合作制造。反过来，如果最终产品在生产中对中间资本品或信息协同匹配服务的依赖程度更大，这表明此类最终产品的生产相对是资本、技术或信息服务密集型的，因此，它们的产品复杂度、非标准化程度或知识信息密集度更高，因此在合作制造过程中更需要通过借助于面对面的正式或非正式交流方式促进复杂知识或信息的传播和学习，而虚拟型的社群交互可能不利于复杂知识的流动，所以，一般而言，资本、技术或信息密集型的产品或服务可能更倾向于通过合作双方的线下面对面交流方式实现合作制造，线下供应链合作制造模式成为均衡模式[①]。为此，本书提出：

命题9.2：在市场交易效率既定且较低的条件下，要素密集类型对最终产品合作制造模式的选择具有明显的门槛调节效应，劳动密集型产品更倾向于通过网络化协同方式实现合作制造，而知识技术复杂度较高的资本、技术或知识服务密集型产品则更倾向于选择线下供应链合作制造模式。

二、网络化协同制造的经济高质量发展促进效应

线下供应链合作制造向网络化协同制造模式的升级是一个分工结构不断演变过程，同时这一结构转换过程蕴含着丰富的经济高质量发展促进效应，这主要表现在劳动生产率提升、劳动要素配置优化、合作制造市场规模扩张和企业平均利润提高等方面。

（一）劳动生产率提升效应

分工结构的演进促进了劳动生产率的提高（Yang and Ng，1993），而

---

① 毋庸置疑，现实中存在包括软件、大飞机、汽车、高端装备等资本技术密集产品通过网络化协同制造平台实现合作生产的案例，所以以本书的研究结论不是否定资本技术或知识密集型产品网络化协同制造的可能性，而是说明如果市场交易效率既定且较低，那么相对而言，此类产品更可能通过面对面线下供应链合作制造方式实现外部供给，从而克服复杂知识交流困难，也即如果此类产品要实现网络化协同制造，这就需要市场交易效率达到非常高的程度，如此才能抵消复杂知识交流困难带来的交易损失。

后者是驱动经济发展的核心动力。本书将劳动生产率定义为不同产品或服务产出数量与劳动投入份额的比值，由此刻画合作制造模式演变过程中劳动要素的边际贡献能力。因此，根据式（9－3）、式（9－5）、式（9－7）、式（9－9）和式（9－11），得到不同合作制造模式下的劳动生产率：

$$W_P^X = x^p/L_X = k\phi(1-b)/[(1-c)(1-\tau_1-\tau_2)+\tau_2 a]$$

$$W_P^R = r^p/L_R = \delta\tau_2(1-a-c)/[c(1-\tau_1-\tau_2)+(1-a)\tau_2]$$

$$W_C^X = x^p/L_X = (1-a)^{1-\tau_1-\tau_2}[\tau_1\phi(1-b)]^{\tau_1}[\tau_2\delta(1-c)]^{\tau_2}[k^2/(1-\tau_1-\tau_2)]^{\tau_1+\tau_2}$$

$$W_C^R = r^p/L_R = \delta(1-c) \qquad\qquad (9-14)$$

在式（9－14）中，W_P^X、W_P^R 和 W_C^X、W_C^R 分别表示为线下供应链合作制造模式和网络化协同制造模式中最终产品 X 和信息协同匹配服务 R 的劳动生产率。通过简单的比较分析，容易发现有 $W_C^X > W_P^X$ 以及 $W_C^R > W_P^R$，这说明随着合作制造模式由线下供应链合作向网络化协同制造转变，不仅供求双方的信息协同匹配服务效率更高了，而且合作制造应用者的最终产品或服务生产率也得以提高，分工结构和合作制造模式的演进总体上提高了经济系统的生产效率。此外，进一步观察分析式（9－14）各个劳动生产率的决定因素发现，最终产品或服务的劳动生产率的提高不仅来源于生产中技术能力的提高（ϕ）和学习成本（a、b 和 c）的节约，更加重要的是市场交易效率（k）的充分改进也具有十分重要的正向影响。与此同时，在最终产品或服务要素密集类型一定的条件下（τ_1 和 τ_2 相对不变），信息协同匹配服务的生产率提升主要在于信息协同匹配主体的技术水平 δ 和学习效率（a、b 和 c），尤其是当网络化协同制造平台商成为供求双方信息协同匹配主体时，信息协同匹配服务的效率则主要取决于平台自身的技术能力 δ 和学习效率（c）。为此，我们提出：

命题9.3：随着线下供应链合作制造向网络化协同制造的演进，最终产品或服务以及信息协同匹配服务的劳动生产率都实现跨结构提升。在不同分工结构内部，如果最终产品或服务要素密集类型既定，那么市场交易效率、学习成本及技术能力是影响劳动生产率的关键因素，而网络化协同制造平台的信息匹配效率与最终产品的要素密集类型无关。

（二）劳动要素结构内和结构间优化配置效应

经济发展的历史是劳动力在不同产业或部门实现优化配置的过程，因此劳动力资源在经济系统分工结构内部或跨越分工结构间的流动是经济发展的重要条件和表现。本书假定整个经济系统的总人数为 M，那么根据式

（9－12）和式（9－13）可以得到各类制造模式中各类生产者－消费者与
M 的关系表达式：

$$M_P^{RX} = (1 - \tau_1) M / [(1 - \tau_1) + \psi]$$

$$M_P^{RX} = \Psi M / [(1 - \tau_1) + \psi]$$

$$M_C^X = (1 - \tau_1 - \tau_2) M / [1 - (1 - k)(\tau_1 + \tau_2)]$$

$$M_C^Y = k \tau_1 M / [1 - (1 - k)(\tau_1 + \tau_2)]$$

$$M_C^R = k \tau_2 M / [1 - (1 - k)(\tau_1 + \tau_2)]$$

$$\Psi = \theta k^{2\tau_1} \tau_1^{1 + \tau_1} (\delta \tau_2)^{\tau_2} (1 - \tau_1 - \tau_2)^{1 - \tau_1 - \tau_2} (1 - a - c)]^{1 - \tau_1} [\phi(1 - b)]^{\tau_1 - 1}$$

$$\text{（9－15）}$$

随着合作制造模式的演进，劳动力要素的化配置趋势不断显现。如
表9－3所示，首先在不同的合作制造分工结构内部，无论是线下供应链
合作制造，还是网络化协同制造，合作制造应用者人数都随着市场交易效
率的改进而不断下降，而合作制造能力或资源的提供者人数却不断上升。
这充分说明，由于更高的市场交易效率能够抵消分工环节增加带来的交易
费用增加，所以更多的专业化合作制造能力和资源提供者卷入分工体系，
越来越多的劳动力从应用者部门向为应用者提供中间产品或服务的高效率
部门转移。此外，尤其是在网络化协同制造阶段的平台商人数也随之市场
交易效率的改进而不断上升，更多的劳动力涌入网络协同平台商部门实现
就业。其次，从不同分工结构之间的跨结构转变来看，劳动力资源的配置
方向与结构内部的流动方向类似。如表9－3所示，根据 $\Delta M^X < 0$、$\Delta M^Y > 0$ 和 $\Delta M^R > 0$，这表明随着线下供应链合作制造向网络化协同制造的升级，
劳动力配置在最终产品部门的数量不断下降，分离出来的劳动力主要流向
新出现的网络化协同制造平台商服务部门和中间产品或服务供应商部门，
经济系统的平台型就业比例趋于上升，经济结构的网络化、服务化程度和
生产效率都不断提高，从而最终有利于提高整体的协同制造能力。因此，
本书提出：

命题9.4：随着线下供应链合作制造向网络化智能化协同制
造模式的升级，最终产品生产部门的劳动力数量趋于下降，这些
分离出来的劳动力主要转移到具有更高生产率的网络化协同制造
平台商和合作制造资源或能力供应商部门，经济的平台型就业比
例以及网络化、服务化和生产效率水平都得以提高。

表9－3   网络化协同制造的劳动力结构优化配置效应

配置范围	模式	合作制造应用者	网络化协同制造平台商	合作制造能力或资源提供者
结构内	线下供应链合作制造	$\partial M_P^{RX}/\partial k < 0$	/	$\partial M_P^Y/\partial k > 0$
	网络化协同制造	$\partial M_C^X/\partial k < 0$	$\partial M_C^R/\partial k > 0$	$\partial M_C^Y/\partial k > 0$
结构间	线下供应链合作制造向网络化协同制造升级	$\Delta M^X < 0$	$\Delta M^R > 0$	$\Delta M^Y > 0$

注：表中的 ΔM^j（$j = X、R、Y$）表示线下供应链合作制造向网络化协同制造升级过程中合作制造应用者、网络化协同制造平台商和合作制造资源或能力提供者人数的增量。

资料来源：笔者整理计算得到。

（三）市场容量扩张效应

分工受到市场范围的限制，反过来市场范围和规模的扩张也将促进分工水平的提升，分工与市场规模的正反馈循环效应是经济发展的重要驱动力，市场规模的扩张也是经济发展的重要结果（杨小凯，2003；庞春，2009；郑小碧，2019）。本书将市场规模定义为某种产品或服务的消费者人数、市场交易效率和消费数量三者的乘积。根据式（9－3）、式（9－5）、式（9－7）、式（9－9）、式（9－11）和式（9－15），可以得到不同合作制造模式下不同产品或服务的市场规模：

$$V_P^X = \xi^2 [\phi(1-b)]M/[\tau_1(1-\tau_1+\xi)]$$

$$V_P^Y = k^2\tau_1\phi(1-b)M/(1-\tau_1+\xi)$$

$$V_C^X = \{(\tau_1+\tau_2)\theta k^{2\tau_1+2\tau_2-1}\tau_1^{\tau_1}\tau_2^{\tau_2}[\phi(1-b)]^{\tau_1}[\delta(1-c)]^{\tau_2}$$
$$[(1-a)(1-\tau_1-\tau_2)]^{1-\tau_1-\tau_2}M\}/[1-(\tau_1+\tau_2)(1-k)]$$

$$V_C^Y = k^2\tau_1\phi(1-b)M/[1-(\tau_1+\tau_2)(1-k)]$$

$$V_C^R = k^2\tau_2\delta(1-c)M/[1-(\tau_1+\tau_2)(1-k)]$$

$$\xi = \theta k^{2\tau_1}\tau_1^{1+\tau_1}(\delta\tau_2)^{\tau_2}(1-\tau_1-\tau_2)^{1-\tau_1-\tau_2}(1-a-c)^{1-\tau_1}[\phi(1-b)]^{\tau_1-1}$$

$$(9-16)$$

在式（9－16）中，V_P^X、V_P^Y 和 V_C^X、V_C^Y、V_C^R 分别代表线下供应链合作制造和网络化协同制造模式中最终产品 X、中间产品 Y 和信息协同匹配服务 R 的有效市场规模。比较这五个变量的相对大小，不难发现有 $V_C^Y > V_P^Y$ 以及 $V_C^R > 0$，这说明随着合作制造由线下供应链合作模式向网络化协同制造模式升级，不仅出现了新的信息协同匹配服务市场，而且中间产品或服务的市场规模也不断扩大，越来越多的中间产品通过网络协同制造模式实现外部供给。同时令 $V_C^X > V_P^X$，可以得到此时需要满足 $k > E^*$，而如前所述，当网络化协同制造模式取代线下供应链合作制造模式时，自然有 $k > E^*$，所以，合作制造模式的网络化和智能化不仅扩张了中间产品和信息协同匹配服务的市场容量，同时也有利于促进最终产品市场规模的扩张，从而有利于促进网络化协同制造应用者分工的深化和单位产品成本的降低，进而提高生产者剩余。因此，本书提出：

命题9.5：随着线下供应链合作制造模式向网络化协同制造模式的升级，不仅信息协同匹配服务市场从无到有，而且中间投入、最终品的市场范围和规模都不断扩张，从而形成了分工深化、生产者剩余提升与市场规模扩张的正反馈循环效应。

（四）平均效用或利润提升效应

传统经济学强调生产要素数量和技术效率是促进收入或利润增长的重要因素，然而在新兴古典学派看来，分工结构的升级才是促进经济利益增长的源泉（杨小凯，2003）。本书通过对合作制造分工结构演进的超边际分析发现，线下供应链合作制造模式向网络化协同制造模式的演进，这一结构转换过程除了具有上述的劳动生产率提升、市场容量扩张和劳动力资源优化配置效应之外，同时最终带来了经济个体平均收入或利润的显著增长。首先，如前所述，随着合作制造模式的转变，本身蕴含了平均效用或利润的增长过程（$U_C > U_P$），这充分说明，如果线下合作制造能够向网络化协同制造实现升级，那么经济个体的平均效用或利润必然是上升的。其次，从网络化协同制造结构内部来看，结构式（9-13），显然容易得到 $\partial U_C / \partial k > 0$，这充分证明，如果提高市场交易效率，网络化协同制造内部的不同经济个体的效用水平或利润水平都趋于上升，技术交易方式革新和制度性交易障碍的消除都将通过分工结构的转变促进效用和利润水平的提高。此外，根据式（9-13）和式（9-14），可以得到网络化协同制造结构中经济个体平均效用或利润与最终产品生产率之间的内在关系：

$$U_C = \theta W_C^X (1 - \tau_1 - \tau_2) \qquad (9-17)$$

观察分析式（9-17），不难发现，在特定的要素密集型（τ_1 和 τ_2 都相对稳定）产品合作制造系统中，由市场交易效率不断跨越门槛值而实现的合作制造模式网络化和智能化，最终可以转化为合作制造应用者的最终产品劳动生产率（W_C^X）提升，从而有利于促进经济个体平均效用或利润水平的提高。与此同时，合作制造应用者的技术效率（θ）对平均利润也具有正向的促进效应，这无疑与已有结论是相一致的。为此，本书提出：

命题9.6：网络化协同制造模式对线下供应链合作方式的替

代具有显著的平均效用或利润提升效应，技术效率尽管仍然是这一过程的有效驱动因素，但由市场交易效率充分改进引发的专业化分工结构转变，以及由此带来的最终产品劳动生产率提高则是平均效用或利润提高的深层次驱动力。

第四节　数值模拟与讨论

本书采用 MATLAB 7.0 软件进行数值模拟分析，以进一步理解和验证上述的主要研究命题，并进行拓展性讨论分析，从而构建形成网络化协同制造的超边际分析框架。

一、数值模拟分析

本书参考张松林等（2017）的赋值原则，主要考虑本书相关变量和命题的理论属性及网络化协同制造的现实情况，主要对前述研究命题所涉及的综合学习成本、市场交易效率及其临界值以及平均利润水平之间的逻辑关系进行数值模拟。

首先，根据研究命题 9.1，本书将市场交易效率系数的临界值赋值为中性偏下水平，即 $E^* = 0.3$，并且根据表 9-2 考虑将最终产品和信息协同匹配服务综合学习成本设定大于 1 和小于 1 的两类，具体而言，模拟过程中分别赋值 $a + c = 1.8$、$a + c = 1.2$、$a + c = 0.8$ 和 $a + c = 0.3$。同时结合研究命题 9.2 的思想逻辑，设定 $\tau_1 = 0.21$、$\tau_1 = 0.24$（劳动密集型产品）、$b = 0.37$（中间产品学习成本较低），且生产技术是中性技术水平（$\theta = \delta = \phi = 0.5$）并根据式（9-12）和式（9-13）中平均利润角点均衡值，得到 $U_C - U_P = f(k)$，由此得到综合学习成本（$a + c$）、市场交易效率（k）与跨结构平均利润差额（$U_C - U_P$）之间的数值模拟图（见图 9-4）。在图 9-4 中，横轴表示市场交易效率 k，纵轴表示两种分工结构之间的平均利润差额（$U_C - U_P$），对最终产品和信息协同匹配服务的综合学习成本分别赋予不同的值，可以发现合作制造模式变化与市场交易效率之间的内在关系。显然，数值模拟的结果表明，当综合学习成本大于 1 时，网络化协同制造模式的平均利润都大于线下供应链合作制造的平均利润（即总是存在 $U_C - U_P > 0$），因此此时无论市场交易效率为多少，均衡的分工模式是网络化协同制造结构。而且图 9-4 表明，如果综合学习成本距离 1 越大，那么 $U_C - U_P$ 也越大，因此网络化协同制造模式越容易生成。此外，当综合学习成本为 $a+c=0.8$ 或 $a+c=0.3$ 时，那么当市场交易效率 k 小于临界值 $E^*=0.3$ 时，有 $U_C < U_P$，因此此时线下供应链合作制造模式是均衡分工结构。然而，如果市场交易效率 k 大于临界值 $E^*=0.3$，那么 $U_C - U_P > 0$，所以此时的均衡模式必然是网络化协同制造模式，而且如果此时综合学习成本越小（$a+c=0.3$），那么随着市场交易效率 k 的提高，U_C 与 U_P 之间的差距会越来越大，由此网络化协同制造模式越容易从分工结构中生成。显而易见，本书的数值模拟结果与研究命题 9.1 完全吻合，这再次说明最终产品和信息协同匹配服务的综合学习成本和市场交易效率对合作制造均衡模式的实现路径具有显著的影响效应，沿着降低学习成本和提高交易效率的路径有利于实现网络化协同制造模式的生成。

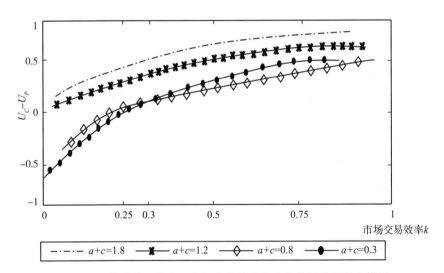

图 9-4　综合学习成本、市场交易效率与跨结构平均利润差模拟

资料来源：笔者模拟分析整理后绘制。

其次，本书发现，合作制造分工结构演进伴随着专业化水平的提升，同时经济个体的劳动生产率也不断提高，并最终有利于经济个体平均效用或利润水平的上升。为此，图 9-5 给出了网络化协同制造模式生发过程中专业化水平、劳动生产率与平均利润水平之间的数值模拟结果。根据式（9-17），这里本书设定最终产品的生产技术仍然是中性的（$\theta=0.5$），同时将生产率系数 W_C^X 分别赋值 0.8、1.5 和 2.5 三种状态。此外，如前所述，$1-\tau_1-\tau_2$ 为最终产品生产过程对劳动投入的依赖程度，其大小可以

刻画生产的劳动专业化经济程度，因此，在模拟过程中，本书考虑不同的劳动专业化水平 $1-\tau_1-\tau_2$ 以及劳动生产率 W_C^X 对网络化协同制造平均利润的影响效应。如图 9－5 所示，无论劳动生产率是什么水平，市场交易效率改进带来的合作制造分工结构及其专业化水平提升总体上都促进了网络化协同制造平均利润 U_C 的上升。此外，模拟结果显示，在一定的专业化水平上，如果劳动生产率越高，那么网络化协同制造模式中经济个体的平均利润水平相应会更高。因此，图 9－5 的数值模拟结果充分印证了随着市场交易效率的充分不断提高，线下供应链合作制造的局部分工结构向网络化协同制造的完全分工结构升级，专业化经济程度和劳动生产率的双重提升是促进经济个体网络化协同制造平均效用或利润提高的深层动能，这不仅与研究命题 9.6 相吻合，更是进一步证明网络化协同制造模式的应用和发展对经济社会具有十分显著的经济福利促进效应。

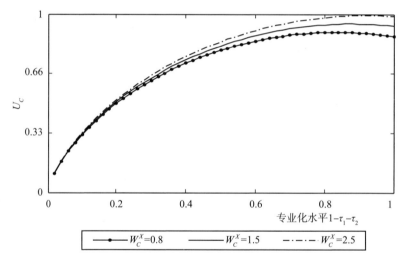

图 9－5　生产率、专业化水平与网络化协同制造平均利润模拟

资料来源：笔者模拟分析整理后绘制。

二、拓展性讨论

至此，本书从理论和数值模拟实证的角度揭示了网络化协同制造模式的形成和演进机制，探讨了这一结构转变过程的经济福利效应，本书研究提供了以下三个方面的拓展性启示。

第一，协同型生态建设是网络化协同制造模式发展的主线。本书分析表明，无论是市场交易效率，还是学习成本都是促进合作制造网络化和智能化发展的关键因素，市场交易效率的充分改进和学习成本的降低都有利于网络化协同制造模式的生成和发展。显而易见，如果要促进交易效率的提高，或者说目标在于降低学习成本，那么一方面确实需要通过交易技术、学习工具的创新来加以推动，但更加重要的是需要促进网络化交易社群乃至生态以及学习网络乃至社群生态的建设。在这过程中，网络化协同制造社群或生态的建设，有利于促进合作制造应用者、平台商和中间产品提供者之间在供应链、创新链、服务链、物流链、金融链等方面的连接，从而促进协同互动和增强制度性信任，由此提高交易效率。与此同时，网络化协同制造生态通过大数据技术、云计算技术等促进经济个体之间知识的快速传播和流动，有利于降低产品生产中的学习成本和提高信息协同匹配服务的学习效率，从而有利于形成网络化协同制造模式的均衡实现路径。

第二，产品异质性决定了企业协同制造人才管理的模式化特点。在本书的研究模型和框架中，产品的要素密集类型具有重要的门槛调节效应，一般而言，如果市场交易效率既定，那么劳动密集型产品更可能通过选择网络化协同制造平台实现合作制造，而在市场交易效率较低的情况下，资本、技术或知识密集型产品则往往通过线下方式实现合作制造。任何一种合作模式都需要一定的人才资源参与其中，然而不同的产品要素密集类型决定了人才管理模式的差异化特点。对于劳动密集型产品而言，由于其具有通过网络化协同制造平台实现中间产品外外部供给的特点，所以对于此类企业就需要加强培训、吸引具有较强生态协同应用能力、创新能力的互联网应用人才，以补充和完善自身的协同制造人才体系。此外，对于更加注重面对面交互的资本、技术或知识密集型企业，在促进合作制造的过程中，当然也要促进网络化、智能化、技术型人才的培养和引进，以支撑本企业最终产品生产，但同时更为重要的是，在推进线下供应链合作制造的过程中，需要不断强化对具有较强面对面人际沟通能力和线下合作连接能力的经验型人才的引进和培养，从而形成结构合理的协同制造人才梯队。

第五节　描述性单案例分析

"互联网＋"社会化协同背景下制造业由线下供应链合作制造向网络化协同制造转型升级的条件、门槛调节条件以及网络化协同制造的经济高质量发展效应在前面理论分析与超边际分析部分已经做了详尽的阐述，但是对于网络化协同制造的结构转换条件和经济高质量发展促进效应的研究不应仅仅局限于理论层面，本节将在理论分析的基础上，选取网络化协同制造企业进行描述性分析验证。

一、单案例研究方法与分析框架

社会化协同背景下传统制造业的生产模式如何进行转型升级，以及转型后的网络化协同制造对于经济发展起到怎样的促进作用是研究的主要内容，根据研究问题的类型及特点，采用描述性单案例研究方法。并在研究之前确定研究分析的整体框架，随后将根据分析框架完成的案例选取及具体分析论证。

（一）单案例研究

案例研究作为一种实证研究方法比较注重事件发展的前后联系，并且研究环境基于当下社会背景，所研究对象也是由于特殊的社会背景下而出现的，也就是说研究对象与研究背景之间是没有界限的。在进行案例研究之前需要根据理论假设去指导资料收集与案例分析环节，而且需要收集大量研究资料并交叉分析海量资料，最终得出相关结论。而单案例分析是案例研究方法其中一个变式，旨在通过对单个案例采用描述、解释与探索的方法进行的深度细致的挖掘和分析。单案例涉及的研究单元要根据案例的实际情况加以确定，根据研究单元的数量可以分为整体性单案例研究和嵌入性单案例研究。在本案例中，既需要对网络化协同制造这一整体生产模式进行分析，还要分析具体的网络协同应用者、平台商和提供者的行为，从中归纳出相关理论。

（二）分析框架

本书关于网络化协同制造的分析框架如图 9－6 所示，首先，在社会化协同背景下分析线下供应链合作模式向网络协同化制造转型的结构转换条件，即市场交易效率和学习成本，在此基础上，这种结构转换的条件还会因为产品要素类型有所区分，线下供应链合作制造模式更适合生产资本、技术或者知识密集型产品，而网络协同化制造模式更适合生产劳动密集型产品。其次，网络协同化制造对于经济高质量发展具有促进效应，即随着制造模式的升级，制造业行业的生产率、资源配置与利用效率以及产品的市场容量、利润等得到显著提升。

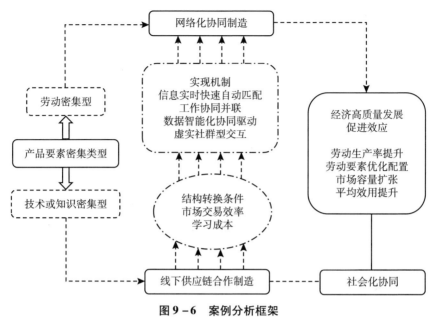

图9-6 案例分析框架

资料来源：笔者分析绘制。

二、单案例研究设计与案例描述

案例研究方法与分析框架明确后要进一步分析确定研究方法的适用性，在本节中主要是描述性单案例分析方法对于问题的适用性，确定合适的研究方法后还要根据研究的具体问题确定案例分析对象，界定分析单位，在符合相关资料收集原则的基础上广泛收集案例资料，并对资料进行整理分析。

（一）研究方法及适用性

在确定研究方法之前，首先要明确研究要解决的问题，本节要解决的问题是：在当下"互联网+"社会化协同渗透到生产、生活方方面面的背景下，制造业生产模式是怎样由线下供应链合到网络协同化制造转变的，这种结构转变为什么会促进经济的高质量发展，以及这种高质量发展效应是怎样的。而且在进行分析时无法对这种结构转换和经济高质量发展促进效应加以控制，因此，采取案例分析方法比较合适。其次，在单案例研究与多案例研究的选择上，单案例研究更适合研究有代表性的、典型的案例，并且适合对随时间变化发生演变的案例进行分析，因此本章采用描述性单案例研究方法。案例研究对象是杭州迪安派登洋服，该企业经历两次数字化转型，最终建成智能化制造工厂，并致力于搭建服装定制生产数字化平台，具有代表性。

（二）数据收集及处理

数据收集时应注意尽可能丰富案例资料，收集到的相关问题的证据有两个或者以上的证据来源，并要保证资料的真实可靠。在资料收集前还要注意研究草案的拟定，有助于连接研究问题与资料的收集工作，以便后期进行案例分析。本案例中迪安派登洋服的相关资料主要来自：第一，迪安派登洋服官网及相关网络资料信息，如有关公司经营者的公开访谈资料、科普性文章等。第二，中国知网等文献资料平台，通过阅读有关网络化协同制造论文与派登洋服企业经营模式相关论文，获取有效信息。第三，线上访谈资料。本书课题组成员于 2020 年 10 月对迪安派登公司业务主管等进行了线上访谈，收集相关资料。资料收集过程中要建立资料库，以便后期查找和重复案例研究过程，并且资料间要形成证据链。资料收集过后，需要对资料进行处理分析，本书采用的是建立案例的描述性框架的方法。

（三）信度和效度

在研究时还要确保研究设计的质量，即一方面要注意研究的可信度、可靠度、可确定性以及资料的可靠性。对于描述性单案例分析，检验研究设计的方法有：建构效度、外在效度与信度检验。本章研究在资料收集阶段主要采取通过证据来源的广泛性以及相关资料和证据之间形成证据链两种方法提高研究的建构效度。在研究设计阶段，首先整理相关线下供应链合作与制造网络化协同制造转换条件以及网络化协同制造的经济高质量发展促进效应的理论，然后根据理论指导描述性单案例研究，以此提高研究的外在效度。在资料收集阶段，在拟定案例研究草案的基础上收集案例资料，并建立案例研究资料库，保证案例研究过程的可重复性以及研究结论的可查验性，以此提高案例研究的信度。

（四）案例描述

派登洋服是浙江杭州一家服装加工制造企业，它的前身是定制西装的零售业企业，2003 年派登洋服开始了企业的第一次转型，由零售业向加工制造业转型，企业定位从西装定制店转型到国际品牌的代加工工厂，在此期间，企业的利润主要来源于加工费用与成本之间的差额，利润较低。2009 年之后，派登洋服在企业数字化改造的背景下开始自己的第二次转型，转型的目标是对服装加工制造工厂进行智能化改造，企业在 2009 年购入美国格伯公司的量身定制软件，经历两年时间建立自己的西装生产数据库，并且引入先进的装备及数字化管理、制造系统将西装生产过程与互联网信息技术对接,从而提高企业利润,企业实现成功转型。智能化制造车间打破以往服装制造企业"先生产后下单"模式,生产车间内部的运行模式依赖先进装备及有关互联网信息技术,如大数据的集中加成,具体运行流程如下:消费者通过前端设备数字化下单,并通过线上或线下的方式收集数据信息,接着协同生产系统会完成自动化裁衣、自动配制配件并传送到流水线上,进行个性化定制加工。

派登洋服在进行数字化转型后并没有止步不前,而是选择再一次转型升级,致力于为服装生产厂商和技术、知识或资源提供者打造信息协同的互联网生态平台。派登洋服作为平台商搭建互联网平台连接生产者以及智能化设备及技术提供者,可以解决生产厂商与资源或技术提供者之间的供需不匹配现象,降低智能化服装生产模式的学习成本,让更多厂商完成智能化制造的升级,加入网络化协同制造的社群中,最终提高市场交易效率。在网络协同制造平台上,平台商一方面将大量生产厂商和资源及技术提供者聚集在协同制造社群当中,另一方面通过信息生态型实时自动匹配使得供需双方以较低的成本实现对接,形成一种协同并联的工作机制,并通过数据智能化协同驱动让服装制造厂商利用规模化生产的经济效应驱动制造业整体升级。

三、解释性分析与命题实证

当下企业数字化转型愈演愈烈,网络化协同制造成为传统制造业企业成功转型后的生产模式,这种生产模式与线下供应链合作生产模式之间存在着明显区别,两者之间的演进须具备一定的条件,并且网络协同化制造模式不仅促进制造业生产方式与交易方式的升级还会影响经济发展。下面将通过案例的解释性分析对相关命题和结论进行论证。

(一)网络化协同制造的结构转换条件

派登洋服在转型发展过程中逐渐认识到互联网信息社会中,企业多年积累的数据及经验是一笔巨大的财富,建立属于服装生产行业的数据库并让以现代化技术进行加成,可以使得传统制造业实现前所未有的颠覆性变革,大大提高服装生产行业的市场交易效率。在派登洋服搭建的网络生态平台上,生产及技术提供主体的综合学习成本较低,而互联网社会化协同效应也会在一定程度上提升市场交易效率。此时,较低的学习成本下,市场交易效率的提升会使网络化协同制造成为制造业生产的稳定模式。而对于协同制造应用者或者生产厂商来说,凭借自身进行协同生产的综合学习成本较高，而且如果尚未进入生态社群中，市场交易效率也相应会较低，此时对于生产者来说，最好的选择是进入此网络协同制造的生态社群当中，享受由于规模化生产带来的利益。最终产品的要素密集类型也会在一定程度上调节两种制造模式的演进及稳定，服装制造业的最终产品是劳动密集型产品，对于专业化劳动投入要素的利用度较高，因此在专业化生产过程利用信息技术及智能生产及管理系统进行标准化生产的可能性更大，生产模式也更倾向于向网络化协同制造模式倾斜。而对于最终产品是技术密集型的制造业生产中，产品的标准化程度较低，需要根据实际生产过程及时进行调整，因此生产模式更有可能向线下供应链合作制造模式倾斜。

（二）网络化协同制造的经济高质量发展效应

1. 劳动生产率提升效应

派登洋服在传统线下供应链合作制造模式当中，进行定制化服装生产需要投入大量劳动力生产最终产品，从最终产品的样式、尺寸、裁剪及配饰到生产过程中及生产结束后的管理及仓储都要投入一定的劳动力，而且生产出来的最终产品还要对接消费者的需求才能将产品转化为利润，实际的生产效率相应较低。而在网络化协同制造模式下，企业内部生产部门间以及不同经济主体间的专业化分工程度较高，不同经济主体专业化生产和提供自己的产品，例如派登洋服作为网络化协同制造平台商专业化生产和提供生态化信息协同匹配服务，服装制造资源及技术提供者专业化生产并提供资源及技术这种中间产品，服装制造厂商则通过派登洋服搭建的互联网生态平台上对接自己需要的技术及资源，并将这些技术应用到生产过程当中去，专业化生产并提供最终产品。由于这种完全专业化生产和最终产品生产过程中生产者自身及不同分工主体间的全域协同化生产，使得最终产品和信息匹配服务的劳动生产率都会大幅提升。对于同一分工主体来说，市场交易效率、学习成本及技术能力会影响劳动生产率的提升，而网络化协同生产模式由于全域协同及完全专业化的特点，市场交易效率相对较高，学习成本相对较低而且技术水平较高，因而网络协同制造下的劳动生产率会相对提升。

2. 劳动要素优化配置效应

派登洋服在进行转型过程中，由于专业化生产程度的加深和先进设备及现代化技术的应用，节省原本生产结构中大量劳动力要素，最终产品生产部门的劳动力会在分工结构间进行转移。在最终产品进行生产时，原本需要人工进行的工作，例如订单的接收，数据的收集及处理，仓储管理等，都被互联网信息技术及专业生产、管理系统替代，因此会解放大批劳动力，这些劳动力会在利益的驱动下转移到其他生产领域。网络化协同制造模式下，技术及资源提供者专业化生产、提供相关技术及资源，并在数据库及智能化系统中进行协同设计，新分工主体网络协同化制造平台商提供信息匹配服务，而最终产品生产过程中解放出来的劳动力也会向这两个部门流动。特别是在网络化协同生产模式不断演进过程中，随着市场交易效率的提升，相应的交易费用会降低，进而推动劳动力的优化配置。在劳动力资源重新配置过程中，网络化协同制造的平台商作为一种新分工主体，对于劳动力的需求会大幅提升，从最终产品生产过程中分离出的劳动力会大部分进入该服务部门，提供信息协同匹配服务。另外一些劳动力会进入技术、资源及知识等中间产品供应部门，为生产部门进行协同生产提供专业化技术及资源。

3. 市场容量扩张效应

派登洋服在线下供应链合作制造时期，由于信息匹配服务没有专业化提供商，各个分工主体的专业化分工程度较低，生产厂商不仅需要生产服装，还需花费大量信息搜寻成本接收订单，消费者不仅需要生产货币商品，也要花费时间和精力寻找符合自己需求的商品。在这种生产模式下信息传递及匹配效率较低，市场供求对接效率低下，不仅使得生产出来的产品出现库存积压现象，也会使部分消费者在花费较少信息搜寻成本的情况下无法购买匹配其需求的产品。同时在线下供应链合作制造时期，专业化技术及资源提供者还没有从进入协同分工领域，大部分厂商的学习成本较高，因此智能化制造实际上在该时期并没有完全发挥其规模生产效应，市场交易效率低下，消费数量也较少。在网络化协同制造阶段，专业化生产和提供信息匹配服务并通过互联网平台的生态型协同系统将各类资源或能力提供者聚集在同一社群中，并与具有相应技术或资源需求的应用者实行信息交互，极大提升专业化分工水平，各分工主体只需专业化生产和提供自己的产品，通过信息服务平台商的信息匹配和协同服务实现交易，无须花费大量时间或者金钱收集信息，市场交易效率大幅提升，中间产品资源或技术的实际消费量会因专业化信息匹配服务而提升，消费者人数也会大幅提升，最终产品和资源及技术类产品的市场规模扩张，而市场规模的扩张又会加深专业化分工程度，从而提升生产者剩余，进一步扩张市场规模。据课题组的问卷调查数据显示，依托网络化协同再造平台，派登洋服的客户网络从原先的区域性市场转变为全球化市场，将近90%的用户来自协同制造网络。

4. 平均效用或利润提升效应

在线下供应链合作制造模式向网络化协同制造演进的过程中，分工结构不断优化，专业化分工程度也会不断加深，经济主体所获得的利润或效用水平也会提升。对于网络化协同制造中的资源或能力提供者，在协同制造平台商的信息协同服务的助力下，一方面可以节约时间和金钱，降低交易成本和中间产品生产的学习成本，致力于专业化生产和供给资源或能力；另一方面由于提供专业化信息服务的平台商的出现，将会有越来越多的人卷入网络化协同制造的生产系统中，并且由于协同制造下对于现代化技术及资源的需求会增多，因而技术或者能力提供者将会获得更多的利润，效用水平随之提升。对于新卷入分工系统的网络化协同制造的平台商而言，他们将协同制造生态平台的信息及相关产品或服务进行协同匹配，为生产者及资源或能力提供者提供信息协同服务，从而提高了市场交易效率。而且在演进过程中，越来越多的经济主体选择在平台商的信息协同服务进行网络化协同生产，平台商的利润及效用水平也会提升。据课题组的问卷调查数据显示，通过网络化协同制造体系的建设和发展，派登洋服的资产收益率快速上升，从原先的行业平均水平上升到行业平均水平的2～3倍，而其余利润率也从微利水平上升到70%以上。究其原因，派登洋服之所以能够扩张利润基础和水平，主要在于网络化协同制造网络促进了其利用平台以较低的成本获取技术及相关资源进行生产，传统生产模式下因生产技术及资源的匮乏或者信息搜寻成本过高而无法生产的情况不会发生，既降低了应用者的生产成本，又因智能化生产模式下的规模化生产获得更多的利润。

第六节 本章小结

当前"互联网＋"与制造业深入融合的方式、内容和质量都在发生重大变化，网络化协同制造正在改变乃至重塑全球制造业生产经营模式，从而对国民经济发展带来了独特影响。运用超边际分析及数值模拟方法，本章分析了网络化协同制造模式的特点、实现机制，揭示了网络化协同制造的分工结构演变机制、临界条件及经济发展促进效应。研究发现，与前互联网阶段的合作制造模式相比，网络化协同制造具有全域协同、完全专业化、去中心化和协同制造社群化等特点，信息实时快速自动匹配、协同并联、数据智能化协同和虚实社群型交互促进了网络化协同制造模式的生成和应用；如果最终品学习成本和供求匹配服务的学习成本之和很高，那么网络化协同制造是企业唯一的合作制造均衡模式，但如果这一学习成本之和较低，那么市场交易效率的充分改进有利于促进网络化协同制造取代线下供应链合作制造；在市场交易效率给定且较低时，要素密集类型对合作制造模式的选择具有显著的门槛调节效应，资本、技术或知识密集型的最终产品生产企业更倾向于选择线下供应链合作制造模式实现中间产品的外部供给；网络化协同制造具有提高劳动生产率、优化劳动力资源配置、扩张市场规模和提升企业平均利润的经济高质量发展促进效应。本书研究不仅提供了理解网络化协同制造新的理论视角，而且对中国制造业的网络化和智能化升级具有一定的现实启示意义。

第十章 结论、建议与展望

人类社会在技术变革、制度创新的驱动下不断朝着更高级社会形态演进，在此过程中，工业经济时代的传统技术方式不断向数字经济时代的"＋互联网"，乃至是"互联网＋"的技术和商业范式转型升级，"互联网＋"对经济社会各个领域的改造出现了大规模、巨量化的社会化协同效应，其对社会分工结构、产业结构、企业组织结构以及经济发展质量的影响是重大和空前的。在这一技术和商业模式重大转变过程中，一方面技术方式由前互联网阶段向"＋互联网"和"互联网＋"的方向不断升级，"互联网＋"本身出现了社会化大协同效应，另一方面，伴随着这一过程，经济社会出现了共享经济、众包经济、新零售、网络化协同制造等新业态、新模式，"互联网＋"社会化大协同促进了社会资源高效配置，经济效率显著提高，经济具备了向高质量发展的技术和商业基础。本书在一个新兴古典超边际分析框架下，探讨了"互联网＋"社会化协同机制、效应及其对经济高质量发展的深刻影响，这既是一次对"互联网＋"理论和实践问题的新的探索分析，同时可以为中国很多互联网产业、企业的创新实践和管理提供多层次的启示，更为政府推动数字中国建设提供可资借鉴的政策建议和政策设计依据。

第一节 理论性结论

如前所述，本书主要运用新兴古典经济学的超边际分析方法对"互联网＋"商业模式的生成机制、"互联网＋"社会化协同效应、"互联网＋"社会化协同促进共享经济、众包经济、新零售、网络化协同制造的内在逻辑机制及条件进行了超边际建模和分析，初步构建了"互联网＋"促进经济高质量发展的社会化协同效应超边际分析框架，整个理论建模和超边际分析得到如下几个理论性研究结论：

（1）从"＋互联网"的发展阶段步入到"互联网＋"的高级阶段，"互联网＋"正在对中国社会各行各业产生深刻而广泛性的影响，新产业技术、新商业业态、新分工模式和新消费方式不断出现，由"互联网＋"所引发的社会化大协作大协同正对社会分工结构、经济发展驱动机制、企业组织模式以及经济发展阶段转换产生重大而深远的影响。首先，"互联网＋"通过技术连接实现了与不同行业的对接，由此成为改造传统产业或催生新产业、新业态和新模式的重要技术力量。就从中国目前发展形态来看，"互联网＋"正在对中国共享经济、众包经济、新零售和网络化协同制造等新业态、新模式带来重大影响，这些新业态新模式是当前"互联网＋"社会化协同的典型载体和表现，"互联网＋"正对中国生产、生活、消费、工业制造等各个领域的分工协作关系产生重大而深刻的影响。其次，区别于前互联网阶段的生产生活方式以及"＋互联网"的交易方式，"互联网＋"形成了强大的社会化大协同体系，这个体系通过信息智能并联、开放性"连接一切"、社群型内外融合等机制实现对各类社会分工主体的大协同和大协作，从而促进经济发展由要素驱动向效率转变，经济发展高质量具备了技术和商业模式基础。再次，"互联网＋"对各行各业形成的社会化协同系统具有与传统社会化协同系统不一样的特征，这主要包括了与互联网技术或互联网平台密切相关的多角色、大规模、实时及开放等四个方面的特点。最后，"互联网＋"的社会化大协作机制及其技术革新对网络社会乃至经济社会带来了革命性的促进效应，"互联网＋"的社会化协同效应主要表现在对社会专业化分工结构演进、驱动机制转换、企业组织方式变革以及经济发展阶段升级等四个方面，"互联网＋"社会化协同效应日益成为数字经济时代经济高质量发展的重要基础力量，人类社会的文明形态更趋高级。

（2）人类社会正在步入以互联网、人工智能为主要应用的数字经济时代，信息化技术的应用和发展也正在经历从"＋互联网"向"互联网＋"的转变和升级历史性变迁过程。本书通过理论分析、超边际模型构建和案例研究，系统揭示了"＋互联网"分工结构向"互联网＋"社会化协同结构转换的临界条件、理论机制及其经济高质量发展效应。本书的理论和实证研究发现，"＋互联网"的经济组织模式是一种建立在互联网平台应用基础上的双边平台治理结构，内容者与用户借助互联网平台实现的是一种局部有限连接，"＋互联网"驱动经济社会发展的效应主要是基于网络交叉外部性和整体网络价值的网络效应。然而，"互联网＋"形成了建立在互联网平台生态基础上的多边平台治理结构，跨界无限连接机制驱动内容者、连接者与用户等形成更为复杂多元的交互系统，从而形成了驱动经济社会发展的社会化协同效应。此外，从分工主体及其功能区别来看，"＋互联网"阶段的内容者需要自我搜寻潜在的客户，它是一个市场的自我搜寻者，而"互联网＋"中的内容者依靠发达的互联网社群能够实现精准营销，从而实现对潜在用户的粘连，内容者成为社会化协同型粘连者。与此同时，互联网平台从"＋互联网"分工结构中的佣金型连接者升级为增值型连接者，与前者主要承担供求信息匹配功能不同，后者通过投入新的生产要素将内容增值为新型内容。由此，"互联网＋"社会化协同模式中的用户也不再是被动的消费者，而是成为自生成内容的生产者－消费者。本书还研究探讨了"＋互联网"局部连接模式向"互联网＋"社会化协同模式转换的临界条件。超边际模型和实证研究发现，只有实现互联网市场交易效率和连接服务的交易效率充分提高之后，"＋互联网"才能向具有社会化大协同能力的"互联网＋"分工模式升级，而其中关键的增值型连接者的生发和发展则除了受到市场交易效率影响外，连接者的生产率、学习成本以及内容者和用户的生产率、学习成本都会对互联网社群的连接者人数及其能力产生重要影响。此外，本书的研究还发现，"＋互联网"的局部有限性连接结构向"互联网＋"社会化协同生态的升级具有非常明显的经济高质量发展促进效应，这一结构转换促进了劳动力资源的优化配置、互联网市场规模和经济剩余的扩张和人均收入水平的长期增长。本书提供了对"互联网＋"社会化协同模式生发机制和经济发展效应的新的理论解释框架，并对政府和产业界进一步有效推进"互联网＋"行动计划具有较强的实践启示意义。

（3）如何更为充分地利用闲置资源一直都是经济社会发展中的重要问题。在传统工业经济时代，闲置资源可能被"雪藏"而没有进入市场化交易体系。随着技术的发展，闲置资源慢慢进入市场化共享阶段，由此形成了准共享经济模式。与此同时，出现了专门为闲置资源供求双方提供信息匹配服务的实体型平台（例如银行），从而形成了实体型共享经济模式。只有到互联网平台及连接技术进一步发展之后，实体型共享模式才不断向基于互联网生态化和社会化大协同的虚拟型共享经济模式升级和发展。独享经济模式、准共享经济模式和实体型共享经济模式具有不同的驱动机制。而纵向专业化、横向生态化、关系社群化和无中心化则是驱动虚拟型共享经济模式形成和发展的内生动力机制，虚拟型共享经济模式充分地利用了"互联网＋"的社会化协同效应，实现了对闲置资源的高效配置和利用。本书的研究进一步发现，共享经济模式的演进和结构转换是一个由劳动分工结构和专业化水平不断转换的历史演进过程，社会交互距离、专业化经济程度和交易效率的持续提高有利于闲置资源利用模式从独享、准共享、实体型共享向互联网意义上的虚拟型共享模式的升级。独享经济模式只有在社会交互距离很小的条件下才是均衡模式。当社会交互距离非常小，从而市场交易效率很高以及专业化经济程度较高的条件下，虚拟型共享经济模式才成为可能。而"互联网＋"的社会化大协同机制则有利于促进社会交互距离的缩短，并且分工结构的演进会带来专业化经济程度的上升，由此生发了虚拟型共享经济模式。由"互联网＋"的社会化协同机制促发形成的虚拟型共享经济模式，不仅仅提高了闲置资源的利用效率，而且促进了就业资源的优化配置、劳动生产率的提升、协同连接红利的提高、共享经济规模的扩张和人均真实收入的上升，由此有效支撑了经济的高质量发展。本书"互联网＋"社会化协同推动的共享经济研究为共享经济的结构化变革价值给出新的理论解释，也为中国通过发展共享经济推动经济发展动能转换和社会福利提升提供政策启示。

（4）数字经济时代的到来，"互联网＋"社会化协同对外包的组织方式产生了重要影响，传统的线下外包结构向基于互联网的线上外包和基于互联网社群的众包结构升级，发展网络众包经济对提升经济发展质量具有重要的独特作用。经济组织如何选择一体化和外包的资源配置方式是前互联网发展阶段的重要理论研究内容和实践，随着"＋互联网"和＋"互联网＋"的快速渗透和广泛应用，经济组织在考虑外包时到底是选择传统外包，还是网络外包，抑或网络众包，这已成为新经济发展背景下一个新的理论和实践问题。本书在一个新兴古典经济学分析框架下，揭示了外包与众包之间的核心区别以及前者向后者演进的内在经济逻辑、条件，并阐释了这种分工模式和网络变化过程对经济发展的促进效应，初步构建了研究外包向众包升级的微观机理及宏观经济福利效应的超边际框架。本书的研究表明，网络众包的出现和发展是外包行业专业化分工水平不断变化的产物，外包模式转型升级的过程伴随着交互模式由人格型直接互动向协调型间接互动和系统型社会化协同升级，在此过程中，发包者与接包者（众包者）之间的信息匹配方式也由自我搜寻匹配向快速平台型自动匹配演进，同时三种外包模式的治理结构也存在一定的差别，这些构成了众包与外包的结构型区别。在外包模式演进的过程中，网络众包模式只有在最终产品和信息匹配服务的综合学习成本都很高的情况下才有可能成为唯一的均衡模式。但是，如果此综合学习成本相对较低，那么网络众包模式是否会出现则从根本上取决于市场交易效率能否由人格型交易效率升级为协调型和系统型交易效率而得以充分改进。除了市场交易效率的影响之外，平台型营销、支付或配送等服务商的学习成本如果越小，那么专业化水平越高的中小型企业和非标准化、学习成本越低的中间产品或服务，越容易选择众包方式实现外部供给。外包向众包的变化不仅是一个经济组织结构变迁过程，更重要的是，这一结构转换过程具有显著的经济福利和经济发展质量提升效应，例如，劳动力资源将得到优化配置，不同分工主体的劳动生产率将会提高，外包标的的市场容量和规模将显著扩张，而且互联网时代的互联网连接红利和人均收入水平都将有效提高。"互联网＋"社会化协同所推动的外包转型为经济高质量发展提供了基础和可能。

（5）面对新一代信息技术变革的重大机遇和挑战，"互联网＋"社会化协同正在促进传统零售模式向网络化、数字化和智能化零售模式转型升级，零售模式在数字时代的转型发展也由此日益成为驱动经济高质量发展的重要因素。本书在新兴古典框架下，通过理论分析、超边际模型构建，揭示了数字时代实体零售向网络零售、新零售升级的内在经济逻辑和临界条件，并分析了这一结构转换过程对经济高质量发展的促进效应。研究表明：新零售与包括实体零售和网络零售的传统零售的核心区别在于零售服务供给机制和供求信息协同匹配机制，零售服务的自我搜寻型供给向佣金型供给和增值型供给升级以及供求信息的实体型协同向平台型协同和生态型协同升级顺次推动实体零售模式向网络零售模式乃至新零售模式演进和升级；新零售模式只有在零售服务前沿技术效率和零售市场交易效率都超过一定的临界值后才可能从分工系统中生发形成；在零售模式的数字化转型过程中，零售服务本身的交易效率和零售服务增值能力具有明显的门槛调节效应，在不同的演进阶段如果两者都越高，那么网络零售越容易取代实体零售，而新零售也越容易跨越临界值成为均衡的零售模式；传统零售模式向新零售模式的结构变迁和升级过程具有十分重要的经济高质量发展促进效应，这主要表现在随着零售模式的数字化和智能化转型，零售系统内部的劳动生产率趋于提高，同时劳动力资源在分工结构内部和跨结构之间的配置效率也得以提高，平台型就业和生态型就业及其连接红利不断扩张，经济发展不断转向依靠效率提升和财富增长驱动。更为重要的是，依托于高效率的零售增值服务体系及市场交易效率、学习成本改进，用户的经济剩余和所有分工主体的人均真实收入都处于上升通道之中，社会的福利水平显著提升；从微观产品品类来看，基于不同的零售服务交易效率与增值能力组合，生鲜果蔬、日常消费品、个人化妆品、服装鞋帽、工艺品、精密仪器、饮料零食、短租餐饮、家具家电等不同品类的零售商品或服务具有差异化的新零售实践路径

（6）与消费互联网不同，"互联网＋"对工业互联网的社会化协同机制和效应具有显著的特点，"互联网＋"社会化协同对制造业的网络化、数字化和智能化发挥越来越重要的作用，网络化协同制造正在成为推动中国制造壮大新动能和促进经济高质量发展的有效支撑。制造资源的外部化配置是制造企业提高竞争力的重要途径，外部合作制造模式正由前互联网发展阶段的线下供应链合作制造向互联网发展背景下的网络化协同制造模式升级，合作制造的网络化、智能化正在重塑中国制造企业的生产模式、技术创新模式和商业模式，网络化协同制造日益成为推动中国制造向中国智造升级和经济实现效率变革的催化器。本书运用新兴古典经济学超边际分析和数值模拟方法，系统分析了网络化协同制造模式的特点及其实现机制，并重点揭示了线下供应链合作制造模式向网络化协同制造模式升级的条件以及这一结构转换的经济福利促进效应。本书研究发现，与独立制造和线下供应链合作制造相比，网络化协同制造具有全域协同、完全专业化、去中心化和协同制造社群化等模式特点，信息实时快速自动有效匹配、协同并联、数据智能化协同以及虚实社群型交互等四大实现机制助推网络化协同制造模式从独立制造和线下供应链合作制造的分工结构中分离出来；如果最终服务或品的学习成本和供求协同匹配服务的学习成本之和很高，那么网络化协同制造将成为企业的最优均衡选择，而如果这一学习成本之和较低，那么市场交易效率的充分改进有利于促进网络化协同制造模式的生成，生态建设因而逐步成为网络化协同制造生成和发展的主线；在市场交易效率一定的条件下，相比于需要面对面沟通生产技艺的资本、技术或知识密集型产品而言，劳动密集型产品更可能选择网络化协同制造模式，产品的异质性特点对协同制造企业的人才管理模式具有关键影响；随着合作制造网络化、智能化和服务化水平的提升，制造企业的劳动生产率、要素配置效率、产品市场规模和平均效用或利润水平都得以提高，最终使网络化协同制造成为推动经济高质量发展的重要力量。

第二节 案例分析启示

前面我们通过理论建模和分析得出了很多理论性的结论，在对本书各章理论规律进行案例验证的基础上，这里本书将从理论与案例相结合的角度，给出我们的案例分析启示，以一方面佐证本书的理论性结论，另一方面为促进现实中"互联网＋"行动的有效实施和各类行业乃至宏观经济的高质量发展提供现实启示。

（1）"互联网＋"社会化协同效应已经成为推动中国经济高质量发展和实现共同富裕的磅礴力量。本书的理论模型和超边际分析已经揭示，随着人类社会出现了以互联网、移动互联网等核心标志的技术变革，经济社会的交易效率显著提升，生产和生活的方式发生了重大而深远的变化，经济分工结构快速变迁，由"互联网＋"所推动形成的对企业、消费者、行业、社会等大协同效应已经必将继续推动社会生产效率、劳动资源配置效率、网络红利和人均真实收入的大步上升，"互联网＋"社会化协同效应必将成为推动经济社会发展的核心驱动力。本书的案例分析，从"互联网＋"与各种新经济业态融合发展切入，深入地对"互联网＋"共享、"互联网＋"外包、"互联网＋"协同制造、"互联网＋"零售等不同领域的社会化协同机制和效应进行了单案例挖掘或多案例比较分析。我们案例分析发现，"互联网＋"正在不同的生产和交易领域催生新的商业业态，改变社会的资源利用方式、外包方式、零售模式以及生产制造模式，"互联网＋"的社会化大协同让一切资源卷入生产性分工体系，无论是热门的产品，次热门产品，还是那些在前互联网发展阶段被忽视的"长尾产品"都已经被卷入生产和交易体系，从而形成了非常巨大的市场力量和分工网络效应，推动各行各业的高质量发展和新动能集聚。

（2）"互联网＋"社会化协同催生形成的共享经济成为推动供给侧结构性改革与经济发展新旧动能转换的"生力军"。中国经济发展已经进入新常态，推进供给侧结构性改革与经济驱动模式转换是适应、引领新常态的重要举措，也是中国经济发展从要素驱动转向效率驱动、从追求经济发展速度向注重经济结构优化的必然选择。本书在对共享经济进行理论分析和超边际建模分析的基础上，选取了滴滴出行、爱彼迎和知乎这三个国内外最为典型的共享经济实践案例进行跨案例比较分析，我们的分析发现，共享经济正在席卷和深刻改变中国的经济模式，共享经济的形成和发展不是一国政府政策设计的结果，而是在互联网分享技术和工具不断发展的条件下逐步形成的结果，而且这种发展过程伴随着经济社会可分享资源产业的分工模式和结构的转变，越来越多的闲置资源卷入共享经济系统。在这一过程中，毋庸置疑，经济社会的劳动力资源配置、就业形态、共享经济部门的生产率、共享经济市场容量等得到了显著的促进或提升，共享经济模式成为推动经济社会发展方式转变和实现高质量发展的有效载体。更为重要的是，共享经济模式的发展和推广，促进了资产权属、组织形态、劳动就业模式以及消费方式的变革，为经济发展提供了充足的结构化创新动力。本书的研究结论已经表明，共享经济模式的演进促进了更多平台型连接者的生发，越来越多的资源利用方式从等级制向平台化组织形态演变，从而降低了组织内或组织间的交互成本；此外，更多的闲置劳动力释放劳动时间，并不断向更为灵活的平台型就业模式转变，这无疑有助于扩大劳动者就业机会；拥有闲置资源的内容者与用户频繁的"共享"活动促进了人均收入的提升，这无疑也将不断强化人们对资源或资产所有权和使用权权属的全新认识，并逐步改变人们的消费理念和方式，从而促进生产方式和经济发展向健康、理性、环保和效率型模式升级。

（3）"互联网＋"社会化协同催生的外包向网络众包升级是推动经济高质量发展的有效路径。驱动经济发展的因素主要分为生产要素数量变化和效率提高两类，专业化分工效率的改进被认为是后一类因素的重要组成部分，企业对一体化或外包的专业化分工模式选择是影响经济发展的重要因素。本书在对理论逻辑和对威客网这一典型案例进行深入挖掘共享的基础上，发现外包向众包分工结构转变过程具有显著的经济发展促进效应，尤其是促进了行业劳动力要素配置结构、行业全要素生产率提升、外包市场容量扩大、分工主体收入水平提升等，因此，传统线下外包向众包的升级带来了基于效率改进的经济高质量发展。具体而言，从外包模式变化的角度来看，传统外包、网络外包和网络众包三种模式分别推动了经济中低、中高和高质量发展的三种模式，不同的经济发展质量水平具有与特定分工模式相适应的特点及其保障条件。首先，如果经济社会处于传统外包模式占主导的阶段时，外包的商业化和服务化、网络化水平较低，产业结构相对单一，劳动资源配置效率和生产率都较低。同时，由于此时技术和制度导向的交易效率不高，导致发包者和接包者都是半专业化的经济个体，整个经济体系的经济发展效益较低。当然，这种中低质量的外包经济发展只要有一定的交通和传统物流基础设施做保障就能够实现，因此经济数量型增长门槛较低。其次，如果经济社会的外包模式变为网络外包为主，根据本书的研究表明，劳动力的配置效率显著提高，而专业化分工水平的提高也带了劳动生产率的上升，从而优化了要素结构化配置效应，外包经济的互联网化、平台化发展水平不断提高，经济体的收入水平更高，由此经济发展步入了质量较高的中高质量发展阶段。当然，要想实现这种分工模式和经济发展质量的转换，技术体系创新需要持续跟进，同时政府等鼓励网络外包的政策也要不断创新，如此才能有效支撑基于网络外包效应的中高质量经济发展。最后，随着网络众包平台社群、移动互联网技术、云计算、人工智能、大数据技术以及社群型的营销、配送和移动支付体系的发展和完善，网络众包模式的形成实现了经济的高质量发展。此时外包行业的服务化、商业化、网络化和智能化水平很高，市场交易效率快速提高对分工环节增加型交易费用的克服效益明显，网络外包基础上的网络效应转换为互联网社群内部的社会化协同效应，由此驱动经济收入增长和经济的高质量发展。当前中国宏观经济面临下行压力，经济发展正在由基于要素驱动的低质量增长阶段向基于效率提升的高质量发展阶段演进，本书提示推进外包行业由线下外包模式向线上互联网化的外包和众包方式的升级是实现这一阶段转换的有效路径。

（4）"互联网 +"社会化协同催生的零售模式变革成为提升人均真实收入和实现共同富裕的有效路径。本书对零售模式的转型进行了理论建模和超边际分析，在此基础上，我们将视角投入到现实案例，选取盒马鲜生、茑屋与良品铺子3个案例进行多案例比较分析，发现了零售模变革所蕴含的强大力量。具体而言，传统零售模式下，零售业的分工主体由于技术的匮乏和基础设施的落后，相应的专业化分工程度较低，此时仅存在零售商和用户之间的交易，交易效率低下并且由此带来的收益也相对较低。随着互联网信息技术的发展，零售业在信息技术蓬勃发展、互联网基础设施的完善以及人们消费观念的转变的背景下，开始向网络零售模式转变，零售分工系统中出现零售平台服务商，零售商与用户的交易模式逐渐转变为依赖互联网平台的线上交易形式，此时零售平台服务商主要是为零售商与用户搭建安全稳定的交易平台，信息传递更为方便快捷和广泛。在网络零售模式下，由于市场交易效率的提升与前沿技术的应用，零售商与用户之间的交易成本降低，零售平台服务商也在交易过程中受益，人均效用水平提升。新零售时代，"互联网 + 社会化协同"的生态型信息交互、前沿信息技术的运用、学习成本的降低及增值型零售服务平台提供商的出现等都说明新零售模式下的市场交易效率的提升，相应的人均效用水平也会进一步攀升，人均真实收入提高，这为中国社会的共同富裕提供了现实基础和可能。

（5）"互联网＋"社会化协同催生的网络化协同制造是推动制造业转型升级和壮大发展经济新动能的催化剂。在经济发展的新阶段，经济发展将从逐步由要素驱动向效率驱动转变，全要素生产率提升、结构优化效应将成为驱动中国制造向中国智造升级和经济高质量增长的根本动力。本书在理论分析的基础上，通过选取派登洋服这一网络协同制造的典型案例，分析了"工业互联网"所形成的协同制造对制造业转型的巨大推动力及效应。具体而言，随着中国工业互联网的发展，网络化协同制造将成为中国制造企业提升协同制造能力的重要应用模式，人工智能、工业互联网、物联网等新型网络化协同制造基础设施建设步伐不断加快，中国制造业的生产和商业模式不断得到重塑，由此促进了中国制造业企业全要素生产率的显著提升，劳动力、资本、技术和大数据等资源实现在制造业结构内部和跨结构的优化配置，协同制造的网络化、智能化和服务化水平也日益提高，资源的结构化配置效率和市场交易效率都得以充分改进，这些都有利于极大地促进中国制造业的质量变革、效率变革，从而形成推进经济高质量发展的强劲新动能。近年来，云平台、人工智能等新技术向制造业领域加快渗透应用，中国重点工业互联网协同制造平台平均工业设备连接数不断增加，工业企业数字化研发设计工具普及率不断提高，网络化协同制造正日益成为推进中国制造转型升级和实现经济高质量发展的新型动力系统。

（6）"互联网＋"社会化协同效应的发挥还存在物流成本过高等亟待打通的肠梗阻等问题。本书的理论研究和案例分析都发现，在"互联网＋"不同经济社会领域的过程中，无论是共享经济、零售模式的变革，还是外包方式的转型及生产领域的网络化协同制造，都是由交易效率驱动的结构变迁过程，市场交易效率是实现"互联网＋"社会化协同效应能否充分发挥的根本因素，也将决定新商业模式和业态能否生发形成和有效发展。然而，通过对不同领域"互联网＋"社会化协同案例的分析，我们发现当前还存在一些阻滞此种效应充分发挥的障碍。例如，首先在政策层面，当前针对新商业模式创新的政策支持还不够，有些政策不仅没有为"互联网＋"商业模式创新提供支持，反而成为限制新业态持续发展的阻碍因素，严重阻碍了新商业模式的推广和发展。例如，在网络出行方面，现有的政策缺乏包容审慎性，在强调网约车安全的同时严重忽略了创新的风险，一刀切地推进政府监管，这非常不利于网约车的技术和模式创新，从而更不利于老百姓社会福利的整体提升。再如，当前中国社会还没有建设形成非常成熟的商业信誉和信用体系，这对"互联网＋"社会化协同具有非常明显的破坏作用。纯粹依靠熟人社会或道德层面的信任无法确保正常和高效的市场交易，基于法治、契约精神的信用信誉体系非常关键。此外，虽然当前"互联网＋"连接一切的机制和功能促进了经济社会的信息连接和共享，但是由于技术、利益等原因，一些关键领域和部门的信息还没有实现低成本地共享，尤其是在政府部门，有些信息（例如用于研究的非安全类信息）的获取成本非常高昂和不便利，这严重限制了网络红利的进一步形成和扩散，信息孤岛的现象仍然大量存在。最后又如，与"互联网＋"密切关联的线下物流体系也需要进一步完善，这直接关系到"社会化大协同"能否形成和有效发挥。然而，由于部门既得利益或地方保护等原因，中国的物流成本还是比较高，与发达国家的距离还是比较远，这对"互联网＋"社会化大协同构成了严重的肠梗阻现象。

（7）"互联网＋"社会化大协同必将继续成为驱动经济高质量发展的主要动能，政府应从推动制度和技术双重转型的视角维护和支持这一效应的发挥。如书的理论分析表明，无论是中国社会，还是国外，经济社会的发展驱动力正在由传统经济时代的规模经济效应向网络效应和"互联网＋"社会化协同效应转型和升级，"互联网＋"已经成为人类社会从工业社会走向信息社会乃至数字商业社会的有效通道。谁掌握了"互联网＋"，谁就掌握了未来数字经济时代的发展主动权，谁就掌握了实现经济高质量发展的钥匙。因此，政府、产业界和企业等都有充分认识到和高度重视"互联网＋"社会化大协同对经济社会发展的巨大作用，创造一切可能的条件推进"互联网＋"行动走向落实，加强政策包容性创新和支持，从制度和技术双重转型的视角为"互联网＋"社会化协同效应的发挥创造交易效率基础和条件。为此，首先政府应该大胆的推动制度和政策创新，在税收、工商管理、公共安全等领域加强政策创新，为互联网企业提供宽松包容的政策支持环境。其次，对于具体的互联网平台企业而言，要强化人才环境、法治环境、服务环境等商务环境的优化，减少乃至杜绝对互联网行业的直接经济干预，注重市场有效调节而非干涉。此外，要充分保护和支持互联网技术支持下的"长尾市场"或利基市场的开拓和发展，降低市场准入门槛，乃至破除国有商业资本的行政性垄断，为风险资本和互联网行业的天使资本进入"长尾市场"创造良好条件，从而为"互联网＋"社会化大协同提供广泛而坚实的实体基础。

第三节　政　策　建　议

基于前述的超边际理论研究结论和案例分析启示，本书初步从"互联网＋"社会化协同总体效应层面和"互联网＋"与新业态协同关系建设的具体层面提出如下政策建议。

一、促进"互联网＋"社会化协同效应形成和发挥的总体建议

（1）不同地区不同行业应根据实际条件推进"互联网＋"行动，避免陷入低水平网络资源利用陷阱。当前，从中央到地方，从东部到中西部，从第三产业到第一产业，不同层级、不同地区和不同行业都在积极推进交易方式的转变和升级，"互联网＋"计划和行动已经并将继续对中国经济社会的生产生活方式等产生重要影响。然而，我们的研究发现，"互联网＋"的交易模式和社会化协同生态不是政策实施的必然结果，并非政策上加以重视和推进，"互联网＋"的分工结构就会自然形成。"＋互联网"的分工结构向"互联网＋"的社会化协同结构的转换和升级中政府政策、制度、交易技术、交易习惯等各种因素和条件综合变化和成熟之后的产物，信息化发展具有阶段性转变特征。只有当由市场交易效率决定的分工模式转换条件具备之后，"互联网＋"社会化协同结构才能逐步取代"＋互联网"的分工模式，"互联网＋"社会化大协同也才能真正成为驱动本地经济发展的有效因素。显然，不同地区、不同行业和不同企业关于建立"互联网＋"社会化协同生态的经济、技术、政策等方面的条件具有很大差异，由此决定了不同地区不同行业和企业推进和实施"互联网＋"行动的时机和方式也应不同的。对于条件还不太具备的地区、行业或企业，可能重点在于先进行"＋互联网"分工结构的技术嫁接和应用，而不是投入过多的资金等资源来打造所谓的"互联网社群"，从而循序渐进建设"互联网＋"生态，促进互联网发展阶段的转换和升级。

（2）促进和实现市场交易管理体制和交易技术的多重提效，为"互联网＋"社会化协同模式的形成创造基础条件。本书研究发现，"互联网＋"

是一个分工结构内和跨结构的转变过程,生产要素、制度、技术在互联网社群内部的跨界融合是"互联网＋"的本质特点,而促进这一过程实现转变的主要取决于互联网社群的交易效率和网络平台的服务效率。为此,首先要从制度、体制机制等角度破除不利于"互联网＋"社会化协同模式生成的阻碍因素。例如,在网约车领域,当前要正确处理好乘客安全与交易效率的关系问题,破除城市内部出于保护行业利益和政策集团利益而严重阻碍网络预约车模式的应用和推广,真正从制度和政策设计上减少非理性的政策制约和限制。另外,各地政府要根据自身发展条件,在行政审批效能、工商监管、诚信体系建设等方面加快推进,为"互联网＋"模式的形成创造制度性条件。其次,要积极促进企业、行业对大数据、移动互联网、云计算技术、虚拟现实、增强现实等技术的对接和应用,促进从交易技术层面优化"互联网＋"的外部发展环境。例如,要更大力度地推进互联网平台生态中对"算法技术或模型"的对接和应用,提高内容者与用户实现精准信息匹配的效率和收益,利用大数据技术提高市场交易效率,促进"互联网＋"社会化大协同能力和范围的提升。

(3)推进推广互联网社群型的深度机器学习模式,降低连接型社会的学习成本。连接是网络社会的本质性特征,连接能力和水平是区分"＋互联网"分工模式与"互联网＋"社会化协同结构的重要区别。如本书第五章研究发现,只有当互联网连接者的学习成本足够低,连接者才可能不断生成和发展,连接者学习成本高低是影响"互联网＋"社会化协同生态能否生成和可持续发展的重要因素,因此,需要从学习模式和学习技术等方面降低互联网平台型连接者的学习成本。为此,首先要在互联网生态网络的基础上,积极建设互联网学习生态联盟,通过多层次多向度的学习空间打造,降低连接者对学习资源的可触成本,提高互联网平台连接者利用学习资源提升自身学习能力的概率和回报率。其次,在人工智能时代,学习不再仅仅是通过人与人互动的人格胡学习,深度的机器学习逐渐成为学习方式的重要补充乃至是发展趋势。因此,要积极推进计算模型、计算技术等人工计算技术向连接者领域的应用,向连接者赋予深度学习能力,形成连接者基于工作经验与机器学习的学习曲线。例如,在广告业务领域,可以积极促进大数据技术、算法模型对传统广告业务的改造,在强化广告平台的精准学习和供求对接,降低平台学习成本,发展计算广告业务,真正释放"互联网＋"对传统广告业务的赋能效应。

(4)推进信任关系、数据、生态化思维的共享和有效连接,建设和完善"互联网＋"社会化协同的数字化支持设施。互联网社群是"互联网＋"社会化大协同的基础载体，而社群共享机制通过信任关系、数据、生态化价值观等方面的共享加速了连接者的市场自动搜寻和价值创造能力，从而有助于实现"互联网＋"无边界连接系统对"＋互联网"单向局部连接的替代。当前，由于存在交互主体的信任缺乏、数据共享能力较低和互联网生态化思维分布不广等原因，这严重制约了"互联网＋"社会化协同能力的提升。为此，需要政府、互联网企业、用户等共同积极参与包括网络交易诚信体系在内的互联网信任关系网络建设，提高网络交互中机会主义行为等不合作乃至犯罪行为的惩罚力度，建立和实施互联网社群的声誉机制，提高互联网企业诚信行为的回报率，强化内容者、连接者与用户的信任关系体验，促进"互联网＋"社会化协同的信任资本增长；与此同时，要尽可能减少对数据共享的限制，通过合力建设互联网社群的数据库和大数据云以及政策协同，促进数据共享和数据连接能力提升，为"互联网＋"社会化协同创造数据连接基础；最后，能否实现有效连接还取决于分工主体的连接意愿和理念，因此，要通过社群传播、个体化传播等方式促进互联网社群思维、平台化生态理念的共享，建立"互联网＋"社会化协同的价值观基础。

二、推进"互联网＋"社会化协同与新业态良性互动的建议

（一）推进"互联网＋"社会化协同与共享经济良性互动的建议

（1）因地因时制宜，建设具有多样化形态的"共享城市"。根据本书的共享经济模式生发和结构转换条件来看，不同的城市在互联网基础设施、互联网思维、互联网发展能级、交互能力以及专业化分工模式等方面存在一定的差异或差距，这决定了不同城市在推进共享经济发展的过程中应该根据各自条件制定差异化的发展战略、发展重点、领域和政策，有区别有选择地根据自身条件建设共享型城市，切忌盲目建设和一哄而上。在此过程中，对于互联网发展基础较好的城市，可以考虑在交通出行、房屋住宿、生活服务、知识技能、金融，甚至是生产设备、医疗服务等产业领域进行多领域规划发展共享经济，以细分行业和领域的思路协同推进共享经济领域性政策制定与实施，形成百花齐放的共享经济发展格局。然而，对于在互联网平台等基础设施方面还存在一定不足的城市，则需要重点推进对现有实体型共享平台的"互联网＋"改造提升工程，加快宽带等基础设施建设，提速降费，逐步实现"实体型连接者"的互联网化，使更多实

体平台融入互联网化的共享经济平台，促进"实体型共享经济"稳步向"虚拟型共享经济"的过渡与跃迁。

（2）建立社群型交互式信息共享机制和实现数据共享，打破数据孤岛。本书研究已经得出结论，社会距离参数对共享经济模式的发展具有关键作用，降低人们之间的社会距离是发展共享经济的重要手段。为此，首先要推进多层级多主体多功能的信息信用平台建设，多层级主要体现在国家、省级地方政府以及各类企业，多主体体现在信用平台的建设需要政府、企业、社会和居民等不同主体的参与和投入，而多功能信用平台不仅在于为相关各方提供信用等级的信息查询，更为重要的是为共享经济模式的发展提供良好的信用环境支持；其次，要充分地发挥市场化力量，促进共享经济信息收集和利用的市场化和高效化。为此，可以积极支持第三方信用数据平台的建设和开放，充分发挥大数据、云计算、人工智能等技术，有效采集和利用市场化信用数据，提高共享经济发展的数据支撑能力、权威性和安全性；最后，政府可以借助和充分发挥公共互联网交互社群的作用，例如，可以充分利用众创空间、互联网平台孵化器和互联网俱乐部等社群功能，建立对"共享经济团队"或"共享经济社群"的认证和激励机制，促进人与人、人与服务、人与设备、人与数据之间的多向度多层面连接，从而不断缩短主体间的交互物理、信息和心理距离，促进共享经济连接红利的生长与扩大。

（3）激励平台企业建立社会保险、创业扶持、纠纷解决等机制，积极赋能共享经济参与者。如本书所述，劳动力就业的连接服务化或平台化是共享经济的重要经济福利成果。而共享经济是千千万万个个体共同作用的经济，经济个体是共享经济的核心角色，只有个体在知识、技能、信用以及交易完全等方面持续强大，共享经济才可能获得持续发展。因此，政府、平台企业等应积极通过制度创新等为交易个体赋能，消除平台就业者的交易风险和隐患，促进劳动力合理有序配置。为此，可以借鉴英国、美国、欧洲政府在支持平台企业建立就业人员社会保险政策方面的经验，鼓励平台企业逐步开发适应共享经济发展的保险业务和平台社会保险缴费措施。此外，政府可以通过一定的方式对规范经营、有序竞争、合法用工和建立社会保险措施的平台企业进行认证，为市场提供示范型的"共享企业"，为"共享企业"提供创业扶持和税收激励，鼓励更多平台企业在就业社会保险、劳动合同签订、员工合法权益维护等方面积极作为，切实保障共享经济参与者的正当利益。同时，引导平台企业建立反应及时、科学合理的纠纷解决机制，在专利、版权、用户信息等方面实现良性发展。

（4）将共享经济纳入政府采购，实施协同式治理，实现多方共治。共享经济是交易条件不断改进后的市场化触发产物，但也离不开政府通过一定的市场手段和监管行为对其进行有效激励和有序约束。首先，各级城市政府可以借鉴英国政府的经验，逐步与城市的特定共享经济领域进行对接，逐步建立共享经济城市政府采购目录或框架，将共享经济纳入城市政府的采购目录和计划，鼓励各级政府通过互联网平台实现其在交通出行、住宿等方面进行服务采购，提高政府运行效率和降低资源利用成本。同时，也可以鼓励政府将其闲置的停车位、办公用品、公车、办公用品等向外共享，提高政府资源利用效率。其次，对于共享经济这一新的经济业态，政府应该始终秉承"审慎包容"的治理原则，探索建立包括政府、行业协会、平台企业、内容者、用户等多方参与的协同式治理架构，推行事中服务事后监管的治理机制，避免用传统监管方式套用监管共享经济新业态，利用大数据、云计算、物联网、人工智能等技术手段实现线下线上一体化有效监管与服务。此外，在税收政策方面，积极适应共享经济发展的新特点，在共享经济领域试点推广应用电子税务发票，依法利用互联网技术手段对平台企业的税收信息进行采集和风险分析，提高政府对共享经济的信息化纳税服务水平，降低共享平台的纳税成本和社会交易支出。

（二）推进"互联网＋"社会化协同与众包经济良性互动的建议

（1）建立和完善有利于网络众包生发和发展的交易基础设施。本书研究证明了市场交易效率对外包分工结构变迁的重要价值，即在一个陌生人构成的众包世界中，非人格型交易基础设施是否发达以及系统型的交易体系能否形成是决定网络众包结构能否出现和发展的根本因素，因此，政府和产业界应大力促进非人格型交易基础设施的建设和完善，提高经济个体开展系统型交易的概率和成功可能性，促进外包模式的升级。为此，首先，政府要积极促进社会信用体系建设，尤其是互联网社会的信用体系建设，在互联网平台上真正形成有法可依、违法必究的良好商业环境，提高不讲信用的成本，为互联网社会的非直接型交易提供信用制度保障；其次，要充分对接和应用当前非常具有商业前景的区块链技术，提高对互联网服务商、平台企业和接包者等的技术约束，降低交易的市场风险，增强网络众包行业的系统性信任度。

（2）促进互联网社群跨界融合，建立虚拟型网络众包社群学习联盟。本书的研究表明，发包者、接包者或平台商、营销服务商构成的不同质互联网社群及其内外部连接促进了网络外包或众包体系的形成。在此过程中，系统型交易效率和平台型乃至社群型营销、支付或配送等服务商的学习成本以及网络接包者学习能力都至关重要。在此意义上，不同性质的互联网社群之间进行跨界融合和学习对提高外包市场的交易效率以及降低学习成本影响很大，所以，需要通过制度设计和技术支持，促进跨越互联网社群的学习和整合，降低学习成本和促进交易效率改进，从而推动外包模式转型升级。因此，一方面，要强化不同互联网平台接口之间的流量对接，促进网络社群大协同大融合。同时，通过线上线下的学习小组、学习联盟、技术团队、综合学习服务平台等建设，促进网络众包模式中的学习联盟和社群建设，降低外包服务商的学习成本，促进外包转型升级。在现实中，蜂鸟配送与点我达、饿了么、盒马鲜生、哈罗单车等之间的跨界融合就是网络众包中众包者社群、配送服务社群、外包平台商社群、共享经济社群和新零售社群间的多向度互嵌过程，这是餐饮行业由传统外包向网络外包和众包升级的有益探索，对其他外包行业推进网络化或众包化也具有推广借鉴价值。

（3）根据外包产品特点选择合适的外包方式，实现外包行业的高质量发展。在新一代信息和互联网技术发展背景下，外包行业的结构优化和升级面临着重大发展机遇。本书研究表明在不同的发展阶段，传统外包、网络外包和网络众包具有不同的阶段性发展特点及其实现条件，因此需要根据产品特点、发包企业专业化分工需求等系统考虑和实施类型化的外包升级战略，以不断优化经济社会中不同外包形态的分布结构和匹配性。为此，首先，在技术应用层面，对于选择网络化外包模式的产品和企业来说，要强化互联网技术和人工智能技术的引入和应用，促进各类前沿网络技术对发包者、接包者和外包服务商的改造升级；而对于传统外包型的产品和企业，更为关键的还是选择适用的前沿供应链技术，强化技术创新能力提升，提高接包者的技术创新水平。另外，如本书前面所述，不同类型的外包行业和企业应该根据产品特点实施差别化的人才战略。对于传统外包行业，要强化经验型人才的培养和引进，而互联网外包或众包行业要强化网络学习能力强的人才的培养和引进，促进互联网外包行业人才生态的形成和发展。

（4）建设和完善网络外包和众包平台生态体系，提高平台生态能级。网络外包平台和众包平台是外包模式演进中的关键基础设施，它们对发包者、接包者（众包者）以及其他服务商的平台服务能力对网络化外包和众包结构的生成与发展至关重要，平台应在思维、技术、连接体系、金融等方面积极为各类外包或众包商业主体进行精细化和个性化赋能，以不断增强网络化外包和众包的整体效率。为此，首先，要对网络外包和众包平台与发包者之间的关系生态赋能，通过网络连接、社群跨界等实现价值化勾连，促进发包者与平台之间的快速匹配；其次，对于平台与接包者之间的关系形态，要通过网络契约、技术联盟建设等方面强化接包者与平台之间的长期合作关系，降低接包者的机会主义行为概率，为接包者提供系统性和全流程的外包服务。当然，对于为接包者提供专业化外包服务的服务商，也要提供网络关系建设、信息生态圈建设、多层次学习联盟建设等路径促进外包服务价值生成和升值，为服务商本身赋能，从而促进接包者生产和交易效率的提升，促进外包升级。

（三）推进"互联网＋"社会化协同与新零售良性互动的建议

（1）制定和实施以数字化零售驱动经济高质量发展的战略，为经济发展的质量变革、效率变革和动力变革提供新的支撑点。当前，包括中国在内的世界主要国家正面临零售行业的数字化、智能化重组改造，零售价值链重构，数字化零售带动经济社会资源配置效率不断提升。本书的研究结论也充分表明零售数字化转型对经济高质量发展具有重要影响。因此政府应积极推进零售行业的数字化升级，确定零售数字化发展战略，推动经济高质量发展。为此，首先，政府应协同相关行业、企业制定全国层面的零售业数字化行动计划，确定零售业数字化发展的中长期任务和具体措施；其次，根据各地经济发展水平和数字化基础设施能力，合理数字化零售产业空间布局，有梯度地推进实施不同地区不同行业的零售数字化发展战略和措施；最后，可以考虑选择代表性的新零售平台企业或地区进行重点示范支持，在制定地区产业发展规划时，充分考虑大型新零售平台企业对本地经济社会发展的重要影响，同时注重维护有序市场竞争格局，破除平台企业市场垄断，构建可持续的数字化零售与经济高质量发展良性互动关系。

（2）推动前沿技术、支持性政策与协同化生态的创新及应用，优化零售模式升级的内外部环境。如前所述，零售前沿技术效率、市场交易效率、增值能力、学习成本等对零售数字化升级具有决定性影响，因此，政府、企业等要积极协同，协力推进零售行业前沿技术创新和应用，制定和实施具体的零售转型发展政策体系，建设社会化协同生态，优化发展环境。为此，首先要继续重点推进大数据、新物流、云计算、移动支付、

AR/VR、区块链、5G、智能导购等新零售基础技术的创新和广泛应用，提高数字化零售的高效分销、精准营销、全域营销、全渠道融合能力，实现零售行业决策、作业、营销、供应链和门店的全面数字化；其次，政府要积极通过应收账款、存货、仓单等动产质押融资模式改进对新零售平台企业的金融服务方式，按市场化原则设立零售数字化转型基金，引导社会资本加大对新零售的投入，创新新零售生态企业所得税、增值税缴纳方式，全面优化新零售政策支持环境；最后，要在已有新零售生态型协同平台基础上，积极建设包括新零售平台企业、新物流企业、数字化金融服务、人工智能平台、线下实体、用户等各类主体的数字化生态系统，促进多界面互动交流，提高零售服务交易效率，实现人、货、场和生态的全面社会化融合。

（3）根据行业或产品品类属性有重点有选择地推进新零售实践，构建零售数字化转型升级的动态支持机制。本书研究表明，零售业的数字化升级除了具备宏观的逻辑演进过程之外，不同的产品品类具有差异化的新零售实践规律。因此，应该根据不同产品品类属性及其新零售实践路径，有针对性地构建零售业数字化转型升级动态支持机制。首先，从技术选择上，应该选用不同的新零售技术模型适配不同类型的商家，确定不同品类的货品结构，精准匹配需求结构，有效链接用户与不同品类的商品或服务；其次，根据不同品类的新零售特点，紧密分析用户需求趋势，尽可能为不同品类的商品或服务提供适配的营销、物流、运营等零售服务，提升差异化体验。最后，应根据不同品类新零售发展程度的差异，有差别地动态调整新零售具体实施方式。对于准新零售模式，重点是要在零售观念、物流基础设施等方面进行嵌入。对于采取局部新零售模式的产品品类，则重点在零售服务交易效率或增值能力两个方向上有选择地进行提升，促进模式转换；对于完全新零售产品品类，关键在于提升用户和零售商的体验，建设良性协同化生态，持续提升生态型粘连度。

（4）实施数字化零售的劳动力素质提升工程，为新零售的应用和推广提供高水平要素支撑。本书的超边际分析表明，零售业数字化和智能化转型升级有效地促进了劳动力在分工结构内部和跨越零售模式的优化配置，大量劳动力成为新零售或网络零售部门的连接者，提升了劳动生产率。但是现实中客观存在由于低门槛、缺乏培训等原因，很多中低端劳动力不掌握高水平的行业素质，尤其是在物流配送行业的快递员受到多方挤压，生存环境日益严峻。为此，在促进劳动力规模数量的优化配置的同时，政府、企业等应积极实施数字化零售的劳动力素质提升工程，通过政府购买服务、企业组织培训、产学研联合等方式为物流行业、平台企业内部等人员提高专业化素质培训，提高他们在供应链采购、营销、配送、与用户沟通等方面的能力，降低零售服务内部摩擦，提高零售服务整体交易效率。此外，政府和平台企业应根据技术和商业模式创新发展趋势和实际需求，在对中低端劳动力培训基础上，积极注重对技术人才、创意人才、高端管理人才等高级人才的引进、培训和提升，以不断满足数字化零售生态对复合型高端人才的需求。

（四）推进"互联网＋"社会化协同与网络化协同制造良性互动的建议

（1）构建开放、协同、高效和优胜劣汰的工业互联网平台体系，优化网络化协同制造软硬件条件。本书研究表明，网络化协同制造平台商是合作制造网络化的新分工主体，这一主体的出现和发展促进了协同制造网络化、智能化和服务化水平的提升，因此发达的产业互联网协同制造平台是促进中国制造能否实现高质量转型发展的关键基础设施。据《中国工业互联网行业发展研究保护2020》统计，截至目前，中国已有300多家具有一定影响力的区域、行业工业互联网平台，平均工业 APP 数量突破 1500 个，注册用户数平均超过 50 万，初步形成了资源汇聚、协同发展、合作共赢的工业互联网平台体系。因此，在现有发展基础上，政府、龙头企业、行业组织，尤其是互联网巨头企业都要积极协同合作，加大资金和技术投入，积极协同推进不同领域、不同行业、不同地区的产业互联网平台体系建设，实施灵活的工业互联网平台税收、产业和创新政策，着力培育一批具有较强行业、区域乃至国际影响力的工业协同制造平台。此外，要密切跟踪技术和企业管理组织发展趋势，建立动态的工业互联网评估和优胜劣汰的竞争机制，促进平台效率提升。

（2）构建多元融合、虚实交互、内外结合的网络化协同制造生态，实现学习成本降低和市场交易效率提升的社群红利。降低信息协同匹配服务的学习成本和提高市场交易效率是促进网络化协同制造模式应用的积极路径。在智能化和网络化协同发展的新阶段，纯粹依靠"烧钱"补贴不再具备竞争优势，因此只能通过生态建设提高交易效率或服务效率，才能真正粘连网络化协同制造的应用者和资源提供者。因此，首先要积极应用互联网、大数据、物联网等技术，提升用户搜寻信息的精准度，大力提高仓储、加工、网络金融、快速物流等生态型服务水平，找准和快速满足市场服务的痛点，着力提升网络化协同制造过程中的交易效率，提高网络化协同制造生态的粘连度；其次，积极促进产业内、产业间和跨区域的资源优化融合，构建包括龙头企业、政府主管部门、产业协会、用户、金融机构等在内的网络化协同制造生态联盟，强化技术和管理模式合作创新，打破信息孤岛，建设创新链、产业链、服务链、资金链和信息链多元融合、线下线上联动的协同制造服务体系和学习网络，有效降低信息协同成本和促进市场交易效率提高，加速智能化和网络化协同制造的广泛应用和发展。

（3）建立基于产品异质性的数字化协同管理体系，为网络化协同制造提供有效的组织基础。当前，制造企业的智能化和网络化协同风起云涌，这直接决定了制造企业的组织管理模式将发生重大而深远的变革，传统科层等级制和封闭内循环的组织管理模式已经不适应互联网时代新经济模式特点，因此，需要根据产业产品技术特点和制度变化及其结果，有针对性地推进制造业企业组织模式创新。为此，对于资本技术或知识密集型产品及其企业，由于其网络化协同制造对市场交易效率的要求较高，所以此类企业就要积极与其他企业、平台等建立紧密型的协作管理关系，推动管理模式和组织结构的数字化和网络化，降低管理层次。尤其是在人才管理方面，在促进数字化管理师、人工智能技术人员、云计算技术员、物联网技术人员等人才引进的同时，要重点积极吸引和培育熟悉市场交易、擅长人际沟通等的经验型人才。而对于劳动密集型企业，则需要重点突破创意型、管理和云平台技术兼备型人才瓶颈。此外，无论是何种要素密集型企业，都要对自身的采购、生产、财务、人力资源、市场营销等部门进行数字化、网络化、协同化改造升级，降低信息传递的时空距离，形成有利于资金、技术、人才和信息协同组合的数字化、智能化管理场域。

第四节　研究展望

技术、商业模式或制度的每一次变革都将在一定程度上促进经济社会不同领域乃至整体的变迁。自 20 世纪下半叶以来，人类社会开始逐步步入信息化社会，农业经济时代不断向工业经济时代乃至数字经济时代演进和升级。本书研究内容和结论从理论和案例等多重视角验证了"互联网＋"社会化协同效应在此过程中所发挥的重要力量。在农业经济时代或工业经济时代，驱动社会发展的主要是要素投入、规模经济效应，人类经济增长的水平也不是很高，人与人之间的关系及其影响范围受到时间、空间的限制，企业组织结构方面的雇佣关系或科层等级制构成了企业管理制度的重要组成部分，与此同时，社会分工水平和结构化效应也往往较低，企业之间的简单供应链关系主要是基于生产要素、上下游产业链关系的线下合作，由此决定了经济发展阶段往往处于规模经济驱动的外延性增长阶段。然而，随着经济社会开始步入信息化社会，"＋互联网"乃至"互联网＋"的技术、商业模式等变革力量推动社会资源组织方式发生深刻变革，经济资源很容易在全社会范围内实现高效的调度和组织利用，"互联网＋"社会化大协同成为经济社会发展的一种重要现象和驱动力。本书关注和重点研究了此种"互联网＋"的社会化协同机制及其对经济发展的阶段性影响效应。借助于新兴古典经济学超边际分析方法、案例研究方法，本书通过理论机制分析、超边际模型构建与分析以及单案例、跨案例实证分析，揭示了"互联网＋"社会化协同效应的生成机制、"互联网＋"对经济社会新兴业态的协同效应及其对经济高质量发展的影响渠道。因此，在理论层面，本书一定程度上构建了"互联网＋"社会化协同效应研究的基本理论框架，并提供了初步的超边际分析方法。本书对丰富网络经济学的理论研究体系是一次重要的补充，同时对运用以杨小凯为代表的新兴古典经济学分析中国现实问题的一次重要探索和研究实践，因此，本书基本实现了一定的理论创新。

　　然而，结合本书的理论研究结构、研究结论和创新价值，根据中国乃至全球各国正在推进的数字经济建设实践，以下几个方面可能是未来值得进一步推进的重要理论研究方向和实践领域：

　　（1）进一步研究"互联网＋"社会化协同的前置影响因素。本书主要运用新兴古典超边际建模和分析方法揭示了"互联网＋"社会化协同对社会分工结构、产业结构、驱动机制、企业组织模式以及经济发展水平的影响效应，从而初步完成了"互联网＋"的社会化协同效应分析框架。然而，尽管本书从市场交易效率、专业化经济程度、产品特征、社会距离等方面论证了"互联网＋"社会化协同效应充分实现的因素，但本书尚未揭示制度、技术、政策、观念等如何影响"互联网＋"社会化协同的动态过程、程度和质量，对这些开展进一步的深入研究无疑将有利于促进"互联网＋"理论研究体系的完善。

　　（2）进一步开展"互联网＋"社会化协同效应的国别研究。本书主要从理论角度一般性地揭示了"互联网＋"社会化协同对经济社会发展的影响效应。尽管互联网是全人类的技术和商业模式创新成果，但互联网技术或平台体系影响经济发展的能级、形态、结果会不会有文化情境依赖性，也即不同民族、不同国家或不同文化、不同法律条件下的互联网是否会对社会分工结构、产业组织结构、企业组织形态以及经济发展质量产生差异化影响，从而使得"互联网＋"社会化协同效应具有特定的国别特征。因此，通过一定的理论模型构建，运用不同国别的案例，对"互联网＋"社会化协同效应进行国别研究是将来的研究重点。

（3）进一步推进"互联网＋"社会化协同与其他新兴业态发展的关系研究。"互联网＋"社会化协同具有其独特的形成机制，并且对一国经济社会发展产生了重要影响。因此，本书一方面重点分析了"互联网＋"社会化协同效应的形成机制及其总体影响效应，同时也揭示了"互联网＋"与共享经济、众包经济、网络化协同制造等新兴消费、生产业态之间的内在关系。然而，当前"互联网＋"迅猛发展，大数据、人工智能、物联网、区块链等新兴技术层出不穷，新商业形态和模式因而也是风起云涌。因此，除了本书构建的"互联网＋"与共享经济、网络化协同制造和众包经济等新兴业态之间的理论分析框架之外，学界还可以运用其他方理论和方法对"互联网＋"与智能经济、互联网社群、顾客社群、众创空间、众筹、众扶、焦点企业、社交媒体、场景经济乃至网红经济等其他新兴业态开展理论和实证研究，以期构建形成更为丰富的互联网理论研究体系。

参 考 文 献

中文部分

[1] 阿里巴巴研究院.“互联网＋”重新定义信息化［N］.光明日报，2015－10－16（5）.

[2] 阿里研究院.互联网＋：从 IT 到 DT［M］.北京：机械工业出版社，2015.

[3] 蔡宏波，陈昊.外包与劳动力结构：基于中国工业行业数据的经验分析［J］.数量经济技术经济研究，2012（12）：53－65.

[4] 蔡宏波.外包与劳动生产率提升：基于中国工业行业数据的再检验［J］.数量经济技术经济研究，2011（1）：63－75.

[5] 陈培爱.现代广告学概论［M］.北京：首都经济贸易大学出版社，2018.

[6] 陈启斐，巫强.国内价值链、双重外包与区域经济协调发展：来自长江经济带的证据［J］.财贸经济，2018（7）：144－160.

[7] 陈友玲，牛禹霏，刘舰，左丽丹，王龙.面向云制造的多供应商协同生产任务分配优化［J］.计算机集成制造系统，2018（8）：21－42.

[8] 陈仲常，马红旗.我国制造业不同外包形式的就业效应研究［J］.中国工业经济，2010（4）：79－88.

[9] 程立茹.互联网经济下企业价值网络创新研究［J］.中国工业经济，2013（9）：82－94.

[10] 代明，姜寒，程磊.分享经济理论发展动态［J］.经济学动态，2014（7）：106－114.

[11] 董蓉，何卫平，吉锋.面向网络协同制造的制造服务优化选择研究［J］.制造业自动化，2006（9）：39－44.

[12] 段淳林，任静.智能广告的程序化创意及其 RECM 模式研究［J］.

新闻大学, 2020 (2): 17-31, 119-120.

[13] 方福前, 邢炜. 居民消费与电商市场规模的 U 型关系研究 [J]. 财贸经济, 2015 (11): 131-147.

[14] 高超民. 分享经济模式下半契约型人力资源管理模式研究 [J]. 中国人力资源开发, 2015 (2): 16-21.

[15] 高明, 文成伟. "解蔽"与"遮蔽"的技术消费: 共享经济中信息技术的哲学研究 [J]. 自然辩证法研究, 2016 (10): 39-43.

[16] 辜胜阻. 让"互联网+"行动计划引领新一轮创业浪潮 [J]. 科学学研究, 2016 (2): 161-165.

[17] 郭家堂, 骆品亮. 互联网对中国全要素生产率有促进作用吗 [J]. 管理世界, 2016 (10): 34-49.

[18] 郭馨梅, 张健丽, 刘艳. 互联网时代我国零售业发展对策研究 [J]. 价格理论与实践, 2014 (7): 106-108.

[19] 郭燕, 王凯, 陈国华. 基于线上线下融合的传统零售商转型升级研究 [J]. 中国管理科学, 2015 (1): 726-731.

[20] 何方. 新型社群与共享经济的持续发展 [J]. 浙江学刊, 2016 (6): 215-221.

[21] 何玉梅, 孙艳青. 不完全契约、代理成本与国际外包水平: 基于中国工业数据的实证分析 [J]. 中国工业经济, 2011 (12): 57-66.

[22] 贺娅萍, 徐康宁. 互联网对城乡收入差距的影响: 中国事实的检验 [J]. 经济经纬, 2019 (2): 25-32.

[23] 侯光文, 薛惠锋. 集群网络关系、知识获取与协同创新绩效 [J]. 科研管理, 2017 (4): 1-9.

[24] 胡泳. "互联网+": 信息时代的转型与挑战 [J]. 人民论坛, 2015 (20): 84-94.

[25] 黄群慧, 余泳泽, 张松林. 互联网发展与制造业生产率提升: 内在机制与中国经验 [J]. 中国工业经济, 2019 (8): 5-23.

[26] 霍景东, 黄群慧. 影响工业服务外包的因素分析 [J]. 中国工业经济, 2012 (12): 44-56.

[27] 计海庆, 成素梅. 分享经济的 STS 探源 [J]. 自然辩证法研究, 2016 (7): 113-117.

[28] 江鑫, 黄乾. 城乡公路体系网络化与共同富裕: 基于超边际分工理论分析 [J]. 南开经济研究, 2019 (6): 64-85.

[29] 江需，王述英. 外包生产模式及其对市场结构影响的分析 [J]. 中国工业经济，2005（6）：74 - 80.

[30] 姜奇平. "互联网 +" 与中国经济的未来形态 [J]. 人民论坛，2015（10）：52 - 63.

[31] 蒋玉石，张红宇，贾佳，杨力. 大数据背景下行为定向广告（OBA）与消费者隐私关注问题的研究 [J]. 管理世界，2015（8）：182 - 183.

[32] 杰里米·里夫金. 零成本社会：一个物联网、合作共赢的新经济时代 [M]. 赛迪研究院专家组，译. 北京：中信出版社，2014.

[33] 赖胜强，唐雪梅. 基于 ELM 理论的社会化媒体信息转发研究 [J]. 情报科学，2017（9）：96 - 101.

[34] 兰筱琳，洪茂椿，黄茂兴. 面向战略性新兴产业的科技成果转化机制探索 [J]. 科学学研究，2018（8）：1375 - 1383.

[35] 黎继子，库瑶瑶，刘春玲，余悦. 众包与供应链耦合：众包供应链演化与驱动模式 [J]. 科研管理，2020（7）：42 - 49.

[36] 黎继子，张念，刘春玲. 众包供应链基于 On/Office 混合定制设计生产决策模型分析 [J]. 中国管理科学，2018（11）：132 - 144.

[37] 李海舰，田跃新，李文杰. 互联网思维与传统企业再造 [J]. 中国工业经济，2014（10）：135 - 146.

[38] 李怀政. 互联网渗透、物流效率与中国网络零售发展：基于 VAR 模型的脉冲分析与方差分解 [J]. 中国流通经济，2018（8）：23 - 33.

[39] 李雷鸣，陈俊芳. 理解企业外包决策的一个概念框架 [J]. 中国工业经济，2004（4）：94 - 99.

[40] 李文莲，夏健明. 基于 "大数据" 的商业模式创新 [J]. 中国工业经济，2013（5）：83 - 95.

[41] 李晓华. "互联网 +" 改造传统产业的理论基础 [J]. 经济纵横，2016（3）：57 - 63.

[42] 李振华，闫娜娜，谭庆美. 多中心治理区域科技孵化网络多主体协同创新研究 [J]. 中国科技论坛，2016（7）：92 - 98.

[43] 李志生，苏诚，李好，孔东民. 企业过度负债的地区同群效应 [J]. 金融研究，2018（9）：74 - 90.

[44] 李子明，周群力. 超边际分析视角下的中国土地发展权与征地效率：基于效率与公正的内洽假设 [J]. 制度经济学研究，2010（3）：

53 – 75.

[45] 梁伟静，李玉英，孙凤芹，曾义君．基于知识创新的物流生态系统协同演化机理与路径研究 [J]．商业经济研究，2019（1）：98 – 100.

[46] 梁晓蓓，江江．众包接包者参与意愿影响因素研究：基于不可观测异质性的接包者类别探索 [J]．商业经济与管理，2018（11）：16 – 27.

[47] 刘秉镰，林坦．制造业物流外包与生产率的关系研究 [J]．中国工业经济，2010（9）：67 – 77.

[48] 刘根荣．共享经济：传统经济模式的颠覆者 [J]．经济学家，2017（5）：97 – 104.

[49] 刘铁，李桂华，卢宏亮．线上线下整合营销策略对在线零售品牌体验影响机理 [J]．中国流通经济，2014（11）：51 – 57.

[50] 刘瑶．外包与要素价格：从特定要素模型角度的分析 [J]．经济研究，2011（3）：48 – 58.

[51] 刘奕，夏长杰．共享经济理论与政策研究动态 [J]．经济学动态，2016（4）：116 – 125.

[52] 柳洲．"互联网＋" 与产业集群互联网化升级研究 [J]．科学学与科学技术管理，2015（8）：73 – 82.

[53] 卢现祥．共享经济：交易成本最小化、制度变革与制度供给 [J]．社会科学战线，2016（9）：51 – 61.

[54] 卢新元，龙德志，陈勇．基于忠诚度的众包模式下用户参与意愿影响因素分析 [J]．管理学报，2016（7）：1038 – 1044.

[55] 陆蓉，王策，邓鸣茂．我国上市公司资本结构"同群效应"研究 [J]．经济管理，2017（1）：181 – 194.

[56] 陆胤，李盛楠．分享经济模式对传统劳动关系的挑战 [J]．中国劳动，2016（8）：45 – 51.

[57] 吕尚彬，郑新刚．计算广告的兴起背景、运作机理和演进轨迹 [J]．山东社会科学，2019（11）：164 – 169.

[58] 吕延方，王冬．参与不同形式外包对中国劳动力就业动态效应的经验研究 [J]．数量经济技术经济研究，2011（9）：104 – 117.

[59] 罗珉，李亮宇．互联网时代的商业模式创新：价值创造视角 [J]．中国工业经济，2015（1）：95 – 107.

[60] 骆品亮，傅联英. 零售企业平台化转型及其双边定价策略研究 [J]. 管理科学学报，2014 (10)：1 – 12.

[61] 马澈. 计算广告对数字媒体的影响：基于技术、数据和市场的重构 [J]. 中国出版，2017 (24)：54 – 57.

[62] 马丁·魏茨曼. 分享经济：用分享制代替工资制 [M]. 林青松，译，北京：中国经济出版社，1986.

[63] 马二伟. 大数据时代广告产业结构优化研究 [J]. 国际新闻界，2016，38 (5)：153 – 168.

[64] 马化腾，等. 互联网 +：国家战略行动路线图 [M]. 北京：中信出版社，2015.

[65] 马晶梅，贾红宇. 局部均衡条件下我国外包企业技术优势及溢出效应研究——基于技术复杂度视角 [J]. 世界经济研究，2016 (2)：58 – 136.

[66] 马云. "利他主义" 才能获利 [N]. 光明日报，2014 – 11 – 21 (12).

[67] 孟韬，李佳雷，郝增慧. 分享经济组织的资源管理和能力构建互动过程——基于资源编排理论视角的多案例研究 [J]. 管理学季刊，2020 (2)：90 – 116，146 – 147.

[68] 孟韬，张媛，董大海. 基于威客模式的众包参与行为影响因素研究 [J]. 中国软科学，2014 (12)：112 – 133.

[69] 缪荣. "互联网 +" 的多重效应 [N]. 人民日报，2015 – 06 – 29 (19).

[70] 尼古拉斯·克里斯塔基斯，詹姆斯·富勒. 大连接：社会网络是如何形成的以及对人类现实行为的影响 [M]. 简学，译，北京：中国人民大学出版社，2013.

[71] 欧阳日辉. 从 " + 互联网" 到 "互联网 +"：技术革命如何孕育新型经济社会形态 [J]. 人民论坛，2015 (10)：25 – 38.

[72] 潘静，陈广汉. 家庭决策、社会互动与劳动力流动 [J]. 经济评论，2014 (3)：40 – 50，99.

[73] 潘煜，张星，高丽. 网络零售中影响消费者购买意愿因素研究：基于信任与感知风险的分析 [J]. 中国工业经济，2010 (7)：115 – 124.

[74] 庞春. 一体化、外包与经济演进：超边际 – 新兴古典一般均衡分析 [J]. 经济研究，2010 (3)：114 – 128.

［75］钱广贵，毕衍鑫．论广告生存形态的历史变迁与未来发展［J］．山东社会科学，2018（3）：148－154.

［76］任磊，任明仑．基于学习与协同效应的云制造任务动态双边匹模型［J］．中国管理科学，2018（7）：63－70.

［77］萨克斯，胡永泰，杨小凯．经济改革和宪政转轨［J］．经济学（季刊），2003（4）：961－988.

［78］申朴，刘康兵，尹翔硕．产业集聚对我国服务外包生产率的影响：理论模型与经验证据［J］．产业经济研究，2015（1）：45－52.

［79］盛济川．基于超边际分析的农地产权制度变迁机理研究［J］．中国经济问题，2011（4）：100－108.

［80］盛亚，徐璇，何东平．电子商务环境下零售企业商业模式：基于价值创造逻辑［J］．科研管理，2015（10）：122－129.

［81］施炳展．互联网与国际贸易：基于双边双向网址链接数据的经验分析［J］．经济研究，2016（5）：172－187.

［82］史青，张莉．中国制造业外包对劳动力需求弹性及就业的影响［J］．数量经济技术经济研究，2017（9）：128－144.

［83］苏东风．"三新"视角的"新零售"内涵、支撑理论与发展趋势［J］．中国流通经济，2017（9）：16－21.

［84］苏文．"互联网＋"背景下我国零售业商业模式转型思考——基于百联和阿里巴巴合作的案例分析［J］．商业经济研究，2017（23）：31－33.

［85］孙茜，刘海波，杨绪勇．创新众包平台对接包方中标率的影响机制研究［J］．科学学研究，2016（2）：279－287.

［86］唐亮，何杰，靖可，靳志宏．时间窗口约束下基于改进蚁群算法的协同制造调度研究［J］．中国管理科学，2018（4）：97－107.

［87］唐清利．"专车"类共享经济的规制路径［J］．中国法学，2015（4）：286－302.

［88］涂艳，孙宝文，张莹．基于社会媒体的企业众包创新接包主体行为研究：基于众包网站调查的实证分析［J］．经济管理，2015（7）：138－149.

［89］王宝义．"新零售"的本质、成因及实践动向［J］．中国流通经济，2017（7）：3－11.

［90］王金杰，郭树龙，张龙鹏．互联网对企业创新绩效的影响及其机制研

究：基于开放式创新的解释［J］．南开经济研究，2018（6）：170 -
190.

［91］王静，潘开灵，刘翱，王鑫鑫．云制造平台下订单可分解的协同生
产计划模型及求解［J］．上海交通大学学报，2018（12）：1655 -
1662.

［92］王磊．新零售驱动的"互联网 +"农超对接模式探讨［J］．商业经
济研究，2021（4）：125 - 128.

［93］王诗桴．"互联网 +"还是"回归实体"？——消费模式与零售企
业战略选择［J］．商业经济与管理，2019（3）：20 - 28.

［94］吴敬琏．中国增长模式抉择［M］．第4版．上海：上海远东出版社，
2014.

［95］吴晓隽，方越．分享经济的挑战与政府管制变革的思考［J］．上海
经济研究，2016（9）：9 - 16.

［96］向纯洁，杨中华．移动社会化媒体下创新团队知识演化机制研究
［J］．中国科技论坛，2017（5）：166 - 173.

［97］向国成，韩绍凤．分工与农业组织化演进：基于间接定价理论模型
的分析［J］．经济学季刊，2007（2）：513 - 538.

［98］向国成，韩绍凤．综合比较优势理论：比较优势理论的三大转变：
超边际经济学的比较优势理论［J］．财贸经济，2005（6）：76 - 81，
97.

［99］向国成．小农经济效率改进论纲：超边际经济学之应用研究［J］．
社会科学战线，2005（4）：75 - 86.

［100］肖岚，高长春．"众包"改变企业创新模式［J］．上海经济研究，
2010（3）：35 - 41.

［101］谢莉娟．互联网时代的流通组织重构：供应链逆向整合视角［J］．
中国工业经济，2015（4）：44 - 56.

［102］谢志刚．"共享经济"的知识经济学分析［J］．经济学动态，2015
（12）：78 - 87.

［103］徐毅，张二震．外包与生产率：基于工业行业数据的经验研究［J］．
经济研究，2008（1）：103 - 113.

［104］许和连，成丽红，孙天阳．离岸服务外包网络与服务业全球价值链
提升［J］．世界经济，2018（6）：77 - 101.

［105］闫星宇．零售制造商的模块化供应链网络［J］．中国工业经济，

2011 (11): 139 – 147.

[106] 杨帅. 共享经济类型、要素与影响: 文献研究的视角 [J]. 产业经济评论, 2016 (3): 35 – 45.

[107] 杨小凯. 经济学: 新兴古典与新古典框架 [M]. 北京: 中国社会科学出版社, 2003.

[108] 杨小凯, 张永生. 新兴古典经济学与超边际分析 (修订版) [M]. 北京: 社会科学文献出版社, 2003。

[109] 杨云霞. 分享经济中用工关系的中美法律比较及启示 [J]. 西北大学学报, 2016 (9): 147 – 153.

[110] 叶初升, 任兆柯. 互联网的经济增长效应和结构调整效应: 基于地级市面板数据的实证研究 [J]. 南京社会科学, 2018 (4): 18 – 29.

[111] 余维新, 顾新, 熊文明. 产学研知识分工协同理论与实证研究 [J]. 科学学研究, 2017 (5): 737 – 745.

[112] 俞立平, 李守伟, 刘骏. 企业协同创新深度的影响机制研究: 以高技术产业为例 [J]. 中国科技论坛, 2016 (12): 54 – 59.

[113] 原毅军, 刘浩. 中国制造业服务外包与服务业劳动生产率的提升 [J]. 中国工业经济, 2009 (5): 67 – 76.

[114] 曾鸣. 互联网改变中国 online 零售仍会高增长 [N]. 企业家日报, 2014 – 05 – 03 (W03).

[115] 曾鸣. 智能商业 [M]. 北京: 中信出版社, 2018.

[116] 张琳. 零售企业线上线下协同经营机制研究 [J]. 中国流通经济, 2015 (2): 57 – 64.

[117] 张明明. "互联网 +": 经济社会发展新动能 [J]. 人民论坛, 2018 (29): 80 – 81.

[118] 张培, 夏立真, 马建龙, 孔海东. 多维信任、知识转移与软件外包绩效 [J]. 科研管理, 2018 (6): 169 – 176.

[119] 张松林, 孙文远, 郑好青. 大城市限制低技能劳动力对人力资本外部性的影响: 基于新兴古典经济学视角的分析 [J]. 人文杂志, 2019 (6): 47 – 54.

[120] 张为付, 翟冬平. 国际垂直一体化与外包化相互转化的理论研究: 基于不完全合同下谈判成本的视角 [J]. 南开经济研究, 2010 (6): 86 – 97.

[121] 张晓燕. 基于多 Agent 的协同制造平台的研究与设计 [J]. 网络安全技术与应用, 2012 (12): 66 - 68.

[122] 张永云, 张生太, 吴翠花. 嵌入还是卷入: 众包个体缘何贡献知识 [J]. 科研管理, 2017 (5): 30 - 37.

[123] 张月友, 刘丹鹭. 逆向外包: 中国经济全球化的一种新战略 [J]. 中国工业经济, 2013 (5): 70 - 82.

[124] 张赞, 凌超. 网络零售商与实体零售商的价格竞争及其对市场绩效的影响研究 [J]. 产业经济研究, 2011 (6): 63 - 70.

[125] 赵树梅, 徐晓红. "新零售" 的含义、模式及发展路径 [J]. 中国流通经济, 2017 (5): 12 - 20.

[126] 赵亚明. 地区收入差距: 一个超边际的分析视角 [J]. 经济研究, 2012 (S2): 31 - 41, 68.

[127] 赵振. "互联网 +" 跨界经营: 创造性破坏视角 [J]. 中国工业经济, 2015 (10): 146 - 160.

[128] 肇丹丹. "购买" 还是 "放弃": 线上零售渠道转换行为研究 [J]. 管理世界, 2018 (6): 184 - 185.

[129] 郑和明. 新时代分享经济发展策略研究 [J]. 湖北社会科学, 2018 (7): 74 - 80.

[130] 郑小碧. 工匠精神如何促进社会福利提升 [J]. 经济与管理研究, 2019 (6): 3 - 15.

[131] 郑志来. 共享经济的成因、内涵与商业模式研究 [J]. 现代经济探讨, 2016 (3): 32 - 36.

[132] 仲秋雁, 王彦杰, 裘江南. 众包社区用户持续参与行为实证研究 [J]. 大连理工大学学报, 2011 (32): 1 - 6.

[133] 周鸿铎. 我理解的 "互联网 +" ——"互联网 +" 是一种融合 [J]. 现代传播, 2015 (8): 114 - 121.

[134] 周珂, 吕民, 王刚, 任秉银. 制造任务分解与制造单元级资源配置协同优化 [J]. 哈尔滨工业大学学报, 2009 (11): 47 - 52.

外文部分

[1] Akerlof G A. Social Distance and Social Decisions [J]. Econometrica, 1997, 65 (5): 1005 - 1028.

[2] Alonso G. Advanced Transaction Models in Workflows Contexts [J]. Inter-

national Conference on Data Engineering, 1996, 10 (4): 574 – 581.

[3] Andrew M, Erik B. Big Data: The Management Revolution [J]. Harvard Business Review, 2012, 90 (10): 66 – 68.

[4] Anklam P. Knowledge Management: The Collaboration Thread [J]. Bulletin of American Society for Information Science and Technology, 2005, 28 (6): 8 – 11.

[5] Anne G, Gregor H. Understanding Public Relations in the Sharing Economy [J]. Public Relation Review, 2017, 43 (1): 4 – 13.

[6] Ansoff H I. Corporate Strategy: An Analytic Approach to Business Policy for Growth and Expansion [M]. New York: McGraw Hill, 1965.

[7] Bakker M, Leenders R T, Gabbay S M. Is Trust Really Social Capital? Knowledge Sharing in Product Development Projects [J]. The Learning Organization, 2006, 13 (6): 594 – 605.

[8] Belk R. You are What You Can Access: Sharing and Collaborative Consumption Online [J]. Journal of Business Research, 2014, 67 (8): 1595 – 1600.

[9] Benkler Y. Sharing Nicely: On Shareable Goods and the Emergence of Sharing as a Modality of Economic Production [J]. Yale Law Journal, 2004, 114 (2): 273 – 358.

[10] Bollinger B, Gillingham K. Peer Effects in the Diffusion of Solar Photovoltaic Panels [J]. Marketing Science, 2012, 31 (6): 900 – 912.

[11] Botsman R, Rogers R. What's Mine is Yours: How Collaborative Consumption is Changing the Way We Live [M]. New York: Harper Collins, 2010.

[12] Brabham D C. Crowdsourcing as a Model for Problem Solving: An Introduction and Cases [J]. The International Journal of Research into New Media Technologies, 2008, 14 (1): 75 – 90.

[13] Bramoullé Y, Djebbari H, Fortin B. Identification of Peer Effects through Social Networks [J]. Journal of Econometrics, 2009, 50 (1): 41 – 55.

[14] Brock W A, Durlauf S N. Identification of Binary Choice Models with Social Interactions [J]. Journal of Econometrics, 2007, 40 (1): 52 – 75.

[15] Camarinha L M, Afsarmanesh H G, Aleano N. Collaborative Networke Organizations-Concepts and Practice in Manufacturing Enterprises [J]. Computers Industrial Engineering, 2009, 57 (1): 46 – 60.

[16] Chatenier E D, Verstegen J, Biemans H J. The Challenges of Collaborative Knowledge Creation in Open Innovation Teams [J]. Human Resource Development Review, 2009, 8 (3): 350 – 381.

[17] Chen Y. Possession and Access: Consumer Desires and Value Perceptions Regarding Contemporary Art Collection and Exhibit Visits [J]. Journal of Consumer Research, 2009, 35 (4): 925 – 940.

[18] Chen Z, Jiang S Q, Lu M. How Do Heterogeneous Social Interactions Affect the Peer Effect in Rural-Urban Migration?: Empirical Evidence from China [J]. SSRN Electronic Journal, 2008.

[19] Chim M Y, Anumba C J, Carrillo P M. Internet-Based Collaborative Decision-Masking System for Construction [J]. Advances in Engineering Software, 2004, 35 (6): 357 – 371.

[20] Choi C, Yi M H. The effect of the Internet on Economic Growth: Evidence from Cross-Country Panel Data [J]. Economics Letters, 2009, 105 (1): 39 – 41.

[21] Cohen B, Kietzmann J. Ride On! Mobility Business Models for the Sharing Economy [J]. Organization & Environment, 2014, 27 (3): 279 – 296.

[22] Cutler D M, Glaeser E L, Wise D. Social Interactions and Smoking: National Bureau of Economic Research [R]. NBER Working Paper, 2007.

[23] Dervojeda K, Verzij K, Nagtegaal F, Lengton M. The Sharing Economy, Accessibility based Models for Peer to Peer Markets [R]. Business Innovation Observatory of European Commission Case Study, 2013.

[24] Dietz R D. The Estimation of Neighborhood Effects in the Social Sciences: An Interdisciplinary Approach [J]. Social Science Research, 2002, 31 (4): 539 – 75.

[25] Doan A, Ramakrishnan R, Halevy A Y. Crowdsourcing Systems on the World-Wide Web [J]. Communications of the ACM, 2011, 54 (4): 86 – 96.

[26] Domberger S. Contracting Organization: A Strategic Guide to Outsourcing

[M]. Oxford University Press, 1998.

[27] Eisenhardt K M. Building Theories from Case-Study Research [J]. Academy of Management Review, 1989, 14 (4): 532 – 550.

[28] Felson M, Spaeth J L. Community Strcuture and Collaborative Consumption: A Routine Activity Approach [J]. American Behavioral Scientist, 1978, 21 (4): 614 – 624.

[29] Flores R A, Kremer R C, Nome D H. An Architecture for Modeling Internet-based Collaborative Agent Systems [M]. Springer Berlin Heidelberg, 2000.

[30] Garcia J M, Fernandez P. Ruiz-Cortes, A Edge and Cloud Pricing for the Sharing Economy [J]. IEEE Internet Computing, 2017, 21 (3): 78 – 84.

[31] Glaeser E, Scheinkman J E. Measuring Social Interactions [J]. Social dynamics, 2001, 23 (4): 83 – 132.

[32] Goldsmith-Pinkham P, Imbens G W. Social Networks and the Identification of Peer Effects [J]. Journal of Business and Economic Statistics, 2013, 31 (3): 253 – 264.

[33] Gourville J T. Eager Sellers and Stony Buyers [J]. Harvard Business Review, 2006, 84 (6): 98 – 106.

[34] Graham B S, Hahn J. Identification and Estimation of the Linear-In-Means Model of Social Interactions [J]. Economics Letters, 2005, 88 (1): 1 – 6.

[35] Hagiu A, Wright J. Multi-Sided Platforms [R]. Harvard Business School Working Paper, 2011.

[36] Haken H. Synergetic: An Introduction [M]. Berlin: Spring-Verlog, 1997.

[37] Hamari J S, Joklint M, Ukkonen A. The Sharing Economy: Why People Participate in Collaborative Consumption [J]. Journal of the Association for Information, 2016, 27 (9): 2047 – 2059.

[38] Heinrichs H. Sharing Economy: A Potential New Pathway to Sustainability [J]. Gaia-Ecological Perspectives for Science and Society, 2013, 22 (4): 228 – 231.

[39] Ioannides Y M, Zabel J E. Interactions, Neighborhood Selection and

Housing Demand [J]. Journal of Urban Economics, 2008, 63 (1): 229 – 252.

[40] Jenster P V, Pederson H S, Plackett P, Hussey D. Outsourcing-Insourcing: Can Vendors Make Money from the New Relationship Opportunities [M]. West Sussex, England: John Wiley & Sons, Ltd, 2005.

[41] Joo J. Motives for Participating in Sharing Economy: Intentions to Use Car Sharing Services [J]. Journal of Distribution Science, 2017, 15 (7): 21 – 26.

[42] Kathan W, Matzler K, Veider V. The Sharing Economy: Your Business Model's Friend or Foe? [J]. Business Horizons, 2016, 59 (11): 663 – 672.

[43] Kling J R, Liebman J B, Katz L F. Experimental Analysis of Neighborhoo Effects [J]. Econometrica, 2007, 75 (1): 83 – 119.

[44] Kling J R, Ludwig J, Katz L F. Neighborhood Effects on Crime for Female and Male Youth: Evidence from a Randomized Housing Voucher Experiment [J]. Quarterly Journal of Economics, 2005, 120 (1): 87 – 130.

[45] Krauth B. Simulation-Based Estimation of Peer Effects [J]. Journal of Econometrics, 2006, 133 (1): 243 – 271.

[46] Krugman P. Increasing Returns and Economic Geography [J]. Journal of Political Economy, 1991 (10): 111 – 123.

[47] Kubzansky L D, Subramanian S V, Kawachi I, et al. Neighborhood Contextual Influences on Depressive Symptoms in the Elderly [J]. American Journal of Epidemiology, 2005, 162 (3): 253 – 260.

[48] Leighton P. Professional Self-Employment, New Power and the Sharing Economy: Some Cautionary Tales from Uber [J]. Journal of Management & Organization, 2016, 22 (11): 859 – 874.

[49] Lovelock C, Gummesson E. Whither Services Marketing: In Search of a New Paradigm and Fresh Perspectives [J]. Journal of Services Research, 2004, 7 (1): 20 – 41.

[50] Ludwig J, Duncan G J, Gennetian L A, et al. Neighborhood Effects on the Long-Term Well-Being of Low-Income Adults [J]. Science, 2012, 337 (6101): 1505 – 1510.

[51] Marmaros D, Sacerdote B. Peer and Social Networks in Job Search [J]. European Economic Review, 2002, 46 (4 - 5): 870 - 879.

[52] Matzler K, Veider V, Kathan W. Adapting to the Sharing Economy [J]. MIT Sloan Management Review, 2015, 56 (12): 71 - 77.

[53] Miller S R. First Principles for Regulation the Sharing Economy [J]. Harvard Journal on Legislation, 2016, 53 (10): 147 - 202.

[54] Moretti E. Social Learning and Peer Effects in Consumption: Evidence From Movie Sales [J]. The Review of Economic Studies, 2011, 78 (1): 356 - 393.

[55] Mourtzis D. Internet-Based Collaboration in the Manufacturing Supply Chain [J]. Journal of The Manufacturing Scinence and Thchnology, 2011, 4 (3): 296 - 304.

[56] Munger M C. Tomorrow 3.0: The Sharing Economy [J]. Independent Review, 2016, 20 (11): 391 - 395.

[57] Nakajima R. Measuring Peer Effects on Youth Smoking Behaviour [J]. The Review of Economic Studies, 2007, 74 (3): 897 - 935.

[58] Parsons C A, Sulaeman J, Titman S. Peer Effects and Corporate Corruption [R]. AFA Annual Meeting, 2015.

[59] Penin J. Crowdsouring of Inventive Activities: Definition and Limits [J]. International of Innovation and Sustainable Development, 2011, 5 (2): 246 - 259.

[60] Piezunka H, Dahlander L. How Crowding Alters Organizations' Filtering of Suggestions in Crowdsourcing [J]. Academy of Management Journal, 2015, 58 (3): 856 - 880.

[61] Pozzi A. Shopping Cost and Brand Exploration in Online Grocery [J]. Social Science Electronic Publishing, 2012, 4 (3): 96 - 120.

[62] Rogers B. The Social Costs of Uber [R]. Temple University Legal Studies Research Paper, 2015.

[63] Rothwell R, Zegveld W. Industrial Innovation and Public Policy, Preparing for the 1980s and the 1990s [M]. London: Frances Pinter, 1981.

[64] Shen X, Wilde P D. Analysis and Identification of a Social Interaction Model [J]. Physica A: Statistical Mechanics and Its Applications, 2005, 350 (4): 597 - 610.

[65] Shue K. Executive Networks and Firm Policies: Evidence from the Random Assignment of MBA Peers [J]. The Review of Financial Studies, 2013, 26 (6): 1401 – 1442.

[66] Soetevent A R. Empirics of the Identification of Social Interactions: An Evaluation of the Approaches and Their Results [J]. Journal of Economic Surveys, 2006, 20 (2): 193 – 228.

[67] Stokes K, Clarence E, Anderson L, Rinne A. Making Sense of the UK Collaborative Economy [R]. Nesta and Collaborative Lab's Report, 2014.

[68] Tchoffa D, Figay N, Chodous P. Digital Factory System for Dynamic Manufacturing Network Supporting Networked Collaborative Product Development [J]. Data & Knowledge Engineering, 2016, 22 (2): 24 – 37.

[69] Varela M L, Santos A S, Madureira A M. Collaborative Framework for Dynamic Scheduling Environments [J]. International Journal of Web Portals, 2014, 6 (3): 33 – 51.

[70] Waldinger F. Peer Effects in Science: Evidence From the Dismissal of Scientists in Nazi Germany [J]. The Review of Economic Studies, 2012, 79 (2): 838 – 861.

[71] Wen M. Division of Labor in Economic Development [D]. Monash University, 1998.

[72] Yang X. A Microeconomic Approach to Modeling the Division of Labor: Based on Increasing Returns to Specialization [M]. PH. D, Princeton University, 1988.

[73] Zervas G, Proserpio D, Byers J. The Rise of the Sharing Economy: Estimating the Impact of Airbnb on the Hotel Industry [J]. Boston School of Management Research, 2014, 22 (7): 34 – 49.

[74] Zheng H C, Li D H, Hou W H. Task Design, Motivation and Participation in Crowdsourcing Contests [J]. International Journal of Electronic Commerce, 2011, 15 (4): 57 – 88.

后 记

本著作是依托浙江师范大学并由笔者主持的国家社会科学基金后期资助项目"'互联网＋'的社会化协同效应与经济高质量发展"（批准号：19FJLB008）的结题成果。

近年来，笔者所带领的科研团队一直跟踪研究"互联网＋"时代涌现的新经济现象，围绕分享经济、全媒体、智能广告、多边平台、长尾市场、众创空间、网络外包、新零售和网络化协同制造等新业态新模式开展基于新兴古典经济学框架的超边际研究，形成了包括本著作在内的系列研究成果。之所以开展新经济现象的分工网络与超边际研究，主要是因为以下两个理论和实践背景。第一，以杨小凯为主要代表的新兴古典经济学超边际理论和方法为经济组织变迁提供了强有力的分析工具和方法。从20世纪80年代以来，杨小凯、黄有光等从专业化分工视角研究市场、企业、国际贸易等分工现象，突破新古典经济学对分工的忽视，重新在经济学框架中引入劳动分工思想，实现了劳动分工这一古典灵魂在现代经济学躯壳中的复活，发展形成了新兴古典经济学。这一理论和方法的重要创新为20世纪90年代经济学研究范式和视角的改变提供了可能，国内很多研究者逐渐开始运用超边际分析方法来研究专业化与经济组织演变，形成了很多创新性研究成果，这些理论和方法积累与创新也为笔者关注和研究数字化时代的新兴组织变迁现象提供了理论和方法基础。

第二，网络化、数字化和智能化的时代转型为新兴古典经济学在现当代的运用和发展提供了现实素材和土壤，这也构成了本著作的研究主题。随着互联网时代乃至数字经济时代和人工时代的来临，伴随网络技术、数字技术和人工智能技术的发展，经济社会的分工结构和系统也随之不断改变，共享经济、零工经济、网络众包、新零售等新兴业态和经济模式不断涌现，而与之相对应的是，经济系统的分工网络正在发生深刻和长远的变化。对这些新技术、新业态和新模式进行分工网络演进视角的关注和研究构成了笔者科研团队的重要研究内容，也是本著作的核心研究议题。

正是基于上述理论方法储备以及客观实践的变化，我们开始尝试用新兴古典经济学的超边际分析方法来研究数字经济时代的新经济模式及其经济高质量发展效应，从而不断积累形成系列研究成果，以期为新兴古典经济学在数字经济时代的应用和发展贡献一份力量，也为系统认识互联网时代的新经济现象提供了新的理论分析框架和视角。本著作就是在这一背景下形成的理论研究成果。

本著作是笔者在广泛阅读前人研究成果、潜心构建理论模型和深入开展实地调研基础上独立完成的，相关章节内容主要由笔者撰写完成。当然在文献综述、案例资料的收集过程中，笔者的硕士研究生刘俊哲（现为南京大学应用经济学博士生）、孙晓雨和王倩文做了大量工作，此外研究生张娜、季垚、方权、钱家悦、伍佳慧和葛红兵等也积极投入科研团队的各项研究工作，对此表示衷心感谢！

在本著作成书过程中，师长、领导、亲朋好友、知名学者和家人都给予了非常宝贵的支持和帮助，在此也要表示由衷的谢意！

首先，要特别感谢浙江省特级专家、浙江师范大学经济与管理学院首任院长和硕士研究生学习阶段的恩师陆立军教授的提携和指导，感谢陆老师一直以来给予我的学术指引和人生发展指导！其次，要衷心感谢我的博士导师、浙江工业大学经济学院党委书记杜群阳教授，感谢杜老师在我科研道路上的莫大帮助！

此外，我要由衷地感谢浙江师范大学副校长钟依均教授，党委委员、组织部和统战部吕迎春部长，党委委员、宣传部部长朱毅峰教授，组织部金国峰副部长，科学研究院章明卓副院长、李盛副院长、刘勇副院长和冯昊青副院长，人力资源部赵雷洪部长，教师教育学院院长周跃良教授，校办章剑锋主任、王宪平副主任和项伟副主任，本科教学部徐展斌副主任，国际处刘远副处长，非洲研究院党总支书记王珩教授，工学院党委书记童卫丰教授、副院长王冬云教授，后勤保障部王利民部长，浙江师大学术期刊社吴月芽老师等的支持和帮助；也要衷心感谢浙江师范大学经济与管理学院中非国际商学院党委书记郑文哲教授、徐颖副书记、方海明副书记、何曙荣副院长、李文博副院长、院长助理邹益民和特聘教授唐任伍等为课题组的科研工作提供的优越条件和帮助；衷心地感谢浙江师大经管学院经济学系、管理学系的每一位同事和老师的帮助、支持和鼓励！

在本著作成书过程中，也得到过国内相关领域专家学者的帮助和支持。他（她）们分别是：浙江省特级专家、浙江财经大学原校长王俊豪教授，浙江省特级专家、浙江工业大学经济学院程惠芳教授，浙江大学经济学院顾国达教授、李建琴教授，浙江大学求是特聘教授马述忠，浙江工商大学经济学院赵连阁教授、朱勤教授、副院长毛丰付教授和于斌斌副教授，浙江大学经济学院张自斌教授，浙江财经大学经济学院党委书记胡亦琴教授、院长王正新教授！浙江省委党校王祖强教授、白小虎教授、杨志文副研究员，浙江理工大学经济管理学院胡剑锋教授，浙江省社会科学院徐剑锋教授、查志强研究员，浙江工业大学经济学院谭晶荣教授，台州学院商学院院长段文奇教授，温州大学商学院院长胡振华教授，厦门大学吴吉林教授，东南大学邱斌教授，嘉兴学院经济学院院长文雁兵教授等。这里还要特别感谢湖南工商大学经济贸易学院庞春教授给予的有关新兴古典经济学超边际分析方法宝贵、细致而专业的指导和帮助！

真心感谢妻子多年来的无私付出，这份付出和支持让我能够克服一个个挑战与困难，走向更好的自己。感谢父母亲和胞弟等家人一直以来的帮助和支持，谢谢你们！

最后要衷心感谢国家社会科学基金后期资助项目的立项经费支持。感谢经济科学出版社编辑同志的辛勤付出和出色工作。

写到这里，方才得到了片刻的喜悦和安宁，这本书就此走向"他者"，去接受来自读者的审查、询问和批评，这何尝不是笔者的幸运和日益完善的机会。唯其如此，本著作的使命便有了它的归宿，也期待着新兴古典经济学能够在新时代结出更多绚丽多彩的花果！

郑小碧

2021 年 10 月 20 日于浙江金华丽泽花园

图书在版编目（CIP）数据

"互联网＋"的社会化协同效应与经济高质量发展/
郑小碧著. —北京：经济科学出版社，2021.12
国家社科基金后期资助项目
ISBN 978－7－5218－3218－1

Ⅰ.①互… Ⅱ.①郑… Ⅲ.①互联网络－影响－中国
经济－研究 Ⅳ.①F12

中国版本图书馆 CIP 数据核字（2021）第 257835 号

责任编辑：程辛宁
责任校对：杨　海
责任印制：张佳裕

"互联网＋"的社会化协同效应与经济高质量发展
郑小碧　著
经济科学出版社出版、发行　新华书店经销
社址：北京市海淀区阜成路甲 28 号　邮编：100142
总编部电话：010－88191217　发行部电话：010－88191522
网址：www. esp. com. cn
电子邮箱：esp@ esp. com. cn
天猫网店：经济科学出版社旗舰店
网址：http：//jjkxcbs. tmall. com
北京季蜂印刷有限公司印装
710×1000　16 开　21 印张　360000 字
2021 年 12 月第 1 版　2021 年 12 月第 1 次印刷
ISBN 978－7－5218－3218－1　定价：110.00 元
（图书出现印装问题，本社负责调换。电话：010－88191510）
（版权所有　侵权必究　打击盗版　举报热线：010－88191661
QQ：2242791300　营销中心电话：010－88191537
电子邮箱：dbts@esp. com. cn）